境外期货交易

Overseas Futures Trading

主　编　刘志超
副主编　彭　刚　熊　军

中国财政经济出版社

图书在版编目（CIP）数据

境外期货交易/刘志超主编．—北京：中国财政经济出版社，2005.12
ISBN 7－5005－8657－4

Ⅰ．境…　Ⅱ．刘…　Ⅲ．期货交易—外国　Ⅳ．F830.9

中国版本图书馆 CIP 数据核字（2005）第 114211 号

中国财政经济出版社出版
URL：http：// www. cfeph. cn
E－mail：cfeph@ cfeph. cn

社址：北京市海淀区阜成路甲 28 号　邮政编码：100036
发行处电话：88190406　财经书店电话：64033436
北京财经印刷厂印刷　各地新华书店经销
787×1092 毫米　16 开　23.5 印张　517 000 字
2005 年 12 月第 1 版　2005 年 12 月北京第 1 次印刷
定价：53.00 元
ISBN 7－5005－8657－4/F·7531
（图书出现印装问题，本社负责调换）

编委会

Xu Yan 序言

中国证监会副主席　范福春

随着市场经济体制的确立和对外贸易的高速发展，中国已成为继美国和德国之后世界第三大贸易国，中国经济已更紧密地融入到世界经济体系中。作为全球最大的黑色金属、有色金属、农产品和能源的生产与消费国之一，“中国因素”对国际市场价格的影响越来越大，国际初级产品市场价格波动对中国经济稳定性的影响也逐渐上升。然而，由于我国市场经济体制还处在发展的过程中，引导市场价格的期货市场还很弱小，既是大买主又是大卖主的中国在国际市场上更多的是被动的价格接受者，我国众多企业面临着价格波动的巨大风险。遵循现有国际贸易规则，利用境外期货市场来发现价格和规避风险，已成为越来越多的企业的必然选择。

期货市场是市场经济发展到一定阶段的产物，也是金融市场中为现货服务的最为有力的工具之一。经过百余年的发展，西方经济发达国家期货市场已经成为沟通世界贸易供需、实现经济平稳运行、实施宏观调控和国际竞争的重要工具，成为主要大宗商品的国际市场定价中心。其中，国际原油价格以美国纽约商业交易所（NYMEX）的 WTI 原油期货价格和英国伦敦国际石油期货交易所（IPE）的布伦特原油期货价格为基准，铜、铝、铅、锡等金属的价格主要在伦敦金属交易所（LME）确定，主要大宗农产品价格则在美国芝加哥期货交易所（CBOT）形成。

20 世纪 70 年代初，我国一些国家级大型进出口公司和少数银行为规避国际市场商品价格和外汇汇率变动的风险，通过境外代理商在国际期货市场成功地进行了套期保值和贸易定价。典型成功案例是 1973 年 4 月中国粮油进出口总公司通过香港华润公司下属五丰行，利用伦敦、纽约期货市场完成采购 47 万吨原糖任务，并净赚 240 万英镑。时任国务院副总理的陈云同志对此给予了高度的评价，对企业参与境外期货交易给予了充分的肯定。然而，由于商品期货市场的复杂性以及企业进行境外期货交易经验的缺乏、风险防范机制的不健全，我国企业参与境外期货交易经历了一段曲折的历程，发生了一些影响恶劣的亏损事件。1994年起，我国开始对境外期货交易进行清理整顿。1999年6月2日国务院发布《期货交易管理暂行条例》，对套期保值企业进行境外期货交易实行严格控制，2001年中国证监会联合国家经贸委、外汇管理局等部门发布了《国有企业境外期货套期保值业务管理办法》，随后有关境外期货交易的一系列管理办法和细则相继出台，逐步将中国企业境外期货业务引上了有序发展的良性轨道。从2001年开始至今，国务院先后批准了四批共31家企业进行境外期货交易的资格。企业境外期货套期保值资格审批步伐的加快，从另一个侧面反映出我国企业利用境外期货市场规避经营风险的紧迫性。

期货市场由于众多投机资金的参与，具有很好的流动性和转移价格风险的功能，但也因此成为各路基金角逐的战场。以套期保值为目的的我国企业进行境外期货交易，成功的关键在于知己知彼，谨慎操作。学习境外期货市场的法律法规，了解境外期货市场的监管要求和运行规则，研究上市品种合约与市场供求信息，熟悉市场参与者及其操作手段，建立一支专业化的期货交易管理队伍，制定严格的业务规程和风险控制制度，严格遵循我国关于境外期货交易的有关规定，是我国企业进入境外期货市场的前提条件。为此，中国证监会期货部会同中国期货业协会，组织有关高等院校、期货交易所、国内部分有实战经验的境外套期保值企业以及期货公司等专业人士，编写了这本《境外期货交易》，这也是我国首部系统介绍境外期货交易的专著。该书从套期保值的实际需要出发，结合我国企业的实践经验，全方位介绍了境外期货市场的现状及监管框架、主要交易方式和品种、国际主要大宗商品的期货与现货市场状况，以及企业进行套期保值的风险控制体系，并以丰富的套期保值案例对有关问题进行了分析，各章节引用数据基本为截至2004年的最新数据，是一部集系统性、知识性和实践性于一体的境外期货交易的指导用书，为今后更多企业参与境外期货交易提供了有益的借鉴。

中国的发展已离不开世界，在经济全球化进一步拓展的大环境下，我们必须利用好国内与国际两个市场和资源，参与境外期货交易是利用国际市场和资源的最好的方式之一。相信本书的出版有助于更多有识之士了解境外期货市场，参与境外期货交易，从而更好地为我国的经济建设和发展服务。

2005年12月

MuLu 目录

第一章 国际期货市场概述

在当今世界经济中，期货市场不仅已成为全球市场经济的重要组成部分，而且是最活跃的组成部分，在整个市场经济体系中所发挥的作用越来越重要。期货市场不仅起着全球定价中心的作用，成为全球相关物品的报价中心，同时也成为相关人士进行风险管理的中心。由于期货交易与现代市场经济的发展高度贴合，促进了现代市场经济的发展与繁荣，其自身的规模也因此得以壮大。

第一节　国际期货市场的起源

世界期货市场最早从农产品交易开始起步；后来又出现了金属及能源产品；再后来，金融产品也成为交易对象；现在，又产生了许多新型品种。一部期货交易史就是期货交易品种不断创新、交易规模不断扩大的历史。

一、农产品期货市场的起源

世界上最早开始进行期货交易的品种是农产品。在期货交易的早期历史中，农产品不仅是期货交易的当家品种，而且由于发展时间长，其家族成员也相当庞大。

（一）农产品家族成员

按照通常的划分，农产品期货可分为下列几种类型：

1. 谷物类期货，如玉米、小麦、稻米、大豆（其副产品豆粕、豆油）、红小豆等；
2. 经济作物类期货，如棉花、生丝、咖啡、可可、白糖等；
3. 畜禽类期货，如黄油、鸡蛋、生猪、活牛等；
4. 林产品类期货，如木材、天然橡胶、胶合板等。

上述农产品期货交易不仅都有很长的历史，而且绝大多数品种至今仍在交易。

（二）世界上最早的期货交易所

现代意义上的期货交易最早出现在美国。芝加哥期货交易所（Chicago Board of Trade，CBOT）是世界上最早的农产品期货交易所。

芝加哥是全美最大的谷物集散地。但在19世纪初期，交通不方便、信息传递方法落后以及仓库稀缺是芝加哥粮食交易商们面临的最现实的环境。在农产品收获季节，由于集中上市造成供大于求的局面，导致价格大幅下跌，农场主被迫降价销售；而在收成不好的年份或农产品上市较少的季节，供给短缺又会导致价格大幅上涨。价格波动频繁且剧烈是所有农场主、农产品贸易商、加工商们的头痛之事。1848 年，82 位谷物商人（农场主、农产品贸易商、加工商）自动发起设立了芝加哥谷物交易所。成立之初的目的只是为了改进运输和储存条件，同时为会员提供价格信息等服务，促成买卖双方达成交易。

1851 年，交易所引进现货远期合约交易。远期合约交易方便了交易商，受到了交易商们的欢迎，但远期合约交易的缺陷是合约非标准化，在买卖双方要求不同时很难成交；并且，合约签订之后最终能否履行与买卖双方的信用有关。在实践中，违约和交易纠纷经常发生。

1865 年，芝加哥交易所推出标准化合约。标准化合约是交易所事先对商品的数量、质量、交货地点、交货时间等方面都做出统一规定。标准化合约的诞生，标志着现代意义上的期货交易及其基本交易原则已在芝加哥交易所内萌芽。同年 5 月，芝加哥期货交易所又开始推行履约保证金制度。该制度规定，交易者在芝加哥期货交易所内进行交易，必须先在交易所及其代理机构存入一定数额的履约保证金，为其买卖的合约提供履约担保。

1882 年，交易所开始允许交易者以对冲方式免除履约责任，此举方便了投机者，使交易流动性得到了提高。1883 年，交易所又成立了结算协会，专门为协会会员提供交易结算。结算体系的出现，标志着现代意义上的期货交易终于成形。1925 年，芝加哥交易所结算公司成立后，规定所有在交易所内达成的交易都必须在结算公司进行结算，从而进一步规范了期货交易行为，推动了期货交易的完善与发展。

（三）芝加哥期货交易所的示范作用

芝加哥期货交易所开展期货交易后，由于解决了长期困扰农产品交易商们的难题，因而大受欢迎，交易日趋繁荣。在芝加哥期货交易所获得成功的启示下，美国兴起了一股举办交易所的热潮。芝加哥商业交易所（CME）、纽约咖啡交易所、堪萨斯期货交易所、中美洲商品交易所、明尼阿波利斯谷物交易所、纽约棉花交易所、纽约商品交易所等先后在 19 世纪下半叶成立，而且这种交易方式又进一步扩散到世界各地。期货交易的普及，也使期货交易的作用和功能逐渐被人们所认识。

美国早期的期货发展史证明了：期货交易并非哪个聪明人士拍脑袋的产物，而是在市场经济条件下，当市场规模发展到一定程度时自发产生的。市场经济与市场规模的发展是期货市场得以产生的最本质的条件。期货交易的产生不仅适应了市场经济发展后对不同交换形式的需要，推动与促进了商品交易的发展，也进一步完善了市场体系和市场机制。

二、金属与能源期货市场的诞生

（一）金属期货市场的诞生

最早的金属期货交易诞生在英国并非偶然。英国在工业革命之后国力迅速上升。

1760—1830 年，英国制造业从占世界经济总量的 1.9% 上升到 9.5%，1860 年达到了 19.9%，成为世界经济史上第一个被称为“世界工厂”的国家。制造业的高度发达，使其对各种工业原料有着庞大的需求量。尽管在 19 世纪中期英国就已经是世界上最大的金属铝和铜的生产国，但随着需求的不断增长，仍旧发生了自给不足的情况，因而迫切地需要从南美、非洲和远东地区新开发的矿山进口原料。在当时的条件下，穿越大洋运输铜和锡都是一种货物和资金的冒险，一些货物可能会误期到达，还有一些则可能根本不会到达。“未来到货”市场的兴起，使得商人们着眼于预约价格，而预约价格的得出则来自于商人们对可能的到货期和届时用户需求的判断与估计。为此，金属商们开始在伦敦皇家交易所附近的一些高级咖啡馆里聚会交易，耶路撒冷咖啡馆是他们最经常去的地方。在那里，金属商们围着用粉笔在地板上画出的圈进行交易，交易采取公开喊价（open outcry）和货主间直接交易的方式进行。

1876 年 12 月，伦敦金属交易所有限公司作为最初的伦敦金属交易所（LME）正式成立，并于 1877 年 1 月开始营业。当时地点在伦敦的伦巴德院的一家帽子商店的上面，并安装了电信线路。1880 年装设并开始使用电话。从那时起，交易开始有了统一的组织。尽管当时还没有正式的标准合约，但已经确定了以智利铜棒、马来西亚和新加坡的锡分别作为铜与锡的基准级别，并以 3 个月作为远期合同的交货期（从圣地亚哥和新加坡到英国的航行时间大约为 3 个月）。

由于董事会和会员之间对于价格报告方法以及对于围绕交易圈进行公开交易的做法意见不一致，1881 年，会员们组织了一个委员会并建立了一个新的公司，即金属市场与交易所有限公司，并接管了原公司的资产。1882 年交易所搬到惠延顿路，并在那里工作了 98 年。

1899 年，铜和锡的交易开始采用现在交易的方式，即分上、下午两场，每场又分为两轮交易。当时生铁、铅和锌的交易是围绕在一个小一些的次圈进行的，没有固定的交易时间和标准合约，直到 1920 年，铅和锌才围绕主圈进行交易。由于交易所禁止正式交易时间结束后的场内交易，而正式交易的时间又太短，满足不了交易商们的需求，于是一些商人便在正式交易时间结束后跑到大楼外面的街上去继续进行交易。在街上交易的喧嚷声引起了警方的干预。交易所随后便允许交易商们在正式交易时间结束后继续在场内进行非正式的交易，而由此引出的“场外交易”（kerb dealing）这个名词一直沿用至今。

美国的金属期货交易起步晚于英国，具有代表性的是成立于 1933 年的纽约商品交易所（COMEX），该交易所目前上市的金属品种有黄金、白银、铜、铝等。1974 年该所上市的黄金期货在国际市场上有一定影响。我国在 1993 年开始进行期货交易试点时，也推出了金属期货交易，具有代表性的品种有铜、铝及线材，其中铜和铝一直保留到现在。

（二）能源期货市场的诞生

能源期货交易尽管产生较晚，但非常活跃。据有关统计，目前世界上交易量排名前 10 位的期货品种中，只有原油品种还属于商品期货，其余都是金融期货。目前，在世界上影响较大的能源商品交易所有纽约商业交易所（NYMEX）和伦敦国际石油交易所（IPE，成立于1981年4月）。纽约商业交易所的上市品种有布伦特原油、轻质原油、燃料油、天然气、无铅汽油、瓦斯油等，伦敦国际石油交易所的上市品种有布伦特原油、天然气和柴油（gas oil）等。

1973年以前，尽管美国、西欧和日本的石油供应很大部分来自中东地区，但由于第三世界产油国的政治经济力量都比较弱小，国际油价实际上控制在以美国为首的一些国家手中。当时，以固定价格为主的长期合同一签订就是若干年，油价几乎没有短期变化。国际石油市场长期处于平稳状态，自然也就不需要期货市场。

1973年，中东产油国政府从各大石油公司手中将石油开采、销售权收归国有。当年10月，第四次中东战争爆发。为打击以色列及其支持者，石油输出国组织的阿拉伯成员国当年12月宣布将其基准原油价格从每桶3.011美元提高到每桶10.651美元，使油价猛然上涨了两倍多，从而触发了第二次世界大战之后最严重的全球经济危机。1978年底，世界第二大石油出口国伊朗的政局发生剧烈变化，石油产量受到影响，从每天580万桶骤降到100万桶以下，打破了当时全球原油市场上脆弱的供求平衡关系。油价在1979年开始暴涨，从每桶13美元猛增至每桶34美元，导致了第二次石油危机。

两次石油危机给世界石油市场带来了巨大冲击，石油等能源产品价格剧烈波动，导致了石油等能源期货的产生。1974年，纽约商业交易所在年轻的主席迈克尔·马克（Michel Mark）的领导下，尝试推出了交割地为鹿特丹的燃油期货。1978年，纽约商业交易所又推出了以纽约港为基准的2号取暖用油，由此影响了美国北部、后来逐渐发展到海湾地区的石油产品的价格。目前，纽约商业交易所已是世界上最具影响力的能源产品交易所。

三、金融期货市场的产生和发展

金融期货是指以金融工具或金融产品作为标的物的期货交易。由于其标的物不是传统的实物商品，而是外汇、债券、股票及股票指数这些金融工具或金融产品，故称之为金融期货；同时，将以往的农产品、金属产品、能源产品等有形产品作为标的物的期货交易称之为商品期货。

金融期货产生至今只有30多年，然而其发展势头非常迅猛，诞生后没几年便超越了商品期货。目前，全球金融期货在全部期货交易中所占的比例高达85%以上。金融期货的出现不仅改变了期货市场的格局，而且引发了世界期货市场的空前发展。近二三十年来，不少国家和地区新推出的期货交易基本上都是以金融期货作为突破口。

金融期货由三大类组成，按其先后出现的次序，是外汇期货、利率期货及股指期货（包括股票期货）。

（一）外汇期货的产生

第二次世界大战行将结束的1944年，西方主要工业化国家首脑在美国的布雷顿森林召开了会议，创建了国际货币基金组织。根据布雷顿森林协议，每1美元币值相当于1/35盎司黄金含量，并规定各国的中央银行将本国的货币汇率与美元含金量挂钩，将汇率波动范围限制在上下各1%之内，这就是所谓的固定汇率制。固定汇率制对战后世界经济的发展，特别是对西欧各国经济的复兴和国际货币金融秩序的相对稳定都起到了重要的作用。由于汇率波动极为有限，各经济主体的外汇风险自然有限，因此对外汇避险工具的需求也不大。

20世纪60年代，随着美国经济实力的相对下降和国际收支逆差日益增大，以及欧洲经济得到恢复和实力相对增强，固定汇率制发生动摇。联邦德国等欧洲先进工业国家积累了大量的美元外汇，由于害怕美国无法实现自由兑换的承诺，纷纷向美国挤兑黄金，造成美国黄金储备急剧减少。为挽救此局面，美国政府不得不于1971年8月15日宣布实行“新经济政策”，停止其对外国政府和中央银行履行美元兑换黄金的义务。年底，“十国集团”在美国签订“史密森协议”，宣布美元对黄金贬值7.89%，且汇率波动范围限制扩大到2.25%。但是，此举仍无法阻挡美元危机的继续发生与进一步加剧，拖至1973年2月，美国政府不得不宣布美元再一次贬值10%，引发各国政府纷纷宣布其货币与美元脱钩。布雷顿森林体系就此崩溃，浮动汇率制从此取代了固定汇率制。

芝加哥商业交易所（CME）一直关注着货币市场。他们明白，一旦布雷顿森林体系破产，浮动汇率制必将给期货市场带来新的机遇，为此，理事长梅拉梅德在1971年专程拜访了诺贝尔经济学奖得主弗里德曼博士，弗里德曼博士非常赞同当布雷顿森林体系破产时推出外汇期货，并于当年12月写下了题为《货币需要期货市场》的论文，极大地鼓舞了芝加哥商业交易所开设外汇期货的决心和信心。芝加哥商业交易所随即着手组建国际货币市场分部（IMM），并于1972年5月16日正式推出英镑、加元、德国马克、日元、瑞士法郎、墨西哥比索及意大利里拉7种外汇期货合约。

国际货币市场分部推出外汇期货可谓生逢其时，随后产生的经济动荡以及布雷顿森林体系的正式崩溃，使外汇期货在市场上很快站稳了脚跟。

（二）利率期货的产生

在布雷顿森林体系下，不但各国的汇率是相对固定的，利率政策上也基本一致。他们均以凯恩斯主义宏观经济学为指导思想，为刺激消费需求和投资需求的增加而推行低利率政策。一旦市场利率出现上扬趋势，就扩大货币供应量来降低利率，将利率稳定下来。到20世纪70年代，这种政策的负面效应日渐显露，严重的经济滞胀局面以及布雷顿森林体系的最终崩溃使各国的经济政策纷纷改弦更张，弗里德曼的货币主义经济学被各国政府所青睐。与放弃固定汇率制一样，控制利率、稳定利率不再是金融政策的重要目标，更为重要的是控制货币供应量。利率非但不是管制的对象，反而成为政府着意用来调控经济、干预汇率的一个工具。利率管制的取消使利率波动日益频繁而剧烈，利率风险日益成为各经济主体、尤其是各金融机构所普遍面临的一个最重要的金融风险。在这种背景下，利率期货应运而生。

1975年10月，芝加哥期货交易所在美国政府有关机构的协助下，经过数年的周密调查研究后，推出了有史以来第一张利率期货合约——政府国民抵押协会抵押凭证（Government National Mortgage Association Certificates，GNMA）期货合约。政府国民抵押协会抵押凭证是美国住房和城市发展部批准的银行或金融机构以房屋抵押方式发行的一种房屋抵押债券，平均期限12年，最长可达30年，是一种流通性较好的标准化息票信用工具。政府国民抵押协会抵押凭证期货合约交易推出后，深受金融界的欢迎，它的成功引发了一系列新的利率期货品种陆续登场。其中重要的有：3个月后的1976年1月，国际货币市场分部在弗里德曼的发起下，推出了90天期的美国国库券期货合约；1977年8月，芝加哥期货交易所又推出了美国长期国债期货合约；1981年7月，国际货币市场分部、芝加哥期货交易所及纽约期货交易所（NYFE）同时推出美国国内可转让定期存单期货交易。更为重要的要数1981年12月国际货币市场分部推出的3个月欧洲美元定期存款合约，因为它不仅仅是创设了一种新的且以后一直非常活跃的利率期货品种，更为重要的是：它是在美国首次采用现金交割的期货合约。正是这一引起传统期货业发生革命性变化的新举措，为后来股指期货的出现铺平了道路。

（三）股指期货的产生

20世纪70年代，西方各国的股票市场在经济危机和金融混乱的双重压力下，波动率明显加大。面对汇率风险和利率风险，当时期货交易所已开发出了外汇期货和利率期货这两个专用避险工具供投资者使用。如何创造一个适宜于股市的避险工具，自然被提上了议事日程。美国堪萨斯市期货交易所（KCBT）于1977年10月向美国商品期货交易委员会（CFTC）提交了开展股票指数期货交易的报告，并提议以道·琼斯的“30种工业股票”指数作为交易标的。由于道·琼斯公司的反对，堪萨斯市期货交易所转而寻求与标准·普尔（S&P）指数公司合作。然而标准·普尔指数公司已经与芝加哥商业交易所在讨论这方面的构想。最后，堪萨斯市期货交易所找到Arnold Bernhard & Company，后者非常乐于提供它的价值线指数（value line index）作为期货合约的标的物。1979年4月，堪萨斯市期货交易所修改了给美国商品期货交易委员会的报告，等待其核准。

在此同时，其他一些交易所也在积极准备。如芝加哥商业交易所与标准·普尔指数公司达成了协议，有权独家采用标准·普尔指数公司的指数作为期货合约的基础指数；纽约期货交易所（NYFE）采用其母公司纽约证券交易所（NYSE）的综合指数。

尽管美国商品期货交易委员会对这些报告非常重视，然而，由于早期方案中仍是采用实物交割，导致美国证券交易委员会（SEC）认为应由他们来管理股指期货合约交易。1980年，澳大利亚在美元期货交易中首先推出的现金交割，1981年芝加哥商业交易所也推出了现金交割的3个月期欧洲美元期货交易，使得股指期货采用现金交割已不再成为难题。各交易所都向标准·普尔指数公司重新递交了以现金交割为基础的方案。同年，新任美国商品期货交易委员会主席和新任美国证券交易委员会主席达成“夏德—约翰逊协议”，明确规定股指期货合约的管辖权属于美国商品期货交易委员会。该协议在1982年美国国会对美国商品期货交易委员会认可时得到通过，成为法案。

1982年2月，美国商品期货交易委员会批准了堪萨斯市期货交易所的报告。2月24日，堪萨斯市期货交易所推出了价值线指数期货合约。4月21日，芝加哥商业交易所也推出了S&P500股指期货。紧随着是纽约期货交易所于5月6日推出了纽约证券交易所综合指数期货。

股指期货一诞生就取得了空前的成功。价值线指数期货合约推出的当年就成交了35万张，S&P500股指期货的成交量则更大，达到150万张。1984年，股票指数期货合约交易量已占美国所有期货合约交易量的20%以上，其中S&P500股指期货的交易量更是引人注目，成为世界上第二大金融期货合约，S&P500指数在市场上的影响也因此急剧上升。

股指期货的成功不仅迅速地扩大了美国国内期货市场的规模，而且也引发了世界性的股指期货交易热潮。不但引起了国外一些已开设期货交易的交易所竞相仿效，纷纷开办其各有特色的股指期货交易，就连一些从未开展期货交易的国家和地区也往往将股指期货作为开展期货交易的突破口。

（四）股票期货的产生和发展

股票期货是以股票为标的物的期货合约，与股指期货一样，也是从股票市场衍生出来的期货交易。两者的差别为：股票期货合约的标的物是单一的股票，而股指期货合约的标的物是代表一组股票价格的指数，市场上通常将股票期货称为个股期货。

个股期货并非美国首创，这与美国当时的政策有关。1981年，“夏德—约翰逊协议”在解决股指期货难题的同时，做出了禁止单一股票与窄基股票指数期货交易（所谓窄基股票指数，是指由9只或更少的股票组成的指数）的决定。然而，美国的禁令并不能捆住其他国家的手脚。从20世纪80年代末起，北欧的一些交易所开始推出股票期货，之后陆续有10多家交易所推出了股票期货合约。其中主要有澳大利亚悉尼期货交易所、瑞典期货交易所（OM）、芬兰赫尔辛基交易所、英国伦敦国际金融期货与期权交易所（LIFFE）等。在国际竞争的压力下，美国国会于2000年12月通过了《2000年美国商品期货现代化法案》，取消了以往对证券期货、期权合约的禁止性规定。不久，芝加哥期权交易所（CBOE）、芝加哥商业交易所（CME）和芝加哥期货交易所（CBOT）就联合发起成立了一个取名为One Chicago的新交易所，于2002年11月8日正式开始个股期货交易。

股票期货是近年来发展较快的一个期货品种，尽管从绝对量来说并不是很大，但增加的幅度极其可观。

四、期权交易的出现及演化

1973年前，非集中性的期权交易（主要是股票期权交易），即场外（OTC）期权交易，在美国已经存在了约有大半个世纪。但是，由于场外期权交易存在着流动性差、成本高及很大的违约风险等缺陷，一直没有得到很好的发展。尽管投资者确实需要期权交易，期权交易也有着其他投资方式所无法替代的优点，但是，频频出现的违约情况使得期权交易在公众心目中的形象越来越差。在70年代以前，美国政府一度禁止进行期权交易。

1973年4月26日，芝加哥期货交易所出资成立了芝加哥期权交易所（CBOE）。芝加哥期权交易所开创了期权交易在场内集中交易的先例，使期权交易进入了统一化、标准化以及管理规范化的全面发展新阶段。由于期权交易合约标准化了，投资者进行交易时的方便程度大大提高。历史资料显示，芝加哥期权交易所开张不久的 1974 年 3 月，一个月的成交量就超过了美国 1972 年全年的场外期权的成交量，市场的流动性大大增加，产生了良好的马太效应。一些原来在场外进行交易的交易商也纷纷改换门庭，场外市场的交易量不断萎缩，业务越来越局限于那些交易期限较长、不大符合上市要求的期权品种。

芝加哥期权交易所在股票期权交易上的成功起到了极好的示范作用。1978 年，英国伦敦证券交易所、荷兰的欧洲期权交易所也开始进行股票期权交易。进入 80 年代，期权交易出现了新变化：一是世界各国的期货交易所迅速扩展，从南北美洲的美国、加拿大、巴西、阿根廷到欧洲的法国、荷兰、德国、瑞士、芬兰、英国，一直到亚太地区的日本、新加坡、澳大利亚及中国香港等，都建立了期权交易所或推出了期权交易；二是期权交易的对象逐渐扩展到其他品种上。70 年代中期以后，英国伦敦金属交易所开始非正式地大量开展金属期权交易。1982 年，加拿大蒙特利尔交易所引进外汇期权交易。尔后，澳大利亚的悉尼期货交易所开始了银行票据和带息证券期权（即利率期权）交易。1981 年，美国解除了以往的期货交易所不得开展期权交易的禁令，拉开了将期权交易方式应用于其他传统农产品期货合约和金融期货合约的序幕。1982 年，芝加哥商业交易所全面开展了股指期货期权等期权交易。同时，芝加哥期货交易所也成功地将期权交易方式应用于政府长期国债期货合约买卖活动。期权品种队伍迅速壮大，以致于现在的期权交易再也不是仅仅以股票为对象，而是包括了各种传统的实物商品（农产品、能源产品、金属产品等）与金融产品（股票、股指、外汇和利率）。可以这么说，在当今世界上的期货交易所内，凡是具备一定交易规模的期货合约都有相应的期权合约，期权合约已成为相关期货合约的配套合约，期权交易已成为期货市场的有机组成部分。期权交易双扩展局面的形成，使期权交易量增长迅猛。2000 年，全球期权交易的总量第一次超过了期货交易的总量。

第二节　国际期货市场的现状及其特点

经过 150 多年的孕育和发展，世界期货市场已从最初的涓涓细流汇合而成蔚为壮观的大江大河。当今世界期货市场有五大特点值得注意。

一、规模不断壮大

世界期货市场的规模越来越大，这可以从成交量的变化上看出。图 1－1 是根据美国期货业协会（FIA）的有关统计数据制作所得。该图反映了 1993—2003 年 11 年间全球进行集中交易的期货及期权的交易量（数据中未包括个股期货、期权交易量）。

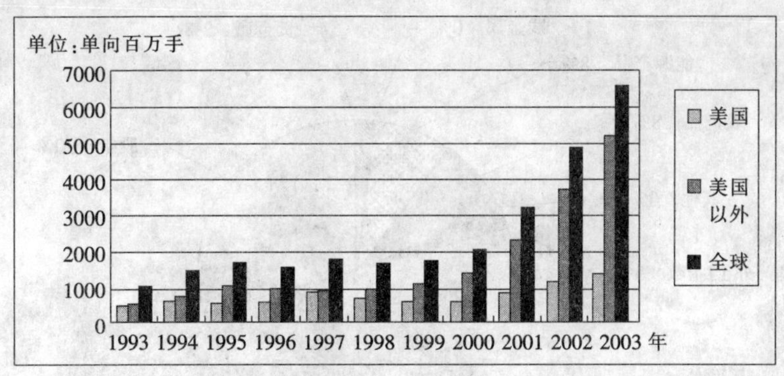

图1－1　1993—2003年全球期货及期权（不包括个股期货、期权）交易量

从图1－1中可以看出以下三个特点：

第一个特点是10年间全球交易量增长速度非常快，1993年全球期货、期权交易量为10.60亿张，2003年这一数字已上升至65.64亿张，是10年前的6.19倍，平均年增长率为51.9%。

第二个特点是交易量增长呈现加速趋势。自期货交易开展以来，全球期货、期权年交易量经过100多年，直到1993年，才第一次登上10亿张的台阶；而第一次登上20亿张台阶是2000年，中间一共只用了7年；2001年，只用了1年时间，又登上了30亿张的台阶；2003年的交易量又登上了创纪录的65亿多张的新台阶，比两年前翻了一番。

第三个特点是全球期货、期权交易量的迅猛增长主要来自于美国以外的交易所。美国原本是世界期货交易的大本营，1993年之前，美国的交易量一直是超过美国以外的交易量总和的。1993年，美国以外的交易量总和第一次超过了美国。1993年，美国的交易量为5.217亿张，2003年为13.809亿张，10年间增长了165%。美国以外的交易量从1993年的5.384亿张上升至2003年的51.733亿张，10年间增长了861%。美国的交易量占全球交易量的比例也迅速从1993年的49.2%滑落到2003年的21%。

二、金融产品成为期货市场的主角

金融产品已成为期货市场挑大梁的主角。尽管30多年来，商品期货、期权交易仍旧有所增长，但增长速度远低于金融期货、期权。图1－2至图1－7分别反映了2003年美国、非美国及全球各交易品种成交量的分布情况。

从图1－2可见，2003年，美国期货、期权（不包括个股期货、期权）交易量中，金融期货、期权的比例高达82%，商品期货、期权的比例为18%。

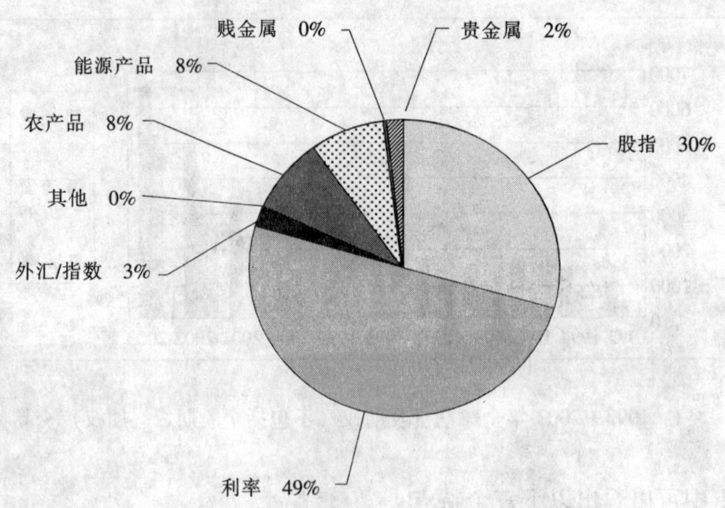

图1-2 2003年美国期货、期权（不包括个股期货、期权）各品种交易量比例图

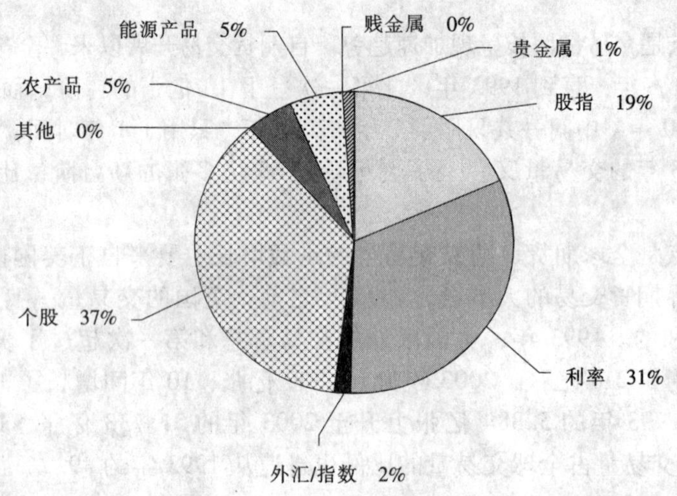

图1-3 2003年美国期货、期权（包括个股期货、期权）各品种交易量比例图

从图1-3可见，2003年，若将个股期货、期权也统计在内，在美国期货、期权交易量中，金融期货、期权的比例高达89%，商品期货、期权的比例仅为11%。

从图1-4可见，2003年，非美国期货、期权交易量（不包括个股）中，金融期货、期权的比例高达89%，而商品期货、期权的比例仅为11%。

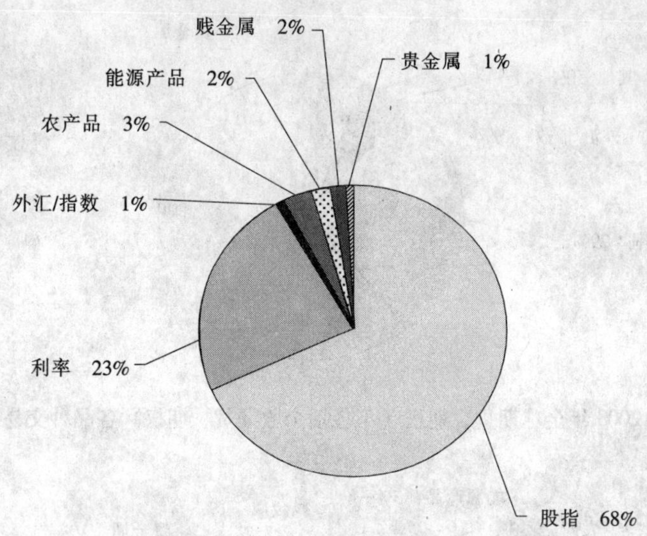

图 1－4　2003 年非美国期货、期权（不包括个股期货、期权）各品种交易量比例图

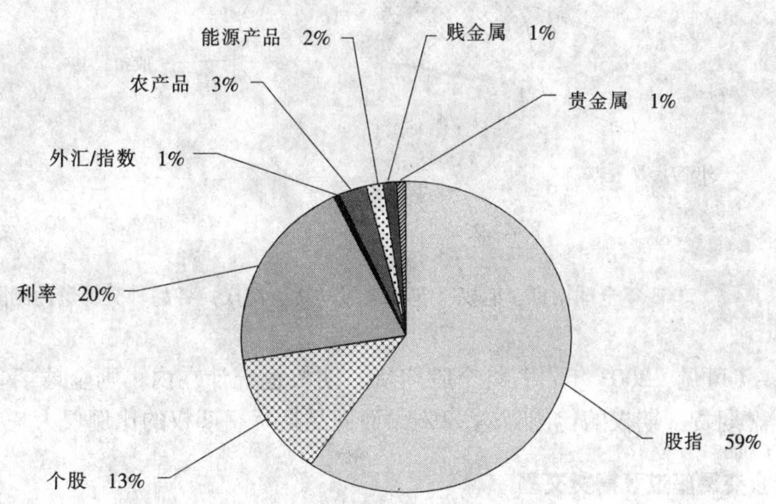

图 1－5　2003 年非美国期货、期权（包括个股期货、期权）各品种交易量比例图

从图 1－5 可见，2003 年，若将个股期货、期权也统计在内，则非美国期货、期权交易量中，金融期货、期权的比例高达 93%，而商品期货、期权的比例仅为 7%。

从图 1－6 可见，2003 年，全球期货、期权交易量（不包括个股期货、期权）中，金融期货、期权的比例为 91%，而商品期货、期权的比例仅为 9%。

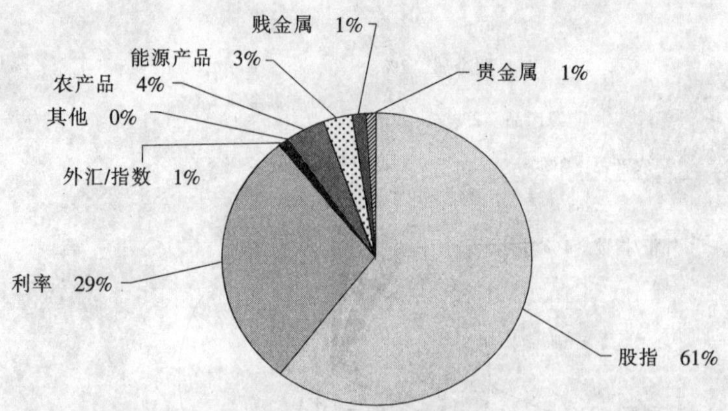

图 1-6 2003 年全球期货、期权（不包括个股期货、期权）各品种交易量比例图

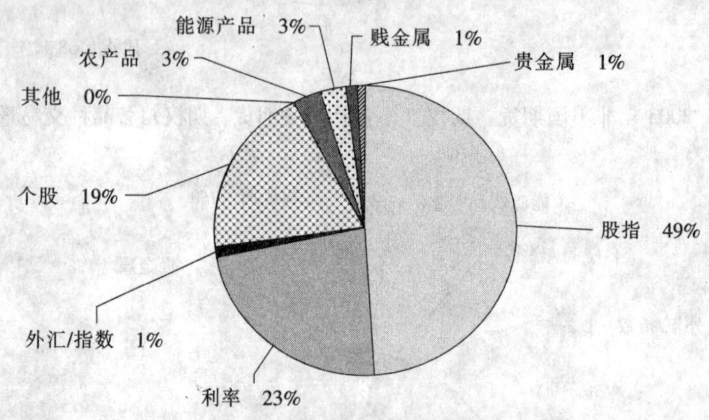

图 1-7 2003 年全球期货、期权（包括个股期货、期权）各品种交易量比例图

从图 1-7 可见，2003 年，若将个股期货、期权也统计在内，则全球期货、期权交易量中，金融期货、期权的比例高达 92%，而商品期货、期权的比例仅为 8%。

三、期权交易超过了期货交易

期权交易先从股票开始，逐渐扩散到其他品种；又通过与期货交易相融合，衍生出期货期权交易。2000 年，全球期权（现货期权和期货期权）交易的总量第一次超过了期货交易的总量。图 1-8 反映的是 2003 年全球期货（包括个股期货）与期权（包括个股期权）各自的成交情况。从数据对照看，全球期权交易量为 51.42 亿张，期货交易量为 29.71 亿张，期权交易量是期货交易量的 1.73 倍。其中，美国的期权交易量为 11.30 亿张，期货交易量为 10.43 亿张，期权交易量是期货交易量的 1.08 倍。非美国的期权交易量为 40.13 亿张，期货交易量为 19.28 亿张，期权交易量是期货交易量的 2.08 倍。

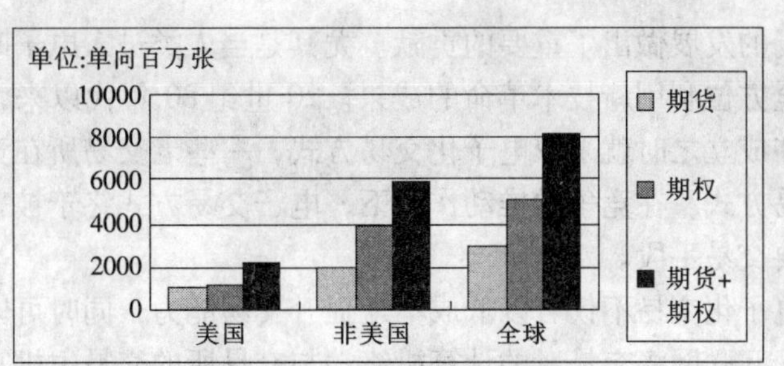

图1-8　2003年全球期货与期权成交量对照图

期权交易之所以迅速崛起并且超过了期货交易，与这种交易方式非常适合中小投资者和避险交易者有关。在期货交易中，无论是买进还是卖出期货，其面临的高风险与高收益是对称的，即买卖者可能大赢也可能大亏。然而，在期权交易中，两者得到了分离。正是这一分离，使得期权交易比期货交易更灵活，更能适合投资者的不同需求。

由于买进期权者不承担义务，只享受权利，因而损失是有限和可控的，但获取高收益的可能仍旧存在。这种情况对中小投资者及一些避险交易者特别具有吸引力。对中小投资者来说，可以将其视作为等同于买彩票之类的投资活动；对避险交易者来说，买进期权等于是买了份保险，所付的期权费等于是保险费。如果行情相反，最大损失也就是已付出的期权费，既不会有期货交易中追加保证金的风险，更没有爆仓之说；如果行情看准了，则可以在期权交易中得到的相应利润补偿现货中的风险损失。

对期权的卖方而言，相当于承担了保险公司的职能，卖出了一份保险单。尽管从理论上说具有很大的风险，但这个风险并不会超过期货交易的风险，这是因为期权卖出方在卖出期权时已经收到一笔权利金作为风险补偿。

更重要的是两者分离之后，大大丰富了交易者的交易策略。期权交易自身可以衍生出以往不存在的交易策略，比较经典的策略就有20多种；按照需要，一定程度上可以复制出期货头寸效应；如果与期货交易的交易策略相结合，产生的交易策略就更多了。无论是专业投资者还是业余投资者，无论是大投资者还是中小投资者，无论是避险交易者还是投机交易者，都可以在这些纷繁的交易策略中各取所需。在如此的灵活性下，期权交易受到投资者的青睐也就不足为怪了。

四、交易手段电子化

期货交易在19世纪中叶产生之时，通讯技术还非常落后，传统的期货交易只能采取集中公开喊价的方式。这种方式严重制约了期货交易的扩展，每当交易量有所扩展、交易场所无法容纳更多的交易员时，交易所就不得不另觅更大的场所，在美国，几乎所有历史悠久一些的交易所都因此而搬过家；通讯的落后也使场内交易者比场外交易者有着更大的时间和信息优势，以致于交易所的地域性特点非常突出。

期货市场对通讯技术的进步非常关注，并非常乐意采用新技术来提高自己的效率。从电报、电话到电脑，期货市场一直是最早使用它们的行业之一。通讯技术的每一次进步也都对期货市场的发展做出了重要的贡献。尤其是当人类进入电子时代后，期货市场更是积极主动地全方位利用新技术革命的成果。20 世纪 80 年代以来，新成立的期货交易所基本上都是在成立之时就采取电子化交易方式，一些老交易所在竞争的压力下也开始引进电子化交易方式。在竞争的推动作用下，电子交易方式终于被普遍接受，成为当今期货市场的主要交易手段。

交易所通过电子化交易不仅可以低成本地提升交易能力，同时可以向投资者们提供更多的交易品种。互联网将交易者的计算机终端与交易所的交易主机直接相联后，不仅为交易者提供了更快的速度、更好的准确度和更高的透明度，也打破了原有的时差界限和地域界限。电子化交易不仅大大促进了期货市场的发展，也改变了期货市场的传统格局，引发了期货市场的新一轮竞争。

正是在广泛采用电子化交易方式后，期货市场才迎来了全球性的大发展。先进的信息传递手段打破了原来的时空界限，使全球联为一体，期货市场的信息国际化，使价格发现功能、信息资源共享体现得更充分。

五、交易所之间的竞争空前激烈

期货市场的竞争主要体现在期货交易所之间。尽管交易所之间的竞争由来已久，但是，在通讯条件相对落后的过去，竞争通常局限于国内或邻近地区。然而，随着电子化交易方式的普及，竞争开始跨越国界，形成国际间竞争。交易所之间剧烈的竞争及竞争结果表现为：

（一）品种竞争

电子化交易以及金融自由化和国际化趋势，为交易所之间展开短兵相接的竞争铺平了道路。为扩大交易量，各交易所纷纷在品种设计上动脑筋，方法之一是复制或设计与他国类似的产品，供国内交易者交易。如日经 225 指数期货，不仅在日本有交易，新加坡和美国也有相应的交易。在近几年兴起的个股期货、期权交易方面，各国更是不遗余力地争打国际牌，直接以他国上市的股票作为交易标的。方法之二是在品种上努力创新，一些交易所不仅在传统的商品品种和金融品种上努力挖潜，还开拓出了一大批既不能归于商品也不能归于金融的新型期货交易品种。例如：各种商品指数期货，如 CRB 指数期货交易、橡胶指数期货、道·琼斯 AIG 商品指数期货；环保期货交易，如澳大利亚的悉尼期货交易所（SFE）推出了全球第一张环保合约——地球大气层二氧化硫浓度期货合约；天气期货，如芝加哥商业交易所推出的热度日（Heating Degree Day，HDD）和冷度日（Cooling Degree Day，CDD）期货和期权；更有甚者，伊拉克前总统萨达姆失踪后，都柏林的 TradeSports 交易所随即制定并推出了与萨达姆被捕相关的期货合约。

（二）争夺国外交易资源

为争夺国外交易资源，一些交易所采用将交易终端推广至他国，甚而直接在国外开设交易所分所的方式。2004 年 2 月 8 日，欧洲期货交易所（EUREX）在美国芝加哥的分所正式开张就是非常典型的事件。欧洲期货交易所美国芝加哥分所推出了美国国债期货，而这正是芝加哥期货交易所的王牌交易品种。针对欧洲期货交易所美国芝加哥分所纯粹使用电子交易平台、交易成本低的优势，芝加哥期货交易所急忙将美国国债的手续费降低 70% 以抵消欧洲期货交易所美国芝加哥分所的低成本优势，同时加速提高其电子化程度，并更加注重节约成本。而欧洲期货交易所美国芝加哥分所的回应则是宣布从 2004 年 7 月 12 日起至年底把美国国债期货的手续费降为零，同时，还推出一项将与频繁交易者分享收入的方案，以吸引投资者在欧洲期货交易所美国芝加哥分所交易。欧洲期货交易所美国芝加哥分所还计划推进全球化进程，包括上市更多产品，如德国政府债券期货、欧元斯托克 50 种股票指数期货等，以及为美洲和欧洲的投资者提供无缝交易（seamless dealing）等。可见交易所之间的竞争是多么激烈和残酷。

（三）合纵联盟

一些交易所通过与他国交易所组成联网、联盟甚至合并来增强自己的地位。早在 1984 年，新加坡国际金融交易所（SIMEX）就与美国芝加哥商业交易所合作开发了世界第一个可以互相对冲的交易系统（MOS）。该交易系统是针对两个交易所内完全相同的合约设计的，投资者可以在一个交易所内开仓而在另一个交易所内平仓，这一相互对冲制度不仅延长了交易时间，也大大提高了交易效率。后来，芝加哥期货交易所与伦敦国际金融期货与期权交易所、悉尼期货交易所之间也建立了类似的制度。

在结盟和合并方面也有大量的例子存在。比如，欧洲期货交易所（EUREX）就是由原德国期货交易所（DBT）和瑞士期权及金融期货交易所（SOFFEX）合并而成的，现在已成为世界上最大的期货交易所，而泛欧交易所（Euronext）则是由原法国、荷兰、比利时、葡萄牙、英国的一些交易所通过合并或收购而成的。

（四）交易所改制上市

为了更好地适应竞争，摆脱原来会员制模式带来的决策低效率的弊端，不少交易所进行了改制，将非会员制模式的交易所改造为营利性的股份制公司模式，其中有些在完成改制后还在股票市场上挂牌交易。如芝加哥商业交易所、欧洲期货交易所、泛欧交易所、香港交易和结算所有限公司（由香港联合交易所与香港期货交易所合并而成）、新加坡交易所（由新加坡股票交易所和新加坡国际金融交易所合并而成）现在都是上市公司。

第三节 主要期货交易所及交易品种介绍

一、美国的期货交易所及交易品种

从 1848 年美国第一家期货交易所建立以来的一百多年中，美国期货市场发展十分迅速，并在经营产品和交易方式上不断创新，形成了比较完善的期货市场体系。目前，美国一共有十多家期货交易所，其上市交易的商品无论在数量上还是在品种上均居世界前列。由于美国经济对全球经济影响的特殊地位，其期货交易行情也会对其他国家的行情产生相当大的影响，在美国之外进行期货交易的交易者也会非常关注美国交易所相关品种的交易情况。在美国的十多家期货交易所中，具有较大国际影响力的有：

（一）芝加哥期货交易所（CBOT）

该交易所创建于1848年，是美国历史最悠久和规模最大的会员制交易所。交易方式为公开喊价，闭市后的交易通过电子交易系统进行。所有合约都通过芝加哥交易所清算公司（BOTCC）进行清算。

交易所的交易品种分成农产品、利率、股票指数和贵金属四个类型。农产品有玉米、大豆、豆油、豆粕、小麦、燕麦、糙米、道·琼斯AIG商品指数；利率品种有30、10、5、2年期美国政府债券，德国政府中长期债券，10、5年期利率互换，10年期市政债券指数，30天联邦基金等；股票指数有道·琼斯工业指数、道·琼斯美国总市场指数；贵金属有黄金、白银。其中绝大多数期货品种都有相应的期货期权交易。在交易量方面，从2003年的数据看，金融期货、期权所占比例超过80%，其中最为活跃的是美国政府10、5、30年期国债。农产品方面的交易量占15%左右，其中玉米、大豆、豆粕、豆油、小麦的成交量最为集中。芝加哥期货交易所的农产品交易在美国农产品期货、期权交易量中的比例高达72%，在全球的比例大致在30%左右。可以说芝加哥期货交易所事实上是世界农产品期货、期权交易的大本营。其产生的价格对全球农产品价格有着重大影响。

2003年，芝加哥期货交易所的期货与期权总成交量为4.54亿张，在全球各交易所排名中名列第五（排名包括个股期货、期权交易，下面涉及排名时相同）。

（二）芝加哥商业交易所（CME）

该交易所前身为芝加哥农产品交易所，由一批农业经销商于1874年创建。现在该交易所由四个交易部门组成，即商品市场分部（CME）、1972年成立的国际货币市场分部（IMM）、1982年成立的指数和期权市场分部（IOM）、1995年成立的发展与新兴市场分部（GEM）。交易可通过场内公开喊价及GLOBEX系统进行。清算和交割均由芝加哥商业交易所下属的清算所负责。

2000年，该交易所实现了股份制公司改造，不再是会员制交易所。现在的交易品种有六大类。商品类有牛肉（肥牛、活牛）、奶制品（黄油、牛奶、干酪）、肉类（猪腩、瘦猪）、化肥（酞酸乙二烯、硝酸铵、尿素）、木材及Goldman Sachs商品指数；外汇类有十多个外汇品种，其中还有美元指数；股票指数类有十多个股指；利率类有12个品种，主要是短期利率产品；跟踪回报类产品为非传统期货产品，如跟踪商品、黄金、技术等投资回报等，目前已推出了6个品种；天气类品种也是非传统期货产品，目前推出的品种有亚太、美国、欧洲的月度及季度天气各两种。

2003年，芝加哥商业交易所的期货与期权总成交量为6.40亿张，在全球各交易所排名中名列第四。其成交量中，97%来自际货币市场分部（IMM）及指数和期权市场分部（IOM）。成交最活跃的品种有欧洲美元（期货2.09亿张，期权0.71亿张）、标准·

普尔500小型期货（1.61亿张）、E－MINI NASD（0.68亿张）。外汇期货、期权共成交3402万张。商品期货、期权共成交897万张，其中，交易量较大的有活牛（期货444万张，期权66万张）和瘦猪（期货216万张，期权13万张）。

（三）芝加哥期权交易所（CBOE）

该交易所成立于1973年，现在是全球最大的期权交易所。在该交易所上市交易的股票现货期权已达700多种，此外还有品种齐全的股票指数现货期权。2003年期货与期权成交量为2.84亿张，在全球各交易所排名中名列第六。

（四）纽约商业交易所（NYMEX）

该交易所成立于1872年，建所初期交易的商品主要为黄油、奶酪和鸡蛋。1882年正式定名为纽约商业交易所。1974年，推出了交割地为鹿特丹的燃油期货，开始向能源期货转化。1978年推出以纽约港为基准的2号取暖用油，1984年推出纽约港汽油，1987年推出丙烷期货交易，1990年又推出了汽油期货交易。1994年兼并纽约商品交易所（COMEX）。现在，纽约商业交易所不仅已是世界上最具影响力的能源产品交易所，同时也是美国最大的金属期货交易所。目前，该交易所仍旧按照产品归属分为两个分部：纽约商业交易所分部主要从事能源期货、期权交易，主要品种有轻质原油、燃料油、纽约港汽油、天然气、丙烷等。纽约商品交易所主要从事金属期货、期权交易，品种有金、银、铜、铝、钯、铂期货交易。2003年，该交易所期货与期权成交总量为1.33亿张，在全球各交易所排名中名列第十一。其中，轻质原油的成交量最大（期货4544万张，期权1024万张），其次为天然气（期货1904万张，期权874万张），燃料油和汽油也都在1000万张以上。金属交易方面，虽然铜、铝的交易量都不及伦敦金属交易所，然而其黄金交易却是世界上影响最大的，全年成交量为期货1224万张，期权431万张。

二、欧洲的期货交易所及其交易品种

欧洲的期货交易虽然起步早，但除了英国的一些交易所在历史上素有名声外，其他一些交易所由于规模较小且分散在各国，国际影响力并不大。然而，20世纪90年代开始，借助于经济一体化及先进的电子交易手段，欧洲的期货业走上了蓬勃发展之路。一连串眼花缭乱的合并之后，出现了欧洲期货交易所和泛欧交易所两个巨无霸式的交易所，从此改变了欧洲乃至世界期货市场格局。

（一）欧洲期货交易所（EUREX）

1988年，瑞士金融期货期权交易所（SOFFEX）成立，并首创以电子交易方式进行交易。

1988—1989年，德国期货交易所（DTB）以SOFFEX交易系统为基础建立电子交易平台。

1994年中，德国期货交易所和法兰克福证券交易所（FWB）合并为德国交易所有限公司（Deutsche Borse AG），原来的DTB和FWB都成为德国交易所有限公司的子公司。

1998 年，德国期货交易所和瑞士金融期货期权交易所合并，组建了欧洲期货交易所，交易股票期权、股票指数期货及期权、利率期货及期权合约。

欧洲期货交易所以先进的电子交易手段作为武器，一路攻城略地，连伦敦国际金融期货与期权交易所这样的老牌交易所也因继续采用公开喊价交易方式而被其击败，最后被泛欧交易所收购。从 1999 年开始，欧洲期货交易所的交易量就超过芝加哥期货交易所跃居世界第一。2003 年，欧洲期货交易所的期货与期权总成交量为 10.15 亿张，在全球各交易所排名中名列第二（名列第一的是韩国股票交易所，其成交量主要来自于 KOSPI200 期货及期权，尽管其合约交易量为第一，但与其合约规格较小有关，如按交易金额相比，则远不如欧洲期货交易所）。目前，该交易所的交易网络遍及全球 18 个国家，参与机构达 424 个，交易网络超过 1 万个。2004 年，还在芝加哥直接开设分部，表现出极强的进攻能力。

欧洲期货交易所的产品主要包括以下五大类：

1. 货币市场：一个月欧元隔夜拆借利率期货，一个月欧元银行间存款利率期货，三个月欧元银行间存款利率期货，三个月欧元银行间存款利率期货期权。

2. 固定收入市场：三年期欧元国债期货，五年期欧元国债期货，十年期欧元国债期货，三十年期欧元国债期货和瑞士国债期货；三年期欧元国债期货期权，五年期欧元国债期货期权，十年期欧元国债期货期权，三十年期欧元国债期货期权和瑞士国债期货期权。

3. 股票市场：荷兰、芬兰、法国、德国、意大利、瑞士和美国的股票期权。

4. 股票指数市场：包括以下产品的期货和期权，如德国 30 蓝筹股指、德国新市场股指、德国 30 技术板块蓝筹股指、瑞士股指、芬兰股指、道·琼斯环球巨人 50 股指、道·琼斯斯托克 50 股指、道·琼斯欧元斯托克 50 股指和道·琼斯斯托克 600 行业指数。

5. 交易所交易基金市场：包括以下产品的期货和期权，如德国 30 蓝筹股指数、道·琼斯欧元斯托克 50 股指、EURO STOXX 50 LDRS、Fresco EURO STOXX 50、以瑞士股指为标的物的交易所交易的基金等。

（二）泛欧期货交易所（Euronext）

1997 年 1—2 月，阿姆斯特丹股票交易所（ASE）、欧洲期权交易所（EOE）、阿姆斯特丹农产品期货交易所合并，成立阿姆斯特丹交易所（Amsterdam Exchanges，AEX）。阿姆斯特丹交易所由荷兰财政部负责监管。

1999 年 3 月，布鲁塞尔期货期权交易所（BELFOX）、布鲁塞尔股票交易所（BSE）、比利时国家证券托管登记机构（CIK）合并，成立布鲁塞尔交易所有限公司（BXS Ltd）。布鲁塞尔交易所有限公司由比利时财政部负责监管。

1999 年 6 月 1 日，法国期货交易所（MATIF）和法国期权交易所（MONEP）一起并入巴黎证券交易所，成立法国统一的证券期货市场——巴黎交易所有限公司，由法国财政部负责监管。

2000 年 9 月 22 日，巴黎交易所有限公司、布鲁塞尔交易所有限公司、阿姆斯特丹交易所股份有限公司合并，成立跨法国、比利时、荷兰的交易所——泛欧期货交易所，从而结束了上述三国交易所林立的市场格局，开创了该地区泛欧交易所的新局面。新交易所于2001年6月上市交易。

2001年，里斯本证券交易所加入泛欧期货交易所，2001年10月29日，泛欧期货交易所出资5.5亿英镑收购了伦敦国际金融期货与期权交易所。

泛欧期货交易所的产品体系由巴黎、布鲁塞尔、阿姆斯特丹、伦敦国际金融期货与期权交易所四家交易所的原有产品组合而成，遍布于股票期货、期权，利率期货、期权，外汇期货、期权，股指期货、期权及商品期货、期权五大类中。其中，商品期货、期权的产品有可可、咖啡、白糖、小麦、油菜籽、玉米、马铃薯。2003年，泛欧期货交易所的期货与期权总成交量为6.95亿张，在全球各交易所排名中名列第三。

（三）伦敦金属交易所（LME）

伦敦金属交易所是目前国际金属交易中影响最大、交易品种最多、交易制度和配套设施最完善、最有权威性的金属交易所。伦敦金属交易所成立于1877年，从第二次世界大战结束至今，伦敦金属交易所交易的金属已从最初的铜、锡两种发展到目前的铜、铝、铅、锌、锡、镍、铝合金等金属品种。2003年，伦敦金属交易所的期货与期权总成交量为7231万张，在全球各交易所排名中名列第十七。其中，交易量最大的为铝（期货、期权合计为2871万张），其次为铜（期货、期权合计为2077万张），再次为锌（期货、期权合计为1087万张）、锡（期货146万张），铅、镍及铝合金分别成交460万张、437万张和70万张，北美特种铝合金83万张。

（四）伦敦国际石油交易所（IPE）

伦敦国际石油交易所成立于1980年11月，成立后不久即推出煤油期货交易，1988年6月又推出了布伦特原油期货交易，1997年又推出天然气期货交易。2003年，伦敦国际石油交易所的期货与期权总成交量为3334万张，在全球各交易所排名中名列第二十四。在其交易量中，布伦特原油期货2401万张，煤油期货843万张，天然气期货82万张，其余为期权交易。尽管伦敦国际石油交易所的总交易量在交易所排名中并不高，但由于集中发挥专业作用，在全球石油定价体系中有着重要影响。伦敦国际石油交易所的布伦特原油期货价格也已成为全球财经人士时刻关注的价格。

三、亚太地区的期货交易所及交易品种

（一）日本的期货交易所

日本开展期货交易的历史也很早，但在第二次世界大战期间，受战争及国内经济形势的影响，此前建立的交易所都相继关闭。第二次世界大战结束之后，交易所重新恢复，陆陆续续建立起了十多个交易所。后来，通过合并及建立新交易所，日本尚存7家商品交易所和1家金融期货交易所。其中重要的有：

1. 东京工业品交易所（TOCOM）。1984年11月1日，东京橡胶交易所（成立于1951年）、东京纺织品交易所（成立于1951年）及东京黄金交易所（成立于1982年）合并成立东京工业品交易所。该交易所是日本惟一的一家综合性工业品交易所，也是日

本目前最大的期货交易所，交易量占全日本7家商品交易所的一半以上。目前拥有10个交易品种，分别为金、银、铂、钯、铝、汽油、煤油、原油、柴油（2003年9月8日推出）及天然橡胶。2004年5月开始推出黄金期权交易。2003年全年的期货交易量为8725万张，在全球交易所中排名第十四。其中，交易量上千万张的有黄金（2664万张）、铂（1421万张）、汽油（2568万张）及煤油（1321万张）。天然胶期货交易量为359万张。

2. 东京谷物交易所（TGE）。该交易所成立于1952年。现有交易品种有玉米、豆粕、美国大豆、非转基因大豆、红小豆、阿拉伯咖啡、Robusta咖啡、原糖。其中，玉米、美国大豆和原糖均有相应的期权交易。2003年全年的期货、期权交易量为2112万张，全球排名第三十一名。成交量较大的品种有非转基因大豆、玉米、美国大豆和阿拉伯咖啡。

3. 大阪商业交易所（OME）。该交易所地处大阪，1997年由原大阪棉纱交易所（1984年由两家交易所合并成立）和神户橡胶交易所（成立于1951年）合并而成。2002年初时共有6个交易品种，其中RSS3、TSR20、橡胶指数为橡胶品种；铝为金属品种；还有两个品种为20号棉纱和40号棉纱。2002年9月推出镍期货交易。2003年12月，20号棉纱和40号棉纱停止交易。现在大阪商业交易所实际交易品种为5个，即三个橡胶品种和两个金属品种。2003年成交量为616万张，全球排名第三十八名。

4. 东京国际金融期货交易所（TIFFE）。1989年成立，主要从事三个月欧洲日元、美元/日元汇率等期货交易。2003年成交量为477万张，全球排名第四十名。

（二）新加坡的期货交易所

新加坡有两个期货交易所，一个是新加坡交易所衍生品交易有限公司（SGX－DT），另一个是新加坡商品交易所（SCE）。

1. 新加坡交易所衍生品交易有限公司（SGX－DT）。该交易所的前身为新加坡国际金融交易所（SIMEX）。新加坡国际金融交易所成立于1984年，是亚洲第一家金融期货交易所。1986年第一个推出日经225股指期货交易。1999年12月，新加坡国际金融交易所与新加坡股票交易所（SSE）合并成立新加坡交易所有限公司（SGX），新加坡国际金融交易所成为SGX的全资子公司并更名为新加坡交易所衍生品交易有限公司（SGX－DT）。2000年11月，新加坡交易所衍生品交易有限公司成为上市公司。

目前，新加坡交易所衍生品交易有限公司的主要交易品种有股指期货、个股期货、利率期货、能源期货（中东石油期货）及相应的期权。2003年成交量为3565万张，全球排名第二十三名。其中成交量最大的品种为欧洲美元，其次为日经225指数、MSCI台湾指数、欧元利率，Mini型日本政府债券、MSCI新加坡自由指数也有一定的规模。

2. 新加坡商品交易所（SCE）。该交易所目前主要从事天然橡胶期货交易，由于品种单一，且交易量也不大，故影响较小。

（三）中国香港与台湾的期货交易所

1. 香港交易及结算所有限公司（HKEx）。1976年12月，香港成立商品交易所，当时主要进行棉花、大豆、糖与黄金这些商品期货交易，1985年改名香港期货交易所

（HKFE）后，于1986年5月推出恒生股指期货交易，从而逐渐转型为金融期货交易所。2000年3月香港期货交易所与香港联合交易所（SEHK）合并成立香港交易及结算所有限公司（HKEx），原来的香港期货交易所与香港联合交易所均成为香港交易及结算所有限公司的全资子公司。改制后不久，香港交易及结算所有限公司随即在本所上市交易。目前，在香港交易及结算所有限公司交易的期货、期权品种主要有股指、个股、利率三类。2003年期货、期权总成交量为1455万张，全球排名第三十六名。成交量主要集中在恒生指数上（恒生指数期货680万张，期权212万张；小型恒指期货125万张，期权3万张，合计1020万张），占总成交量比例70%。其次为个股期权，成交量为422万张。

2. 台湾期货交易所（TAIFEX）。该交易所成立于1997年4月，交易品种主要为台湾证券交易所股价综合指数及各行业类股指期货及期权；2004年新推出十年期政府公债期货与三十天期利率期货两个品种。2003年，期货与期权总成交量为3188万张，全球排名第二十六名。成交量中，台股指数期货652万张，期权2172万张；小型台股指数期货132万张，共计2956万张，占总成交量的比例超过92%。

（四）韩国的期货交易所

韩国期货市场起步晚，但发展速度惊人，成为世界期货市场中的一匹黑马。

1. 韩国期货交易所（KOFEX）。该交易所成立于1999年4月，推出了美元期货、期权，韩国三年期国债期货、CD利率期货与黄金期货、KOSDAQ50股指期货。2003年，总成交量为1296万张，全球排名第三十七名。

2. 韩国证券交易所（KSE）。韩国期货交易所成立之前，韩国证券交易所于1996年5月推出了KOSPI200股指期货交易，随后又于1997年7月推出相应的股指期权交易。该品种在短短的几年中交易量呈现出爆炸式上升的态势，1999年，KOSPI200股指期货成交1720万张，相应的股指期权成交7990万张。2003年，KOSPI200股指期货成交6200万张，相应的股指期权成交28.38亿张。尽管由于该合约规模并不大，但在合约交易量统计排名上，无可辩驳地成为全球第一名。

（五）澳大利亚和新西兰的期货交易所

1. 悉尼期货交易所（SFE）。澳大利亚悉尼期货交易所的前身是成立于1960年的悉尼生羊毛期货交易所，1972年，悉尼生羊毛期货交易所更名为悉尼期货交易所。1978年起，先后引入了黄金期货、90天银行存单期货、家禽和白银期货、所有普通股价格指数期货、政府债券期货、外汇期货、股票期货等。2003年，期货、期权总成交量为4476万张，全球排名第十九。交易量中较大的有三年期债券（期货、期权等合计2120万张）、90天银行存单（合计1169万张）、十年期债券（期货、期权等合计684万张）、SFE SPI200指数（合计期货489万张）。

2. 新西兰期货与期权交易所（NZFOE）。该交易所成立于1985年，1992年以后成为悉尼期货交易所的全资子公司，主要产品包括NZSE－10及NZSE－40股票指数期货、三年期和十年期的政府债券期货、外汇期货、羊毛期货、股票选择权。2003年成交量为49万张，全球排名第五十七。

四、加拿大和南美的期货交易所及交易品种

1. 蒙特利尔交易所（ME）。蒙特利尔交易所成立于1874年，是加拿大最老的交易所。1975年，蒙特利尔交易所在加拿大率先推出股票期权交易，逐步向衍生品市场转化。2003年，该交易所的期货、期权成交总量为1768万张，全球排名第三十三，主要产品分布在利率、股票指数、个股及基金期权四个方面。其中，三个月加拿大银行存单利率期货成交658万张，十年期加拿大政府债券成交240万张，标准·普尔加拿大60指数期货成交量169万张，股票期权成交量600多万张。

2. 温尼伯商品交易所（WCE）。该交易所是由当地一些谷物商于1887年建立起来的农产品交易所，起初只是进行现货交易，1904年开始引进期货交易方式。现在交易的品种有油菜籽、西部大麦、饲料用小麦及亚麻子。2003年的期货、期权总交易量为184万张，全球排名第五十。交易量主要集中在油菜籽期货上，其成交量为142万张。

3. 巴西商品期货交易所（BM&F）。该交易所成立于1985年7月，1986年1月31日开始交易和运作。1991年5月9日，和圣保罗商品交易所（BMSP，成立于1917年）合并；1997年6月，又和巴西期货交易所（BBF，成立于1983年）合并，两次合并后名称均为巴西商品期货交易所（BM&F），总部设在里约热内卢。目前交易的品种有商品（黄金、咖啡、活牛、棉花、玉米、白糖、大豆等）、外汇、利率、股指，交易方式有现货、远期、期货、期权、互换、组合交易等。2003年，总成交量达到1.21亿张，全球排名第十二。在众多的品种中，成交量最大的为短期利率类品种，成交量高达8355万张，其中银行间存款利率期货成交量为5764万张；外汇类成交量总共为1932万张，其中，以美元期货的量为主，达到1678万张；农产品期货、期权方面，总交易量为78万张，其中交易量较大的有阿拉伯咖啡（48万张）和活牛（11万张）；另外，在黄金现货及期权上也有35万张的交易量。

4. 墨西哥衍生品交易所（MexDer）。该交易所成立于1998年12月15日，又是一个发展迅猛的例子。在其第五个年头的2003年，交易量达到了1.74亿张，在全球各交易所中的排名上升至第十。最大的交易品种为28天银行间平均利率期货，成交量达到1.62亿张；其次为91天墨西哥债券期货，交易量为1140万张；再次为墨西哥证券交易所指数期货，交易量为22万张。除上述品种外，还有三个期货品种：外汇（墨西哥比索/美元）、三年期固定利率债券及十年期固定利率债券。2004年，该交易所又推出了股票期权、股指期权、债券期权等新品种。

第二章 国际期货交易基本规则

第一节　期货合约

一、期货合约概述

（一）期货合约的概念及特点

所谓期货合约，是指由期货交易所统一制定的、规定在将来某一特定的时间和地点交割一定数量和质量资产的标准化合约。期货合约是在远期合约的基础上发展而来的，但与远期合约相比，期货合约通常由交易所制定，在交易所内进行交易。

与远期合约相比，期货合约最重要的特点就是合约规则的标准化。正如第一章所提到的，在芝加哥期货交易所推出第一个标准化的期货合约之前，由于采用非标准化的远期合约，买卖双方在要求不一致时往往很难达成交易，而且在交易中很容易出现违约和交易纠纷。直到1865年标准化合约的推出，才为日后期货交易的蓬勃发展奠定了良好的基础。随着以标准化合约为基础的交易机制逐步确立，期货市场的参与者数量和种类大大增加，期货市场的地位和影响力也在不断提高。发展到今天，标准化的期货合约已经成为期货市场中具有核心作用的重要组成部分，也成为众多投资者选择期货交易的主要原因。因为标准化的合约不仅为投资者了解和进入期货市场提供了便利条件，极大地提高了期货市场的流动性，同时也因此而使期货市场的定价功能得以真正实现。

在全球期货交易中，为了尽可能地提高市场的流动性，所有场内交易的期货合约都采用标准化的形式，交易所会在合约中对标的资产的品质、标的资产的数量、保证金要求、交易时间、合约月份等内容做出明确的规定，并据此设立相应的交易机制来保证交易双方都不会违约。一般情况下，期货合约中必须包括交易所名称、标的资产品质描述、标的资产规模（也就是合约中标的物的确切数量）、报价方式、交割地点、交割时间、保证金要求、每日价格波动幅度限制等项目。在某些情况下，交易所还会针对标的物的特点在期货合约中加入一些特殊的规定。

可以说，期货市场之所以能够吸引众多的投资者，其主要原因就是合约的标准化。

正是因为期货合约具有标准化的条款，才使得来自不同国家的投资者能够较为迅速地了解期货交易的特点。标准化的合约规则也为投资者到境外期货市场进行投资提供了便利，投资者可以有效地降低交易成本，提高交易效率，并能更恰当地利用期货交易来实现规避风险或牟取利润的目的。

（二）期货合约的发展

标准化的期货合约从诞生到今天，走过了一百多年的发展历史。从合约的标的物类型、合约的交易方式到合约的交割安排等内容都经历了并且正经历着规则上的变动。纵观期货合约的演进历程，不仅反映了世界经济在不同发展阶段的特点，也可以看到期货市场自身的发展和进步。在期货市场中，既有那些历史悠久的合约品种，也有后来居上的新生力量。期货市场在始终发挥其规避风险和发现价格两大基本功能的同时，也在不断扩大着其影响力和影响范围。

在期货市场的发展过程中，有很多合约品种有着悠久的历史和旺盛的生命力，但也有很多合约品种由于各种各样的原因退出了历史的舞台，例如芝加哥商业交易所的黄油合约和洋葱合约。综合起来分析，成功合约品种的共同之处是具有较高的市场流动性和众多的市场参与者，能够真正实现期货市场的两大功能。众多失败的合约也正是由于难以实现上述目标而无奈地选择了退出。

从期货合约的发展历程不难看出，期货合约从最初的农产品期货合约到随后的金属、能源期货合约，再到近年来发展迅速的金融期货合约和电子迷你型期货合约，其创新速度正在不断加快，类型也在日益丰富。这也反映出投资者对期货市场的认可程度正在提高，越来越多的交易者正在运用期货交易来满足自己的投资需求。尽管期货合约的规则一直都处在不断的变化和完善之中，但近年来期货合约最重要的变化方向就是积极适应电子化交易的特点，同时力争吸引更多的投资者，所以，满足众多中小投资者需求的迷你型期货合约一经推出，就成为期货市场上的佼佼者，引领了期货合约调整的新潮流。随着全球各交易所的竞争日益激烈，在期货合约的规则上也将会出现越来越多更贴近市场的革新性调整。

除了对现有合约品种的规则进行调整外，对期货交易所而言，选择符合市场需求的期货合约品种上市交易不仅对自身的发展至关重要，同时也对整个期货行业和全球经济的发展起着不容忽视的作用。这一点，从芝加哥商业交易所 1972 年创建国际货币市场所产生的深远影响就可以体会到。此外，从目前全球各交易所纷纷建立联合交易的电子化平台也可看出，未来期货合约规则的变动必将更多地体现出期货交易全球化和电子化的特点。

二、期货合约的基本内容

（一）期货合约的主要条款

投资者在参与期货交易之前，必须熟悉和了解期货合约的相关内容。目前，在全球各交易所交易的期货品种包括农产品期货、金属期货、能源期货、金融期货（如指数期货）等等。尽管各类期货合约的标的资产不尽相同，但其合约的基本内容却是大体一致的。下面以芝加哥期货交易所的大豆期货合约为例，介绍这些内容（见表 2-1）。

表 2-1　　芝加哥期货交易所大豆期货合约

合约规模　Contract Size

5000 蒲式耳

交割等级　Deliverable Grades

2 号黄大豆，1 号黄大豆每蒲式耳升水 6 美分，3 号黄大豆每蒲式耳贴水 6 美分。3 号黄大豆只有在除额外杂质一项以外的全部指标均达到美国 2 号黄大豆标准时，才允许进行交割。详情见芝加哥期货交易所交易规则第十章大豆期货交易规则。

No. 2 Yellow at par, No. 1 yellow at 6 cents per bushel over contract price and No . 3 yellow at 6 cents per bushel under contract price . * No. 3 Yellow Soybeans are only deliverable when all factors equal U. S. No. 2 or better except foreign material . See Chapter 10s – Soybean Futures in the Rules & Regulations section.

最小变动价位　Tick Size

1/4 美分/蒲式耳（12 . 50 美元/合约）。

Quarter – cents/bu ($12 . 50/contract).

报价单位　Price Quote

美分和 1/4 美分/蒲式耳。

Cents and quarter – cents/bu.

合约月份　Contract Months

9 月、11 月、1 月、3 月、5 月、7 月、8 月。

Sep. , Nov. , Jan. , Mar. , May. , Jul. , Aug.

最后交易日　Last Trading Day

合约月份的第 15 个工作日的前一个正常工作日。

The business day prior to the 15th calendar day of the contract month .

最后交割日　Last Delivery Day

交割月份的最后交易日之后的第二个工作日。

Second business day following the last trading day of the delivery month .

交易时间　Trading Hours

公开喊价：周一到周五，美国中部时间上午 9：30 至下午 1：15。电子盘：周日到周五，美国中部时间下午 7：31至上午 6：00。最后交易日的合约在中午收盘。

Open Auction：9：30 a. m. –1：15 p. m. Central Time, Mon – Fri. Electronic：7：31 p. m. –6：00 a. m. Central Time, Sun. – Fri. Trading in expiring contracts closes at noon on the last trading day.

交易代码　Ticker Symbols

公开喊价：S；电子盘：ZS。

Open Auction：S；Electronic：ZS.

每日价格波幅限制　Daily Price Limit

前一交易日结算价上下 50 美分/蒲式耳（ $2500 每合约），进入交割月无涨跌停板（在进入交割月前两个交易日涨跌停板开始取消）。

50 cents/bu ($2500/contract) above or below the previous day' s settlement price . No limit in the spot month (limits are lifted two business days before the spot month begins).

保证金要求　Margin Information

见大豆期货保证金要求。

Find information on margins requirements for the Soybeans Futures .

资料来源：芝加哥期货交易所网站。

表2－1是芝加哥期货交易所大豆期货合约的简要形式，包含了各类期货合约的基本条款。按照该合约的顺序，现将合约规则介绍如下：

1. 合约规模（contract size）。期货合约的规模是指每一份合约中交割的资产数量。在本例中，期货合约的规模为5000蒲式耳。

对于期货交易所来说，规定适当的合约规模对于保证期货交易的流动性十分重要。如果合约规模过小，会大大提高交易者的成本；如果合约规模过大，又会限制一些中小投资者的进入，而这两种情况的出现都会限制期货交易的流动性，对期货交易产生不利影响。

近年来，随着全球期货市场中电子化交易的不断发展和迅速扩大，国际期货市场上又出现了一种新的期货合约——迷你型合约。交易所设计和制定迷你型合约的初衷是为了满足那些初涉期货市场的中小投资者（包括原来主要涉足证券市场，不了解期货市场的投资者和资金有限的中小型投资者），同时与国内外规模较小的同类期货合约竞争，但随着电子化交易的蓬勃发展，迷你型期货合约（mini－sized contract）已逐渐成为网上电子交易者的钟爱，电子迷你型期货合约（e－mini－sized contract）也得到了迅速的发展。

与传统期货合约相比，同类商品的迷你型期货合约主要是对资产规模、最小变动价位和报价单位等项目进行调整，通过缩小合约的资产规模，使投资者在同一个期货品种上的交易选择更为灵活，也更便于刚刚进入期货市场的中小投资者进行交易。从合约推出后的交易情况来看，迷你型合约的出现也大大提高了同类商品期货或金融期货的市场流动性。

目前，美国芝加哥期货交易所已推出了包括迷你型大豆期货合约、迷你型玉米期货合约和迷你型小麦期货合约在内的多种迷你型商品期货合约。在金融期货合约方面，美国芝加哥商业交易所也已推出了S&P500的迷你型期货合约。可以预见，随着期货交易的电子化和全球化进程不断加快，为了提高期货市场的流动性，扩大期货交易的参与者范围，国际期货市场上将出现更多的迷你型合约。

以下以芝加哥期货交易所的玉米期货为例，将其标准型合约和迷你型合约的主要差别之处对比如下（见表2－2）。

表2－2　芝加哥期货交易所标准型和迷你型玉米期货合约对比

	标准型玉米期货合约	迷你型玉米期货合约
交易品种	玉米	玉米
合约规模	5000蒲式耳	1000蒲式耳
报价单位	（A＋B/4）美分/蒲式耳（B＝1，2，3；A为大于零的整数）	美分/蒲式耳（1000蒲式耳）
最小变动价位	0.25美分/蒲式耳（每手合约12.50美元）	0.125美分/蒲式耳（每手合约1.25美元）
每日价格最大波动限制	前一交易日结算价±20美分/蒲式耳（1000美元/张合约）。现货月开始前的两个交易日，现货月合约没有价格波幅限制。	前一交易日结算价±20美分/蒲式耳(200美元/张合约)。现货月开始前的两个交易日，现货月合约没有价格波幅限制。

资料来源：芝加哥期货交易所网站。

除上面列出的差别外，标准型和迷你型合约的其他主要条款都是相同的，只是为了促进更多交易者的参与，迷你型合约的公开喊价交易时间比标准型合约延长了半小时，到每日下午1：45。

2. 标的资产的品质描述——交割等级（deliverable grades）。在期货合约中，如果标的物是商品，那么往往会出现市场上同一种商品质量差异很大的情况，这就要求期货交易所在指定标的资产时，应对合约标的物的质量等级做出明确的规定，这对于交易的顺利进行十分重要。在表2-1中，标的资产的品质要求为2号黄大豆。在芝加哥期货交易所，豆粕期货的交割等级是蛋白质含量为48%的豆粕。而在伦敦金属交易所，铜的交割等级是A级铜。

但在现货市场上，同一种商品，特别是同一种农产品的质量常常会存在一定的差异。因此，交易所在制定交割等级时，除了规定标的资产的品质外，还会对可进行替代交割的产品品质做出规定。当交易者进行实物交割时，由于替代交割的产品与作为合约标的物的产品之间存在质量差异，如要选用合约规定的替代交割品种进行交易，就需要根据其等级调整标的物的价款。在表2-1的例子中，规定了两种可替代交割的大豆品种，其中1号黄大豆每蒲式耳升水6美分，3号黄大豆每蒲式耳贴水6美分，而且3号黄大豆只有在除额外杂质一项以外的全部指标均达到美国2号黄大豆标准时，才允许进行交割。

相对于商品期货来说，金融期货合约的标的物定义就十分明确。例如，股票指数合约、利率期货合约等一些金融期货合约对标的物都有清晰准确的定义。

3. 合约的最小变动价位（tick size）及合约的报价单位（price quote）。期货合约的报价方式既容易理解又便于操作，各交易所中关于报价的规定主要包括报价单位和最小变动价位。在期货交易中，报价单位必须是最小变动价位的整数倍。例如，纽约商业交易所关于原油期货合约报价单位的规定为美元/桶，最小变动价位为0.01美元。在交易中，投资者下达某些指令——如限价指令时，就需要参照合约中有关报价单位及最小变动价格的相关规定。

4. 合约月份（contract months）。合约月份是指标的资产的交割月份，即某种期货合约到期交割的月份，通常由期货交易所根据交易品种特性加以规定，期货交易者可以根据自身需要自由选择交易不同交割月份的期货品种。在表2-1中，大豆的合约月份主要是根据其种植和收获的季节来确定的，是每年的1月、3月、5月、7月、8月、9月和11月。

5. 最后交易日（last trading day）和最后交割日（last delivery day）。最后交易日是指期货合约在合约交割月份中进行交易的最后一个交易日，在此期限之前，没有平仓的期货合约必须进行实物交割。而交割日期则是以实物交割形式了结未平仓合约的时间。在很多期货合约中，最后交易日通常是最后交割日的前几天。例如芝加哥期货交易所规定，其玉米期货的最后交易日为交割月的最后交割日的前一天。

6. 交易时间（trading hours）。交易时间是交易者在期货交易所内进行期货交易的时间。随着电子化交易的不断发展和各交易所之间竞争的不断加剧，目前各期货交易所除了传统的交易时间外，还大大延长了电子交易的交易时间，这也在很大程度上促进了期货交易的全球化发展。

7. 交易代码（ticker symbols）。与国内的期货交易类似，期货合约中关于编码的规定主要是方便交易者在下达指令时区分不同的合约品种。

8. 每日价格波动幅度限制（daily price limit 或 minimum fluctuation）。对大部分期货品种来说，通常是由期货交易所在合约中规定其每日价格变动的限额。所谓每日价格波动幅度限制，也就是期货市场中的涨跌停板制度，是指期货合约在一个交易日中的交易价格波动不得高于或者低于规定的涨跌幅度。如果价格下降的金额等于每日价格限额，则称该合约达到跌停板；反之，如价格上涨金额达到每日价格限额，则称为涨停板。目前，全球各交易所对于涨跌停板的规定各不相同，在表 2－1 的合约中，芝加哥期货交易所大豆期货的每日价格波动幅度限制为前一交易日结算价上下 50 美分/蒲式耳（2500 美元/合约），合约进入交割月无涨跌停板限制（在进入交割月前两个交易日涨跌停板开始取消）。而在伦敦金属交易所，铜期货合约就没有每日价格波动幅度限制。

9. 保证金要求（margin information）。由于期货市场实行的是每日无负债结算制度，每天都要对交易者的保证金进行结算，因此期货合约中通常也会对保证金要求做出十分详细的规定。有关保证金制度的相关规定，将在本章的第二节中进行详细说明。

（二）期货合约中的其他常见条款

前面是根据表 2－1 所列合约规则进行的说明。除上述规则外，期货合约中还常常包括以下一些条款：

1. 标的资产的交割地点（delivery points）及可交割品种的产区（deliverable growth）。交割地点是期货交易所规定的，进行实物交割的指定交割仓库所在地。例如，在纽约期货交易所（NYBOT）的 14 号糖期货合约中就规定，交割地点是纽约、巴尔的摩、加尔维斯敦、新奥尔良和南美大草原地区（Savannah）。由于规定了交割地点，使期货交易所能够对进行实物交割的标的物数量、品质以及交付时间进行监控。

在一些期货合约中，交易所规定的交割地点是合约标的物的原产地港口。此时，交易者就必须关注合约中的另一个条款——可交割品种的产区。例如，在纽约期货交易所的 11 号糖期货合约中就对产区做出了明确规定，指出产区包括阿根廷、澳大利亚、巴巴多斯、巴西、泰国等近 30 个国家和地区，而交割地点是上述产区的港口。

由于商品期货的运输费用在价格中占有一定的比重，因此，不同交割地点的同一品种期货合约将会在价格上存在一定的差异。例如，在芝加哥期货交易所交易的玉米期货合约中，交割的地点可以是芝加哥的勃恩（Burns）港、Toledo 或圣路易斯，根据具体交割地点的不同，交割的实际价款将依据芝加哥期货合约价进行一定的调整。

2. 头寸限额（position limits）。头寸限额是允许一个投机者最多持有的合约数量。例如，芝加哥商业交易所的欧洲美元期货合约中规定，投机者在任意一个交割月份中净多头或净空头的持仓量不能超过 1 万手。如果持仓量超过这个数字，投资者就需要提供关于其交易策略、所持头寸特性和套期保值信息等相关资料。纽约期货交易所对棉花期货合约的头寸限制是：交割月为 300 手，非交割月为 2500 手。

交易所制定此项规定的目的是为了防止因投机者操纵市场而产生负面影响。通常，真正的套期保值者不会受头寸限额的影响。

3. 其他条款。除上面列出的条款外，期货合约中还包括交易手续费和交割方式等一些规定。交易手续费是期货交易所按成交合约金额的一定比例或按成交合约手数收取的费用。交割方式主要包括实物交割和现金交割两种。通常，前者是商品期货的交割方式，而后者是金融期货和一些不便于实行实物交割的现货商品采用的交割方式。

（三）期货期权合约中的主要条款

期权交易是在期货交易的基础上发展起来的，主要分为现货期权交易和期货期权交易，目前全球的期权交易主要以后者为主。期货期权合约与期货合约有很多相似之处，二者都是标准化的，而且同一种商品的期货合约和期货期权合约还有着共同的标的物，但由于期权交易与期货交易在规则上存在很多不同之处，因此二者在条款上也存在一些差异。表2－3是芝加哥期货交易所的大豆期货期权合约，其中包括如下与期权交易特点相对应的条款：

1. 敲定价格间隔（strike price intervals）。因为期权交易因合约的执行价格和标的物市场价格之间的差异不同可分为实值期权、平值期权和虚值期权，这是期货交易中所没有的。所以在期权合约中特别规定了各个不同月份合约之间的价格间隔，并据此来设置相应的实值期权和虚值期权。

2. 期权的执行（exercise）。在期权交易中，买方支付期权费后便拥有了到期选择是否执行期权的权利，因此期权合约规则中必须对期权的执行做出明确的规定。在表2－3的例子中，有关期权执行的条款是：在期权到期之前任何时间，期权买方都有权执行，但必须在芝加哥时间下午6：00之前通知芝加哥期货交易所结算所。期权执行后转为期货头寸，实值期权到期后自动被执行。这是一个典型的美式期权的执行规则。类似的，有关到期日的规定也是与期权执行相关的规则。

除了前面所列的两个条款外，期权合约中还有一些条款也是根据期权交易的特点所确定的，如合约规模、最小变动价格、保证金要求等等。由于介绍时需要涉及到期权交易的特点，受篇幅所限，本书将不一一赘述。有兴趣的读者可参照有关期权交易的资料，对照表2－1及表2－3进行分析，或者到国外各期货交易所网站查阅有关期权交易的相关知识。

表2－3　　芝加哥期货交易所大豆期货期权合约

合约规模　Contract Size
1手芝加哥期货交易所大豆期货合约。 One CBOT Soybean futures contract（of a specified contract month）of 5000 bu.
最小变动价位　Tick Size
1/8 美分/蒲式耳（6.25美元/合约）。 1/8 cent/bu（$6.25/contract）.

续表

敲定价格间隔　Strike Price Intervals
最近两个月份的合约以10美分为间隔，其余月份合约以20美分为间隔，开始交易时，分别设置5个实值期权和5个虚值期权。 10 cents per bushel for the first two months, 20 cents per bushel for all other months. At the comencement of trading, list 5 strikes above and 5 below the at – the – money strike.
合约月份　Contract Months
9月、11月、1月、3月、5月、7月、8月。如果前面的月份不是标准期权合约，则连续期权合约将会列示。连续期权权执行时分别转为临近月份的期货合约，比如10月期权头寸执行后转为11月期货头寸。 Sep., Nov., Jan., Mar., May., Jul., Aug.; a monthly (serial) option contract is listed when the front month is not a standard option contract. The monthly option contract exercises into the nearby futures contract. For example, an October option exercises into a November futures position.
最后交易日　Last Trading Day
对于标准期权合约：期货合约第一通知日之后的至少两个工作日后的星期五；对于连续的期权合约：期权月份的最后一个交易日后的至少两个工作日后的星期五。 For standard option contracts: The last Friday preceding the first notice day of the corresponding soybeans futures contract month by at least two business days. For serial option contracts: The last Friday which precedes by at least two business days the last business day of the month preceding the option month.
期权执行　Exercise
在期权到期之前任何时间，期权买方都有权执行，但必须在芝加哥时间下午6：00之前通知芝加哥期货交易所结算所。期权执行后转为期货头寸，实值期权到期后自动被执行。 The buyer of a futures option may exercise the option on any business day prior to expiration by giving notice to the Board of Trade clearing service provider by 6: 00 p.m. Chicago time. Option exercise results in an underlying futures market position. Options in – the – money on the last day of trading are automatically exercised.
到期　Expiration
没有被执行的期权将会在最后交易日的下午7：00到期。 Unexercised Soybean futures options shall expire at 7: 00 p.m. on the last day of trading.
交易时间　Trading Hours
公开喊价：周一到周五，美国中部时间上午9：30—下午1：15。电子盘：周日到周五，美国中部时间下午7：33—上午6：00。最后交易日的合约在中午收盘。 Open Auction: 9: 30 a.m. – 1: 15 p.m. Central Time, Mon – Fri. Electronic: 7: 33 p.m. – 6: 00 a.m. Central Time, Sun. – Fri. Trading in expiring contracts closes at noon on the last trading day.
交易代码　Ticker Symbols
公开喊价：看涨期权CZ；看跌期权PZ；电子盘：OZS。 Open Auction: CZ for calls/PZ for puts; Electronic: OZS.
每日价格波幅限制　Daily Price Limit
前一交易日结算价上下50美分/蒲式耳（$2500每合约），在最后交易日无涨跌停板。 50 cents/bu ($2500/contract) above or below the previous days settlement premium. Limits are lifted on the last trading day.
保证金要求　Margin Information
见大豆期货期权保证金要求。 Find information on margins requirements for the Soybeans Options.

三、各个期货品种的合约特色

从 1865 年第一个真正意义上的标准化期货合约诞生至今，期货合约的标的资产类型、合约种类以及合约形式历经了一系列历史变迁，反映出全球经济不同发展阶段的特点和投资者在不同时代对期货市场需求变化的渐进过程。简而言之，伴随着商品市场和金融市场的发展，期货市场中的期货合约也发生着与时俱进的变化。

（一）农产品期货合约

众所周知，标准化期货合约的诞生地——芝加哥期货交易所是世界上最早的农产品交易所，因此最初的期货合约自然是以各类农产品作为标的资产，其合约规则也体现出农产品交易的特点和投资者对农产品期货交易的需求。

以谷物类期货合约为例。这类合约通常以同类产品中品质较为稳定的品种作为标的物，其合约交割月份以农产品的收获月份作为基本依据来制定，包括资产规模、交割地点等与商品特性关系密切的条款也都是根据农产品的特性来制定的。以国内投资者比较熟悉的大豆类产品期货合约为例，在芝加哥期货交易所大豆合约中规定，标的物为 2 号黄大豆，可替代交割的品种为 1 号和 3 号黄大豆。由于美国大豆播种的季节通常是在每年 4—5 月，收获的季节大约是在每年 9 月，因此合约中规定的交割月份为 9 月、11 月、1 月、3 月、5 月、7 月和 8 月，这主要是与农民出售当年新豆和头年陈豆的时间相对应（在美国，每个农业市场年度的计算是从头年 9 月到次年 8 月）。此外，由于在国际贸易中装载农产品的船舶每船装载量通常是 5000 蒲式耳，因此每张大豆合约的标的物规模也就相应地规定为 5000 蒲式耳。豆粕是大豆压榨后的副产品，其国际通行的计量单位是短吨，因此豆粕合约的资产规模也就相应地制定为 100 短吨。考虑到从大豆收获到压榨完成还需要一段时间，豆粕合约的交割月份也进行了相应地调整，分别为 10 月、12 月、1 月、3 月、5 月、7 月、8 月、9 月，在每年新豆收获这段时间里给压榨商充分的时间完成压榨。对于大豆压榨后的产品——豆油，其交割月份的规定也与豆粕类似，只是因其计量单位不同而将合约中标的资产的规模制定为 6 万磅。

近年来，由于在世界三大大豆产区（美国、巴西和阿根廷）中巴西和阿根廷两国的大豆产量增长迅速，南美大豆对全球大豆期货市场的影响越来越大，芝加哥期货交易所针对这一变化也做出了应对。由于南美大豆的收获季节和品质都与美国大豆存在明显差异，因此芝加哥期货交易所于 2005 年 5 月 20 日推出了以南美大豆作为标的物的新大豆合约。

其实，包括谷物类农产品（如玉米、小麦等）、经济作物类农产品（如棉花、生丝、咖啡等）、林产品（如木材、天然橡胶等）和畜禽类产品（如黄油、鸡蛋、生猪等）等各类农产品合约的规则都与大豆合约一样，与作为标的物的产品特性有着非常紧密的联系，并且仍在根据市场的变化进行着调整和改变。值得一提的是，由于农产品的地域差价十分明显，不同地区的农产品价格差别很大，不具备现金交割的条件，所以当今世界农产品期货交易的交割绝大多数以实物交割为主。

（二）金属期货合约

国际金属期货市场也有着相对较长的发展历史。与农产品相比，金属的品质更为稳定，也更便于长期保存，因此各交易所的金属期货合约规则与农产品期货合约规则存在着明显差异，其调整的内容和调整方向也与农产品期货合约有所不同。

以伦敦金属交易所的铜期货合约为例。1877 年，伦敦金属交易所开创了以 3 个月期货合约为标准的金属铜和锡期货交易，从而正式推出了金属铜期货合约。随着生产技术水平的不断提高，交易所分别于 1981 年和 1986 年将铜的标准提高至高级铜（High Grade）和目前仍然执行的 A 级铜（Grade A）标准，目前的标准是：A 级电解铜，符合英国 BSEN 1978 年：1998 年标准，铜含量为 99.95%。由于铜的品质比较稳定，不会像农产品那样因产地的不同而存在较大的品质差异，因此伦敦金属交易所在合约中规定了全球 20 余个产地的近 80 个品牌作为可交割的注册品牌。此外，为了便于世界各地的投资者参与交易，伦敦金属交易所规定任何买单或卖单都可通过伦敦金属交易所指定的仓库进行实物交割，并在全球批准了 400 多个交割仓库，主要分布在欧洲、美国、中东和远东等地区的 32 个港口或地区。正是基于这一规则，使伦敦金属交易所的仓单基本实现了全球性的流通，从而为世界各地的交易者到伦敦金属交易所交易提供了极大的便利。在铜合约中，关于交割日期的规定也体现了金属产品的特性。伦敦金属交易所关于铜交割日期的规定是：现货到 3 个月期货之间为每日交割（到期提前两个工作日进行处理——平仓或实物交割）；3 个月至 6 个月后的合约，为每个星期三；7 个月至 63 个月的合约，为每个月的第三个星期的星期三。另外，为了促进投资者的参与，提高市场流动性，伦敦金属交易所还在合约中规定可结算货币包括美元、日元、英镑和欧元。同样基于这一目的，伦敦金属交易所的铜合约中没有制定每日价格波动幅度限制，而是在保证金条款中指出，交易所可以视市场情况随时调整保证金金额。

与农产品合约相比，金属合约因其产品特性不同，在交割日期和交割地点方面更为机动灵活，合约中关于结算方面的条款也具有更大的弹性。

（三）能源期货合约

相对而言，能源期货交易产生的时间比较晚，直到 20 世纪 70 年代石油危机爆发以后才因投资者规避风险的需求增加应运而生。由于能源是世界各国经济发展过程中必不可少的重要资源，能源价格的波动直接影响着各国经济的发展速度和走势，因此，能源期货自诞生以来一直是商品期货中比较活跃的品种。

与农产品合约和金属产品合约相比，能源产品期货合约有其独特之处。由于能源产品不像农产品那样供求受季节影响明显，因此在合约月份等条款的规定上更为灵活。另一方面，因为能源产品在储存和运输方面的要求比较高，对储存温度和运输工具等都有较为严格的限制，所以在能源产品合约规则中对此也有体现。以纽约商业交易所的轻质低硫原油期货合约为例，合约规定，该品种的合约月份为 30 个连续月份，加上最初挂牌的、还未到期的 36、48、60、72 及 84 个月的合约。由于近年来国际原油价格波动频繁、波幅较大，交易所对每日价格波动限制也制定了较为详细的规定：所有月份合约最初限幅为 10.00 美元/桶，但如果有任何一个合约在涨跌停板上的交易或出价达到 5 分钟，则停盘 5 分钟。之后，涨跌停板扩大 10.00 美元/桶。如果再次出现同样情况，停盘 5 分钟之后，涨跌停板再扩大 10.00 美元/桶。此外，由于能源产品对储运条件的要求较高，交易所对有关交割安排的规定也极具特色，其中对交割期限的规定是：所有交割应当在整个交割月即当月的第一天至最后一天均匀安排。有关备用交割程序的规定是：在当前交割月份合约交易中止之后，买卖双方在交易所为之配对之后，经协商可以按照不同于合约规定的交割条件交割，在双方共同向交易所提交一份通知告知其意图之后，便可按双方协商的结果交割。

从能源产品的合约规则中可以看出，交易所在完善合约设计时总是针对产品的特点和投资者的需求做出调整，从而达到吸引更多投资者、提高市场流动性、保持交易活跃的目的。

（四）金融期货合约

金融期货可谓是期货市场中的后来居上者。纵观其发展历程，从诞生至今也不过 30 多年的历史，但其发展势头之迅猛、影响范围之广却是前所未有的。可以说，在过去乃至未来的很长一段时间内，金融期货都已经并将继续引领着国际期货市场的发展方向。这一点，从近年来韩国期货和期权交易的迅猛发展以及芝加哥商业交易所 2004 年令人称奇的骄人业绩中就可窥见一斑。

金融期货之所以能够实现如此惊人的发展速度，固然与金融市场的快速发展密不可分，但其合约设计中许多革命性的变革也具有不容忽视的重要作用。与包括农产品、金属和能源产品在内的商品期货合约相比，金融期货合约的规则具有许多大胆的创新之处。芝加哥商业交易所在 1872 年推出外汇期货合约时，就大胆地采用了现金交割等一系列革命性的合约规则。再以芝加哥商业交易所的 3 个月欧洲美元期货合约（利率期货合约）为例。合约中关于报价的规定是以指数方式报价，指数 = 100 - 年利率（不带%）。1 点 =2500 美元，1 个基本点 =0.01 点 =25 美元。相应地，最小价格波动也是以点为单位的。现货月合约的最小价格波动为 0.0025 点，非现货合约则为 0.005 点。这样的报价方式也是芝加哥商业交易所具有历史意义的创新之举。因为利率的变动方向与债券价格的变动方向是相反的，利率上升，则债券价格将会下降。如果直接以利率作为报价单位，会为投资者的交易和交割带来很多不便。但如果以上述指数来进行报价，就使得指数的变动方向与债券价格的变动方向相同，这样的规则设计使投资者不用改变从前的交易习惯，就可以方便地开展利率期货交易，自然也大大提高了该合约的交易量。

与商品期货合约相比，金融期货合约的规则更为灵活多样，其变化也更贴近市场的变化和交易者的需求。随着金融全球化的步伐不断加快，世界各国投资者对规避金融风险的需求也日益增强。目前，各交易所纷纷针对电子交易的特点制定和修改着各自的金融期货合约，以最大限度地满足投资者的需求。

第二节　国外期货市场组织结构

期货市场是一个高度组织化、规范化的交易场所。这种组织化、规范化集中体现在严密的组织结构和交易制度上。国外期货市场自1848年产生以来，经历了150多年的历史，形成了完整的、规范化的期货市场制度和市场组织结构。国外期货市场组织结构的最大特点是以期货交易所为核心、投资者为主体、经纪公司为中介、结算所为保障，并形成了政府宏观管理、行业协会自律管理及期货交易所自我管理的三级风险监管体系。图2-1描述的就是一个典型的国外期货市场的组织结构。

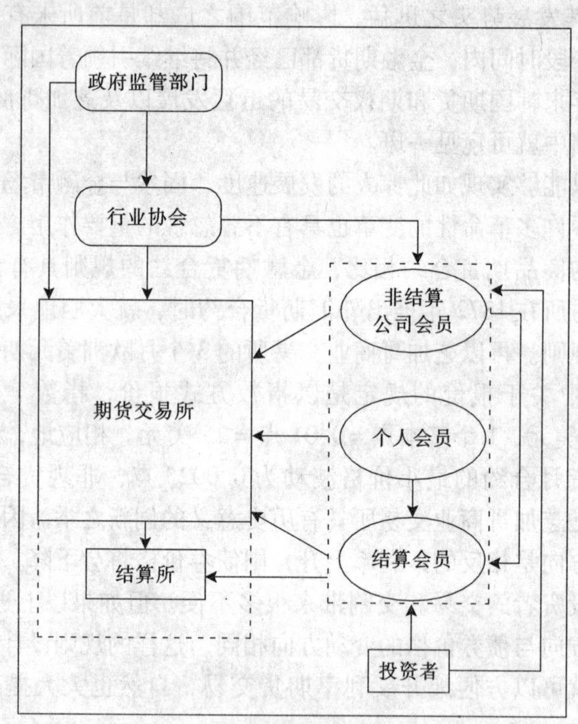

图2-1　国外期货市场组织结构

一、期货交易所

期货交易所具有高度系统性和严密性、高度组织化和规范化的特点。期货交易所是进行期货或期货期权交易的场所，投资者可以在交易所场内或是交易所的电子化交易平台上进行交易。

(一) 期货交易所的功能

期货交易所仅是提供期货或期货期权交易的场所，本身并不参与期货交易活动。其主要功能为：

1. 提供与维持买方和卖方交易的场所、设施。交易所为投资者提供从传统的场内交易到现代化的电子化交易的交易平台、技术支持和交易软硬件。

2. 研究、开发和提供可供交易的期货合约。

3. 组织和监督期货交易，使交易活动遵循交易所的规则和制度。

4. 对交易者的财务资信进行监控，防范市场风险。

5. 提供每日和历史的交易数据。

在美国，期货交易所受商品期货交易委员会（CFTC）和全国期货协会（NFA）的监管。另外，许多期货交易所有一套完善的自律管理体系，对雇员和交易情况进行监控，以保证期货交易的公平进行和价格发现的有效。其他的一些政府机构，包括证券交易委员会（SEC）和联邦储备委员会（FRB）也对期货交易所的运作进行监督。

(二) 期货交易所的利润来源

由于期货交易所并不参与交易活动，其主要的利润来源于：

1. 对每一笔通过期货交易所进行的交易收取费用。

2. 出售价格数据，包括当前和历史的价格数据。

3. 对结算收取结算费用。有些期货交易所拥有自己的结算所（比如芝加哥商业交易所），那么这类期货交易所可以自己收取结算费用。但有些期货交易所的结算功能却是外部化的（比如芝加哥期货交易所，它的结算是通过芝加哥商业交易所的结算所来进行的），这类期货交易所就不能收取结算费用。这样读者就可以理解在图 2 - 1 中为什么要用虚线框上结算所。

(三) 期货交易所的组织形式

目前，在美国注册的期货交易所有 13 家，而全球的期货交易所超过 50 家，它们在组织形式上有一定的区别。一些期货交易所的拥有者为大银行或大型公司，而一些期货交易所已经在证券交易所公开上市，比如芝加哥商业交易所。虽然各国期货交易所的组织形式不完全相同，但一般可以分为会员制和公司制两种。

1. 会员制的特点。会员制期货交易所是由全体会员共同出资组建，缴纳一定的会员资格费，作为注册资本。交易所是会员制法人，以注册资本对其债务承担有限责任。目前，世界上大多数国家的期货交易所实行会员制。

（1）会员制期货交易所的设立不以营利为目的，而是以公共利益为目的。

（2）会员制期货交易所的资金来源于会员缴纳的资格费，其每年的开支均从当年的盈利和会员每年上缴的年会费中取得，但盈余部分不作为红利分给会员。

（3）会员制期货交易所的会员除按照交易所的规定缴纳会员资格费和年费外，不承担交易中的任何责任。

2. 公司制的特点。公司制期货交易所通常由若干股东共同出资组建，以营利为目的，股份可以按照有关规定转让，投资者从交易所的盈利中分享收益。英国的期货交易所一般都是公司制交易所。

(1) 公司制期货交易所的设立以营利为目的，交易所重视盈利，有利于市场的开发、规模的扩大和经营效率的提高，但可能会对市场的公益性有所忽视。

(2) 公司制期货交易所的资金来源于股东本人，只要交易所有盈利，就可作为红利在出资人中进行分配。

(3) 公司制期货交易所的股东除缴纳股金外，还要对期货交易所承担有限责任。交易所对场内交易承担担保责任，对交易中任何一方的违约行为所产生的损失负责赔偿。

3. 公司化改制潮流。期货交易所建成初期采用的是会员制的组织形式，这种互助式的组织形式对期货市场的最初建立及运转发挥了重要作用。但在国际期货市场竞争日益激烈的情况下，这种封闭型组织形式的弊端也开始显现。会员制交易所的会员只能是参与期货交易的会员，从而堵塞通过向其他投资者融资扩大交易所资本规模和实力的渠道，并且由于其设立的目的并不是盈利，而且盈余部分也不分给会员，这就使得交易所在市场开发、新合约设计和经营效率提高上的动力不足。而在这些方面，公司制期货交易所却有着明显的优势。

因而从20世纪90年代以来，期货交易所的公司化改制频繁发生，并逐步成为一种潮流。1999年10月27日，芝加哥商业交易所董事局通过了公司化的决议，并且美国商品期货交易委员会也批准了他们的改组报告。目前，芝加哥商业交易所已经完成改制并成功上市。继芝加哥商业交易所之后，纽约商业交易所董事会也于2000年4月批准了非互助化改组计划，使这个交易所从非营利会员制结构转变成营利性组织。2000年5月，美国证券交易委员会批准了这个计划，标志着纽约商业交易所的改制计划正式实施。2001年2月22日，伦敦国际石油交易所全体会员进行了投票，一致通过了将伦敦国际石油交易所改革成营利性公司的决议。香港期货交易所与香港联合交易所改制合并，组成香港交易及结算所有限公司，并在香港交易所上市。目前，费城交易所、纽约商业交易所也在考虑公司化的问题。

二、期货交易所会员

国外期货交易所的会员分类非常复杂，种类也很繁多，但其主要包括个人会员、非结算公司会员和结算会员三个种类。图2-1的右面部分，用虚线标明的就是国外期货交易所的主要会员构成。

（一）个人会员(individual membership)

成为期货交易所的个人会员后，投资者就可以就期货交易所上市的各种合约进行交易。由于一些交易所上市的合约种类很多，其个人会员也相应地分为几个种类。比如芝加哥商业交易所上市的合约种类涉及很广，包括传统的商品期货，外汇、利率和股指期货，指数期货以及新兴市场期货等。这样芝加哥商业交易所的个人会员大概也就分为四类：芝加哥商业交易所会员可以交易在芝加哥商业交易所上市的各种合约；国际货币市场分部会员可以交易金融期货（外汇、利率和股指）和期货期权；指数和期权市场分部会员可以交易上市的指数期货和指数期货期权；发展与新兴市场分部会员可以交易与新兴市场相关的各种期货合约。

获得个人会员席位的途径有很多，可以是向交易所购买、获赠、他人的出售、继承等等。因此，个人会员席位可以成为一种投资的工具，会员可以在将来出售他的席位。国外的期货交易所对个人会员资格获取的规定也很简单，一般规定任何具有良好品德、名声的成年人，只要能够负担获取会员资格和权利的费用，就可以向交易所申请获得会员资格。交易所对申请人的财政状况并没有特别要求，但申请人必须有能力负担申请过程中的费用。

在美国，所有的个人会员在交易之前必须获得结算会员的担保。此外还必须在全国期货协会（NFA）注册，个人会员可以注册为场内经纪人或是场内交易人，全国期货协会向注册的个人会员颁布执照。一些交易所还规定新的个人会员在交易之前有受交易教育和进行学习的义务，以保证交易的顺利进行。

（二）结算会员(clearing membership)

在国外，交易所为了确保合约双方的义务能够履行，只与正式指定的交易对象——结算会员进行交易。期货交易所其他会员的期货交易业务必须通过结算会员进行结算和担保。结算会员必须对在交易所进行的一切交易活动进行资金上的担保，对其担保的交易双方的资金和履约负完全责任。结算会员可以是公司、合伙公司或是团体，但他们的一个最重要的条件是必须是结算所的会员，而不论结算所是交易所的内部机构还是外部化。

国外期货交易所的结算会员一般分为两类：第一类结算会员是非经纪公司结算会员(non - FCM clearing)，既不自营，也不代理，仅仅是为期货交易的双方进行担保和结算，收取结算费用；第二类结算会员是经纪公司结算会员（FCM clearing)，除了担保和结算业务之外，还进行经纪代理业务和自营业务。结算会员的基本义务是必须对通过自己的每一个头寸负责，无论是自己的头寸、对交易所会员进行担保的头寸还是非交易所会员客户的头寸。

可以看到，结算会员必须对交易活动进行资金上的担保，责任和风险都很大，因此交易所规定结算会员享有一些特权或是优惠；另一方面，又由于责任重大，交易所对结算会员的申请条件有着很严格的要求。美国的期货交易所规定结算会员不能是个人，必须是公司、合伙公司或是团体；结算会员必须是结算所的会员；结算会员必须对担保的交易负完全的责任；结算会员的净资产必须达到美国商品期货交易委员会或是美国证券交易委员会的最低资本要求；结算会员必须在全国期货协会注册，并获得执照；结算银行必须是交易所指定的银行；结算会员的保证金必须达到交易所的特殊要求；结算会员还有发布月度、年度资金报告的义务。

（三）非结算公司会员(non - clearing firm membership)

非结算公司会员的种类大概有两类：第一类是非结算经纪公司（non - clearing FCM)，这类会员通常对一般交易者的交易进行代理；第二类是非结算、非经纪公司会员（non - clearing，non - FCM）这类会员通常进行期货交易的自营业务。公司可以通过向交易所购买会员席位而成为交易所的公司会员，但由于这类会员不是结算会员，他们在进行期货交易前必须获得结算会员的担保，并向结算会员缴纳结算费用。在美国，非结算公司会员的最低资本要达到美国商品期货交易委员会或是美国证券交易委员会的要求，还必须在全国期货协会注册，并获得经营执照。

图2-2描述了国外期货交易所的主要会员组成结构。

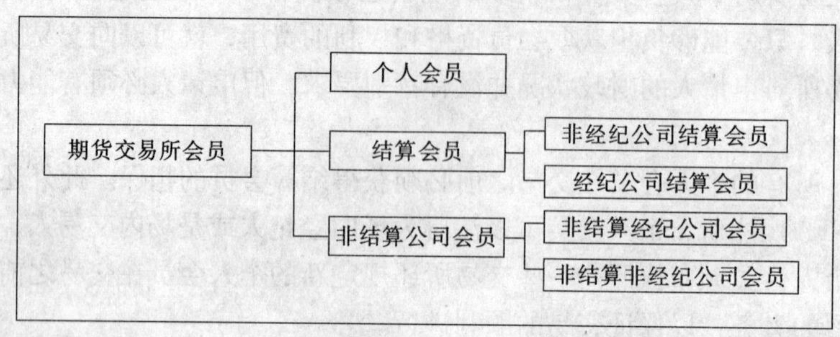

图2-2 国外期货交易所的主要会员结构

三、期货结算所

结算是期货交易的重要环节。结算与期货合约的履约保证、风险控制的效率和结果、市场运作的质量等密切相关。结算所可以被定义为一个保证所有交易所的交易合约履行和结算的机构。结算所在所有交易所的经营活动中起着举足轻重的作用。一旦合约在期货交易所达成，接下来进行确认时，结算所开始介入，成为每项交易的对方。因此，结算所成为每个卖方的最后买方，同时成为每个买方的最后卖方，结算所的作用就是站在交易的中间并保证每份合约的履行，结算所承担的是信用是否可靠或是否出现违约的风险，并通过保证金制度来规避这些风险。关于保证金制度，我们会在下一节中作详细的介绍。

（一）结算所的组织形式

目前，世界上的交易所中有两种结算模式：一种是交易所内设结算所，专门从事交易所的结算业务，以芝加哥商业交易所为代表；另一种是独立的结算所，交易所或是可以持有其股份（但没有某家交易所拥有其控制权，这种结算所替多家交易所结算），如伦敦清算所模式；或是由交易所控股，如欧洲期货交易所模式。

1. 交易所内设结算所。在交易所内设结算所部门模式下，交易所自身承担交易、结算和交割业务，结算所是交易所下属的一个部门，从组织机构上看，交易所垂直管理结算所。

交易所内设结算所的优点主要体现在能够提高交易所及结算机构的整体效率。将交易所与结算机构整合在单一机构之内，由单一机构来统一调控交易结算的全套流程，能够使整套交易流程在运作上更流畅，管理上更便利，出现突发情况时也能够及时协调和处理，同时还能够减少交易成本。交易所内设结算所在具有这些优点的同时也存在着以下一些缺陷：

（1）交易所内设结算所将导致一定程度的自然垄断，这将影响整个衍生品行业的竞争效率。

(2) 交易所内设结算所在某些情况下可能存在风险隐患。在这种模式下，交易所和结算机构的利益相一致，就会削弱结算机构对交易所行为的监督和制约作用。

(3) 交易所内设结算所将增加期货经纪公司的资金成本。交易所内设结算所模式下的交易结算在各交易所下属的结算机构分开进行，保证金也必须分别缴纳。经纪公司必须在多家交易所开户，并分别存入保证金。由于同一公司在多家结算部门中缴纳的保证金不能相互调用，导致在多家结算所都有公司沉淀的资金，不利于提高经纪公司的资金使用效率。

2. 独立结算所模式。在独立结算所模式下，交易所将结算业务外包给专门的结算机构，交易与结算环节相分离，有独立的经营目标。

独立模式的优点主要表现在：(1) 独立模式有利于促进交易所系统之间的竞争；(2) 独立模式有利于促进结算机构间的竞争，优化市场资源配置，提高整个期货结算系统的运作效率，而且更有利于结算机构之间收购兼并的进行，有利于促进结算系统的统一。

独立模式存在的缺陷：(1) 独立模式将会使整个市场的决策效率降低，如果结算系统独立于交易系统，当交易不能够顺利进行时，往往会导致公司间的相互推诿。

(2) 独立模式容易使进行结算的所有市场参与者的信用风险集中，如果结算所缺乏有效的风险管理机制或强大的资金支持来提供担保，就会使金融体系脆弱和危险。

(二) 结算所的功能

自从1891年明尼阿波利斯谷物交易所创立结算所以来，经过100多年的发展，结算所的职能不断扩展，已超出了结算的范围，其内部组织不断地细分化和专业化。结算所的主要职能表现在以下几个方面：

1. 结算职能。这是结算所最基本的职能。由于期货交易的每日结算制度，结算所每日都需要对投资者的保证金进行结算。

2. 保证职能。当结算所会员不能履约时，结算所要代其履行合约，或代其赔偿损失。结算所的这种保证能力是借助全体结算会员的集体财力来保证的。结算所要求每个结算会员缴纳结算保证金，当结算会员无力履约时，这笔风险基金就成为被损方利益补偿的来源。结算所的这种职能保障了期货市场的顺利运行。

3. 监控职能。结算所会对会员的资金状况进行监督，对会员账户资金进行管理，对会员的交易活动情况进行调查，了解和掌握会员的财务状况。

4. 信息传播职能。期货交易所每个交易日的合约成交量、成交金额、成交价格、价格涨跌幅度等信息都出自结算所。结算所需要对上述信息进行整理分类，并及时传递给投资者。

四、投资者

一般情况下，期货市场的投资者大体上可以分为套期保值者（hedgers）和投机者（speculators）。

套期保值者的目的是减少他们已经面临的风险。这类投资者在期货市场上转移价格风险，利用期货合约来对现货市场的价格风险进行规避。

投机者进行期货交易的目的是通过价格的有利变动获取收益。在期货市场上，无论是商品期货或是金融期货合约的价格波动都很频繁，因此有很多投机交易的机会。投机者可以分为以下几类：抢帽子交易者（scalpers）、日交易者（day traders）、头寸交易者（position traders）、套利者（arbitragers）等等。

抢帽子交易者为了获取任何很小的收益而频繁、连续不断地交易。抢帽子者的频繁交易为市场提供了流动性，为其他投资者提供了交易机会，特别是能使套期保值者的大量买卖交易能迅速成交，而不会对市场价格造成过大冲击。其他的投资者按照市场因素进行交易，日交易者每天进行一二次交易；头寸交易者持有头寸数天、数周或是数月；套利者针对市场上两个相同或相关资产暂时出现的不合理价差同时进行买低卖高的交易。

五、三级监管体系

从图2-1中可以看到，一个典型的国外期货市场形成了政府宏观管理、行业协会自律管理以及期货交易所自我管理的三级风险监管体系。

（一）政府宏观管理

在美国，政府的监管机构是商品期货交易委员会（CFTC）。美国商品期货交易委员会的任务是保护公众投资者的利益，防止期货和期权市场的欺诈行为与操纵价格行为，培育公平、公开、竞争性的期货期权市场。1974年的《商品交易法》确立了美国商品期货交易委员会作为对期货期权市场进行监管的独立机构，随后又几次扩大了它的监管权限，最近一次权限扩大是2000年的《商品期货现代化法案》（CFMA）。目前，美国商品期货交易委员会的主要职能是保证期货市场的经济学效用，提高期货市场的竞争性和效率，保证期货市场的公平，保护市场参与者的利益，防止市场的操纵、欺诈行为，并监管结算正常地进行。美国商品期货交易委员会通过有效的监管使期货市场的最重要功能——发现价格和转移风险得以实现。

美国商品期货交易委员会通过最重要的四个部门对市场进行监控：结算和中介监管分部（Division of Clearing and Intermediary Oversight）、市场监管分部（Division of Market Oversight）、执行分部（Division of Enforcement）和首席经济学家办公室（Office of Chief Economist）。结算和中介监管分部的主要职能包括衍生品结算机构监管、投资者资金保护、保证金监控、中介机构的注册和合法经营监控、全国期货协会活动的监管。市场监管分部的主要职能包括新期货交易的注册、市场交易监控、交易活动的检查和调查、规则执行检查、有关产品和市场的规则的修订检查、有关产品和市场的研究。执行分部的职能是对违反《商品交易法》的市场行为进行调查和处理。首席经济学家办公室的职能是给美国商品期货交易委员会提供专家建议、政策分析、经济研究，并提供投资者教育和训练。

美国商品期货交易委员会有关市场投资者的投资者头寸（COT）报告制度、大户报告制度、持仓限制报告制度将在本章第四节作详细介绍。

（二）行业协会自律管理

美国的行业协会是全国期货协会（NFA）。全国期货协会是非营利的自律性组织，它的资金来源于会员的注册费用。任何在美国的期货交易所进行交易的公司都必须在美国商品期货交易委员会注册，并成为全国期货协会的会员。

全国期货协会1982年开始运作，组建的目的是对期货市场和投资者进行保护。在防止市场欺诈和操纵方面，全国期货协会有权取消、推迟、限制公司和个人的注册，或对注册条件进行规定；并对参与期货交易的公司和个人的状况进行全面的调查，对会员的资信状况进行审计和监控；还对经纪公司的广告、风险揭露、经纪费用、最低资本要求、交易行为做出规定，并有权对违反规定的经纪公司做出处罚。

在对投资者的保护上，全国期货协会为投资者提供了所需要经纪公司的信息，任何进行期货交易的经纪公司的信息都可以在全国期货协会网站上找到（下一节介绍如何选择经纪公司中的详细介绍），这些信息包括经纪公司的注册情况和美国商品期货交易委员会、全国期货协会、交易所对经纪公司的处罚。全国期货协会还给投资者提供免费的教育材料，帮助投资者了解期货市场的运作、风险和机会。投资者可以通过电子邮件和网上下载的方式获得所需信息和资料。全国期货协会还对投资者的申诉进行仲裁和调解。

（三）期货交易所管理

在美国，期货交易所的自我管理是三级管理体系的基础，是整个管理体系的核心。它作为政府监管机构政策的直接执行者，作为市场交易情况的监察者和信息反馈者，在政府监管和广大交易者之间起到了沟通和桥梁的作用。各期货交易所制定并实行其规则，如保证金制度、会员之间发生争论时的调解制度及监督会员的财务能力等。交易所的规则包括对经纪商的最低资金限额要求、交易记录、实际交易程序、客户定单管理、内部惩罚程序等。交易所的自我管理活动受美国商品期货交易委员会的监督。交易所的规则必须经过美国商品期货交易委员会的批准，交易规则的实施也在美国商品期货交易委员会的严格监视之下。

第三节　期货交易流程

一般说来，期货交易的流程分为开户、下单、竞价、结算和交割几个步骤。

一、开　户

由于只有期货交易所的会员才能够直接进入期货交易所进行交易，投资者在进入期货市场交易之前，应首先选择一个具备合法代理资格、信誉好、资金安全、运作规范和收费比较合理等条件的期货经纪公司会员。从图2－1中可以看到，如果投资者想要进入期货市场有两个途径，第一是选择是结算会员的经纪公司；第二是选择非结算会员的经纪公司。

（一）选择经纪公司

在期货市场进行期货或期货期权交易之前，投资者必须在交易所的经纪公司会员那里开户。当投资者选择经纪公司时，除了考虑经纪公司是否是交易所的结算会员之外，还必须对经纪公司提供的不同服务进行了解。一般来说，根据经纪公司提供的服务不同，有以下三种经纪公司可供投资者选择：

1. 全服务经纪公司（full service brokerage）：全服务经纪公司为投资者提供自己交易的经验和交易策略建议。如果是新进入期货市场的投资者，选择这种经纪公司非常合适，因为经纪公司会根据不同情况为投资者提供投资建议，还为投资者提供各种数据和研发报告支持，并定期对投资者进行培训。正是因为提供这些附加服务，因此这类经纪公司的交易手续费较高。

2. 折扣经纪公司（discount brokerage）：折扣经纪公司提供的服务很少。投资者在交易时需要自己作决定，自己对市场进行研究，因此交易手续费很低。如果投资者对自己的交易能力非常有信心，选择这类经纪公司非常经济。

3. 期货中介商（introducing broker）：期货中介商通过交易所中知名或实力强的结算会员经纪商接受客户委托下单。期货中介商一般在小的城市里，这些小城市里的投资者可以通过期货中介商获得大城市里的大型经纪公司的服务。

前两种经纪公司可能是交易所的结算会员，也可能不是；第三种经纪公司一般都不是交易所的结算会员。

投资者在选择经纪公司时，最重要的是投资者自己对所选择的经纪公司的交易经验、研究能力、收费情况、服务情况和组织结构是否满意，此外还必须对经纪公司的背景、资格状况和资信状况有所了解。在国外，许多经纪公司都有自己的网站，投资者可以登陆其网站找到公司的背景和与开户相关的信息，一般交易所的网站也会给投资者提供各类经纪公司的信息。

最后，投资者还需要与全国期货协会取得电话联系（312）781－1300，向全国期货协会咨询所选择的经纪公司是否有受处罚的记录，如果全国期货协会证实有处罚记录，投资者应要求经纪公司对当时的情况做出解释和说明。对经纪公司的处罚纪录的查询还可以通过网络查询，可以登陆全国期货协会关于经纪公司查询的网址：http：//www. nfa. futures. org/basicnet/，查询全国期货协会会员的网页（见图2－3）。

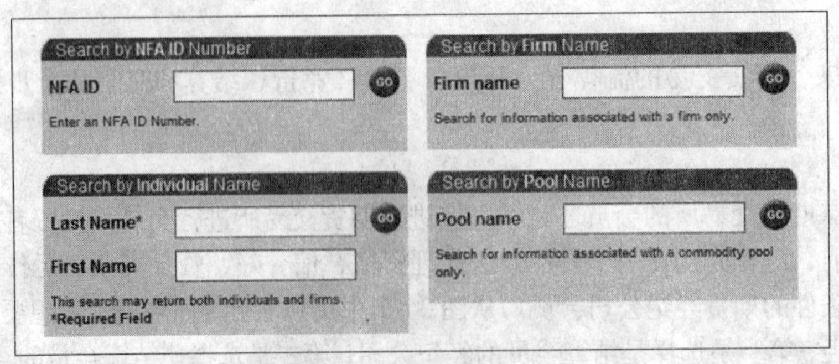

图2－3　全国期货协会会员查询网页

在网页中，投资者可以输入所选择的经纪公司的全国期货协会会员号（NFA ID），或是输入公司的名称（firm name）进行检索查询，对所选择的经纪公司是否有处罚记录和处罚的细节进行查询。

（二）开户程序

投资者在经过对比、判断，选定期货经纪公司之后，即可向该期货经纪公司提出委托申请，开立账户。投资者可以电话与经纪公司取得联系，选择与经纪公司面谈签订合同，也可以登陆经纪公司的网站，下载合同书，再邮寄给经纪公司。各经纪公司在为客户开立期货账户时遵循的具体程序、填制的具体表格不完全相同，但基本原则和做法大同小异。

1. 投资者应对账户的类型有所了解，并选择适合自己的账户。国外经纪公司提供给投资者可供选择的账户类型有很多，投资者可以根据自己的需要进行选择。我们只对几种重要的账户进行介绍。

个人账户（individual account）是指以单个个人名义开立的用于期货或期权交易的账户。

联名账户（joint account）是指两个或两个以上的投资者共同开立的期货交易账户。

公司账户（corporate account）是以公司名义开立的期货交易账户，在开户时公司应向经纪公司提供本公司及其职员有权从事期货交易的具体依据，即经政府有关部门证明的公司章程复印件。此外，有的交易所还要求提供公司决议，决议授权某人具有代表公司从事期货交易的权力。不过决议不能替代公司章程。因为公司决议仅反映了公司董事会的意见，并不代表广大股东同意公司可以做期货交易。股东们的意志体现在公司章程中，公司只能在其章程规定的范围内从事经营活动。

合伙账户（partnership account）是指两个或两个以上的投资者开立的从事期货交易的账户。合伙人作为共同所有者从事期货交易活动。每个合伙人都是其他合伙人的代理人，有权代表所有合伙人签订合同。

套期保值账户（hedging account）是个人或公司从事期货交易的目的是保值避险时所开立的账户。由于从事保值性期货交易可以享受许多投机者享受不到的优惠，多数交易所都要求客户在开立此种账户时要向经纪公司提供从事套期保值交易的证明，如在现货市场买卖现货的合同。

2. 投资者阅读《风险揭示声明》。该声明向客户说明了期货交易的风险状况。客户在阅读和表示完全理解了声明内容后在文件上签字。在为客户执行任何交易之前，所有的会员和准会员必须向客户揭示期货和期权交易中涉及的风险。每一个期货经纪商都必须为客户提供一份标准化的风险揭示声明，并且获得其明确的授权。风险揭示声明必须在客户首次开设账户时出示。风险揭示声明的内容必须符合相关的规定。表 2－4 是一份风险揭示声明的主要部分。

表 2－4

风险揭示声明
商品期货交易中的风险很高，因此，你应该从你的实际经济状况出发，认真考虑每一笔交易是否可行。在交易之前，你应该明白以下几点： 1. 在期货市场上，你可能损失交付给经纪人用来开立账户或维持头寸的全部的初始保证金和附加保证金。如果市场走势与你的持仓方向相反，为了保持你的头寸你必须追加一定的保证金。如果你没有在规定的时间存入所需的保证金，你所持有的未平仓的合约将会被强行平仓，你必须承担由此导致的一切损失。 2. 在某些市场情况下，你可能会很难或无法将手中未平仓的合约平仓。例如，当市场出现停盘时，这种情况就会出现。 3. 在下达或有指令时，如“止损指令”或“停止限价指令”，如果市场状况不能实现这些指令，你的损失将会超出你的预期。 4. 套利交易和单纯的多头、空头一样面临着价格波动引起的交易风险。 5. 少量保证金制度形成的杠杆机制在期货交易中是很容易获得的，它是一把双刃剑，既可以使你获得巨额利润，也可以使你损失惨重。

3. 投资者与经纪公司签订合同。投资者与期货经纪公司签署《期货经纪合同》，该合同说明了投资者与经纪公司间的基本权利与义务，以及经纪公司对期货交易中常见情况的处理。投资者在合同上签字表示确认。

二、竞　价

美国的大多数交易所都为交易者提供了两种交易平台：一种是传统的公开喊价交易平台；另一种是电子化交易平台。两种交易方式最终结果都是一样的，投资者提交指令并得到执行，但两者在执行过程中有一些差别。

在公开喊价中，投资者通过电话或是电脑将指令传递给场内的经纪商，经纪商按这一指令在交易池中向其他场内经纪商或自营商报价，如果其他经纪商或自营商接受报价，那么交易成交。交易所规定，场上交易者（场内经纪商和自营商）在交易时，必须高声喊出自己的出价或要价，并辅以手势。

在电子交易系统中，客户的报单指令根据一定的规则自动撮合配对，从而极大限度地减少了会员和交易所对交易过程的参与。电子化交易系统彻底打破了交易所产业的进入壁垒。经纪公司和自营商通过计算机终端向交易所主机输入拟买卖合约的份数、种类、交割月份、价格。主机按照合约种类、交割月份对接受的信息加以排列，由计算机撮合成交。

目前，在全球的期货交易中，电子化交易方式的使用有两种情况：一种是作为交易所合约买卖的惟一竞价方式用于日常的交易中。例如设在百慕大的国际期货交易所就是一个电子化的期货交易所，世界各地的计算机终端和交易所主机联网后都可以向主机输入买卖合约的信息，由主机自动撮合成交。交易的结算由英国的国际商品结算所有限公司代为进行。西欧一些国家的期货交易所也以这种交易方式为本交易所惟一的竞价交易方式。另一种情况是，在日常正规的交易中仍然采用公开叫价，同时为了吸引国外特别是其他时区的交易者，在每日上下午的正常交易时间之外增设电子盘交易，利用电子交易方式让外国的交易者也可以买卖本交易所的期货合约。如芝加哥期货交易所已成功地开办了电子盘交易，电子盘交易可以吸引其他地区的交易者在自己的白天交易芝加哥交易所的合约。电子盘交易的期货合约一般可以在该合约的交易所和在该时区指定的交易所对冲。电子化交易随着电子计算机技术和国际互联网技术的发展而飞速发展起来，现在几乎所有的交易所都有自己的电子化交易平台。每年电子化交易的交易额都非常的巨大。

与公开喊价交易系统相比较，电子化交易系统主要消除了交易过程对交易大厅和手工配对的依赖。电子化交易系统几乎能完成交易大厅里的所有功能，而且其成本更低、效率更高、响应速度更快、容量更大。电子化交易系统发展速度最快的地区主要在欧洲，从20世纪90年代开始，主要形成了以四大系统为主、其他一些小系统为辅的局面。四大系统分别是：欧洲期货交易所的EUREX系统；由法国、荷兰、比利时等国期货交易所合并而成的泛欧期货交易所的NSC平台；瑞典期货交易所技术公司的交易平台；英国伦敦金属交易所的LIFFE Connect交易系统。

三、下　单

投资者在经纪公司开立账户，利用各种手段分析了市场行情之后，就可以向经纪人下达指令，进行交易。指令的下达可以通过电话、传真或是电子交易的方式。指令内容主要包括：买入或卖出；合约编号；履约价格；客户的身份证明等。此外，指令还须说明是开仓交易（opening transaction）还是平仓交易（closing transaction）。开仓交易是指新建立一个头寸或增加目前的持仓量，平仓交易则是指消除一个头寸或削减目前的持仓量。

交易指令基本上有两种形态：有限制指令和无限制指令。

无限制指令的典型代表就是市价指令（market order），市价指令没有任何限制，场内经纪人接到市价指令时，会立即执行，除非是遇到涨跌停板，否则市价指令可以成交。

有限制指令是指对时间或价格有所限制的指令。在对时间的限制方面，有些指令的执行时间是设定在开盘期间或收盘期间，如开盘市价指令（market on open order）、收盘市价指令（market on close order）。有些指令要求立即执行，否则取消，如立即全数成交否则取消指令（fill or kill order）。有些指令则设定有效时间，如当日指令（day order）。在对价格的限制方面，限价指令（limit order）是指场内经纪人必须以投资者所设定的价格或更理想的价格进行撮合。此外还有止损指令（stop order）和触及转市价指令（market - if - touched order）。限制指令的最大缺点是可能根本不能成交。

具体来说，投资者下达的交易指令主要有以下几种：

（一）市价指令（market order）

市价指令指示场内经纪人立即以当时在交易所内可能得到的最好价格成交，而不指明具体的成交价格，目的是迅速成交。但由于下达指令的时间和执行指令的时间有差异，客户往往很难事先测定最终取得的成交价格。所以，此种指令应用于两种情况：第一，客户认为市场上存在着价格一路上升或一路下跌的趋势，因此买入合约时即使价格高些，卖出合约时即使价格低些也无妨，因为从长远看，客户仍有利可图；第二，市场出现根本性逆转或其他不利情况，客户急于从期货市场抽身，而不计价格不利变动造成的影响。

例如，投资者向经纪公司下达了“买入5月大豆10手”的指令就是市价指令。如果经纪公司执行指令的时候市场价格为610美分，那么投资者将会以610美分的价格成交10手5月大豆期货合约。

（二）限价指令（limit order）

限价指令指示场内交易人必须按指令规定的价格或者更好的价格水平执行指令。一般而言，限价买入指令设定的价格低于目前的市场价格，指令只能在设定的价格或比设定价低的价格上执行；限价卖出指令设定的价格大多高于目前的市场价格，指令只能按设定的限价或比限价还高的价格执行。

例如，投资者向经纪公司下达了“以615美分的价格买入5月大豆10手”的指令就是限价指令。也就是说，这一指令只能在615美分或是低于615美分的情况下才能成交。

（三）止损指令（stop order）

市场达到委托指令上所指定的价位时，此种指令立即变成市价指令，一般使用平仓以减少损失，也可以建立新的部位。故买进时所设的价位在当时市价之上，卖出时所设的价位在当时市价之下，但因为已成为市价指令，所以不能保证一定能达到止损的目的。在委托买卖时，指定一个触动价格，当市场价格触及该价格时，即转变为市价委托。买指令止损触动价格应该高于目前的市场价格，卖指令止损触动价格应该低于目前的市场价格。这种委托指令的目的在于防止损失的扩大，亦可用以保护未实现的获利。但因实际成交价格可能不等于触动价格，故成交后之实现的损益可能与预期的损益有所出入。

例如，此时5月大豆合约的价格为610美分，做多的投资者为了锁定仓位的风险，他可以下达590美分卖出的止损指令。如果价格并没有下跌到590美分，投资者的指令不会成交。而如果价格下探到590美分，则投资者的止损指令会马上转换为市价指令寻求成交。因此，投资者并不能保证其成交价格一定是590美分，价格很有可能会低于590美分。

（四）限时指令

这种指令是在一定的时间内必须执行的指令，主要包括以下几种类型：

1. 当日指令（day order，DO）。该指令只在交易所当日的交易时间内有效，如果在此期间内未执行，则自动作废。

2. 开盘市价指令（market on open order，MOO）。开盘前即委托经纪商在开盘时段执行的市价委托。开盘时段的长短视交易所与商品的不同而异。一般开盘前15分钟下达指令，于开盘之30～60秒以市价指令执行。凡属开盘时段内出现的市场价格均可能为成交价格。使用时一般预期当日会有大行情出现，且对市场价格走势比较确定，打算抢得先机；或在前一日市场收盘后、当日开盘前，国际间发生重大事件，将导致已持有仓位商品的行情发生逆转时，可利用这种委托方式尽早平仓出场。

3. 收盘市价指令（market on close order，MCO）。收盘前委托经纪商，在收盘时段执行的市价委托。此一收盘时段的长短视交易所与商品的不同而异。收盘前15分钟下达指令，于收盘之30～60秒以市价指令执行。使用时机通常在已持有仓位、但在收盘前市场价格并未到达止损价格或获利了结点，或预期当日收盘后会有重大事件发生、可能影响次日行情时，可以利用这种委托提前清仓出场。

（五）撤销指令

该指令分为以下两类：

1. 取消指令（cancellation order，CXL）。下达取消指令可以撤销先前下达的指令。

2. 替换委托指令（cancel former order，CFO）。下达替换委托指令，可以方便地下达一个新的指令而取消旧的指令。客户以全新指令取代原先所下的指令，可更改价位、数量、月份，但不能更改买卖方式或买卖商品。

（六）触及转市价指令(market－if－touched order，MIT)

该指令又称强制指令。下达这种指令，客户要设定一个价格，只要市场上的成交价格触及到设定价格，该指令即成为市价指令。一份买入触及转市价指令，在市场上期货合约按照设定价格或更低的价格出售时变成一份买入市价指令；一份卖出触及转市价指令，在市场上期货合约按设定价格或更高的价格出售时变成一份卖出市价指令。该指令在某些方面和限价指令相同，在另一些方面又和市价指令相似。和限价指令的相同之处有两个：首先，在市价达到或触及设定价格之前，触及转市价指令不能执行；其次，如果市场根本没有达到过设定价格，触及转市价指令只能无效（作废）。和限价指令的区别是：一旦设定价格被触及，该指令立即变成市价指令，必须以尽可能好的价格执行，但这并不等于说该指令只能以比设定价格更好的价格执行，而是必须以当时在市场上能够得到的最好价格执行。该价格可能优于设定的价格，也可能相反；换句话说，该指令一旦转为市价指令，无论如何总会得到执行，就这一点说，它又和市价指令相同。通常交易者使用触及转市价指令时，如果打算买入期货合约，所设定的价格大都低于当时的市价，在卖出期货合约时，所设定的价格大都高于市价。

（七）二择一指令(one cancel the other order，OCO)

委托指令上设定两种价位或两种不同的交易方式，若一个成交，另一则自动取消。此种方式通常用来做短线投机之用。一般会设定两个价位，一个是获利点，另一个为止损点。

（八）立即全数成交否则取消(fill or kill order，FOK)

该指令就是场内经纪人接到此委托指令时必须立即执行，若不能全数成交，应立即取消。该指令通常是限价委托，而且此种指令下达时，场内经纪人必须最优先处理。

四、结　算

国外期货市场结算的最突出特点是实行多层次结算。

第一个层次是交易所的结算会员与结算所进行结算。结算会员在结算所设立账户，以自己的名义为自己或为代理的非结算会员与结算所进行结算。

第二个层次是交易所的非结算会员与结算会员进行结算。结算会员自己也设有结算部门，负责对其客户和所代理的非结算会员进行结算，按规定收取保证金和结算费用，并承担合约履行的担保。

第三个层次是非结算会员的经纪公司与客户进行结算。非结算会员经纪公司自己也设有结算部门，为客户提供结算和保证。

这种多层次结算和多层次风险控制的优点是：（1）提高了结算效率，结算所仅与极少数实力强、信用好的结算会员进行结算，极大地提高了结算效率。（2）分散了交易风险，结算所仅需要对少数结算会员进行风险管理，而结算会员分担了代理的非结算会员的风险，使得交易风险得到分散。（3）增强了结算所的担保能力，结算所要求结算会员交纳结算保证金，这使得结算所的担保能力得到加强。

（一）保证金制度

在期货交易中，结算所成为每个卖方的最后买方，同时成为每个买方的最后卖方，承担违约的风险。保证金制度是结算所控制违约风险的主要工具之一。保证金制度是指在期货交易中，任何交易者必须按照其所买卖期货合约价值的一定比例（通常为5%～10%）缴纳资金，用于结算和保证履约。

由于国外期货交易中的多层次结算，保证金的收取相应也是分层次的。结算所向结算会员收取，结算会员向所代理的非结算会员和自己的客户收取，非结算会员经纪公司向客户收取。

1. 第一个层次：结算所向结算会员收取。结算所要求结算会员在结算所开设保证金账户，要求结算会员按照其所买卖期货合约价值的一定比例缴纳资金，用于结算和保证履约，我们称它为结算保证金（clearing margin）。按照这一比例，结算会员的保证金账户的余额必须保持一定的金额，并根据每个交易日发生的交易情况（增仓或平仓）和价格变动（造成亏损或盈利）对保证金账户余额进行调整，可能必须在其结算保证金账户中追加资金，也可能从结算保证金账户中抽出资金。

结算所有两种计算结算保证金的方式：一种是基于总值的计算；另一种是基于净值的计算。基于总值是将结算会员的多头仓位和空头仓位的总数相加，并按这一数目收取保证金。基于净值是允许结算会员的多头仓位和空头仓位相互抵消，按抵消后的数目收取保证金。比如，某结算会员有两个客户，一方持有 30 手多头的 5 月大豆合约，另一方持有 20 手空头的 5 月大豆合约。如果按总值计算，结算所将以 50 手合约收取保证金；如果按净值计算，结算所仅以 10 手合约收取保证金。美国大多数结算所都运用基于净值方式计算保证金。

2. 第二个层次：由于结算会员向所代理的非结算会员和自己的客户收取保证金，以及非结算会员经纪公司向客户收取保证金非常类似，我们将这两类保证金的收取划分为一类。

经纪商（包括结算会员经纪商和非结算会员经纪商）要求自己的客户将资金存入保证金账户。投资者在最初开仓交易时必须存入的资金数量被称为初始保证金（initial margin）。初始保证金的金额由经纪人决定。与第一个层次类似的是投资者需要根据交易日的交易情况和价格变动对保证金账户进行调整，或追加或提走。但与第一个层次不同的是，第二层次的保证金收取中还有一个重要的概念——维持保证金（maintenance margin）。在第一层次中，结算会员只有初始保证金，没有维持保证金。维持保证金的数额通常低于初始保证金数额。如果保证金账户的余额低于了维持保证金水平，投资者就会收到保证金催付（margin call）通知，要求投资者将保证金账户内的资金补足到初始保证金的水平，这一追加的资金就是变动保证金（variation margin）。如果投资者不能提供变动保证金，经纪人将对投资者的头寸平仓。投资者也有权利提走保证金账户中超过初始保证金的那部分资金。

比如，投资者买入了5份大豆合约，每份初始保证金2000美元，5份共计1万美元。维持保证金水平为原始保证金的75%，每份为1500美元，5份共计7500美元。投资者于1月3日星期一开仓，开仓价格为600美分/蒲式耳，当日的结算价格为602美分/蒲式耳。表2-5为投资者的交易情况。

表2-5　**保证金操作举例**

日期	期货价格（美分）	每日盈亏（美元）	保证金账户余额（美元）	保证金催付（美元）	投资者操作
	建仓600		10000		存入保证金10000美元
1月3日	602	500	10500		
1月4日	612	2500	13000		提出保证金3000美元
1月5日	619	1750	11750		
1月6日	604	-3750	8000		
1月7日	598	-1500	6500	3500	追加保证金3500美元
1月10日	585	-3250	6750	3250	追加保证金3250美元
1月11日	576	-2250	7750		
1月12日	580	1000	8750		
1月13日	598	4500	13250		
1月14日	604	1500	14750		
1月15日	605	250	15000		
1月17日	592	-3250	11750		
1月18日	610	4500	16250		提出保证金6250美元
1月19日	603	-1750	8250		
1月20日	612	2250	10500		
1月21日	平仓628	4000	14500		提出保证金14500美元

从上述例子中可以看到，1月4日和1月18日时，投资者保证金账户中的金额高于

初始保证金水平，投资者有权利提出资金，但保证金账户内的金额仍需保持在初始保证金水平。而1月7日和1月10日，由于投资者保证金账户中的金额低于了维持保证金水平，投资者需要追加保证金，使保证金金额保持在初始保证金水平。而在保证金账户的金额高于7500美元而低于1万美元时，投资者不需要追加保证金，同时，在保证金账户的金额高于1万美元时，投资者也可以不提出高于初始保证金水平的那部分金额。最后，这个投资者盈利：3000+6250+14500-10000-3500-3250=7000美元。

注意以下几点：

（1）交易所会对初始保证金和维持保证金的最低水平有一个规定，即最低客户保证金要求。交易所这样做的目的是为了防止经纪公司以降低保证金为手段吸引客户。个别经纪公司要求客户的保证金水平可能比交易所的最低水平要高，但不得低于交易所规定的最低水平。维持保证金通常为初始保证金的75%。

（2）期货合约进行每日结算，而不是在其最后期限才进行结算。从上述的例子中也可以看到，期货交易进行的是每日结算。

（3）国外交易所的保证金数额可能取决客户的目的。套期保值者的保证金要求通常低于投机者的保证金要求，一些当日交易者和套利交易者的保证金要求通常还低于套期保值者的保证金要求。这当然是由投资者进行交易的风险所决定的。在期权交易出现之前，期货交易的风险情况比较简单，交易所可以根据投资者不同的交易目的开出不同的保证金，但在期权出现之后，风险的计算变得非常复杂，这时就出现了专门的结算系统来进行期货、期权交易的结算。结算系统是现代计算机技术与期货结算原理的高度结合，是实现期货结算高效率的技术保证。目前，标准组合风险分析系统（Standard Portfolio Analysis of Risk），即SPAN系统成为国际行业标准，为世界多个结算所采用。在下节中，我们会对SPAN系统作详细介绍。

（二）结算程序

我们仅介绍结算会员经纪公司与其客户间的结算程序，非结算会员经纪公司与其客户间的结算程序与前者几乎类似，只是多一个环节，因为非结算会员经纪公司并不直接与结算所进行结算，而需要在为其代理和担保的结算会员处结算。图2-4是结算流程图。

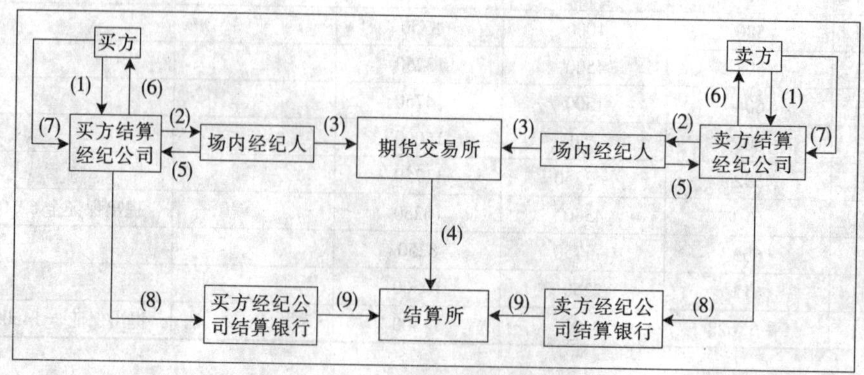

图2-4 结算流程图

图 2－4 中所示结算程序如下：

（1）投资者向经纪公司发出交易指令；

（2）经纪公司要求其场内经纪人执行指令；

（3）场内经纪人按指令价格达成交易；

（4）期货交易所将信息报告给结算所；

（5）场内经纪人将交易情况报告给各自的经纪公司；

（6）经纪公司将交易情况报告给投资者；

（7）投资者将保证金存入经纪公司账户；

（8）经纪公司将保证金存入自己的结算银行；

（9）结算银行将保证金存入结算所进行结算。

第四节　国外重要的交易制度

一、投资者头寸（commision of trade，COT）报告制度（The Commitments of Traders Report）

COT 报告制度是由美国商品期货交易委员会制定的风险管理制度，也是商品期货交易委员会对期货市场实施监管的重要措施之一。最初制定 COT 报告制度的目的是为公众提供一个了解期货市场运行情况的途径，现在 COT 报告制度已经成为交易者分析市场走向、监管部门分析市场运行状况、交易所和监管机构进行风险控制的重要信息来源。早期的 COT 报告是每月一次，在次月的 11 号或 12 号公布。随着 COT 报告制度的不断发展，报告公布的时间逐渐缩短，先是缩短为每半个月一次，从 2000 年开始缩短为目前的每周一次。同时，报告中包含的信息也越来越多，包括每一个期货品种的交易者数量、交易者持仓量、市场集中率和有关期权持仓量的数据。随着电子化交易系统的迅速发展，报告的获取方式也在发生着变化，从早期的订阅邮政信函到付费的电子接入方式，再发展到今天，投资者已经可以直接在美国商品期货交易委员会的网站上进行查阅。

COT 报告为投资者提供了截止到每周四市场上 20 个或 20 个以上交易者所持有的未平仓合约数，这些交易者所持的头寸等于或超过了美国商品期货交易委员会规定的持仓标准（reporting level）。在美国，每周五下午 3:30 分（美国东部时间）是公布每周交易者净期货持仓量和交易者期货与期权持仓量的时间。

COT 报告包括长、短两种格式。在短报告中，分别公布具有报告价值的和不具有报告价值的未平仓合约数。对于具有报告价值的头寸，报告中还提供额外的信息，包括商业和非商业的持仓量、套利交易持仓量和与前一份报告相比持仓量的变动情况、各类交易者的未平仓合约数占总未平仓合约数的比例以及各类交易者的数量。在长报告中，除了短报告所列的信息外，还按照市场年度列出了不同年度合约的交易量和持仓量，并据此列出市场上最大的4~8个交易者所持头寸及市场的集中率。有关COT报告的最新数据和历史数据，读者可以在美国商品期货交易委员会的网站http://www.cftc.gov上进行查阅。

表2-6是一个COT报告的实例，取自2004年6月1日的短报告，报告中公布了有关芝加哥期货交易所小麦期货合约的市场数据。

表2-6 **COT短报告样式**

Wheat - Chicago Board of Trade Futures - Only Positions As of 06/01/2004			芝加哥期货交易所小麦期货 2004年6月1日净期货头寸					
Noncommercial 非商业持仓			Commercial 商业持仓		Total 总计		Nonreportable Positions 不具有报告价值的头寸	
Long 多头持仓量	Short 空头持仓量	Spreads 套利持仓量	Long 多头持仓量	Short 空头持仓量	Long 多头持仓量	Short 空头持仓量	Long 多头持仓量	Short 空头持仓量
(Contracts of 5000 Bushels) Open Interest: 122975			未平仓合约数：122975					
Commitments 持仓量								
29015	29513	9514	67135	60224	105664	99251	17311	23724
Changes From 05/25/2004 Change in Open Interest: -963			与前一周相比未平仓合约数变动情况：-963					
-2090	-3837	-2472	3005	6132	-1557	-177	594	-786
Percent of Open Interest for Each Category of Traders			各类交易者未平仓合约数所占比例（%）					
23.6	24.0	7.7	54.6	49.0	85.9	80.7	14.1	19.3
Number of Traders in Each Category (Total Traders: 234)			各类交易者的数量（总计：234）					
66	81	54	46	61	150	169		

资料来源：美国商品期货交易委员会网站。

为了便于读者了解COT报告的内容和涵义，对其中部分术语解释如下：

（一）具有报告价值的头寸（reportable positions）和不具有报告价值的头寸（non-reportable positions）

前者针对的是交易所的结算会员、期货佣金商（FCM）和国外的交易者［三者合称为“需提供报告的公司”（reporting firms）］。他们需要每天提供文字性的报告给美国商品期货交易委员会。报告中应包括那些所持头寸超过美国商品期货交易委员会相关规定的交易者所持有的期货和期权的合约数（有关当前美国商品期货交易委员会对要求提供报告的持仓量标准的相关规定，请查阅美国商品期货交易委员会网站）。美国商品期货交易委员会会根据市场变化随时调整需提供报告的持仓量标准，以同时达到监督市场和尽可能减轻期货行业报告负担的目的。不具有报告价值的头寸则是指在总的未平仓合约数中去掉具有报告价值的头寸后，剩余的未平仓合约数。通常，在不具有报告价值的头寸中，无法分出商业和非商业交易者的持仓情况。

（二）未平仓合约数所占比例（percent of open interest）

这一比例是由各类交易者手中所持的未平仓合约数除以总的未平仓合约数所得的结果。当结果小于0.05时，表示为0.0。由于存在重复计算，最终所有的结果相加往往不等于1。

（三）集中率（concentration ratios）

集中率只能在长报告中看到，主要是反映市场上最大的4～8个应提供报告的交易者所持有的未平仓合约数。在计算集中率时，并不考虑交易者是商业持仓还是非商业持仓。通常，集中率会按照总多头头寸、总空头头寸和净多头头寸、净空头头寸来分别进行计算。在计算净多头和净空头头寸时，要将交易者持有的相等的反向头寸先行抵消，这样，如果一个交易者同时持有数量很大、但数目非常接近的多头和空头头寸，那么他只会出现在按总多头和总空头持仓量计算的大交易者之列，而不会进入净多头和净空头持仓量的大交易者中。

（四）市场年度（crop year）

正如第一节所提到的，很多农产品期货合约的交割时间与标的物的收获季节关系密切，因此不同交割月份的合约代表着不同年度的作物。在美国，通常以每年9月到次年8月作为一个市场年度，而每个市场年度中的第一个新作物期货合约则是根据作物的收获季节来确定的。表2-7是美国主要期货交易所在每个市场年度中部分期货合约的起始月份和终止月份，也是COT长报告中所列不同市场年度合约持仓情况的统计依据。

表2-7　每个市场年度中各主要农产品期货合约的起始和终止月份

Market	合约名称	First 期货合约的起始月	Last 期货合约的终止月
CBOT Wheat	芝加哥期货交易所小麦	7月	5月
CBOT Corn	芝加哥期货交易所玉米	12月	9月
CBOT Oats	芝加哥期货交易所燕麦	7月	5月
CBOT Soybeans	芝加哥期货交易所大豆	9月	8月
CBOT Soybean Oil	芝加哥期货交易所豆油	10月	9月
CBOT Soybean Meal	芝加哥期货交易所豆粕	10月	9月
CBOT Rough Rice	芝加哥期货交易所稻米	9月	7月
KCBT Wheat	堪萨斯市期货交易所小麦	7月	5月
MGE Wheat	明尼阿波利斯谷物交易所小麦	9月	7月
CME Lean Hogs	芝加哥商业交易所生猪	12月	10月
NYBT Cocoa	纽约期货交易所可可	12月	9月
NYBT Coffee C	纽约期货交易所咖啡	12月	9月
NYBT Cotton No. 2	纽约期货交易所棉花	10月	7月

资料来源：美国商品期货交易委员会网站。

二、美国商品期货交易委员会的大户报告制度（The CFTC′s Large－trader Reporting System，LTRS）

为了更有效地对期货市场实施监管，美国商品期货交易委员会采用了一套十分完善的信息搜集体系。根据《商品交易法案》的相关规定，美国商品期货交易委员会从交易所、结算会员、期货佣金商（FCM）、境外经纪商和交易者等各个来源搜集市场数据和持仓信息。对需要提供报告的公司和交易者，美国商品期货交易委员会通常会秘密地指定报告的数量，以确保其所提供信息的保密性。除非出现特殊情况，否则美国商品期货交易委员会禁止公开任何有关个人的所持头寸和交易记录的信息。为了更好地说明大户报告制度，以下将分别对与其相关的各类信息加以介绍。

（一）结算会员信息（clearing－member data）

交易所除了要向美国商品期货交易委员会提供关于交易量、开仓量、交割量、平仓量和价格等信息外，还需要提供对持仓量的统计数据及每个结算会员的交易情况。在每个交易日结束之后，交易所应向美国商品期货交易委员会提供每个结算会员的多头持仓量和空头持仓量、买入和卖出的合约数以及实际交割和平仓的合约数。上述信息应分项列出，期货合约按照不同月份的合约列出，期权合约则分别针对看涨和看跌期权按照不同的到期日和敲定价格列出。表2－8是芝加哥期货交易所玉米期货交易的结算会员信息中的一部分。

表2－8　　芝加哥期货交易所玉米期货交易的结算会员信息摘录

Chicago Board of Trade December 2001 Corn Future（in contracts）As of：08/15/01

芝加哥期货交易所2001年12月玉米期货合约（2001年8月15日报告）

Clearing Member 结算会员	Account 账户类型	Position 持仓量		Trades 交易量		Delivery Notices 交割通知		Versus Cash 平仓量	
		Long 多头	Short 空头	Bought 买入	Sold 卖出	Stopped 终止的	Issued 发布的	Bought 买入	Sold 卖出
Firm A A公司	House 经纪公司	85	0	10	0	0	0	0	0
	Customer 客户	2450	1810	475	785	0	0	0	0
Firm B B公司	House 经纪公司	0	1990	40	0	0	0	15	0
	Customer 客户	0	0	0	0	0	0	0	0

资料来源：美国商品期货交易委员会网站。

美国商品期货交易委员会的工作人员将利用上述信息来识别某一个期货品种的交易中或多个交易所的多个期货品种的交易中大户的持仓情况，并对大户报告进行审计。不过，从结算会员信息中无法识别出对各类头寸享有利益的所有者的情况，因为某个结算会员的客户持仓量总计通常代表着一个或很多个交易者。如果某个交易者同时控制了好几个结算会员的客户持仓量中很大的一部分，那么从清算会员信息中通常无法发现该交易者已经控制了整个市场中的很大一部分合约。为了对这种情况实施有效的监控，美国商品期货交易委员会引入了市场监督机制中的核心内容——大户报告制度。

（二）大户信息（large - trader data）

有效的市场监管机制必须能够科学地评估各个交易者的行为和市场各方的潜在力量，并能有效地实施对投机者头寸的限制。为了达到这一目的，美国商品期货交易委员会和交易所采用了一套完善的大户报告制度（LTRS），以应对期货市场中大部分交易者是通过中介商来进行交易的现状。根据大户报告制度，结算会员、期货佣金商（FCM）和境外经纪商每天应向美国商品期货交易委员会提供文字性的报告，说明那些在某一品种（或某些品种）合约的交易中持仓量达到或超过美国商品期货交易委员会相关规定的交易者所持的期货和期权头寸情况。在每个交易日收盘后，需要提供报告的公司（其定义详见前面 COT 报告制度中的术语解释（一）应就所持头寸达到或超过美国商品期货交易委员会相关规定的交易者的持仓情况提供详细的报告，包括该交易者在任意月份的期货合约和任意到期日的期权合约头寸。该公司应报告符合上述条件的交易者手中所持的所有以某种（或某些）资产为标的物的期货合约和期权合约的头寸。

所有提供给美国商品期货交易委员会的大户报告中的头寸总计起来，通常可以反映出任一期货品种的市场中大约 70% ~90% 的未平仓合约数。对需要提供大户报告的合约持仓量标准，美国商品期货交易委员会的规定为从 25 手到 1000 手合约不等。各个期货品种的具体标准主要是根据该品种市场上的总开仓量、交易者的持仓量和交割量等因素来确定。美国商品期货交易委员会会根据市场的变化随时对各期货品种的标准进行调整，以便同时达到监督市场和减轻期货业报告负担的目的。有关某一特定期货品种的大户报告标准，可到美国商品期货交易委员会的网站上查阅。

由于交易者通常会通过不止一个经纪商进行交易，有时单个交易者还可能同时在不止一个账户上持有头寸，针对这一情况，美国商品期货交易委员会会将相关账户的信息汇集到一起，以便其工作人员对信息进行汇总分析。一旦某一个账户达到应提供报告的标准，美国商品期货交易委员会可能会直接与交易者联系，要求其提供一份更为详细的报告（与常用的报告格式不同），这有助于美国商品期货交易委员会判断某个账户是一个新的交易者还是现有交易者的附加账户。只有正确识别账户类型，并对其信息加以汇总，才能合理地评估交易者对市场产生的潜在影响，并对投机头寸进行限制。

运用不同的软件，可以把原始的大户信息转化为可供分析的资料。美国商品期货交易委员会的专家们会从不同的角度来分析大户报告中的信息。表 2 -9 是一个简要的大户报告。

在少数情况下，当交易者同时通过多个需要提供报告的公司进行交易时，为了避免出现信息遗漏，美国商品期货交易委员会还会要求交易者提供另一种形式的报告，说明在某一段特定时间内其每日开仓的期货和期权合约数、买入和卖出的合约数、交割的期货合约数和执行的期权合约数。此外，为更好地实现对市场的监管，美国商品期货交易委员会仍在不断完善其大户报告制度。

表 2-9 大户报告示例

Chicago Board of Trade December 2001 Corn Future (in contracts) As of: 08/15/01
芝加哥期货交易所2001年12月玉米期货合约（2001年8月15日报告）

Trader Name 交易者名称	Futures Position 期货头寸		Delta-Adj Options Delta-Adj 期权		Net Open Position 净开仓	Delivery Notices 交割通知	
	Long 多头	Short 空头	Long 多头	Short 空头		Stopped 终止的	Issued 发布的
ABC Corp. ABC 公司	1115	0	410	20	Long-1505	0	0
Doe Arbitrage 多伊经纪公司	0	986	974	0	Short-12	0	0
Joseph Smith 约瑟夫·史密斯公司	0	874	0	0	Short-874	0	0

资料来源：美国商品期货交易委员会网站。

（三）现货头寸信息（cash-position data）

在很多合约的交易中，都对投机者的持仓量有明确的限制（如谷物产品合约、豆类产品合约和棉花合约等）。套期保值者在所持头寸超过持仓限制时，必须以文字形式每月向美国商品期货交易委员会提供报告。报告应表明交易者在现货市场所持的头寸，以便使美国商品期货交易委员会准确判断投资者是否拥有足够的现货头寸，以满足其手中的期货合约和期权合约中超过持仓限制部分的交割要求。在棉花期货交易中，交易商需要每周提供其现货头寸报告。

交易者持有需报告的期货或期权头寸时，必须保存相关的详细记录，不仅包括其在某一类期货交易中的持仓情况和交易行为，还包括交易者所拥有的与该期货品种相关的产品及副产品的现货库存及现货的采购和出售记录。一旦美国商品期货交易委员会提出报告要求，交易者必须提供关于上述信息的详细记录。

需要特别指出的是，美国商品期货交易委员会对于上述各类报告都已经规定了相应的报告格式，并有详细的填写要求。交易者可以从美国商品期货交易委员会的网站上下载后按照要求填写。总而言之，美国商品期货交易委员会之所以采取大户报告制度，就是为了能够及时地获得有关结算会员和大交易商的交易信息。这些信息是完善的市场监管体系中具有核心作用的组成部分。美国商品期货交易委员会可以根据每天的数据对美国期货市场实施动态的监督，从而确保期货市场的套期保值和价格发现功能得以真正实现。

三、保证金与风险控制系统——SPAN 系统（SPAN System）

SPAN 系统的全称是标准组合风险分析系统（Standard Portfolio Analysis of Risk），由芝加哥商业交易所在1988年开发成功，可以精确地计算任意投资组合的总体市场风险，并在此基础上结合交易所的风险管理理念，计算出应收取的保证金。SPAN 系统的核心计算模块由交易所计算并以参数文件的形式每天免费提供给投资者，投资者只要在此基础上输入各自的头寸情况，就可以很快地在个人电脑上对自己的投资组合进行风险分析，并计算出自己所持头寸需要的保证金额度。

为了让SPAN系统适用于市场的各种情况，并精确计算任意投资组合的保证金，该系统分别测量了下列可能影响保证金额度的因素：（1）标的资产价格的变动；（2）标的资产的价格波动性的变动；（3）时间的流逝；（4）合约的交割风险；（5）不同到期月份合约之间价差的变动；（6）各标的资产之间价格相关性的变动。

在此基础之上，SPAN系统通过标的资产的市场价格变动与其波动性变动之间的组合来求出某一具体投资组合在一段时间内（一般是一个交易日）所可能遭受的最大损失的期望值。交易所则在此期望值的基础上来确定应收取的保证金额度。SPAN系统是第一个期货行业基于所有组合风险来计算履约保证金水平的专用系统，它已成为事实的行业标准，其运算机理已被美国所有交易所、结算所以及世界各地的相关机构所接受。目前，全球已经有近50个交易所或结算组织开始使用SPAN系统。

SPAN系统的设计目的是为了鉴别投资组合背后的风险，用于确定履约保证金水平。SPAN系统的最高目标就是找出一个组合从某一天到第二天可能引起的“合理”的最大损失是多少，交易所和清算所的责任是用某种方法确定一个一天内的“合理”损失范围。在分析组合头寸的盈亏时，SPAN系统采用期货价格变动与期货价格波动性变动组合的16个判据（风险数组）来分析计算（见表2-10）。

表2-10　SPAN系统期货价格变动与期货价格波动性变动组合判据

1	期货价格不变，期货价格波动率增大
2	期货价格不变，期货价格波动率减小
3	期货价格上升1/3范围，期货价格波动率增大
4	期货价格上升1/3范围，期货价格波动率减小
5	期货价格下降1/3范围，期货价格波动率增大
6	期货价格下降1/3范围，期货价格波动率减小
7	期货价格上升2/3范围，期货价格波动率增大
8	期货价格上升2/3范围，期货价格波动率减小
9	期货价格下降2/3范围，期货价格波动率增大
10	期货价格下降2/3范围，期货价格波动率减小
11	期货价格上升3/3范围，期货价格波动率增大
12	期货价格上升3/3范围，期货价格波动率减小
13	期货价格下降3/3范围，期货价格波动率增大
14	期货价格下降3/3范围，期货价格波动率减小
15	期货价格极端向上变化（涵盖35%的亏损）
16	期货价格极端向下变化（涵盖35%的亏损）

其中，期货价格波动范围、期货价格波动率及极端变化量由各交易所或清算所确定。期货价格极端变动量一般设定为相关期货合约初始保证金水平的两倍。

SPAN 系统不仅仅是一个保证金计算系统，同时也是一个基于投资组合风险价值评估的市场风险模拟与分析系统，可为包括期货、期权、现货、股票及其任意组合的金融产品进行风险评估。在风险评估基础上形成的保证金结果从风险管理角度而言更为有效，从而在风险可控的前提下提高了资本的使用效率。

由于 SPAN 系统目前主要用于衡量比较复杂的期权与期货组合头寸的风险，因此下面以一个期权组合头寸来举例说明 SPAN 的应用。

假设投资者所持期权头寸为：买入 1 个 A 股票的看涨期权，执行价格为 100；卖出 2 个 A 股票的看涨期权，执行价格为 105；卖出一个 A 股票的看涨期权，执行价格为 110。应用 SPAN 系统可对投资者的风险保证金计算如下（见表 2－11）：

表 2－11

风险情境	敲定价格为 100 的观测风险值	敲定价格为 105 的观测风险值	敲定价格为 110 的观测风险值	损益总计
1	+（1* － $2.089）	－（2* － $2.159）	+（1* － $2.213） =	$16.21
2	+（1* $2.189）	－（2* $2.267）	+（1* $2.326） =	－$18.32
3	+（1* － $3.674）	－（2* － $3.677）	+（1* － $3.665） =	$15.03
4	+（1* $ 621）	－（2* $ 782）	+（1* $ 924） =	－$19.53
5	+（1* － $ 534）	－（2* － $ 672）	+（1* － $ 793） =	$17.59
6	+（1* $3.718）	－（2* $3.712）	+（1* $3.698） =	－$16.75
7	+（1* － $5.288）	－（2* － $5.225）	+（1* － $5.148） =	$14.05
8	+（1* － $ 982）	－（2* － $ 739）	+（1* － $ 517） =	－$20.38
9	+（1* $ 989）	－（2* $ 782）	+（1* $ 594） =	$19.18
10	+（1* $5.209）	－（2* $5.117）	+（1* $5.010） =	－$14.79
11	+（1* － $6.931）	－（2* － $6.803）	+（1* － $6.661） =	$13.26
12	+（1* － $2.620）	－（2* － $2.297）	+（1* － $1.995） =	－$20.91
13	+（1* $2.480）	－（2* $2.202）	+（1* $1.946） =	$21.00
14	+（1* $6.660）	－（2* $6.481）	+（1* $6.289） =	－$12.44
15	+（1* － $4.205）	－（2* － $4.095）	+（1* － $3.980） =	$4.17
16	+（1* $3.763）	－（2* $3.607）	+（1* $3.451） =	－$1.01

从表 2－11 中的计算结果可以看出，投资者所持期权组合的风险保证金应该为：21.00 美元。

其计算参数为：A 股票的股价＝105；价格观测区间＝7；波动率（年）＝65%；波动率的观测区间为 6.5%；距到期日的时间为 0.748 年；年利率为 5%。

第三章
交易方式和交易工具的应用

第一节　套期保值交易

一、套期保值交易（hedging）的定义

商品价格波动的风险是生产经营者面临的最主要的风险。商品价格受供求变动的影响而出现波动，给生产经营者带来很大的困难，无法准确预计将来所获利润的情况，从而不能保证生产经营活动的稳定性。例如，对小麦的种植者来说，由于未来小麦收获时的价格是不确定的，价格可能上升也可能下降，这使得种植者不能在播种的时候准确估计自己的利润情况，如果到时候小麦价格暴跌，种植者将面临亏损的风险。对小麦的出口商来说，如果该出口商已经签订好在将来某一时间按照某一价格出售小麦的合同，如果到时候小麦价格上升，出口商按照这一价格收购小麦，就会导致亏损。同样，对于小麦的加工商来说也面临小麦价格波动的风险。例如面粉厂，假设该厂已经按照某一价格购买了一批小麦生产面粉以满足定单需要，如果在加工出售面粉期间小麦价格下降，这就意味着该厂是以较高的成本来加工面粉，从而减少了利润。以上这些情况都会影响到生产经营者的利润，当价格波动剧烈时，会给生产经营者带来巨大亏损，甚至会威胁到企业的生存。

通过期货交易，生产经营者可以利用期货市场来避免现货价格波动的风险，以保证生产经营活动的稳定性。以上述小麦出口商为例，为了避免小麦收购价格上涨带来的损失，出口商可以先在期货市场买入小麦期货合约，到了出口合约履行时，该出口商在现货市场收购小麦以备出口，与此同时将期货合约卖出平仓。通过这种做法可以规避小麦价格上涨的风险，这是因为如果到了合约履行时小麦价格上涨，虽然现货市场出口商遭受了损失，但是由于出口商在期货市场进行了先买后卖的交易，与现货市场的交易方向相反，因此期货市场存在盈利，期货市场和现货市场的盈亏相抵，使出口商可以大致确定小麦的收购成本，从而保证经营利润，而不必担心小麦价格变化对利润的影响。

上述利用期货市场规避现货价格风险的交易就是套期保值交易（hedging）。对套期

保值交易规范的表述是：生产经营者为了规避现货价格波动的风险，在期货市场进行与现货市场交易方向相反、交易数量相同的交易，当价格发生变动时，可以使一个市场的盈利弥补另一个市场的亏损，从而在两个市场建立对冲机制，使生产经营者不必受到价格波动的影响，保证生产经营活动的稳定。

二、套期保值交易的原理

期货交易之所以可以规避现货价格波动的风险，其根本原理是：由于受到相同的供求因素的影响，期货价格和现货价格的变动趋势是相同的，也就是说具有同升同降的特点。生产经营者通过在期货市场进行与现货市场交易方向相反的交易，不管商品价格上升还是下降，一个市场的亏损总是能够与另一个市场的盈利相抵，从而避免价格波动对生产经营者的不利影响。需要指出的是，尽管期货市场和现货市场的变动趋势大致相同，但变动幅度并不一定相同，因此两个市场的盈亏并不总是能够完全相抵。尽管如此，由于套期保值交易使期货和现货两个市场建立一种盈亏冲抵的机制，不能冲抵的部分与现货价格波动的幅度相比要小得多，因此，生产经营者可以通过套期保值规避现货市场价格波动的大部分风险。

三、套期保值交易的种类

根据套期保值者在期货市场是买入还是卖出期货合约，套期保值交易可以分为两种：卖出套期保值（也叫做空头套期保值，short hedge or selling hedge）和买入套期保值（也叫做多头套期保值，long hedge or buying hedge）交易。

（一）卖出套期保值

卖出套期保值交易是指通过在期货市场卖出期货合约来规避现货市场价格下跌风险的交易。当现货市场价格下跌时，现货市场的亏损可以被期货市场的盈利所弥补；如果商品价格上涨，现货市场的盈利就会被期货市场的亏损所冲抵。不管商品价格如何变化，通过卖出套期保值交易可以避免价格变动对经济活动的影响，从而保证经营的稳定。

[例3-1]　某年2月份，山东港大豆现货报价为2730元/吨左右，国内某公司考虑到市场占有率及本厂的一些实际情况，需要大批量购进大豆进行加工，现已定购3月船期的美国大豆3万吨，成本为2730元/吨左右，基本上和目前港口价位接近。但考虑到进口大豆到港还有一段时间，在这一段时间内如果大豆价格下跌将会减少公司加工利润。为了避免将来价格下跌带来的风险，该公司决定在芝加哥期货交易所5月份期货合约上进行套期保值，在签订进口合同的同时在芝加哥期货交易所以810美分/蒲式耳的价格卖出220手（1手为5000蒲式耳，1蒲式耳大豆等于27.216公斤，3万吨大豆折合为芝加哥期货交易所大豆期货合约约为220手）。到3月底，大豆价格果然下跌，山东港大豆现货报价跌至2520元/吨左右，该公司随即在芝加哥期货交易所以735美分/蒲式耳的价格买入平仓。该公司卖出套期保值的效果分析如表3-1所示。

表 3 - 1 卖出套期保值实例

	现货市场	期货市场
2 月	以 2730 元/吨买入 3 万吨大豆	以 810 美分/蒲式耳的价格卖出 5 月份大豆期货合约
3 月	大豆现货价格跌至 2520 元/吨	以 735 美分/蒲式耳的价格买入 5 月份大豆期货合约
	亏损 210 元/吨	盈利 75 美分/蒲式耳，折合 228 元/吨（汇率：1 美元 = 8.28 元人民币）
最终结果	完全实现套期保值，并有净盈利 18 元/吨 该公司买入大豆的成本为：2730 - 228 = 2502（元/吨） 或 2520 - 18 = 2502（元/吨）	

从例 3 - 1 中可以看出，虽然该公司在签订进口合同之后大豆价格下跌，在现货市场出现亏损，但通过进行卖出套期保值，使期货市场的盈利弥补了现货市场的亏损，从而使该公司避免了现货价格下跌所带来的风险。具体来说，该公司在签订的进口合同中，大豆的采购价格为 2730 元/吨，由于进行套期保值，期货市场盈利 228 元/吨，因此该公司实际的采购价格为 2502 元/吨，比 3 月底的下跌后的大豆现货价格 2520 元/吨还低 18 元，这一差额等于期货市场的盈利弥补现货市场亏损之后的净盈利。

（二）买入套期保值

买入套期保值交易是指通过在期货市场买入期货合约来规避现货市场价格上涨风险的交易。当现货市场价格上涨时，现货市场的亏损可以被期货市场的盈利所弥补；如果商品价格下跌，则现货市场的盈利就会被期货市场的亏损所冲抵。不管商品价格如何变化，买入套期保值交易可以避免价格变动对经济活动的影响，从而保证经营的稳定。

[例 3 - 2] 某年 8 月，我国某铜业公司与国外某金属集团公司签订一份金属含量为 3000 吨的铜精矿进口合同，特别约定 TC/RC① 为 54/5.4，计价月为 2003 年 12 月，合同清算价为计价月伦敦金属交易所 3 月铜平均结算价。当时伦敦金属交易所 3 月铜平均结算价为 2310 美元/吨。该公司签订合同后，担心由于连续大幅度的限产活动可能导致铜价大幅度上涨，因此决定对这笔精矿贸易进行套期保值。该公司在合同签订后，立即以 2340 美元/吨的价格在期货市场上买入 3000 吨期货合约。到计价月时，铜价果然出现大幅上涨，伦敦金属交易所 3 月铜期货合约价已涨至 2860 美元/吨，3 月铜平均结算价为 2790 美元/吨。于是该公司在期货市场上以 2860 美元/吨的价格卖出 3000 吨期货合约平仓，扣除在期间发生的 20 美元/吨的调期费与交易费后，实际卖出价为 2840 美元/吨。

该公司套期保值的结果如表 3 - 2 所示。

① TC/RC 是指铜精矿的加工费用，TC 是冶炼费，单位是美元/吨；RC 为精炼费，单位为美分/磅，换算为美元/吨时，需乘以 22.5。铜价扣除加工费用后可以倒推出铜精矿的价格。

表 3-2　　买入套期保值实例

	现货市场	期货市场
8 月	铜精矿的目标成本价为： 2310 - （54 + 5.4 × 22.5） = 2134.5（美元/吨）	以 2340 美元/吨的价格买入 3000 吨铜期货合约
12 月	铜精矿的实际支付价为： 2790 - （54 + 5.4 × 22.5） = 2614.5（美元/吨）	以 2840 美元/吨的价格卖出 3000 吨铜期货合约
	亏损 480 美元/吨	盈利 500 美元/吨
最终结果	完全实现套期保值，并有净盈利 20 美元/吨 该公司买入铜精矿的成本为：2614.5 - 500 = 2114.5（美元/吨） 或 2134.5 - 20 = 2114.5（美元/吨）	

在例 3-2 中，该公司通过买入套期保值，使期货市场的盈利弥补了现货市场的亏损，其实际采购成本不是 2614.5 美元/吨，而是扣除期货市场的盈利之后的成本，即 2114.5 美元/吨，该采购成本要比目标成本价 2134.5 美元/吨的价格低 20 美元/吨，这一差额就是期货和现货市场盈亏相抵后的差额。在这个例子中，该铜业公司不仅完全规避了铜价格上涨的风险，而且还在一定程度上降低了铜的采购成本。

四、基差（basis）与套期保值效果

在套期保值交易中，如果现货市场和期货市场价格变动的幅度完全相同，那么无论是买入套期保值还是卖出套期保值，均能够使两个市场盈亏完全相抵，实现完全的套期保值。但在实际操作中，两个市场的变动趋势虽然相同，但变动幅度在多数情况下是不相同的，在这种情况下，两个市场的盈亏不会完全相抵，可能出现净盈利或净亏损的情况，这会影响到套期保值的效果。在这个问题上需要使用一个非常重要的概念——基差。

（一）基差的定义

基差是指现货商品的价格与相同商品的期货价格之间的差额。一般来说，基差所指的现货商品的等级应该与期货合约规定的等级相同，并且，基差所指的期货价格通常是最近的交割月的期货价格。例如，6 月 20 日小麦基差为“10 cents under”，如果没有特别约定，这是指当日与期货合约规定的等级相同的小麦的现货价格低于 7 月份的期货价格 10 美分。如果在 6 月 20 日小麦基差为“5 cents over”，这是指当日与期货合约规定的等级相同的小麦的现货价格高于 7 月份的期货价格 5 美分。

但需要注意的是，特定的交易者可以拥有自己特定的基差。例如，对于一个小麦交易商来说，他所指的基差可能是他实际购买小麦现货的成本与他进行套期保值所持有的某一交割月的期货价格的差额。他所购买的小麦等级可能不同于期货合约规定的标准等级，他所指的某一交割月的期货合约也可能不是最近的交割月的期货合约。例如，7 月 1 日，一名小麦交易商以 2.00 美元/蒲式耳的价格买入一批小麦，同时他以 2.10 美元/蒲式耳的价格卖出 9 月份期货合约，对他而言，基差就为 10 美分（10 cents under）。

（二）基差的正负与强弱

基差可以用来表示市场所处的状态。如果现货价格低于期货价格，则基差为负值，这种市场状态被称为“正常市场”（normal market 或 contango）。在现货商品供应充足、库存量大的情况下，期货价格通常要高于现货价格，这是因为期货价格中包含持仓费用。如果现货价格高于期货价格，基差为正，这种市场状态被称为“逆转市场”（inverted market）或“现货溢价”（backwardation）。当现货市场供应短缺导致现货价格大幅度上升时，有可能出现现货价格高于期货价格的情况。

通常用“强”（strength）或“弱”（weakness）来评价基差。如果基差为正且数值越来越大，我们称这种基差的变化为“走强”（stronger），反之称为“走弱”（weaker）。如果基差为负且数值越来越大，我们称这种基差的变化为“走弱”，反之称为“走强”。例如，从“10 cents under”变为“9 cents under”表示基差走强，虽然基差仍为负值，但基差正趋近于正值，或者说，“负”的程度减小，因而称之为“走强”。如果从“10 cents over”变为“9 cents over”，则表明基差走弱，这是因为基差虽然仍为正值，但基差正趋近于负值，或者说，“正”的程度减小。

（三）基差的变化与套期保值的效果

基差的变化与套期保值的效果密切相关。对于套期保值者来说，套期保值的最终结果是盈利还是亏损，取决于在期货市场建立套期保值头寸时的基差与对冲套期保值头寸时的基差的变化。以下我们通过具体的套期保值的例子来说明基差变化与套期保值的效果的关系。

1. 卖出套期保值的效果与基差变化的关系。

[例3－3]　假设一位交易商在3月份以3.30美元/蒲式耳的价格买入一批小麦现货，为了防止小麦价格下跌，该交易商在芝加哥期货交易所以3.45美元/蒲式耳的价格卖出5月份的小麦期货合约进行卖出套期保值。一个月后小麦价格下跌，该交易商以3.10美元/蒲式耳将该批小麦售出，与此同时，在期货市场以3.20美元/蒲式耳的价格将期货合约买入平仓。交易结果如表3－3所示。

表3－3　正向市场卖出套期保值实例

现货市场	期货市场	基差
3.30美元/蒲式耳买入	3.45美元/蒲式耳卖出期货合约	－15美分
3.10美元/蒲式耳卖出	3.20美元/蒲式耳买入期货合约	－10美分
亏损20美分/蒲式耳	盈利25美分/蒲式耳	基差走强5美分
套期保值效果：盈利5美分/蒲式耳		
结论：在正向市场进行卖出套期保值，基差走强，套期保值将出现盈利。		

按照相同的道理，如果在正向市场做卖出套期保值，当基差走弱时，套期保值将会有亏损。

在逆转市场做卖出套期保值的例子见表3－4。

表3－4　　逆转市场卖出套期保值实例

现货市场	期货市场	基差
3.40美元/蒲式耳买入	3.20美元/蒲式耳卖出期货合约	20美分
3.55美元/蒲式耳卖出	3.40美元/蒲式耳买入期货合约	15美分
盈利15美分/蒲式耳	亏损20美分/蒲式耳	基差走弱5美分
套期保值效果：亏损5美分/蒲式耳		
结论：在逆转市场进行卖出套期保值，基差走弱，套期保值将出现亏损。		

同理，如果在逆转市场进行卖出套期保值，当基差走强时，套期保值将会有盈利。

由此可见，套期保值的效果与单一的某个市场价格的走向和变动幅度没有直接关系，而是与期货市场与现货市场之间的基差变动方向和幅度有关。无论是在正常市场还是逆转市场，当基差走强时，卖出套期保值将会有盈利；基差走弱时，卖出套期保值将会有亏损。

2. 买入套期保值的效果与基差变化的关系。

[例3－4]　假设一位出口商在3月份签订了一份大豆出口合同，约定以6.10美元/蒲式耳的价格在3个月后出售一批大豆，该出口商在芝加哥期货交易所以6.20美元/蒲式耳的价格买入7月份的大豆期货合约进行买入套期保值。到了6月份，大豆价格下跌至6.00美元/蒲式耳，该出口商在期货市场以6.15美元/蒲式耳的价格将期货合约卖出平仓。

基差变化与套期保值效果的关系见表3－5。

表3－5　　基差变化对买入套期保值的影响实例

现货市场	期货市场	基差
6.10美元/蒲式耳卖出	6.20美元/蒲式耳买入期货合约	－10美分
6.00美元/蒲式耳买入	6.15美元/蒲式耳卖出期货合约	－15美分
盈利10美分/蒲式耳	亏损5美分/蒲式耳	基差走弱5美分
套期保值效果：盈利5美分/蒲式耳		
结论：在正向市场进行买入套期保值，基差走弱，套期保值将出现盈利。		

按照相同的道理，如果在正向市场做买入套期保值，当基差走强时，套期保值将会有亏损。

在逆转市场做买入套期保值的例子见表3－6。

表 3－6 逆转市场基差变化对买入套期保值的影响实例

现货市场	期货市场	基差
6.20 美元/蒲式耳卖出	6.10 美元/蒲式耳买入期货合约	10 美分
6.15 美元/蒲式耳买入	6.00 美元/蒲式耳卖出期货合约	15 美分
盈利 5 美分/蒲式耳	亏损 10 美分/蒲式耳	基差走强 5 美分
套期保值效果：亏损 5 美分/蒲式耳		
结论：在逆转市场进行买入套期保值，基差走强，套期保值将出现亏损。		

同理，如果在逆转市场做买入套期保值，当基差走弱时，套期保值将会有盈利。

由此可见，对于买入套期保值，无论是在正常市场还是逆转市场，当基差走强时，套期保值会出现亏损，当基差走弱时，套期保值会出现盈利。

（四）基差与点价（pricing）交易

点价交易，也称为基差交易（basis trading），是一种特殊的现货交易的方式，是指现货买卖的双方以某一月份的期货价格作为计价基础，加上若干升贴水，即构成现货交易的价格。点价交易从本质上看是一种纯粹的现货交易，交易双方并不需要参与期货交易。但是，从定价的方式来看，点价交易利用了期货价格来为现货交易来定价，因此间接地与期货市场发生关联。目前，在一些大宗商品贸易中，例如大豆、铜、石油等贸易，点价交易已经得到了普遍应用。例如，在大豆的国际贸易中，通常以芝加哥期货交易所的大豆期货价格作为定价的基础价格；在铜精矿和阴极铜的贸易中，通常用伦敦金属交易所或纽约商品交易所的铜期货价格；在国际石油贸易中，利用英国国际石油交易所和纽约商业交易所的原油期货价格作为现货市场的基准价。

之所以使用期货市场的价格为现货交易定价，主要是因为期货价格具有公开性、透明性和权威性的特点。由于期货价格是在期货市场通过集中、公开的竞价形成的，因而能够较好地反映商品价格的变动趋势，价格具有高度的透明性、公开性、权威性。使用大家都公认的、合理的期货价格来定价，可以省去交易者搜寻价格信息、讨价还价的成本，提高交易的效率。

在点价交易中，现货价格等于所选定的期货价格加上一个升贴水。而我们所指的基差是现货价格减去期货价格的差额，因此，升贴水是与基差直接相联系的。影响升贴水的主要因素有：点价所选取的期货合约月份的远近、期货交割地与现货交割地之间的运费以及期货交割商品品质与现货交割品质的差异。在国际大宗商品贸易中，由于点价交易被普遍应用，升贴水的确定也是市场化的，有许多经纪商提供升贴水报价，交易商可以很容易地确定升贴水的水平。

五、套期保值交易操作中的技巧

（一）期货转现货交易（exchange－for－physicals，EFP）的应用

1. 期货转现货交易的定义与特点。期货转现货交易（简称期转现）是指在期货交

易所安排的实物交割期之前，持有方向相反的同一月份合约的交易者通过交易所将持有的期货头寸转换为相应的现货头寸，并按照双方协商的交割条件进行实物交割。期转现交易是除了对冲平仓、实物交割之外的第三种了结期货合约的方式。在国际商品期货市场上，大多数交易所都允许期转现交易。虽然各个交易所对期转现交易的具体规定不同，但基本的内容是相同的。

期转现交易过程如表3-7所示。

表3-7　　期转现交易实例

<table>
<tr><td colspan="2">期转现交易之前</td></tr>
<tr><td>A交易者</td><td>B交易者</td></tr>
<tr><td>5月份的小麦期货合约的多头，并希望获得小麦现货。</td><td>5月份的小麦期货合约的空头，并希望出售小麦现货。</td></tr>
<tr><td colspan="2">期转现交易之后</td></tr>
<tr><td>A交易者</td><td>B交易者</td></tr>
<tr><td>与B交易者协商，同意从B交易者那里购买小麦以替代从期货市场实物交割来获得小麦现货，并将此决定报告交易所来取消期货头寸。</td><td>与A交易者协商，同意向A交易者出售小麦以替代从期货市场实物交割来出售小麦现货，并将此决定报告交易所来取消期货头寸。</td></tr>
<tr><td colspan="2">期货交易所</td></tr>
<tr><td colspan="2">收到A、B交易者的期转现报告后，将双方的期货头寸冲抵，以免除双方实物交割的责任。</td></tr>
</table>

期转现交易与期货市场中的实物交割不同。在期货市场的实物交割中，交割的各项规定是由交易所统一确定的，属于集中交易。在期转现交易中，现货买卖是根据交易双方的协商来进行的，交易双方可以根据自己的需要来确定实物交割的细节。

2. 期转现交易与套期保值交易结合应用。在对现货交易进行套期保值交易时，恰当地使用期转现交易，可以在完成现货交易的同时实现商品的保值。

［例3-5］　一个出口商与客户签订了一项出售大豆现货的远期合约，但是他没有现货库存，为防止到交货时大豆价格上涨，他在芝加哥期货交易所作买入套期保值。某储藏商持有大豆现货，为了防止大豆价格下跌，在芝加哥期货交易所作卖出套期保值，所卖出的合约月份与该出口商相同。该出口商向该储藏商收购大豆现货，并协商进行期转现交易。也就是说，在期货合约到期前，双方向交易所申请期转现交易，出口商通过换取储藏商的空头部位来对冲自己先前持有的多头期货部位，结束套期保值交易；储藏商通过换取出口商的多头部位来对冲自己先前持有的空头期货部位，也结束了套期保值交易。与此同时，交易双方按照协商好的价格、商品品质、交割地点等进行现货商品的交收。

在这个例子中，交易双方将套期保值交易和期转现交易结合在一起，其做法对交易双方都有利。对出口商来说，不仅获得所需要的现货，同时也避免了价格上涨的风险。对储藏商来说，既出售了现货商品，也避免了价格下跌的风险。

（二）调期交易在套期保值交易中的应用

期货调期交易（swaping，又称 rolling forward，switch）是指交易者将近期期货部位平仓的同时建立远期期货部位，用远期期货来调换近期期货的交易。套期保值者在面临下列情况时，通常都会采用调期交易方式：

1. 由于远期合约尚未交易或交易量太小，只能以近期合约替代。对套期保值者而言，有时需要的保值期时间较长，但很可能远期合约尚未推出，或者合约已经推出但成交量却太小，无法进行交易。这时候，只能采用活跃的近期合约进行替代交易。当近期合约接近交割时间时，一边平仓，一边在后面的合约上建立新的头寸。比如，伦敦金属交易所的期铜交易最活跃的是3月期合约，其含义是交易当日后推3个月，如果套期保值者的保值期是4个月，就必须采用调期交易方式。其做法是现在买卖合约后，一个月后将其平仓，然后再建仓。

2. 当现货头寸发生推延时，通过调期交易相应推延套期保值头寸。

[例3-6] 某套期保值者持有的3月份玉米期货空头部位即将到期，而他已进行套期保值的玉米现货尚未卖出去，考虑到现货市场上玉米价格太低并预计到5月份玉米期货可能溢价，因此他不想交割3月份玉米期货，而选择调期交易。他买进3月份玉米期货将原有的空头套期保值头寸平仓，同时卖出5月份玉米期货，从而完成以5月份空头部位代替3月份空头头寸的交易。

3. 以更理想的基差来持有套期保值头寸。

[例3-7] 某一个交易者通过卖出3月份玉米期货合约建立了套期保值空头部位，当时的期货价格高出现货价格30点，也就是说拥有一个基差为30点的套期保值空头部位，但过了一段时间，交易者发现5月份期货合约价格高出现货价格45点，扣除持仓费用5个点之外，要比现有套期保值头寸拥有的基差多出10个点。于是这个交易者将已持有的空头部位期货买入平仓，同时卖出下一个交割月的期货，从而以较远交割月的期货部位替换了原有的期货头寸。从这个例子中可以看到，这个交易者通过调期交易重新建立了具有较好基差的套期保值部位。

第二节 套利交易

一、套利交易（spreads）的定义及种类

套利交易是指在买入某一期货合约的同时卖出与之相关的另一期货合约，并在某一个时间同时将两种合约平仓的交易方式。根据所买卖的期货合约的相关关系，期货套利交易可分为同市场套期图利（intramarket spread or interdelivery spread）、跨市场套利

（intermarket spread）、跨商品套利（intercommodity spread）和商品产品套利（commodity product spread）。

（一）同市场套期图利

同市场套期图利，又称为跨期套利，是指利用同一交易所的同种商品但不同交割月份的期货合约的价差进行的套利交易。具体来说，就是在同一交易所买入或卖出某一交割月份的某商品期货合约的同时，卖出或者买入另一交割月份的同一商品的期货合约，并在未来某一时间同时将两种期货合约对冲平仓的交易。例如，在芝加哥期货交易所买入 3 月份的小麦期货的同时卖出 7 月份的小麦期货。

（二）跨市场套利

跨市场套利是指利用同一种商品期货合约在不同交易所之间的价差而进行的套利交易。具体来说，就是在买进或卖出某一交易所的某一商品期货合约的同时，按同一数量、同一交割期卖出或买入另一个交易所的同一商品期货合约，并在未来某一时间同时将两种期货合约对冲平仓的交易。例如，在芝加哥期货交易所买入 11 月份的大豆期货的同时，在大连商品交易所（DCE）卖出 11 月份的大豆期货。

（三）跨商品套利

跨商品套利是指利用两种不同但相关联的商品之间的价差进行的套利交易。具体来说，就是在买入或卖出一种商品期货合约的同时卖出或买入另一相关联的商品期货合约，并在未来某一时间同时将两种期货合约对冲平仓的交易。这两种商品之间应具有相互替代性或受同一供求因素所制约，最典型的跨商品套利是在玉米和燕麦之间的套利，因为这两种商品都可以作为牲畜的饲料而互相替代。

（四）商品产品套利

商品产品套利是指利用原材料以及使用该原材料加工的成品之间的价差进行的套利交易。具体来说，就是在买进或卖出某一原材料商品期货合约的同时，卖出或买入由该原材料加工成的产品的期货合约，并在未来某一时间同时将两种期货合约对冲平仓的交易。比较典型的商品产品套利有大豆与豆油、豆粕的套利以及原油与取暖油、汽油的套利。

二、套利交易的价差（spread）

价差是套利交易中非常重要的概念，它是指两种相关的期货合约价格之差。其中，对于同市场套期图利来说，价差是指同一交易所的同种商品的不同交割月份合约的期货价格之差。例如，假设 8 月份的黄金期货价为 451 美元/盎司，12 月份的黄金期货价格为 462 美元/盎司，则这两个不同交割月份合约的价差为 11 美元/盎司，或者说 12 月份的黄金期货价格相对于 8 月份有 11 美元/盎司的升水。

套利交易的原理是：当预测某一期货合约价格与另一相关期货合约价格之间的价差将会扩大或缩小时，通过买入一种期货合约的同时卖出另一种相关期货合约的交易，在价差按预期变化时，同时将两种期货合约平仓来获取利润。因为期货套利交易是根据相关的期货合约的价差来进行的，因此这种交易也称为“价差交易”。在套利交易中所建立的多头和空头部位被称为套利的“腿”（legs，也可称为“边”或“方面”）。一般来说，套利活动都是由买入和卖出两个相关期货合约构成的，因此通常都具有两条“腿”。因为在商品产品套利交易中涉及的商品往往不止两种，因此商品产品套利有可能多于两条“腿”。

与投机交易相比，套利交易的风险相对较小。这是因为，投机交易面临的是单独的某一期货价格变动的风险，一旦价格变动方向预测错误，投机将会面临损失。套利交易面临的是价差变动的风险，如果套利者对价差将扩大还是缩小判断失误，也会面临亏损的风险，但与投机风险相比，价差的变动幅度要远小于单一的价格变动的幅度，因此套利交易风险远小于投机风险。一般来说，对于套利交易，交易所通常会在保证金和手续费上给予优惠，所规定的初始保证金也比较低。

三、套利交易指令

套利交易可以市场指令、限价指令或停止指令的形式来下，并且买入和卖出的指令必须同时下达，分开下达是不被视做套利指令来执行的。

如果交易者要以市场指令的方式进行套利交易，指令可用以下形式下达：

买入 8 月份的黄金

卖出 12 月份的黄金

市场指令

以市场指令下达的套利交易指令可以保证交易者以目前所可能获得的任何一个价差来进行交易，这种指令的优点是成交速度快，但它的缺点是在市场行情发生较大变化时，成交的价差可能与交易者的最初意图有差距。

如果交易者要以限价指令的方式来进行，可下达以下指令：

买入 8 月份的黄金

卖出 12 月份的黄金

12 月份升水 11 美元 / 盎司

以限价指令方式来进行，则只有当 12 月份的黄金价格超过 8 月份黄金价格至少为 11 美元 / 盎司时才能进行交易。这一指令可以保证交易者以理想的价差进行套利交易，但由于限价指令只有价差达到所设定的价差时才可以成交，因此并不能保证能够立刻成交。

从限价方式的套利指令可以看出，在进行套利交易时，交易者关注的并不是买入或卖出期货合约（也就是前面提到的套利交易的“腿”）的绝对价格的高低，而是买入和卖出期货合约价格的价差的大小，即相对价格的大小。在这个限价指令的例子中，以下这两个可能的成交结果都是这个交易者可以接受的：

成交结果一：以 450 美元 / 盎司买入 8 月份黄金期货，同时以 461 美元 / 盎司卖出 12 月份黄金。

成交结果二：以 458 美元 / 盎司买入 8 月份黄金期货，同时以 469 美元 / 盎司卖出 12 月份黄金。

因为在这两个成交结果中，12 月与 8 月黄金期货合约的价差均为 11 美元 /盎司，因此符合交易者的要求。

四、套利交易的盈亏计算方法

计算套利交易的盈亏时，可采取对每条“腿”分别计算盈亏然后加总的方式。

[例 3 - 8]　某套利者以 462 美元 /盎司的价格买入 12 月的黄金期货，同时以 451 美元 /盎司的价格卖出 8 月的黄金期货，持有一段时间后，该套利者以 453 美元 /盎司的价格将 12 月合约卖出平仓，同时以 447 美元 /盎司的价格将 8 月合约买入平仓。

首先我们分别对该套利的每一条“腿”计算盈亏：

12 月份的黄金期货合约：亏损 = 462 - 453 = 9 美元 /盎司

8 月份的黄金期货合约：盈利 = 451 - 447 = 4 美元 /盎司

套利结果：12 月份的亏损 + 8 月份的盈利 = -9 + 4 = -5 美元 /盎司

按照这种计算方法，可以算出该套利者每盎司黄金亏损 5 美元。

五、买进套利（buy spread）和卖出套利（sell spread）

如前所述，我们将买入或卖出相关期货合约称为套利的“腿”（或“边”、“方面”），相关期货合约的价格往往是不同的，存在着价格较高的一“边”和价格较低的一“边”。那么，对于套利者来说，究竟是买入较高一“边”的同时卖出较低一“边”，还是相反，这取决于套利者对相关期货合约价差的变动趋势的预期。

如果套利者预期不同交割月的期货合约的价差将扩大（widen）时，则套利者将买入其中价格较高的一“边”（这也就是说，同时卖出的是价格较低的一“边”），我们称这种套利为买进套利。如果价差变动方向与套利者的预期相同，则套利者就会通过同时将两条“腿”平仓来获利。

[例 3 - 9]　如果套利者以 450 美元 /盎司卖出 8 月份黄金期货，同时以 461 美元 /盎司买入 12 月份黄金，我们可以看出这种套利是买进套利。假设经过一段时间之后，8 月份价格变为 455 美元 /盎司，同时 12 月份价格变为 472 美元 /盎司时，也就是说价差从 11 美元 /盎司变为 17 美元 /盎司，价差扩大了 6 美元 /盎司，套利者同时将两个月份的期货合约平仓则会有盈利。

8 月份的黄金期货合约：亏损 = 455 - 450 = 5 美元 /盎司

12 月份的黄金期货合约：盈利 = 472 - 461 = 11 美元 /盎司

套利结果：8 月份的亏损 + 12 月份的盈利 = -5 + 11 = 6 美元/盎司

由此可见，在进行买进套利时，价差扩大会带来盈利，盈利的大小等于价差的变动幅度。

相反，如果套利者预期不同交割月的期货合约的价差将缩小（narrow）时，则套利者将卖出其中价格较高的一“边”（这也就是说，同时买入的是价格较低的一“边”），我们称这种套利为卖出套利。例如，如果套利者以 450 美元 /盎司买入 8 月份黄金期货，同时以 461 美元 /盎司卖出 12 月份黄金，我们可以看出这种套利是卖出套利。当价差缩小时，通过对这两种期货合约的平仓交易可以获利。

在这里需要强调的一点是：买进套利和卖出套利的定义对于正向市场和反向市场来说都是适用的。例如，如果某套利者是以461美元/盎司买入8月份黄金期货，同时以450美元/盎司卖出12月份黄金，很显然这是反向市场，价格较高的一“边”为8月份期货合约，由于对价格较高的一“边”进行的是买入的交易，因此这种套利应该称为买进套利。

六、同市场套期图利的操作

（一）不同交割月份合约的价格关系

同市场套期图利是一种常见的套利种类，它是围绕同种期货合约不同交割月份的价差而展开的。在交易所上市交易的每种期货合约都有两个以上的交割月份，离现货月份较近的称为近期合约，离现货月份较远的称为远期合约。当远期合约价格大于近期合约价格时，称为持仓费市场或正常市场；当近期合约价格大于远期合约价格时，称为逆转市场。无论是近期合约还是远期合约，随着各自交割月的临近，与现货价格的差异都会逐步缩小，直到收敛，但近期合约价格和远期合约价格相互间不存在收敛问题。

在正常市场中，二者价差只限于持仓费，即从近期月份到远期月份之间持有现货商品支付的储存费、保险费及利息之和。例如，玉米的月持仓费若为5美分/蒲式耳，则5月份玉米合约的价格只能超过3月份玉米合约价格10美分/蒲式耳。若二者原来价差为5美分，该价差就会扩大，但不会超过10美分；如果原价差大于10美分，该价差就会缩小，但不会小于10美分，否则市场上就会出现无风险的套利机会。以原价差大于10美分为例，买入3月份合约，卖出5月份合约，在3月份合约到期后接受现货交割并储存到5月份，用现货完成5月份合约的现货交付义务，可以稳获利润。套期图利活动一直进行到价差为10美分，无利可图为止。在逆转市场上，二者的价格差没有限制，取决于近期供给相对于需求的短缺程度，以及购买者愿意花多大代价换取近期能得到的商品供给。

（二）牛市套利（bull spread）和熊市套利（bear spread）

对于大多数商品期货来说，当市场是牛市（看涨的）或者熊市（看跌的）时，较近月份的合约价格变动幅度往往要大于较远期的合约。

具体来说，如果市场是牛市，则较近月份的合约价格上涨幅度往往要大于较远期合约价格的上涨幅度，因此，远期合约价格与较近月份合约价格之间的价差往往会缩小。在这种情况下，买入较近月份的合约同时卖出远期月份的合约进行套利盈利的可能性比较大，我们称这种套利为牛市套利。一般来说，牛市套利对于可储存的商品并且是在相同的作物年度最有效，例如，买入3月小麦期货同时卖出5月小麦期货。可以适用于牛市套利的可储存的商品包括谷物、大豆及其产品、糖、橙汁、胶合板、木材、猪肚和铜。对于不可储存的商品，如活牛、生猪等，不同交割月份的商品期货价格间的相关性很低或根本不相关，进行牛市套利是没有意义的。

［例3－10］　10月1日，次年3月份玉米期货合约价格为2.16美元/蒲式耳，5月

份期货合约价格为2.25美元/蒲式耳，前者比后者低9美分。交易者预计玉米价格将上涨，3月与5月的期货合约的价差将有可能缩小。于是，交易者买入1手（1手为5000蒲式耳）3月份玉米合约的同时卖出1手5月份玉米合约。到了12月1日，3月和5月的玉米期货价格分别上涨为2.24美元/蒲式耳和2.30美元/蒲式耳，两者的价差为6美分，价差缩小。交易者同时将两种期货合约平仓，从而完成套利交易。交易结果如表3-8所示。

表3-8　　牛市套利实例

10月1日	买入1手3月份玉米期货合约，价格为2.16美元/蒲式耳	卖出1手5月份玉米期货合约，价格为2.25美元/蒲式耳	价差9美分
12月1日	卖出1手3月份玉米期货合约，价格2.24美元/蒲式耳	买入1手5月份玉米期货合约，价格2.30美元/蒲式耳	价差6美分
每条“腿”的盈亏状况	盈利8美分/蒲式耳	亏损5美分/蒲式耳	价差缩小3美分
最终结果	盈利3美分/蒲式耳，总盈利为0.03×5000=150美元		

如果市场是熊市，则较近月份的合约价格下降幅度往往要大于较远期合约价格的下降幅度，远期合约价格与较近月份合约价格之间的价差往往会扩大，在这种情况下，卖出较近月份的合约同时买入远期月份的合约进行套利盈利的可能性比较大，我们称这种套利为熊市套利。进行熊市套利时需要注意：如果近期合约价格已经相当低、以至于它不可能进一步偏离远期合约时，进行熊市套利是很难获利的。

[例3-11]　10月1日，次年3月份玉米期货合约价格为2.16美元/蒲式耳，5月份期货合约价格为2.25美元/蒲式耳，前者比后者低9美分。交易者预计玉米价格将下降，3月与5月的期货合约的价差将有可能扩大。于是，交易者卖出1手（1手为5000蒲式耳）3月份玉米合约的同时买入1手5月份玉米合约。到了12月1日，3月和5月的玉米期货价格分别下降为2.10美元/蒲式耳和2.22美元/蒲式耳，两者的价差为12美分，价差扩大。交易者同时将两种期货合约平仓，完成套利交易。交易结果如表3-9所示。

表3-9　　熊市套利实例

10月1日	卖出1手3月份玉米期货合约，价格为2.16美元/蒲式耳	买入1手5月份玉米期货合约，价格为2.25美元/蒲式耳	价差9美分
12月1日	买入1手3月份玉米期货合约，价格2.10美元/蒲式耳	卖出1手5月份玉米期货合约，价格2.22美元/蒲式耳	价差12美分
每条“腿”的盈亏状况	盈利6美分/蒲式耳	亏损3美分/蒲式耳	价差扩大3美分
最终结果	盈利3美分/蒲式耳，总盈利为0.03×5000=150美元		

（三）蝶式套期图利（butterfly spread）

蝶式套期图利是同市场套期图利中的又一种常见的形式。它是由两个方向相反、共享居中交割月份的跨期套利组成。蝶式套期图利的原理与跨期套利一样，是利用同一商品但不同交割月份之间的价差来获利；其不同之处在于蝶式套利交易涉及3个交割月份的合约，即近期、远期和居中3个月份，相当于两个跨期套利的组合。蝶式套利的具体操作方式是：买入（或卖出）近期月份合约，同时卖出（或买入）居中月份合约，并买入（或卖出）远期月份合约，其中居中月份合约的数量等于近期月份和远期月份数量之和。这相当于在近期与居中月份之间的牛市（或熊市）套利和在居中月份与远期月份之间的熊市（或牛市）套利的一种组合。近期和远期月份的期货合约分居于居中月份的两侧，形同蝴蝶的两个翅膀，因此称之为蝶式套期图利。

［例3－12］　买入2份5月份小麦期货合约、卖出4份9月份小麦期货合约的同时，买入2份12月份小麦期货合约，这可以看做是由一个牛市套期图利（买入5月份合约，卖出9月份合约）和一个熊市套期图利（卖出9月份合约买入12月份合约）而组成。

又比如，卖出2份5月份玉米合约、买入6份7月份玉米合约的同时，卖出4份9月份玉米合约，这可以看做是由一个熊市套期图利（卖出5月份合约，买入7月份合约）和一个牛市套期图利（买入7月份合约，卖出9月份合约）组成。

（四）跨作物年度套利（intercrop spread）

跨作物年度套利又称为持仓费套利（carrying charge spread），是根据新作物年度期货合约价格一般低于上一作物年度期货合约价格的原理，利用新旧作物年度农牧产品期货合约的价差来赚取利润的套利交易。这种交易通常是在同一交易所买进和卖出同一商品期货合约，这两个合约分别处在两个不同的作物年度。

作物年度是指从农作物大量收获月的第一天到次年收获月的前一日这一段时间。例如，美国小麦、燕麦作物年度从7月1日到次年6月30日；棉花作物年度从8月1日开始到次年7月31日；大豆从9月1日开始，玉米从10月1日开始。由于作物年度关系，农产品期货便有新、旧产期货之分。旧产期货是在次年农产品收获之前到期的合约，因其交割月在收获季节之前，只能以上年度所产农产品办理交割；新产期货是以新产农产品办理现货交割的期货合约。如在芝加哥交易所上市的小麦合约有3，5，7，9，12月份几个交割月，2月1日这一天几种交割月的合约均在场上交易，其中3，5月份期货合约为旧产期货，后3个月份的期货合约为新产期货。

影响新旧作物年度的期货合约价格差异的主要因素包括上年度结转库存量、来年的收成情况、消费量以及未来的需求量等，套利者可以根据这些因素来预测新旧作物年度期货价格差异是否正常，从而寻找套利机会。如果预期旧作物年度价格相对于新作物年度而上涨，套利者就可以买进旧作物年度的期货合约，同时卖出新作物年度的期货合约。反之，则买进新作物年度的期货合约，卖出旧作物年度的期货合约。在这种套利交易中，由于影响价格因素较多，农作物期货商品价格波动较大，因此常常要求缴纳较高的保证金。

七、跨市场套利的操作

在期货市场上，许多交易所都交易相同或相似的期货商品，例如芝加哥期货交易所、大连商品交易所都进行大豆期货交易；伦敦金属交易所、上海期货交易所和纽约商业交易所都进行铜、铝等有色金属交易；纽约商业交易所、伦敦国际石油交易所、新加坡纸货交易市场都进行石油交易等。一般来说，同一品种在不同交易所的期货价格关系通常是比较稳定的。这是因为由于合约到期后要进行实物交割，如果两个交易所同种商品的期货价差不合理，套利者就会通过从价格相对较低的交易所买入期货，同时在价格相对较高的交易所卖出期货，然后等合约到期时进行实物交割，将前者低价买入的商品用于后者高价卖出，从而获利。随着这种套利行为的发生，两个交易所过大的价差将会缩小，直至价差等于从一个交易所转移商品至另一个交易所交割的各种费用总和时，套利机会才会消失。因此，实物交割环节的存在对不同交易所的同种商品的期货价格差异起到了制约的作用，使价差不会出现过大的偏差，从而保持一种稳定的价格关系。但是，这并不意味着在任何时点上两个交易所的价差均是合理的，由于各种短期因素的影响，两个交易所的价格关系可能会发生变化，从而出现套利的机会。

在进行实际的跨市套利操作时，套利者并不需要持有合约至到期进行实物交割，而是在两个市场建立相反头寸之后，待价差发生有利变化时进行平仓，即可获利。具体来说，如果套利者判断两个市场的同种商品的期货价差过大时，交易者可以买入价格较低的交易所的期货，同时卖出价格较高的交易所的同一品种的期货，待价差缩小时，将两个合约同时平仓可以获利。同样地，当两个市场的同种商品的期货价格差额过小时，交易者可以通过卖出价格较低的交易所的期货，同时买入价格较高的交易所的同一品种的期货，待价差扩大时将两个合约同时平仓，可以获利。

[例3-13] 某年1月20日的芝加哥期货交易所3月份大豆期货合约价为439美分/蒲式耳（折合161.40美元/吨），而同一天大连商品交易所的大豆期货合约价为1790元/吨。从美国港口至中国港口的运费约为25美元/吨，大豆进口关税为3%，增值税13%，开信用证付30%的保证金，价格以2000元/吨计，年利率为5.8%，其他费用为50元/吨，汇率为1美元兑换8.27元人民币。按照以上条件可以大致计算出芝加哥期货交易所的大豆运至中国港口的总成本：

$$(161.40+25)\times1.03\times1.13\times8.27+(2000\times30\%\times5.8\%/4)+50$$

$$\approx1853（元/吨）>1790（元/吨）$$

由此可见，芝加哥期货交易所的大豆期货价格与大连商品交易所同时点的大豆期货价格相比过高，存在着跨市套利的机会。套利者可以立刻在卖出芝加哥期货交易所3月份大豆期货的同时买入大连商品交易所的3月份大豆期货，待芝加哥期货交易所与大连商品交易所的价差缩小时，同时将两个合约平仓获利。

假设到了2月10日，芝加哥期货交易所的3月份大豆期货价变为478美分/蒲式耳（折合175.74美元/吨），大连商品交易所的3月份大豆期货价变为2008元/吨，套利者立刻将两个合约同时平仓，假设汇率保持不变，获利情况如表3-10所示。

表 3-10　　跨市套利实例

	芝加哥期货交易所	大连商品交易所
1月20日	以 439 美分/蒲式耳卖出 3 月份大豆期货合约	以 1790 元/吨买入 3 月份大豆期货合约
2月10日	以 478 美分/蒲式耳买入 3 月份大豆期货合约	以 2008 元/吨卖出 3 月份大豆期货合约
盈亏	亏损 39 美分/蒲式耳（折合 118.58 元/吨）	盈利 218 元/吨
总盈亏	盈利 99.42 元/吨	

在进行跨市场的套期图利时，应对影响同种商品在不同交易所的价格差异的主要因素予以了解，以判断两个交易所的价差是否属于正常范围。总的来说，影响不同交易所同种商品价格差异的主要因素包括四个方面：

第一，不同地点的运输费用，这是决定价格差异的主要因素。一般来说，距产地越近的交易所的期货价格往往越低，距产地越远的交易所的期货价格往往越高，两者期货价格的差额的大部分是由两地间的运费构成。

第二，交割品级的差异。虽然不同交易所可能上市同一种商品的期货，但不同交易所对交割商品的品级规定有可能存在差异。这也在一定程度上会造成同一商品在不同交易所的价格差异。

第三，交易单位与汇率的影响。在涉及不同国家交易所的套利时，应注意交易所对商品的交易单位规定的差异。例如，芝加哥期货交易所 1 手小麦合约代表 5000 蒲式耳，而中国郑州商品交易所 1 手代表 10 吨，在套利时应掌握两者的换算关系，从而保证买卖合约所代表的数量是相近的。与此同时，跨国界的套利活动要涉及汇率问题，汇率的变动会影响到买卖期货合约的价格，因此也要对汇率的变动趋势进行了解，采取有效的避险方式规避汇率波动的风险。

第四，相关税费的影响。在涉及不同国家交易所的跨市套利时，要注意关税、办理信用证的费用、利息率等相关费用的变化，这会直接影响到跨市套利的效果。

八、跨商品套利的操作

小麦/玉米套利是比较典型的跨商品套利。小麦和玉米均可用做食品加工及饲料，合约有同升同降的趋势。由于小麦价格通常高于玉米价格，两者之间的价差一般为正数。小麦/玉米价差变化具有季节性，通常在冬小麦收割后的 6、7 月份，小麦价格相对较低，而玉米价格相对较高，两者之间的价差趋于缩小；另一方面，在 9、10、11 月份玉米收获季节，玉米价格相对较低，小麦价格相对较高，两者之间价差会扩大。在已知小麦/玉米之间的正常价差关系之后，套利者可以利用两者出现的异常价差进行套利。

[例 3-14]　7 月 30 日，11 月份小麦期货合约价为 3.50 美元/蒲式耳，而 11 月份玉米期货合约价为 2.30 美元/蒲式耳，前者比后者价格高出 1.20 美元/蒲式耳。套利者根据对两种商品价差的分析认为，这一价差小于正常年份的水平，于是在买入 1 手 11 月份的小麦期货合约的同时卖出 1 手 11 月份的玉米期货合约，以期在有利时机将两

合约同时平仓获利。交易情况如表 3－11 所示。

表 3－11　　跨商品套利实例

7月30日	买入1手11月份小麦期货合约，价格为3.50美元/蒲式耳	卖出1手11月份玉米期货合约，价格为2.30美元/蒲式耳	价差1.20美元
8月15日	卖出1手11月份小麦期货合约，价格为3.35美元/蒲式耳	买入1手11月份玉米期货合约，价格为2.10美元/蒲式耳	价差1.25美分
每条“腿”的盈亏状况	亏损15美分/蒲式耳	盈利20美分/蒲式耳	价差扩大5美分
最终结果	盈利5美分/蒲式耳，总盈利 $0.05 \times 5000 = 250$ 美元		

九、商品产品套利的操作

商品产品套利是利用原料及其产成品之间的价差变化来进行套利。在一定的技术水平上，某一数量的原材料经过加工所得到的产成品的数量是比较稳定的。例如，1 吨大豆经过加工，可以得到大约 0.19 吨的豆油、0.8 吨的豆粕以及 0.1 吨的耗损（具体比例与大豆的品质、压榨技术有关）。根据这一比例以及原材料及产成品的价格，可以大致计算出加工的毛利润。以大豆为例，其毛利润计算公式为：

加工大豆的毛利润＝豆油价格×19%＋豆粕价格×80%－原材料价格×100%－加工费

在正常情况下，按照原材料及产成品的期货价格计算可以得到正的毛利润。

如果原材料及产成品的期货价格关系发生变化，使得按照毛利润计算公式得到的数值超过了正常的利润幅度，交易者可以通过卖出产成品的期货合约的同时买入原材料期货合约进行套利。对于加工商来说，还可以通过这种套利活动弥补现货市场中因原材料价格上涨或制成品价格下跌造成的损失。在大豆系列产品的套利中，买入大豆期货合约的同时卖出相同月份的豆油和豆粕期货合约，这种套利称为“大豆提油套利”（crush spread）。在原油系列产品的套利中，买入原油期货合约的同时卖出相同月份的取暖油和汽油的期货合约，这种套利称为“原油提炼套利”（crack spread）。

相反，如果原材料及产成品的期货价格关系发生变化，使得按照毛利润计算公式得到的数值小于正常的利润幅度（甚至是负值）时，交易者可以通过买入产成品的期货合约的同时卖出原材料期货合约进行套利。在大豆系列产品的套利中，卖出大豆期货合约的同时买入相同月份的豆油和豆粕期货合约，这种套利称为“反向大豆提油套利”（reverse crush spread）。同样，在原油系列产品套利中，卖出原油期货合约的同时买入相同月份的取暖油和汽油的期货合约，这种套利称为“反向原油提炼套利”（reverse crack spread）。当制成品与原材料价格倒挂时，也就是说制成品价格与原材料价格的差额小于加工成本时，加工商将变得无利可图，为了减少损失，加工商可进行这种套利活动，以期货市场的套利收益来弥补现货市场中价格倒挂带来的损失。

第三节　商品期权

一、商品期权（commodity options）的定义及种类

期权交易可以分为现货期权和期货期权两种。现货期权的标的是现货，期货期权的标的是期货。目前，在世界上各交易所中进行的期货合约交易，绝大多数都有配套的期权交易，因此，这里所指的商品期权实际上是指商品期货期权。商品期货期权是指期权的买方通过向期权的卖方支付一定的期权权利金，从而获得一种权利，即要求期权的卖方按照约定的价格买卖商品期货合约的权利。期权的敲定价格（strike price）也称为执行价格（exercise price），是期权合约中约定的价格，期权买方有权按照这一价格买入或卖出商品期货合约。

如果买方获得的是一种按照约定价格从期权卖方买入某种期货合约的权利，则这种期权称为“看涨期权”（call options）；如果买方获得的是一种按照约定价格向期权卖方卖出某种期货合约的权利，则称为“看跌期权”（put options）。在看涨期权中，如果买方要求执行期权，则买方将获得某一商品期货合约的多头部位；对应地，看涨期权的卖方将获得该商品期货合约的空头部位。在看跌期权中，如果买方要求执行期权，则买方将获得某一商品期货合约的空头部位，对应地，看跌期权的卖方将获得该商品期货合约的多头部位。

按照期权买方执行期权的时间规定不同，期权可以分为欧式期权（European options）和美式期权（American options）。欧式期权是指期权的买方在合约到期日才能决定是否履行权利的期权。美式期权是指期权的买方在合约到期日之前的任何一个交易日均可决定是否履行权利的期权。

在期权的分类中，看涨期权和看跌期权被称为期权的两种类型（type）。每个类型又分为各种不同相关商品（underlying commodity）的期权，例如大豆的看涨或看跌期权，玉米的看涨或看跌期权。具有同一相关商品的期权称为同一种（class）期权。每一种期权又分为不同敲定价格、到期日（expiration date）和交易单位（trading unit）的期权；具有相同敲定价格、相同到期日和相同交易单位的期权称为同一组（series）期权。

二、期权的权利金（premium）

期权的权利金也称为期权的保险费、权价，是指期权买方向期权卖方支付从而获得按照约定价格买卖商品期货合约的权利的费用，是期权卖方卖出期权的报酬。期权的权利金是在期权交易中通过竞价产生的，它代表着特定时间、特定期权合约的市场价值。

总的来说，权利金的大小受两个基本因素的影响：内涵价值（intrinsic value）和时间价值（time value）。

（一）内涵价值

内涵价值是指立即履行期权合约时可获得的总收益，其大小是由敲定价格和履行期权合约时的商品期货合约的价格所决定。根据敲定价格和商品期货合约价格的关系，期权可以分为实值期权（in – the – money）、平值期权（at – the – money）和虚值期权（out – of – the – money）。

实值期权是指具有内涵价值的期权，也就是说立即履行期权合约可以给期权买方带来收益的期权。对看涨期权而言，当敲定价格小于商品期货合约的价格时，该期权是实值期权。这是因为对期权的买方来说，他能够以较低的敲定价格买入市场价格较高的商品期货合约，如果将该期货合约立刻对冲平仓，是有盈利的。相反，对看跌期权而言，当敲定价格大于商品期货合约的价格时，该期权是实值期权。

平值期权是指敲定价格等于商品期货合约价格的期权。立即执行该期权既不会有盈利，也不会有亏损。

虚值期权是指如果立即履行期权合约会带来亏损的期权。对看涨期权而言，当敲定价格大于商品期货合约的价格时，该期权是虚值期权。这是因为对期权的买方来说，执行该期权意味着以较高的敲定价格买入市场价格较低的商品期货合约，如果将该期货合约立刻对冲平仓，是有亏损的。相反，对看跌期权而言，当敲定价格小于商品期货合约的价格时，该期权是虚值期权。

（二）时间价值

时间价值是指期权权利金扣除内涵价值之后的部分，又称为外涵价值（extrinsic value）。在期权的有效期内，商品期货合约的价格是处于变化中的，因此它与敲定价格之间的关系也会发生变化，有可能会给期权的买方带来收益。对于平值期权和虚值期权的买方来说，虽然它们不具有内涵价值，但随着时间延续，商品期货价格可能会发生有利于期权买方的变化，因此这种期权仍具有价值，买方仍需向期权卖方支付权利金，在这种情况下，权利金全部是由时间价值构成。

时间价值的大小与期权合约距到期日的长短有关。距到期日的时间越长，期权的时间价值就越大。期权的时间价值将随着到期日的临近而递减。如果在到期日期权仍未履行，则该期权将不具有时间价值。对于实值期权而言，权利金则非常接近于它的内涵价值。

三、商品期权在套期保值中的应用

我们知道，利用期货交易可以实现对现货商品的套期保值，规避价格波动风险。套期保值交易分为买入套期保值和卖出套期保值，前者是在期货市场买入期货合约以防止现货价格上涨带来的风险，后者是在期货市场卖出期货合约以防止现货价格下跌的风险。由于商品期权的交易双方在履约后也要转换为期货部位，对于看涨期权来说，如果期权履约，该期权的买方将会转换为期货合约的多头头寸，卖方将会转换为期货合约的空头头寸。相反地，对于看跌期权来说，如果期权履约，期权的买方将会转换为期货合约的空头头寸，卖方将会转换为多头头寸，因此，也可以利用商品期权进行套期保值。商品期权在套期保值中的应用主要体现在三个方面：第一，通过买入看涨期权或看跌期权，使生产经营者在价格发生不利变化时能够以较好的价格转换为期货部位或高价出售期权，从而使期货市场的盈利或权利金的收益能够在一定程度上弥补价格波动带来的损失。第二，通过卖出看涨期权或看跌期权，使生产经营者在价格发生不利变化时因交易对方放弃履约而赚取权利金收入，这在一定程度上也可以弥补价格不利变化带来的亏损。第三，在进行期货交易的同时进行商品期权交易，以便在适当的价位将已有的期货头寸对冲平仓，从而对套期保值头寸进行保护。

（一）商品期权在买入套期保值中的应用

对于未来要买入商品的生产经营者来说，为了防止商品价格上涨的风险，生产经营者除了在期货市场直接进行买入套期保值之外，还可以利用商品期权进行更为灵活、风险较小的保值操作。具体策略包括：

1. 买入看涨期权。生产经营者可以买入与自己即将购进的商品相关的看涨期权，一旦商品价格上涨，可以履行看涨期权，以较低的执行价格买入期货合约，然后按上涨的价位高价卖出期货合约获利，在弥补所支付的权利金后还有盈余，这部分盈余可以弥补因价格上涨高价购进商品所带来的亏损；或者直接将期权高价卖出，获得权利金收益，这均可起到保值的作用。如果商品价格没有上涨而是下跌了，生产经营者可以放弃履行期权，这只有很少的权利金的损失，该损失可以由低价购进商品的收益所弥补。与直接在期货市场买入期货合约进行套期保值相比，这种交易方式风险小，交易灵活。对生产经营者来说，买入看涨期权实际上相当于确立了一个最高的买价，在锁定风险的同时，也可以保证生产经营者能够得到价格下跌带来的好处。

[例3－15] 某年5月份，中国某榨油厂与美国某大豆出口商签订贸易合同，进口一批大豆。大豆的定价采取点价方式，在签约时贸易双方先确定了升水为100美分/蒲式耳，约定以芝加哥期货交易所9月份的期货合约价作为定价基础，点价期为6月、7月、8月这3个月，该榨油厂可以选择期间任何一个时点的期货价格。在签约时，芝加哥期货交易所9月份大豆期货合约价大致在650～700美分/蒲式耳之间。为了防止大豆期货价格上涨，该榨油厂在芝加哥期货交易所以5美分/蒲式耳的价格买入9月份到期的大豆看涨期权，执行价格为680美分/蒲式耳。到了6月份，大豆期货价格果然大幅度上涨，价格升至1060美分/蒲式耳以上，该看涨期权价格也升至390美分/蒲式耳。于是该榨油厂进行点价，确定以6月15日1064美分/蒲式耳的期货价格作为定价基础，与此同时卖出该看涨期权。

通过买入看涨期权，该榨油厂的实际采购成本＝点价＋升水－期权交易的盈利＝1064＋100－（390－5）＝779（美分/蒲式耳）。如果没有进行期权交易，该榨油厂实际的采购成本＝1064＋100＝1164美分/蒲式耳，要高出385美分/蒲式耳。如果期货价格没有出现上涨，该榨油厂可以放弃行使看涨期权，然后以较低的价格进行点价，与没有进行期权交易的情况相比，采购成本也只是多了一个5美分/蒲式耳的期权费。由此可以看出，通过买入看涨期权，该榨油厂确立的一个最高的买价，有效地避免大豆价格大幅度上涨所带来的采购成本的上升，在价格下跌时，该榨油厂仍能享受低价购买的好处。

2. 卖出看跌期权。如果套期保值者预计相关商品的价格有可能保持稳定或预期价格下跌的幅度很小时，通过卖出看跌期权可以获得权利金收益，从而为现货交易起到保值的作用。当然，如果预测错误，商品价格大幅度下跌，期货价格跌至看跌期权的执行价格以下时，套保者可能会面临期权买方要求履约的风险，这会在一定程度上抵消价格下跌低价购买商品的收益。

[例3－16]　中国某榨油厂计划8月份从美国进口一批大豆，5月份大豆现货价格为850美分/蒲式耳，当时该榨油厂预计第三季度的大豆价格会在850美分/蒲式耳的价格水平上略有波动，有可能会小幅度上涨。针对这种情况，该榨油厂决定在芝加哥期货交易所卖出9月份的大豆看跌期权，执行价格为840美分/蒲式耳，权利金为7美分/蒲式耳。

如果6、7月份市场价格比较平稳，在8月初大豆价格略微上涨至855美分/蒲式耳，此时该看跌期权价格由于期货价格上涨而下跌至2美分/蒲式耳，该榨油厂可以通过低价买入看跌期权进行对冲，从而获得5美分/蒲式耳的权利金收益，这可以在一定程度上弥补商品价格上涨所带来的购买成本上升的损失。

如果该榨油厂判断错误，市场价格大幅度下跌，在8月初时大豆价格跌至820美分/蒲式耳，看跌期权的价格将会上涨，如果榨油厂买入看跌期权进行对冲，或者期权买方要求履约，按照较高的执行价格840美分/蒲式耳卖出期货合约，榨油厂都会遭受损失。在这种情况下，榨油厂在现货市场低价购买的好处将会被在期权交易中的损失所抵消。

3. 买进期货合约的同时买入看跌期权。为了避免现货价格上涨的风险，生产经营者可以通过在期货市场买入期货合约进行套期保值。如果价格上涨，可以通过将期货合约卖出平仓获利，以此来弥补现货上的亏损。不过，如果价格下跌，期货市场将会存在亏损，这会抵消现货市场上低价购买的好处。如果在进行买入套期保值的同时买入看跌期权，这会对期货市场上的套期保值头寸进行保护，以一个确定的价格锁定套期保值头寸。如果价格下跌，该套期保值者可以履行看跌期权，能够以相对较高的执行价格卖出期货合约，避免价格下跌的风险；如果价格上涨，该套期保值者可以放弃或转让期权，同时以高价卖出期货合约平仓，使期货市场的盈利能够弥补现货市场上因高价收购而带来的亏损，其成本只是很少的权利金。

[例3－17]　中国某铜加工企业需要在11月份进口一批铜作生产原料。为了防止未来铜价上涨，该企业决定在伦敦金属交易所进行期货和期权交易，进行套期保值。该企业在9月初以3050美元/吨的价格买入3个月铜期货，同时买入11月份的铜的看跌期权，执行价格为3100美元/吨，支付的权利金为83美元/吨。

如果铜价格一直上涨，至11月初，铜期货价上涨至3200美元/吨，该企业可以放弃行使期权，将期货合约卖出平仓，获利150美元/吨，扣除权利金83美元之后，还有净盈利67美元/吨，以此可以弥补因现货市场上高价购买铜所带来的亏损。

相反，如果铜价格下跌，至11月初，铜期货价下跌至2930元/吨，该企业可以选择行使看跌期权，以相对较高的3100美元/吨的执行价格卖出期货合约，将原有的多头部位对冲平仓，以此获利50美元/吨，同时该企业在现货市场上能够以低价购买铜原料，即使考虑到支付的权利金费用，从总体来看该企业仍能够享受铜价下跌带来的好处。从这一点来看，将期货交易与期权交易相结合进行套期保值，仍可以获得在价格发生有利变动时的好处，这要比只利用期货交易进行套期保值的效果更好。

（二）商品期权在卖出套期保值中的应用

对于未来要出售商品或者已经购入商品的生产企业来说，为了防止商品价格下跌所带来的销售利润的减少或存货价值的下降，生产经营者除了在期货市场直接进行卖出套期保值之外，还可以利用商品期权进行更为灵活、风险较小的保值操作。具体策略包括：

1. 买入看跌期权。生产经营者可以买入与自己即将卖出或已经购买的商品相关的看跌期权，一旦商品价格下降，可以履行看跌期权，以较高的执行价格卖出期货合约，然后按下跌的价位低价买入期货合约平仓获利，在弥补所支付的权利金后还有盈余，这部分盈余可以弥补因价格下跌低价出售商品所带来的亏损，或者直接将期权高价卖出，获得权利金收益，这均可起到保值的作用。如果商品价格没有下降而是上涨，生产经营者可以放弃履行期权，权利金的损失可以由高价出售商品的收益来弥补。与直接在期货市场卖出期货合约进行套期保值相比，这种交易方式风险小，交易灵活。对生产经营者来说，买入看跌期权实际上相当于确立了一个最低的卖价，在锁定风险的同时，也可以保证生产经营者能够得到价格上涨带来的好处。

［例3－18］　中国某榨油厂预计大豆价格将会上涨，因此提前在5月份从美国进口了一批大豆以满足下半年生产的需要。但是过了一段时间后，大豆价格从900美分/蒲式耳的价格上开始回落。该榨油厂预计大豆价格有可能会出现大幅度的下跌。该榨油厂担心其他竞争对手以低价购买大豆，从而对其经营活动形成威胁，于是立即在芝加哥期货交易所以5美分/蒲式耳的价格买入9月份大豆的看跌期权，执行价格为895美分/蒲式耳。

如果大豆价格果然出现大幅度下跌，至9月时大豆期货价格跌至750美分/蒲式耳，该榨油厂可以履行看跌期权，以895美分/蒲式耳的价格卖出期货合约，然后立刻以750美分/蒲式耳的价格买入平仓，由此可以获利145美分/蒲式耳，扣除支付的权利金5美分之外，还有净盈利140美分/蒲式耳，这部分盈利可以弥补因现货大豆价格下跌所带来的存货价值的减少。

相反，如果大豆价格上涨，至9月时涨至950美分/蒲式耳，该榨油厂可以放弃履行看跌期权，虽然会损失5美分/蒲式耳的权利金，但是榨油厂可获得大豆价格上涨带来的存货价值增加的好处。

2. 卖出看涨期权。如果套期保值者预计相关商品的价格有可能保持稳定或预期价格上涨幅度很小时，通过卖出看涨期权可以获得权利金收益，从而为现货交易起到保值的作用。如果商品价格大幅度上涨，期货价格涨至看涨期权的执行价格以上时，套保者可能会面临期权买方要求履约的风险，这会在一定程度上抵消价格上涨高价出售商品的收益。

［例3－19］　中国某榨油厂在6月份有一大批大豆的库存，预计第三季度的大豆价格会在750美分/蒲式耳的价格水平上略有波动，有可能会小幅度下跌。于是该榨油厂决定在芝加哥期货交易所卖出9月份的大豆看涨期权，执行价格为745美分/蒲式耳，权利金为8美分/蒲式耳。

如果7、8月份市场价格比较平稳，9月初大豆价格略微下降至740美分/蒲式耳，该看涨期权的价格因为期货价格的下降而下跌至2美分/蒲式耳，该榨油厂可以通过低价买入看涨期权进行对冲，从而获得6美分/蒲式耳的权利金收益，这可以弥补因现货市场大豆价格小幅下跌所带来的库存大豆价值的减少。

相反，如果大豆市场价格大幅度上涨，在9月初时，大豆价格涨至850美分/蒲式耳，看涨期权的价格也将随之上涨，如果榨油厂买入看涨期权进行对冲，或者期权买方要求履约、按照较低的执行价格745美分/蒲式耳买入期货合约，该榨油厂都会遭受损失，这会在一定程度上抵消现货市场价格上涨带来的存货价值增加的好处。

3. 卖出期货合约的同时买入看涨期权。为了避免现货价格下跌的风险，生产经营者可以通过在期货市场卖出期货合约进行套期保值。如果价格下跌，可以通过将期货合约买入平仓获利，以此来弥补现货上的亏损。不过，如果价格上涨，生产经营者将会有亏损，这会抵消现货市场高价出售的好处。如果在进行卖出套期保值的同时买入看涨期权，这将对期货市场上的套期保值头寸进行保护，使套期保值者能够以一个确定的价格锁定套期保值头寸，如果价格上涨，该套期保值者可以履行看涨期权，以相对较低的执行价格买入期货合约，避免价格上涨的风险。如果价格下跌，该套期保值者可以放弃或转让期权，同时以低价买入期货合约平仓，使期货市场的盈利能够弥补现货市场上低价出售而带来的亏损，其成本也只是支付的权利金。

［例3－20］　某年年初，中国某铜业公司根据资料分析，担心国际市场的铜价会有较大幅度的下跌，会影响该公司铜的出口收益。为此，该公司在伦敦金属交易所卖出3个月的铜期货合约，价格为2800美元/吨，与此同时买入3月份铜看涨期权，执行价格为2750美元/吨，支付权利金65美元/吨。

如果如该公司所料，铜价格大幅度下跌，至3月初时达到2560美元/吨，该公司可以放弃期权，以该价格买入铜期货合约对冲平仓，获利240美元/吨，扣除权利金65美元/吨后，还有盈余，以此可以弥补因现货市场铜价下跌带来的出口收益的减少。

如果铜价格没有下跌，而是出现上涨，假设至3月初时达到3050美元/吨时，该公司可以履行期权，以2750美元/吨的执行价格买入期货合约对冲，以此获利50美元，虽然不能完全弥补支付的65美元/吨权利金，但该公司在现货市场能够高价出售铜，从整体来看，该公司仍在很大程度上获得了价格发生有利变化时的好处。

四、商品期权的套利（option spread）

（一）商品期权套利的定义

商品期权的套利是指买入一个或多个期权合约的同时卖出相同数量的同一种（class）而不同组（series）的期权合约。在商品期权套利中，价差（spread）是指买入和卖出期权的权利金的差额。如果期权的多头部位的权利金高于空头部位的权利金，投资者将被要求支付权利金的差额部分。相反，如果期权的多头部位的权利金低于空头部位的权利金，投资者则会得到权利金差额的部分。如果期权的多头部位与空头部位的权利金相同，则价差为零。

（二）商品期权套利的种类及操作

1. 水平套利（horizontal spreads），又称为日历套利（calendar spread）、横向套利、跨月份套利或时间套利，是指买进和卖出敲定价格相同、但到期月份不同的看涨期权或看跌期权合约的套利方式。因为在报纸和金融出版物或电子报价板的期权报价表上习惯于按水平方向安排到期时间，因此这种套利习惯被称为水平套利、横向套利。同时，日历的日期是由近到远延伸的，水平套利涉及一个近期月份和一个远期月份的期权合约，因此也称为日历套利。

这是一种利用不同到期月份期权权利金的时间价值的衰减速度不同来获利的套利方式。由于近期期权的时间衰减速度快于远期期权，因此，水平套利的一般做法是在卖出近期期权合约的同时，按相同的敲定价格买进同一类型远期期权合约。由于期权的到期日越长，权利金也越高，卖出期权所获得的权利金少于买进期权所支出的权利金，因此，进行水平套利需要一个初始的投资。

[例3－21]　2月10日，芝加哥期货交易所3月合约执行价格为800美分/蒲式耳的大豆看涨期权的权利金为5美分/蒲式耳，5月份相同执行价格的大豆看涨期权的权利金为10美分，套利者可以在卖出3月份的看涨期权的同时买入5月份的看涨期权进行水平套利，权利金的净支付额为5美分。到了2月20日，3月份到期的看涨期权权利金跌至1美分，5月份到期的看涨期权为9美分/蒲式耳，套利者通过买入3月份看涨期权的同时卖出5月份看涨期权，将两个期权合约同时平仓，此时权利金的收入为8美分。总的来看，该套利者净盈利为3美分/蒲式耳。

2. 垂直套利（vertical spread），又称为货币套利（money spread）、价格套利（price spread）或纵向套利，是指买进和卖出相同到期月份、但不同敲定价格的看跌期权或看涨期权合约的套利方式。因为报纸、金融出版物、电子报价板的期权报价表上习惯按垂直方向安排敲定价格，所以称为垂直套利或纵向套利。

根据买卖的方向和交易的期权种类的不同，垂直套利可以有四种形式：买空看涨期权垂直套利（vertical bull call spread / long call spread）、买空看跌期权垂直套利（vertical bull put spread / long put spread）、卖空看涨期权垂直套利（vertical bear call spread / short call spread）和卖空看跌期权垂直套利（vertical bear put spread / short put spread）。

（1）买空看涨期权垂直套利，又称为牛市看涨期权垂直套利，是指买进低敲定价格的看涨期权合约的同时卖出相同到期月份的高敲定价格的看涨期权合约的套利交易。这种套利方式一般适用于套利者预期价格将会有一定幅度的上涨但又不太有把握的情况。一方面，套利者买进低敲定价格的看涨期权，在价格上涨时能够获利，但是这部分盈利会被所卖出的高敲定价格看涨期权的损失所部分抵消，从而对收益起到限制作用；另一方面，通过卖出高敲定价格的看涨期权可以获得权利金收益，如果价格下跌，这部分收益可以部分弥补所买入的低敲定价格的看涨期权所支付的权利金，从而对损失起到限制作用，之所以不能完全弥补，是因为低敲定价格的看涨期权的权利金要高于高敲定价格的看涨期权的权利金。由此可见，这种套利可以将收益和风险控制在一定幅度内。

［例 3－22］　3 月 15 日，某套利者在芝加哥期货交易所买进执行价格为 750 美分／蒲式耳的 5 月份大豆看涨期权合约，支付的权利金为 10 美分，同时卖出执行价格为 760 美分／蒲式耳的 5 月份大豆看涨期权合约，获得的权利金为 6 美分，该套利操作的权利金净支付为 4 美分。

如果大豆期货价格上涨，假设 3 月 25 日涨至 775 美分／蒲式耳，执行价格为 750 美分／蒲式耳的看涨期权的权利金相应上涨至 30 美分／蒲式耳，执行价格为 760 美分／蒲式耳的看涨期权的权利金相应上涨至 20 美分／蒲式耳，该套利者可以同时将这两个看涨期权平仓，获得的权利金为 10 美分／蒲式耳。从整个套利操作上看，该套利获得的权利金净盈利为 6 美分／蒲式耳。

如果大豆期货价格下跌，假设 3 月 25 日跌至 735 美分／蒲式耳，两个期权的权利金均跌至 1 美分／蒲式耳，该套利者同时将两个期权合约平仓，权利金差额为零。从整个套利操作看，净亏损为 4 美分／蒲式耳。

买空看涨期权垂直套利的收益曲线如图 3－1 所示。

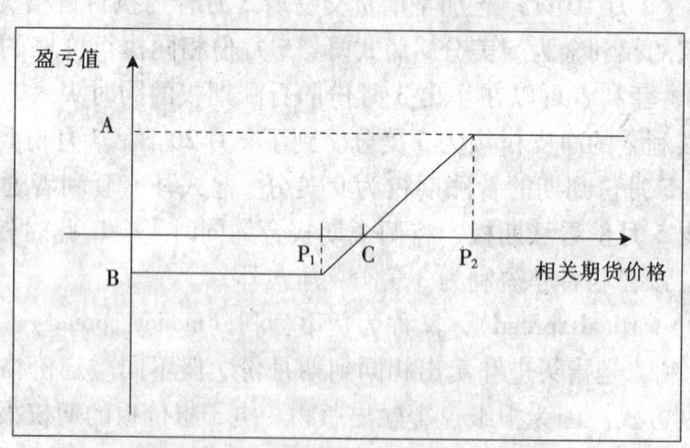

说明：P_1 为低敲定价格，P_2 为高敲定价格；A 为最大收益额，等于（P_2-P_1）－净权利金支付；B 为最大亏损额，等于净权利金支付；C 为损益平衡点，等于（P_1＋最大亏损额）或（P_2－最大收益额）。

图 3－1　买空看涨期权垂直套利收益曲线

从图 3－1 中可以看到，进行买空看涨期权垂直套利所面临的收益和风险都是有限的，最大收益等于敲定价格差减去净权利金支付，最大风险是净权利金支付。

（2）买空看跌期权垂直套利，又称为牛市看跌期权垂直套利，是指买进低敲定价格的看跌期权合约的同时卖出相同到期月份的高敲定价格的看跌期权合约的套利交易。这种套利方式同样适用于套利者预期价格将会有一定幅度的上涨但对判断又不太有把握的情况。一方面，套利者卖出高敲定价格的看跌期权，希望在后市价格上涨时获得权利金收益，因为高敲定价格的看跌期权的权利金要大于低敲定价格的看跌期权的权利金。另一方面，通过买入低敲定价格的看跌期权，希望如果价格出现下跌，可以在一定程度上控制风险，因为此时要求行使低敲定价格的看跌期权可以获利，以此可以部分弥补所卖出的高敲定价格看跌期权的亏损。因此，这种套利方式是将收益和亏损都限制在一定幅度内的套利方式。

［例3－23］ 3月15日，某套利者在芝加哥期货交易所买进执行价格为750美分/蒲式耳的5月份大豆看跌期权合约，支付的权利金为6美分，同时卖出执行价格为760美分/蒲式耳的5月份大豆看跌期权合约，获得的权利金为10美分，该套利操作的权利金净收入为4美分。

如果大豆期货价格上涨，假设3月25日涨至775美分/蒲式耳，两个看跌期权的权利金均跌至1美分/蒲式耳，套利者同时将两个期权合约平仓，权利金差额为零。从整个套利操作看，权利金的净收益为4美分。

相反，如果大豆期货价格下跌，假设3月25日跌至735美分/蒲式耳，执行价格为750美分/蒲式耳的看跌期权权利金上涨至20美分/蒲式耳，执行价格为760美分/蒲式耳的看跌期权权利金上涨至30美分/蒲式耳，该套利者同时将两个期权合约平仓，支付的权利金为10美分。从整个套利操作看，净亏损为6美分/蒲式耳。

买空看跌期权垂直套利的收益曲线如图3－2所示。

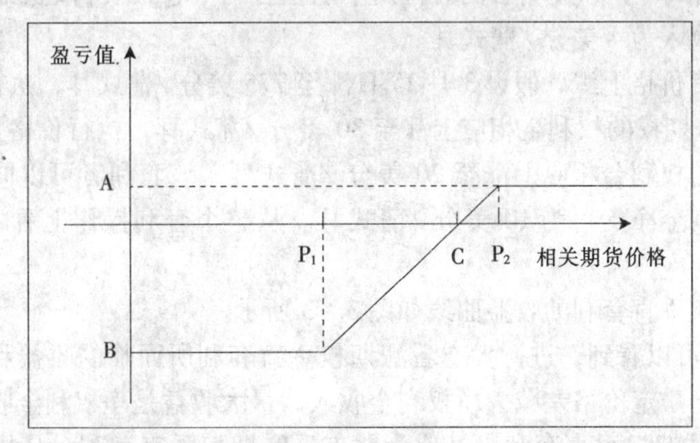

说明：P_1为低敲定价格，P_2为高敲定价格；A为最大收益额，等于净权利金收入；B为最大亏损额，等于（P_2-P_1）－净权利金收入；C为损益平衡点，等于（P_1＋最大亏损额）或（P_2－最大收益额）。

图3－2 买空看跌期权垂直套利收益曲线

从图 3-2 中可以看到，进行买空看跌期权垂直套利所面临的收益和风险都是有限的，最大风险等于敲定价格差减去净权利金收入，最大收益是净权利金收入。

从图 3-1 和图 3-2 可以看出，买空看涨期权垂直套利和买空看跌期权垂直套利收益状况的异同。两者相同之处在于当相应的期货价格上涨时，两者套利的收益都会增加或损失减少，因此两者套利都是在预期价格看涨时使用。不同之处在于两种套利面临的最大收益和最大亏损的数值是不同的，前者的最大收益额与后者的最大亏损额相等，前者的最大亏损额与后者的最大收益额相等。

（3）卖空看涨期权垂直套利，又称为熊市看涨期权垂直套利，是指卖出低敲定价格的看涨期权合约的同时买进相同到期月份的高敲定价格的看涨期权合约的套利交易。这种套利方式一般适用于套利者预期价格将会有一定幅度的下跌但对判断又不太有把握的情况。一方面，套利者通过卖出低敲定价格的看涨期权，在价格下跌时可以获得较高的权利金收益，不过这部分收益会被所买入的高敲定价格的看涨期权所支付的权利金所部分抵消，从而限制了收益，之所以不会被完全抵消，是因为低敲定价格的看涨期权的权利金要大于高敲定价格的看涨期权的权利金；另一方面，如果价格上涨，买进高敲定价格看涨期权可以获利，这在一定程度上会弥补因卖出低敲定价格的看涨期权所带来的损失，从而对损失也起到限制作用。因此，这种套利方式也是将收益和亏损都限制在一定幅度内的套利方式。

[例 3-24]　3 月 15 日，某套利者在芝加哥期货交易所卖出执行价格为 750 美分/蒲式耳的 5 月份大豆看涨期权合约，权利金为 10 美分，同时买入执行价格为 760 美分/蒲式耳的 5 月份大豆看涨期权合约，权利金为 6 美分，该套利操作的权利金净收入为 4 美分。

如果大豆期货价格下跌，假设 3 月 25 日跌至 735 美分/蒲式耳，两个期权的权利金均跌至 1 美分/蒲式耳，该套利者同时将两个期权合约平仓，权利金差额为零。从整个套利操作看，净收入为 4 美分/蒲式耳。

如果大豆期货价格上涨，假设 3 月 25 日涨至 775 美分/蒲式耳，执行价格为 750 美分/蒲式耳的看涨期权的权利金相应上涨至 30 美分/蒲式耳，执行价格为 760 美分/蒲式耳的看涨期权的权利金相应上涨至 20 美分/蒲式耳，该套利者可以同时将这两个看涨期权平仓，权利金净支付为 10 美分/蒲式耳。从整个套利操作上看，该套利亏损 6 美分/蒲式耳。

卖空看涨期权垂直套利的收益曲线如图 3-3 所示。

从图 3-3 中可以看到，进行卖空看涨期权垂直套利所面临的收益和风险都是有限的，最大风险等于敲定价格差减去净权利金收入，最大收益是净权利金收入。

（4）卖空看跌期权垂直套利，又称为熊市看跌期权垂直套利，是指卖出低敲定价格的看跌期权合约的同时买进相同到期月份的高敲定价格的看跌期权合约的套利交易。这种套利方式一般适用于套利者预期价格将会有一定幅度的下跌但对判断又不太有把握的情况。一方面，通过买入高敲定价格的看跌期权，在价格下降时能够获利，不过，这部分获利会被卖出低敲定价格的看跌期权的损失所部分抵消，从而限制了收益；另一方面，通过卖出低敲定价格的看跌期权获得权利金，在价格上涨时能够部分抵消所买入的高敲定价格的看跌期权所支付的权利金成本，从而限制了亏损，之所以不能完全抵消，是因为低敲定价格的看跌期权的权利金要小于高敲定价格的看跌期权的权利金。因此，这种套利方式也是将收益和亏损都限制在一定幅度内的套利方式。

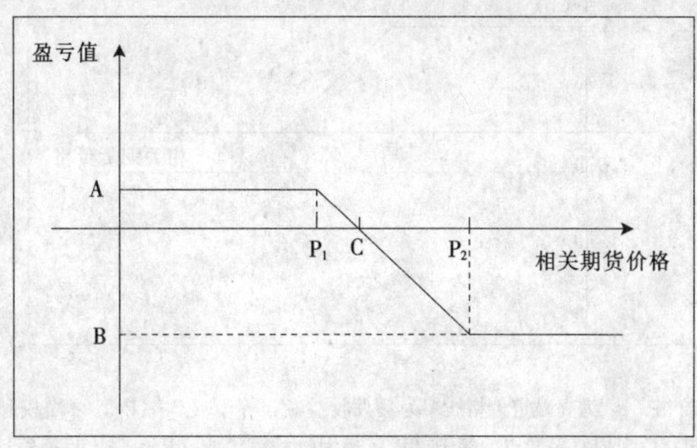

说明：P_1 为低敲定价格，P_2 为高敲定价格；A 为最大收益额，等于净权利金收入；B 为最大亏损额，等于（P_2-P_1）－净权利金收入；C 为损益平衡点，等于（P_1＋最大收益额）或（P_2－最大亏损额）。

图 3－3　卖空看涨期权垂直套利收益曲线

［例 3－25］　3 月 15 日，某套利者在芝加哥期货交易所卖出执行价格为 750 美分／蒲式耳的 5 月份大豆看跌期权合约，权利金为 6 美分，同时买入执行价格为 760 美分／蒲式耳的 5 月份大豆看跌期权合约，权利金为 10 美分，该套利操作的权利金净支出为 4 美分。

如果大豆期货价格下跌，假设 3 月 25 日跌至 735 美分／蒲式耳，执行价格为 750 美分／蒲式耳的看跌期权的权利金相应上涨至 20 美分／蒲式耳，执行价格为 760 美分／蒲式耳的看跌期权的权利金相应上涨至 30 美分／蒲式耳，该套利者可以同时将这两个看跌期权平仓，权利金净收入 10 美分／蒲式耳。从整个套利操作上看，该套利盈利 6 美分／蒲式耳。

如果大豆期货价格上涨，假设 3 月 25 日涨至 775 美分／蒲式耳，两个期权的权利金均跌至 1 美分／蒲式耳，该套利者同时将两个期权合约平仓，权利金差额为零。从整个套利操作看，净支出为 4 美分／蒲式耳。

卖空看跌期权垂直套利的收益曲线如图 3－4 所示。

从图 3－4 中可以看到，进行卖空看跌期权垂直套利所面临的收益和风险都是有限的，最大风险等于净权利金支出，最大收益是敲定价格差减去净权利金支出。

从图 3－3 和图 3－4 可以看出卖空看涨期权垂直套利和卖空看跌期权垂直套利收益状况的异同。两者相同之处在于当相应的期货价格下跌时，两者套利的收益都会增加或损失减少，因此两种套利都是在预期价格看跌时使用。不同之处在于两种套利面临的最大收益和最大亏损的数值是不同的，前者的最大收益额与后者的最大亏损额相等，前者的最大亏损额与后者的最大收益额相等。

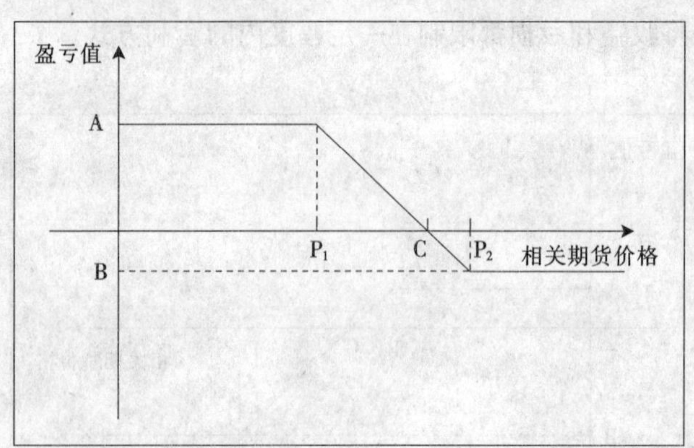

说明：P_1 为低敲定价格，P_2 为高敲定价格；A 为最大收益额，等于（P_2-P_1）－净权利金支出；B 为最大亏损额，等于净权利金支出；C 为损益平衡点，等于（P_1＋最大收益额）或（P_2－最大亏损额）。

图 3－4　卖空看跌期权垂直套利收益曲线

3. 跨式套利（straddle），又称为马鞍式期权、等量同价对敲期权、双向期权（double options）、底部跨式期权（bottom straddle），是指同时买进或卖出同一相关商品的相同到期日和敲定价格的看涨和看跌期权的交易方式。跨式套利可以分为买入跨式套利（long straddle）和卖出跨式套利（short straddle）。

（1）买入跨式套利。买入跨式套利是指同时买进同一相关商品的相同到期日和敲定价格的看涨与看跌期权的交易方式。这种套利适用于交易者预测未来相关商品的期货价格将有一个相当大的波动、但具体的变动方向不明的情况。因为在这种情况下，通过买入看涨和看跌期权，期货价格无论朝哪个方向发生大幅度变动，套利者均会盈利，如果未来期货价格波动很小，则套利者会面临损失，其最大损失就是买入看涨和看跌期权所支付的全部权利金。

[例 3－26]　3 月 10 日，某套利者在芝加哥期货交易所同时买入敲定价格为 300 美分/蒲式耳的 5 月份的小麦看涨和看跌期权，支付的权利金分别为 7 美分/蒲式耳和 5 美分/蒲式耳。

如果后市小麦价格大幅度上涨，到了 4 月 1 日涨至 350 美分/蒲式耳，该套利者行使看涨期权，由此可获利 50 美分/蒲式耳，同时放弃行使看跌期权。则该套利者的净盈利＝50－（7＋5）＝38（美分/蒲式耳）。

如果后市小麦价格大幅度下跌，到了 4 月 1 日跌至 275 美分/蒲式耳，该套利者行使看跌期权，由此可获利 25 美分/蒲式耳，同时放弃行使看涨期权。则该套利者的净盈利＝25－（7＋5）＝13（美分/蒲式耳）。

如果后市小麦价格比较平稳，到了 4 月 1 日，期货价格为 302 美分/蒲式耳，该套利行使看涨期权，获利 2 美分 /蒲式耳，同时放弃看跌期权，则该套利者的净亏损 = (7 +5) -2 =10（美分 /蒲式耳）。

买入跨式套利的盈亏状况如图 3 -5 所示。

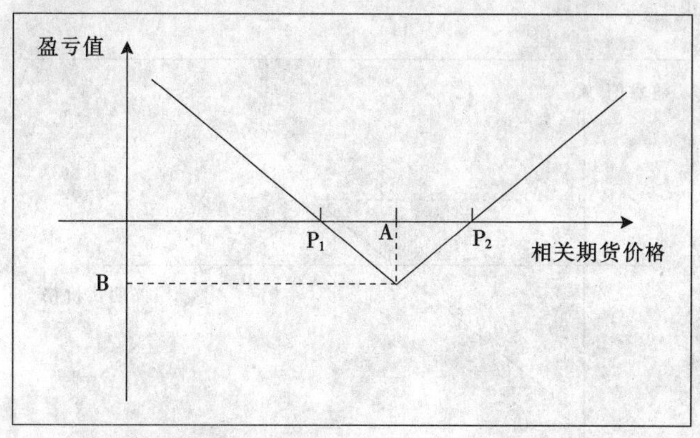

说明：A 点为敲定价格，B 点为权利金支付总和；P_1 为低损益平衡点，P_1 = A - B；P_2 为高损益平衡点，P_2 = A + B。

图 3 -5　买入跨式套利收益曲线

如图 3 -5 所示，当价格大于（敲定价格 + 支付的权利金之和）或者小于（敲定价格 - 支付的权利金之和）时，将会出现盈利，当价格介于两者之间时，套利者会出现亏损，当价格一直稳定在敲定价格时，套利者将会面临最大亏损，即买入期权所支付的所有权利金。

(2) 卖出跨式套利。卖出跨式套利是指同时卖出同一相关商品的相同到期日和敲定价格的看涨与看跌期权的交易方式。这种套利适用于交易者预测未来相关商品的期货价格变动很小或没有变动的情况，因为在这种情况下，通过卖出看涨和看跌期权可以获得权利金收入。但是，如果未来期货价格出现大幅度波动，则套利者会面临较大的损失。

[例 3 -27]　3 月 10 日，某套利者在芝加哥期货交易所同时卖出敲定价格为 300 美分 /蒲式耳的 5 月份的小麦看涨和看跌期权，获得的权利金分别为 7 美分 /蒲式耳和 5 美分 /蒲式耳。

如果后市小麦价格比较平稳，一直稳定在 300 美分 /蒲式耳的水平上，该套利者会由于对方放弃行使期权而获得权利金收益，即 12 美分 /蒲式耳。

如果后市小麦价格大幅度上涨，例如到 4 月 1 日涨至 350 美分 /蒲式耳，看涨期权的买方要求履行期权，该套利者要按照 300 美分 /蒲式耳的敲定价格卖出小麦期货合约，为此将损失 50 美分 /蒲式耳。则该套利者的净损失 =50 - (7 +5) =38（美分 /蒲式耳）。

如果后市小麦价格大幅度下跌，到 4 月 1 日跌至 275 美分 /蒲式耳，看跌期权的买方要求履行期权，该套利者要按照300美分/蒲式耳的敲定价格买入小麦期货合约，为此该套利者将损失25美分/蒲式耳，则该套利者的净亏损=25-（7+5）=13（美分/蒲式耳）。

卖出跨式套利的盈亏状况如图3-6所示。

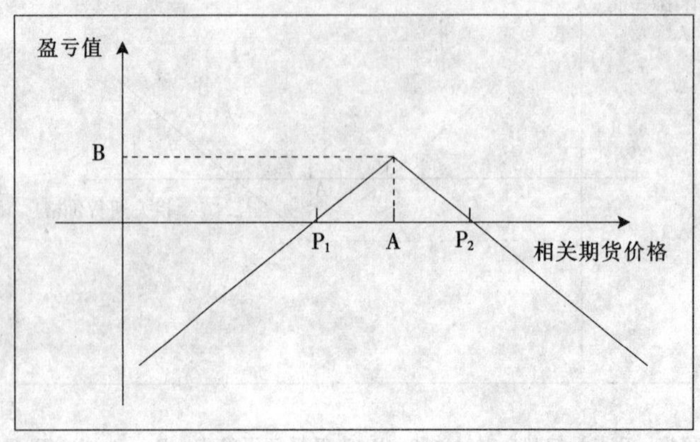

说明：A点为敲定价格，B点为权利金收入总和；P_1为低损益平衡点，$P_1=A-B$；P_2为高损益平衡点，$P_2=A+B$。

图3-6 卖出跨式套利的收益曲线

由此可见，卖出跨式套利的盈亏情况与买入跨式套利恰恰相反，当价格大于（敲定价格+获得的权利金之和）或者小于（敲定价格-获得的权利金之和）时，将会出现亏损，当价格介于两者之间时，套利者会出现盈利，当价格一直稳定在敲定价格时，套利者将会获得最大的收益，即卖出期权所获得的所有权利金。

4. 宽跨式套利（strangle），又称为异价对敲、勒束式期权组合，是指同时买进或卖出同一相关商品的、相同到期日但不同敲定价格的看涨期权和看跌期权。宽跨式套利的敲定价格与市场价格相当，但看涨期权的敲定价格要比市场价格略高，看跌期权的敲定价格要比市场价格略低。宽跨式套利可以分为买入宽跨式套利（long strangle）和卖出宽跨式套利（short strangle）两种。

（1）买入宽跨式套利。买入宽跨式套利是指以较低敲定价格买入看跌期权的同时，以较高的敲定价格买入同一相关商品的、相同到期日的看涨期权。买入宽跨式套利一般适用于套利者预测未来相关期货价格会有大幅度变动、但变动方向不确定的情况，这一点与买入跨式套利比较相似，不同之处在于买入宽跨式套利中的看涨期权的敲定价格高，看跌期权的敲定价格低，因此从权利金成本上要比买入跨式套利低，但同时也需要在相关期货价格波动更大时才能获利。

[例3-28] 3月10日，某套利者在芝加哥期货交易所买入敲定价格为290美分/蒲式耳的5月份小麦看跌期权的同时，买入敲定价格为310美分/蒲式耳的5月份小麦看涨期权，支付的权利金分别为2美分/蒲式耳和3美分/蒲式耳。

如果后市小麦价格大幅度上涨，到 4 月 1 日涨至 350 美分 /蒲式耳，该套利者行使看涨期权，由此可获利 40 美分 /蒲式耳，同时放弃行使看跌期权。则该套利者的净盈利 =40 －（2 +3）=35（美分 /蒲式耳）。

如果后市小麦价格大幅度下跌，到 4 月 1 日跌至 275 美分 /蒲式耳，该套利者行使看跌期权，由此可获利 15 美分 /蒲式耳，同时放弃行使看涨期权。则该套利者的净盈利 =15 －（2 +3）=10（美分 /蒲式耳）。

如果后市小麦价格比较平稳，到 4 月 1 日期货价格为 302 美分 /蒲式耳，该套利者会同时放弃行使看涨和看跌期权，则该套利者的净亏损 =2 +3 =5（美分 /蒲式耳）。

买入宽跨式套利的盈亏状况如图 3 －7 所示。

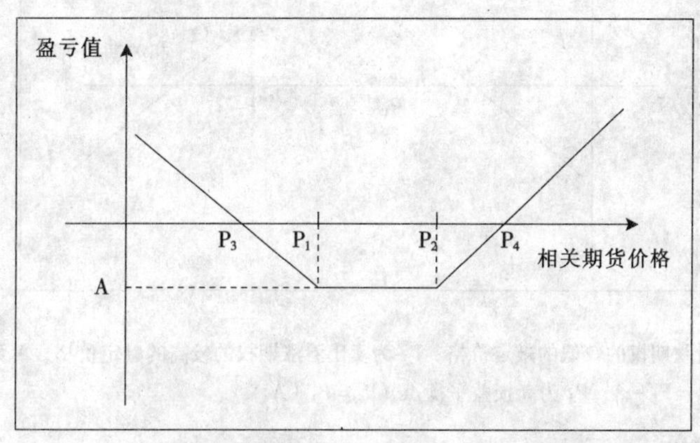

说明：P_1 为买入看跌期权的较低的敲定价格；P_2 为买入看涨期权的较高的敲定价格；A 为支付的权利金总和；P_3 为低损益平衡点，$P_3 = P_1 - A$；P_4 为高损益平衡点，$P_4 = P_2 + A$。

图 3 －7　买入宽跨式套利的收益曲线

如图 3 －7 所示，当期货价格大于（较高敲定价格 + 支付的权利金之和）或者小于（较低敲定价格 －支付的权利金之和）时，将会出现盈利；当期货价格介于两者之间时，套利者会出现亏损；当价格一直稳定在高敲定价格和低敲定价格之间时，套利者将会面临最大亏损，即买入期权所支付的所有权利金。

（2）卖出宽跨式套利。卖出宽跨式套利是指以较低敲定价格卖出看跌期权的同时以较高的敲定价格卖出同一相关商品的、相同到期日的看涨期权。卖出宽跨式套利一般适用于套利者预测未来相关期货价格会有小幅变动或没有变动的情况。

［例 3 －29］　3 月 10 日，某套利者在芝加哥期货交易所卖出敲定价格为 290 美分 /蒲式耳的 5 月份的小麦看跌期权的同时卖出敲定价格为 310 美分 /蒲式耳的 5 月份小麦看涨期权，所获得的权利金分别为 2 美分 /蒲式耳和 3 美分 /蒲式耳。

如果后市小麦价格一直比较平稳，到了到期日，期权买方不要求履约，则该套利者可以获得权利金的收益，即 5 美分 /蒲式耳。

如果后市小麦价格大幅度上涨，到 4 月 1 日涨至 350 美分 /蒲式耳，看涨期权的买方要求行使期权，以310美分/蒲式耳的价格买入小麦期货合约，则该套利者将损失40美分/蒲式耳。则该套利者的净亏损=40-（2+3）=35（美分/蒲式耳）。

如果后市小麦价格大幅度下跌，到4月1日跌至275美分/蒲式耳，看跌期权的买方要求行使期权，以290美分/蒲式耳的价格卖出小麦期货合约，则该套利者将损失15美分/蒲式耳。该套利者的净亏损=15-（2+3）=10（美分/蒲式耳）。

卖出宽跨式套利的盈亏状况如图3-8所示。

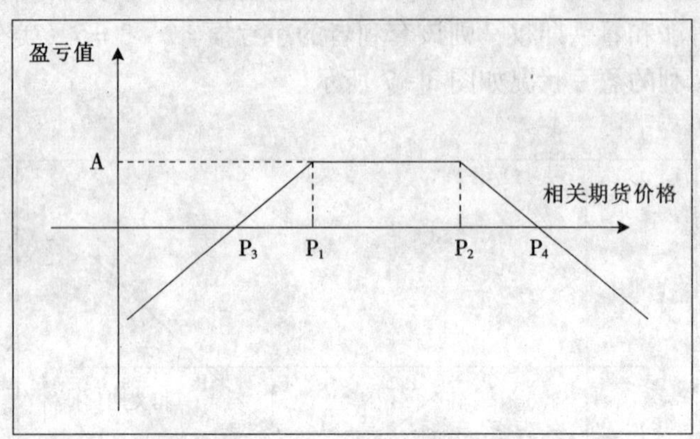

说明：P_1 为卖出看跌期权的较低的敲定价格；P_2 为卖出看涨期权的较高的敲定价格；A为获得的权利金总和；P_3 为低损益平衡点，$P_3 = P_1 - A$；P_4 为高损益平衡点，$P_4 = P_2 + A$。

图3-8 卖出宽跨式套利的收益曲线

如图3-8所示，当期货价格大于（较高敲定价格+获得的权利金之和）或者小于（较低敲定价格-获得的权利金之和）时，将会出现亏损；当期货价格介于两者之间时，套利者会出现盈利；当价格一直稳定在高敲定价格和低敲定价格之间时，套利者将会获得最大收益，即卖出期权所获得的所有权利金。

第四章
国际农产品期货

第一节　国际农产品现货市场概况

一、油料及其制成品现货市场概况

（一）大豆及系列产品

大豆系列产品是指包括大豆及其制成品——豆粕、豆油在内的三大类产品。大豆是世界农产品期货交易中最为活跃的品种之一，大豆期货合约也是我国期货市场交易最为活跃的品种之一。中国是世界上最大的大豆进口国。由于大豆在农产品期货市场中的重要性，我们首先对其进行介绍。

1. 大豆。

（1）大豆的种植特性和产量分布。大豆属于蝶形花科，大豆属，别名黄豆。我国许多古书上曾称大豆为“菽”，《诗经》中就有：“中原有菽，庶民采之”的记载；西晋杜预对“菽”字注释：“菽，大豆也”；秦汉以后就以“豆”字代替“菽”字了。大豆原产于我国，据推算，我国种植大豆已有4700多年的历史。欧美各国栽培大豆的历史很短，大约在19世纪后期才从我国传去。到20世纪30年代，大豆栽培已遍及世界各国。

世界大豆四大主产国分别为美国、巴西、阿根廷和中国。美国和中国属于北半球产地，巴西和阿根廷属于南半球产地。美国是世界上最大的大豆生产国，全美有29个州的农民都种植大豆，而且大豆和玉米的种植带基本分布在一起。按照2003/2004年度美国各州大豆产量排名，前七大主产州分别是爱荷华、伊利诺斯、明尼苏达、印第安纳、内布拉斯、俄亥俄、密苏里，这七个州的产量占全美大豆产能的67.4%。

巴西和阿根廷的大豆产量仅次于美国。2002/2003① 年度南美大豆产量首次超过美国，成为世界上最重要的大豆产地。近年来，我国大豆产量基本上保持稳定，略有增长势头。

如图4-1所示，1990—2004年主要四大大豆生产国的产量趋势。其中2004/2005年度产量为2004年8月美国农业部（USDA）供求报告的预测值。

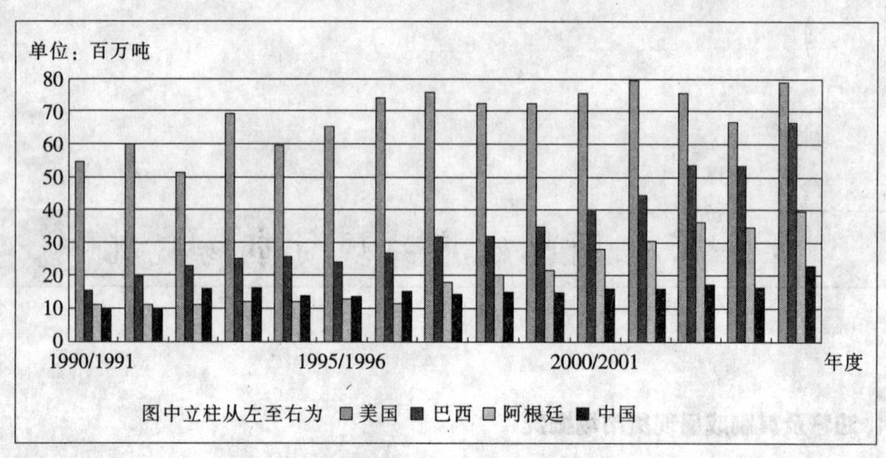

数据来源：美国农业部月度供求报告。

图4-1 1990—2004年主要大豆生产国产量趋势

从图4-1来看，近年世界大豆产量总体呈现增产趋势，其中增产量最大的主要是阿根廷和巴西，美国和中国的产量增加额占世界大豆总增产额的比重较小。

北半球每年5—6月份开始大豆种植，到9—10月份成熟，其间大豆生长期约为5个月左右，主要经历发芽、出枝、开花、结荚和灌浆五个生长阶段。决定大豆单产的主要时期是结荚期和灌浆期，这一时期主要是在8月底到9月初。南半球的大豆种植时间正好与北半球相反，巴西和阿根廷大豆常常是在10—12月份播种，在5—6月份成熟。如表4-1所示。

表4-1 世界大豆主产区生长时间分布表

	1月	2月	3月	4月	5月	6月	7月	8月	9月	10月	11月	12月
南美	开花	结荚	收割	收割	收割					种植	种植	
美国、中国					种植	种植	开花	结荚	收割			

① 2002/2003表示大豆的市场年度，以大豆的市场周期来进行划分。美国的年度划分为本年9月1日到次年8月31日，巴西为本年2月1日到次年1月31日，阿根廷为本年4月1日到次年3月31日，中国为本年10月1日到次年9月30日。美国的豆粕和豆油市场年度开始于本年10月1日到次年9月30日。

（2）大豆压榨。大豆可以食用，但最主要的用途是压榨豆油。大豆榨油的常用工艺有两种：压榨法和浸出法。国内市场上绝大多数的花生油生产用的是压榨法，而多数大豆油生产则选用浸出法。压榨法是靠物理压力将油脂直接从油料中分离出来，全过程不涉及任何化学添加剂，所以可保证产品安全、卫生、无污染，天然营养不受破坏。浸出法是采用溶剂油（六号轻汽油）将油脂原料经过充分浸泡后进行高温提取，经过“六脱”工艺（即脱脂、脱胶、脱水、脱色、脱嗅、脱酸）加工而成，最大的特点是出油率高、生产成本低。

大豆的油含量一般为18%，豆粕含量为79%，剩下的3%为水分和残余。一蒲式耳大豆压榨后，可以得到47～48磅豆粕和10.5～11.5磅的豆油。由于大豆压榨后得到最多的是豆粕，所以影响大豆价格的因素也会对豆粕价格产生影响，而且其影响程度大于豆油。

大豆出油率与大豆灌浆时的温度成正相关，豆粕产出率则与出油率成负相关。如果大豆压榨后，豆粕需求较大，豆粕销售速度较快，多出的豆油可以储存；但如果豆油销售较快，造成豆粕库存积压，而豆粕是不易储存的，而且每一蒲式耳大豆通过压榨后得到豆粕的价值常常要高于豆油，因此，对豆粕的需求会主导压榨行为。但是也不排除在某一时间段中会因为豆油需求而进行压榨。在这种情况下，为了及时处理大量积压的豆粕库存，豆粕销售价格常常较低。

压榨利润可以用来衡量压榨的获利能力。每蒲式耳大豆可以压榨出44磅豆粕和11磅豆油，压榨利润可以采用以下公式计算得出：

压榨利润	= 豆粕价格 ×2.2 +	豆油价格 ×11 −	大豆价格
（美分／蒲式耳）	（美元／短吨）	（美分／磅）	（美分／蒲式耳）

根据实际经验①来看，压榨利润指标在达到50美分／蒲式耳时，压榨活动基本可以实现盈亏平衡。换句话说，如果根据上述公式计算的压榨利润低于50美分／蒲式耳，那么压榨商就应该开始减少甚至停止压榨活动。

（3）大豆的世界贸易格局。从世界大豆出口状况看，从1993/1994年起，大豆的世界贸易量逐年递增，显示了世界范围内大豆需求的强劲升势。其中，美国的大豆出口量居世界第一位，出口量占其总产量的1/3左右，美国的大豆出口对国际市场具有很大的影响。巴西、阿根廷的大豆出口量分别排在第二位和第三位，由于南北半球大豆种植的季节性特点，南美和美国大豆交替供应着世界市场。近两年来，美国大豆出口增长趋势有所放缓，而南半球主产国，尤其是巴西大豆出口增长迅速。2002/2003年度巴西和阿根廷大豆出口量首次超过美国。

图4－2描述了过去5年中主要大豆出口国的大豆出口状况。其中2004/2005年度值为2004年8月美国农业部供求报告的预测值。

---

① Jack D. Schwager，“*Fundamental Analysis*”，John Wiley & Sons. Inc.，414 pages.

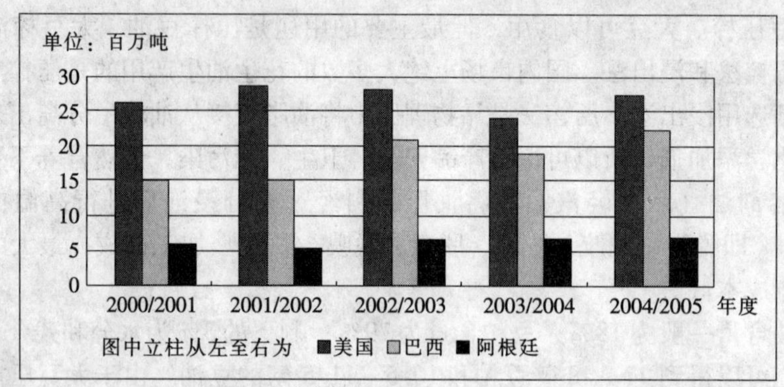

数据来源：美国农业部月度供求报告。

图 4－2　2000—2004 年世界主要大豆出口国出口量

世界大豆的总需求量近 10 年来逐年增长，从 1991/1992 年度的 13758 万吨增加到 2004/2005 年度的 27332 万吨，增长近 100%。大豆的主要进口国为中国、德国、俄罗斯、比利时、卢森堡、荷兰、日本、中国台湾、韩国等。

图 4－3 所示的是过去 5 年中主要大豆进口国进口状况，其中 2004/2005 年度值为 2004 年 8 月美国农业部（USDA）供求报告的预测值。2000 年和 2001 年墨西哥大豆进口未报告，故缺失。

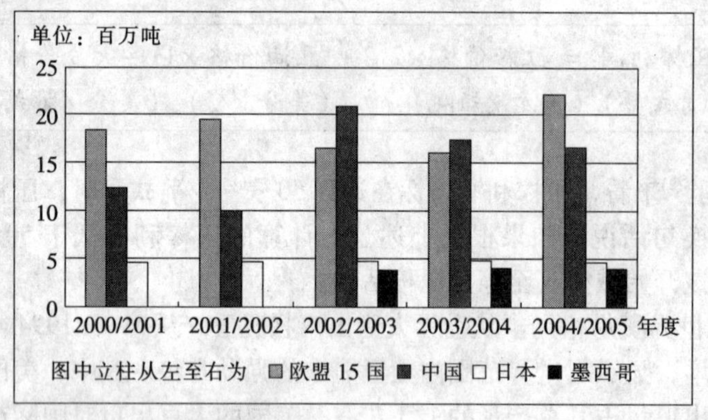

数据来源：美国农业部月度供求报告。

图 4－3　2000—2004 年主要大豆进口国进口量

亚太地区已经成为最大的大豆进口地，欧盟次之。在亚太地区，主要的大豆进口国中尤以中国为代表。中国的大豆进口量近年来迅猛增长，是世界大豆进口增长的源动力之一。虽然 2003/2004 年度中国大豆进口受禽流感影响，进口量异常降低，但从总体来看，中国国内 1600 万吨的大豆产量和近 6000 万吨的加工能力之间的缺口不得不依靠进口来弥补，未来中国大豆进口还将保持快速增长态势。

2. 豆粕。

（1）豆粕的品种特性。豆粕是大豆经过提取豆油后得到的副产品，按照提取的方法不同，可以分为一浸豆粕和二浸豆粕两种。其中以浸提法提取豆油后的副产品为一浸豆粕；而先以压榨取油，再经过浸提法提取油后所得的副产品称为二浸豆粕。在加工过程中，温度的控制对豆粕的品质影响非常重要，温度过高会影响到蛋白质含量，从而直接关系到豆粕的质量和使用；温度过低会增加豆粕的水分，而水分含量高则会影响储存期内豆粕的质量。一浸豆粕的生产工艺较为先进，蛋白质含量高。豆粕一般呈不规则碎片状，颜色为浅黄色至浅褐色，味道具有烤大豆香味。豆粕的主要成分为：蛋白质40%～48%，赖氨酸2.5%～3.0%，色氨酸0.6%～0.7%，蛋氨酸0.5%～0.7%。

（2）豆粕的用途。豆粕是棉籽粕、花生粕、菜籽粕等12种植物油粕饲料产品中产量最大、用途最广的一种。豆粕内含的多种氨基酸适合于家禽和猪对营养的需求。实验表明，在不需额外加入动物性蛋白的情况下，仅豆粕中所含有的氨基酸就足以平衡家禽和猪的营养，从而促进牲畜的营养吸收。在家禽和生猪饲养中，豆粕得到了最大限度的利用。只有当棉籽粕和花生粕的单位蛋白成本远低于豆粕时才会被考虑使用。事实上，豆粕已经成为其他蛋白源比较的基准品。如表4－2所示，1994年、1995年、1996年、1997年、1998年5年中，豆粕消费量分别占世界蛋白粕消费总量的62%、61%、62%、63%、63%，是八种粕类中消费量最大的。

表4－2　1994—1998年世界蛋白粕消费量表　单位：百万吨

年度	豆粕	棉籽粕	菜籽粕	葵花籽粕	鱼粉	花生粕	干椰仁粕	棕榈仁粕	合计
1994	85.0	16.32	11.30	6.39		8.57	5.55	1.49	136.7
1995	88.5	12.36	18.19	9.65	6.70	5.68	1.65	2.44	145.1
1996	91.3	12.1	17.6	10.1	6.3	5.9	1.7	2.6	147.7
1997	98.8	12.1	18.8	9.8	6.1	5.6	1.9	2.8	156.0
1998	102.1	11.6	20.2	10.4	6.3	5.9	1.9	2.6	161.0

资料来源：美国农业部。

作为一种高蛋白质，豆粕是制作牲畜与家禽饲料的主要原料。在奶牛的饲养过程中使用豆粕，还能够提高出奶量。在肉用牛的饲养中，豆粕也是最重要的油籽粕之一。此外，豆粕还被用于制作宠物食品。玉米、豆粕的简单混合食物与使用高动物蛋白制成的食品具有相同的价值。最近几年来，豆粕也被广泛地应用于水产养殖业中。豆粕中含有的多种氨基酸能够充分满足鱼类对氨基酸的特殊需要。豆粕还可以用于制作糕点食品、健康食品以及化妆品和抗菌素原料。

（3）豆粕的世界贸易格局。从豆粕主产国分布看，世界上主要的大豆出口国，其豆粕出口量也比较大。美国、巴西、阿根廷、中国四国产量占到世界总产的七成还多。近年来，阿根廷和巴西等南美国家不仅在开发大豆种植潜力上大做文章，而且也十分注重大豆深加工业的发展。印度豆粕产量也在逐年增加，是不可忽视的新兴力量（见表4－3）。

表 4-3　　1991—2003 年世界豆粕主产国产量表　　单位：万吨

国家	1991 年	1992 年	1993 年	1994 年	1995 年	1996 年	1997 年	1998 年	1999 年	2000 年	2001 年	2002 年	2003 年
阿根廷	589	671	663	723	738	832	843	1280	1200	1345	1365	1650	1859
巴　西	1018	1177	1247	1471	1585	1608	1474	1717	1573	1652	1801	2002	2245
中　国	499	536	626	687	684	716	776	826	810	1544	1835	2284	2329
印　度	172	214	319	267	339	354	382	432	432	342	411	508	460
美　国	2570	2706	2755	2768	3018	2951	3103	3463	3428	3410	3573	3655	3466
世　界	6876	7466	7654	8015	8653	8755	8980	10229	9947	10773	11801	12984	13217

资料来源：联合国粮农组织。

从豆粕出口状况来看，由于豆粕生产集中在少数国家，但全世界对豆粕都有需求，因此世界豆粕贸易呈现“出口集中、进口分散”的特点。近年来，美国国内肉禽消费高涨，使美国豆粕有 74% ~84% 是本国消费，其余供出口，而且大部分美国豆粕出口不得不依靠美国政府 PL480 和 GSM 贷款的支持，这种消费格局还可能会进一步失衡。

由于巴西、阿根廷国内豆粕消费量较小，因此所产豆粕大部分用于出口。巴西自 20 世纪 70 年代初取代美国成为世界头号豆粕出口大国后，年出口量稳步上升，从 1994 年开始，连续 4 年出口量均超过 1000 万吨，占据了世界豆粕出口总量的 1/3。80 年代末，阿根廷豆粕出口异军突起，1997 年出口量超过 800 万吨，创历史新高，自 2002 年开始，阿根廷的豆粕出口超过巴西，居世界第一位。近年来，印度在国际豆粕贸易中后来居上，成为豆粕出口的生力军（见表 4-4）。

表 4-4　　1988—2003 年世界豆粕出口量表　　单位：万吨

国家（地区）	1988 年	1989 年	1990 年	1991 年	1992 年	1993 年	1994 年	1995 年	1996 年	1997 年	1998 年	1999 年	2000 年	2001 年	2002 年	2003 年
欧　盟	370	355	396	377	411	409	433	420	394	457	532	504	554	594	227	35
阿根廷	488	464	521	600	650	662	667	689	642	814	1132	1340	1374	1360	1607	1846
巴　西	813	993	874	749	855	941	1064	1160	1126	1001	1045	1015	993	1068	1198	1375
中　国	256	181	196	219	83	36	115	90	7	2	2	1	3	11	105	80
印　度	72	88	126	143	186	276	193	259	298	166	282	280	235	235	245	123
美　国	632	437	457	524	570	483	427	496	524	644	764	646	665	699	681	546
世　界	2694	2579	2625	2678	2842	2876	2962	3201	3114	3214	3913	3906	3965	4114	4236	4216

资料来源：联合国粮农组织。

从豆粕的进口状况来看，同出口国的集中化不同，豆粕需求较为分散，进口国为数众多。欧盟 25 国是国际豆粕市场上最大的买主，进口量长期维持在 1400 万吨左右，

1994 年达到创纪录的 1700 万吨，占当年世界豆粕总进口量的 59%，最近几年，该地区进口势头有所减弱，保持在 1300 万吨以上。前苏联未解体前，也是世界豆粕进口大国，1992 年以后，俄罗斯进口量逐年减少。东盟国家和日本近年豆粕进口继续保持强劲势头。中国传统上是豆粕出口国，近两年，由于国内市场供需矛盾加剧，导致中国在国际贸易中的地位发生变化，进口量急剧上升，1997 年、1998 年连续两年进口量居于世界第二位。但是在中国的东南沿海地区和东北地区油厂加工的豆粕仍有部分销往东南亚、日本和韩国（见表 4－5）。

表 4－5　　1988—2002 年世界豆粕进口量表　　单位：万吨

国家（地区）	1988 年	1989 年	1990 年	1991 年	1992 年	1993 年	1994 年	1995 年	1996 年	1997 年	1998 年	1999 年	2000 年	2001 年	2002 年
东　盟	107	107	116	147	185	215	258	288	300	316	316	513	548	694	720
中　国	1	6	0	0	26	14	12	4	190	348	373	61	57	10	2
欧　盟	1315	1250	1393	1397	1437	1471	1707	1612	1432	1337	1678	1521	1485	1724	1857
俄罗斯	321	412	271	311	173	84	16	17	1	1	13	39	18	23	29
日　本	0	0	0	0	0	0	0	0	0	0	0	87	75	85	97
世　界	2617	2510	2568	2631	2683	2671	2910	2982	3036	3108	3704	3741	3738	4304	4648

资料来源：联合国粮农组织。

3. 豆油。

（1）豆油的分类与用途。豆油是优质食用植物油，在世界油脂消费中占首位，主产国有美国、巴西、中国和阿根廷等国。中国是最早利用大豆榨油的国家，用大豆榨油有近千年的历史。

根据大豆压榨炼油的环节，可以将豆油划分为三个等级：毛油、二级油和精炼油。目前市场流通的主要豆油品种是二级豆油，它是毛豆油经过脱胶制成的可供食用的初级豆油。精炼油是对二级油进行深加工得到的纯度更高、杂质更少的食用油。大豆毛油的颜色因大豆种皮及大豆的品种不同而异，一般为淡黄、略绿、深褐色等，一般精炼过的豆油颜色较淡。

（2）豆油的消费。豆油是世界上的主要食用油，占世界食油总量的 1/3。在美国，豆油主要用于制作沙拉和烹调油、起酥油和人造奶油。除此之外，其他食用油按重要性排列为：葵花籽油、棕榈油、菜籽油、棉籽油、可可油、花生油和油橄榄油。

近几年，随着生活水平提高，人们对高品质调和油和色拉油的需求增长较快。由于大豆油制作色拉油工艺比菜籽油简单，所以随着色拉油消费量的增加，对大豆油的需求量也大幅度增加，豆油在居民生活消费中的地位越来越重要。

大豆油中含有大量的亚油酸。亚油酸是人体必需的脂肪酸，具有重要的生理功能。大豆油大量用于烹饪和制造人造奶油。在工业上，大豆油用做油漆、油墨、高级润滑油、人造奶油、人造羊毛、人造纤维的原料以及医药上的补养药品。大豆油还有防腐性能，可做桐油、亚麻油的代用品。

（3）豆油的世界贸易格局。从豆油的生产来看，美国是世界上最大的豆油产地，大约占世界总产量的25%。巴西和阿根廷也是主要的豆油产地，分别占世界总量的20%和16%（见表4-6和图4-4）。

表4-6　1996/1997—2003/2004年度世界主要豆油生产国产量表　单位：万吨

国家（地区）	1996/1997年度	1997/1998年度	1998/1999年度	1999/2000年度	2000/2001年度	2001/2002年度	2002/2003年度	2003/2004年度
美　国	714	823	820	809	836	857	836	763
阿根廷	191	224	316	312	319	388	438	461
巴　西	372	374	393	403	432	471	519	571
欧　盟	263	276	293	260	302	311	297	270
中　国	139	178	205	248	324	358	473	458
世　界	2067	2284	2468	2478	2680	2887	3046	3045

资料来源：美国农业部。

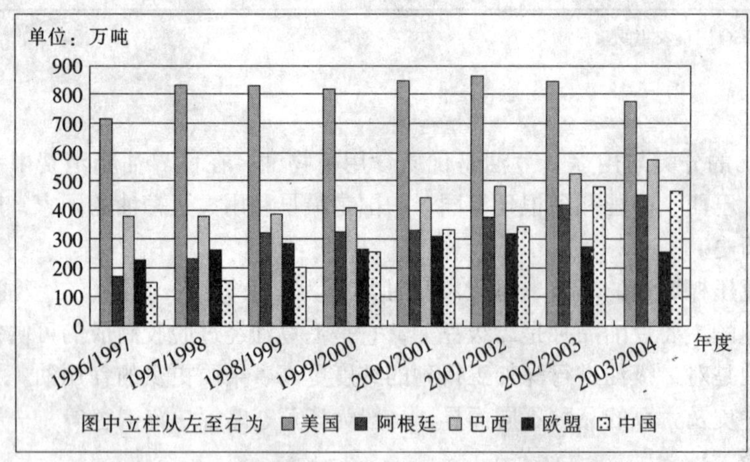

图4-4　2000—2004年世界主要豆油生产国产量

从豆油的出口来看，尽管美国豆油的生产量居于世界首位，但是美国生产的豆油只有20%用于出口，80%用于国内消费。美国、巴西、阿根廷和欧盟都是世界主要豆油出口国。近年来，美国和欧盟的豆油出口出现减少的趋势，而南美国家巴西和阿根廷的豆油出口量呈增长态势。阿根廷现在是世界上最大的豆油出口国（见表4-7和图4-5）。

表 4－7　　1996/1997—2003/2004 年度世界主要豆油出口国出口量表　　单位：万吨

	1996/1997年度	1997/1998年度	1998/1999年度	1999/2000年度	2000/2001年度	2001/2002年度	2002/2003年度	2003/2004年度
美　国	92	140	108	62	64	114	103	39
阿根廷	179	210	314	304	321	373	434	451
巴　西	129	118	138	120	153	178	227	266
欧　盟	132	161	170	169	181	110	71	61
世　界	592	690	821	728	796	859	917	901

资料来源：美国农业部。

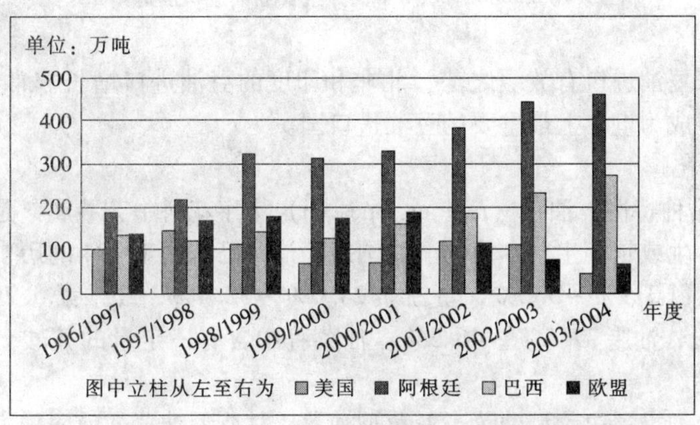

图 4－5　2000—2004 年世界主要豆油出口国出口量

从豆油进口来看，欧盟以及包括印度、巴基斯坦和北非在内的一些发展中国家是主要的豆油销售市场（见表 4－8 和图 4－6）。

表 4－8　　1996—2002 年世界主要豆油进口国进口量表　　单位：万吨

国家	1996 年	1997 年	1998 年	1999 年	2000 年	2001 年	2002 年
阿尔及利亚	0	1	7	1	2	2	2
巴基斯坦	16	20	24	36	17	7	3
摩洛哥	20	12	16	26	29	35	33
突尼斯	12	11	15	14	13	10	18
印　度	2	5	44	61	58	136	120
中　国	130	127	86	88	33	9	91
塞内加尔	4	7	10	11	7	8	5
毛里塔尼亚	0	1	1	1	1	2	3

资料来源：联合国粮农组织。

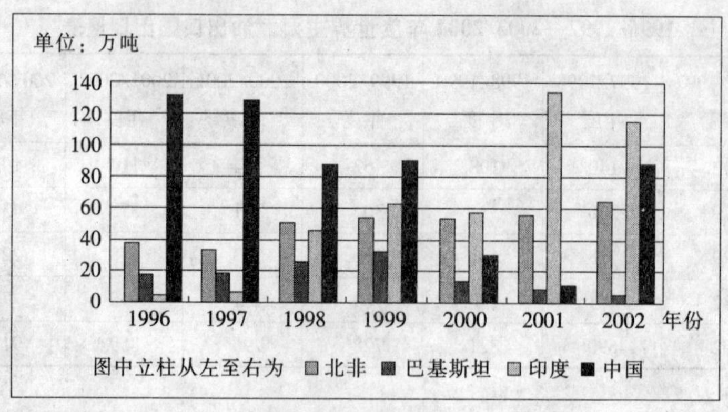

图4-6 2000—2004年世界主要豆油进口国进口量

中国近年来豆油进口有放缓之势，北非和印度的豆油进口增长非常快，从2000年开始，印度已经成为世界上最重要的豆油进口国。

（二）油菜籽

1. 油菜籽品种特性。油菜（rape or rapeseed）十字花科中芸薹属，是以采籽榨油为种植目的的一年生或越年生草本植物。我国栽培油菜已有两千多年的历史。油菜籽的化学成分一般为含氮3.9%~5.2%，蛋白质24.6%~32.4%，纤维素5.7%~9.6%，灰分4.1%~5.3%，油脂37.5%~46.3%。油菜籽中含有一定量的芥酸，会影响油菜籽及菜籽油的质量。

油菜有三个种类：白菜型油菜、芥菜型油菜、甘蓝型油菜，前两种主要起源于中国和印度，后一种起源在欧洲。

白菜型油菜：又称短油菜、甜油菜和小油菜。子粒大小不一，种皮多为棕红色、褐色或黑色，含油率在35%~45%之间。

芥菜型油菜：又称高油菜、苦油菜、辣油菜或大油菜。子粒小，种皮多呈黄色或棕红色，有浓厚辣味，含油率30%左右，油的食味较差。

甘蓝型油菜：即胜利油菜，是目前我国种植面积最多的一种。产量高，子粒大，种皮多为黑褐色，含油率在40%~45%之间。

另外，按季节划分，还可以将油菜分为秋种油菜和春种油菜。

油菜的一生可分为发芽出苗期、苗期、现蕾抽薹期、开花期和角果发育期五个生育阶段。成熟的种子播种后遇适宜条件即可发芽。种子发芽以土壤水分为田间最大持水量的60%~70%较适宜，最适温度为25℃，低于3℃~4℃，高于36℃~37℃都不利于发芽。在田间土壤水分适宜的条件下，当日平均温度16℃~20℃，播后3~5天出苗，5℃以下则20多天才能出苗。

世界油菜籽近5年年均产量为3600万吨左右，主要分布在中国、加拿大、印度、德国、法国、澳大利亚、英国、美国、波兰和捷克等10个国家。这10国总产量占世界总产量的95%以上。

亚洲油菜籽产量最多，油菜栽培面积最大的国家是中国和印度，自20世纪70年代后期起，两国种植面积都扩大到300万公顷以上。至1985年，中国的油菜种植面积和总产量都超过了印度（见表4－9和图4－7）。

表4－9　　1996—2003年世界主要油菜籽生产国产量表　　单位：万吨

国家（地区）	1996年	1997年	1998年	1999年	2000年	2001年	2002年	2003年
法　国	290	350	373	439	348	288	332	334
加拿大	506	639	764	880	721	502	418	667
印　度	600	666	470	566	579	419	508	384
中　国	920	954	830	1013	1138	1133	1055	1141
德　国	197	287	339	428	359	416	385	364
捷　克	66	76	79	117	98	121	97	44
澳大利亚	62	86	169	243	178	176	84	162
英　国	142	153	157	173	116	116	147	177
美　国	22	42	71	62	91	91	71	69
世　界	3042	3506	3574	4317	3951	3592	3404	3615

资料来源：联合国粮农组织。

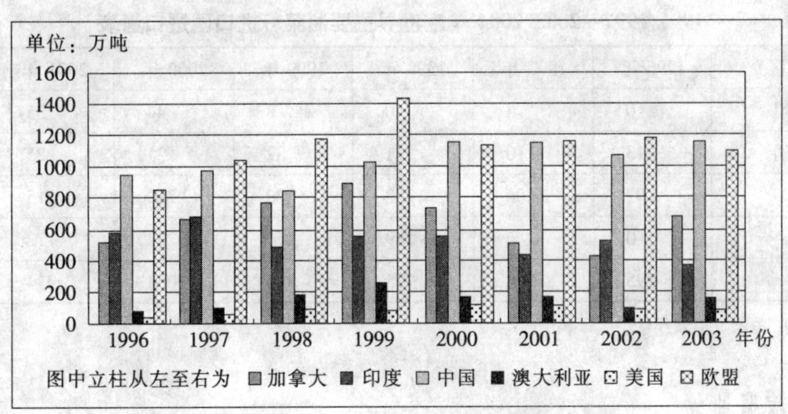

图4－7　1996—2003年世界主要油菜籽生产国产量

2. 油菜籽、菜籽油的加工和利用。油菜籽最重要的用途是加工菜籽油，菜籽油是以油菜籽经过浸制而成的油，又称“菜油”。菜籽油呈深黄略带绿色，具有令人不愉快的气味和辣味，一般需经碱化、脱色、脱臭等处理后方可食用。

从籽粒中提取的菜籽油是良好的食用油，它的消化利用率可达99%。无芥酸的菜籽油用于制造人造奶油，并可做生菜油（色拉油）、起酥油和调味用油。无芥酸的菜籽油中，油酸和亚油酸的含量显著提高，易为人体消化吸收，并可降低人体内血清胆固醇，软化血管和阻止血栓的形成，对人体脂肪代谢起着特别重要的作用。高芥酸（芥酸含量为55%～60%）的菜籽油是重要的工业原料，在铸钢工业中作为润滑油、淬火用油、金属防腐剂以及轻化工业的重要原料。一般菜籽油在机械、橡胶、化工、塑料、油漆、纺织、制皂和医药等方面都有广泛用途。榨油后的菜籽饼，其蛋白质含量高达36% ~38%，营养价值与大豆饼相近，是良好的精饲料。

3. 油菜籽的世界贸易格局。世界油菜籽近5年年均进口量860万吨左右。主要出口国家是加拿大（占世界出口总量的50%），其次是澳大利亚和欧盟国家。主要进口国家在亚洲，包括中国、日本、印度、巴基斯坦和孟加拉国等国。我国是世界上油菜籽第一生产大国，年产油菜籽超过1000万吨，主要分布在长江流域各省（见表4-10、表4-11）。

表4-10　　1996/1997—2003/2004年度世界主要油菜籽出口国出口量表　　单位：万吨

国家（地区）	1996年	1997年	1998年	1999年	2000年	2001年	2002年
欧　洲	314	309	364	506	404	348	345
澳大利亚	35	39	72	157	161	142	135
加拿大	242	284	411	379	387	396	242
世　界	601	642	873	1058	975	913	751

资料来源：联合国粮农组织。

表4-11　　1996/1997—2003/2004年度世界主要油菜籽进口国进口量表　　单位：万吨

国家（地区）	1996年	1997年	1998年	1999年	2000年	2001年	2002年
巴基斯坦	0	3	0	8	44	35	45
孟加拉国	13	10	21	32	31	25	15
日　本	192	206	208	220	219	215	208
中　国	0	6	139	260	297	172	62
世　界	595	589	775	964	1064	934	749

资料来源：联合国粮农组织。

（三）棕榈油

1. 棕榈油品质介绍。棕榈油是从油棕树上的棕果（elaeis guineensis）中榨取出来的，它被人们当成天然食品已有超过5000年的历史。油棕树原产地在西非，1870年油棕树传入马来西亚，当时只是作为一种装饰植物，直到1917年才第一次进行商业种植。在20世纪60年代，马来西亚为了减少对橡胶和咖啡的贸易依赖，开始大大提高棕榈油的产量。

油棕是一种四季开花结果及长年都有收成的农作物，其一棵树的商业性生产可保持25年，油棕是世界上生产效率最高的产油植物。在马来西亚，目前每公顷油棕生产大约5吨油脂，每公顷油棕所生产的油脂比同面积的花生高出5倍，比大豆高出9倍。

棕榈油是植物油的一种，能替代其他油脂，可代替的有大豆油、花生油、向日葵油、椰油、猪油和牛油等。由于棕榈油与各种油脂的相互关系，棕榈油的价格也是随着世界一般油脂价格的游走而浮动，同时其价格的波动幅度也很大。

2. 棕榈油的消费。棕榈油在世界上被广泛用于烹饪和食品制造业。它被当做食油、松脆脂油和人造奶油来使用。像其他食用油一样，棕榈油容易被消化、吸收。棕榈油是脂肪里的一种重要成分，属性温和，是制造食品的好原料。从棕榈油的组合成分来看，它的高固体性质甘油含量让食品避免被氧化而保持平稳，并有效地抗拒氧化，所以成为糕点和面包厂产品的良好佐料。由于棕榈油所具有的这几种特性，使它深受食品制造业喜爱。此外，棕榈油还可以用来制造肥皂以及其他许多种类产品。

3. 棕榈油的世界贸易格局。马来西亚是世界上最大的棕榈油生产和出口国。1986年，马来西亚毛棕榈油的生产量为454万吨，占同年世界棕榈油产量的60%。此外，印度尼西亚、尼日利亚、象牙海岸、巴布亚新几内亚等其他国家和地区也生产少量的棕榈油。

棕榈油的主要进口国有印度、欧共体、巴基斯坦、西亚国家、独联体、日本、美国等国家和地区。1997年，世界棕榈油的总产量为1828万吨，比上年增长了7.3%，总出口量为1134.6万吨，与上年相比略有下降。1996年，马来西亚棕榈油的产量为886万吨，占世界总产量的53%；出口量为732.5万吨，占世界总出口量的64%（见表4－12、表4－13、表4－14）。

表4－12　　1996/1997—2003/2004年度世界主要棕榈油生产国产量表　　单位：万吨

国家（地区）	1996年	1997年	1998年	1999年	2000年	2001年	2002年	2003年
马来西亚	839	907	832	1055	1084	1180	1191	1335
印度尼西亚	490	539	590	656	728	808	935	1020
巴布亚新几内亚	27	25	28	30	34	33	32	33
尼日利亚	78	81	85	90	90	90	91	91
世　界	1703	1828	1821	2124	2244	2431	2572	2808

资料来源：联合国粮农组织。

表4－13　　1996/1997—2003/2004年度世界主要棕榈油进口国进口量表　　单位：万吨

国家（地区）	1996年	1997年	1998年	1999年	2000年	2001年	2002年
独联体	7	11	10	15	19	38	46
欧　洲	215	225	264	270	317	402	423
巴基斯坦	98	86	107	96	93	106	116
美　国	13	13	12	14	17	17	22
日　本	36	37	36	36	37	39	42
印　度	111	104	161	287	305	273	305
世　界	968	989	1034	1194	1339	1534	1728

资料来源：联合国粮农组织。

表4－14　1996/1997—2003/2004年度世界主要棕榈油出口国出口量表　单位：万吨

国家（地区）	1996年	1997年	1998年	1999年	2000年	2001年	2002年
巴布亚新几内亚	27	27	21	25	34	33	32
马来西亚	792	749	729	858	814	1000	1045
印度尼西亚	167	297	148	330	411	490	633
世界	1141	1237	1046	1373	1417	1705	1876

资料来源：联合国粮农组织。

二、谷物现货市场概况

（一）小麦

小麦是地球上最古老和最广泛种植的农作物之一。小麦富含蛋白质，是一种旱地作物，目前世界多数国家都种植小麦。世界上小麦种植面积占谷物类作物种植总面积的近1/3，世界上大约1/3以上的人口以小麦为主要食物。

1. 小麦的世界贸易格局。小麦是世界上最重要的粮食贸易品种，在世界粮食市场上，小麦占有相当比例的贸易量。世界主要的小麦出口国为美国、加拿大、澳大利亚、法国、阿根廷等。世界主要的小麦进口国为俄罗斯及其他独联体国家、中国、日本、巴西、比利时、挪威、瑞士、荷兰、意大利等。这些国家每年的小麦收获量及进口、出口等动向均对国际小麦市场行情有重要影响（见表4－15、表4－16、表4－17）。

表4－15　1996—2003年世界主要小麦生产国产量表　单位：万吨

国家（地区）	1996年	1997年	1998年	1999年	2000年	2001年	2002年	2003年
欧盟25国	11729	11384	12371	11440	12508	11470	12511	10746
南　美	2201	2032	1766	2008	2019	2142	1815	2324
澳大利亚	2370	1922	2211	2476	2211	2485	1006	2490
俄联邦	3492	4426	2701	3100	3446	4698	5061	3406
法　国	3595	3385	3981	3705	3735	3154	3893	3058
哈萨克斯坦	768	895	475	1124	907	1271	1270	1152
加拿大	2980	2428	2408	2694	2652	2057	1620	2355
美　国	6198	6754	6933	6257	6076	5326	4406	6359
乌克兰	1355	1840	1494	1359	1020	2135	2056	360
中　国	11057	12329	10973	11388	9964	9387	9029	8610
世　界	58514	61327	59332	58781	58597	59052	57351	55635

资料来源：联合国粮农组织。

表 4－16　　1996—2002 年世界主要小麦出口国出口量表　　单位：万吨

国家（地区）	1996 年	1997 年	1998 年	1999 年	2000 年	2001 年	2002 年
独联体	338	421	682	846	563	762	2415
澳大利亚	1457	1938	1523	1654	1772	1554	1470
加拿大	1652	1886	1770	1616	1877	1766	1220
美　国	3115	2577	2700	2845	2783	2578	2425
世　界	9884	10703	10946	11446	11718	11372	12137

资料来源：联合国粮农组织。

表 4－17　　1996—2002 年世界主要小麦进口国进口量表　　单位：万吨

国家（地区）	1996 年	1997 年	1998 年	1999 年	2000 年	2001 年	2002 年
亚　洲	4371	4417	4249	4514	4480	4222	4121
欧　洲	2553	2602	2497	2876	2778	2758	3175
中　国	919	283	251	144	203	171	176
西班牙	210	297	331	323	250	386	635
伊　朗	387	594	354	616	658	644	412
印度尼西亚	412	361	343	271	359	272	431
意大利	626	698	692	595	686	753	772
日　本	593	632	576	597	585	552	586
巴　西	766	485	640	689	752	702	657
世　界	10393	10496	10622	11287	11704	11279	11942

资料来源：联合国粮农组织。

2. 美国小麦的生产和贸易状况。按照美国小麦的耕种时间分类，可以将小麦分为冬小麦和春小麦。美国生产的小麦约有一半是冬小麦；这种小麦在秋季种植，冬季处于休眠状态（理想的情况是在大雪的覆盖下），并因所处地理位置的差异而分别在 5 月和 7 月间进行收获。春小麦的耕种时间是在土地可以进行耕种的早春，之后持续生长，直到晚夏进行收割。

美国出产的小麦可以按它的两种主要品质标准分类：按颜色分类，分为红小麦和白小麦；按硬度分类，分为硬小麦和软小麦。硬小麦是美国生产的主要小麦，含丰富的蛋白质以及大量的强韧面筋，这两个特点使得它们非常适于美国生产面包。

美国生产的三种主要小麦分别是硬红冬小麦、硬红春小麦和软红冬小麦。硬红冬小麦主要生长于堪萨斯州，在其他一些地区，如俄克拉荷马州和得克萨斯州也有一定产量。硬红春小麦主要种植在北达科他州，这种小麦是美国收获最晚的小麦品种，大约在晚夏或初秋进行收割。硬红冬小麦和硬红春小麦都主要用于制造面包。软红冬小麦主要产于得克萨斯州、五大湖区域以及大西洋沿岸的一些州，那里降雨丰富。软红冬小麦蛋白质含量少，用于制造面制糕点、脆饼干、蛋糕和其他类似食品（见表 4－18）。

表 4 – 18　　美国小麦种植品种及其分布

小麦的类型	种植期	收获期	期货交易所	生产地区	用途
硬红冬小麦高蛋白	9 月上旬—10 月下旬	6 月上旬—7 月中旬	堪萨斯市期货交易所	堪萨斯、奥克哈马、内布拉斯加、得克萨斯	面包
软红冬小麦（低蛋白）	9 月中旬—10 月下旬	6 月下旬—7 月下旬	芝加哥期货交易所	得克萨斯、北美洲五大湖地区和大西洋海岸各州	糕点、薄脆饼干、饼干、蛋糕
硬红春小麦	4 月中旬—5 月下旬	7 月下旬—9 月上旬	明尼阿波利斯谷物交易所	北达科他州和其他中北部各州	面包

在美国的小麦供应链中，小麦一般是卖给乡村的谷仓，之后小麦被出售给小麦大集散地的粮仓。集散地粮仓通常把小麦出售给面粉厂（在那里加工成面粉）、国内的其他小麦用户或者出售给港口粮仓用来出口。集散地的存货在每一个作物年度的后期达到最低，时间大约是 5 月。在新作物年度开始后，又很快达到最大存货量，存货量的大小对小麦价格有重要的影响。

美国小麦的需求有两个来源：出口和国内需求，前者占美国总产量的一半左右。出口包括了商业贸易出口和通过国家政府和项目而产生的小麦出口。国内小麦的最大用途是食用，常常被加工成面粉，以生产面包、糕点、空心面和早餐食品。除非其他价格较低的蛋白质来源（通常是豆粕）供应短缺，否则小麦在牲畜饲养上的用途可以忽略。

（二）玉米

1. 玉米的品种特性与生产。玉米属草本植物，玉米种植始于 7000 年前的中美洲或墨西哥的土著居民。在世界粗粮生产中，玉米占有主要地位，产量一直居于世界前三位。玉米属高产作物，种植集中于 4 月中旬至 6 月中旬，晚熟品种成熟期约 150 天，早熟品种仅 80 天，在高纬度、高海拔地区均可栽培。玉米喜高温多雨，它的种植需要肥沃的土壤、温暖的气候和大量的水分。在其生长过程中，温度和湿度是影响产量的最重要因素。在 7—8 月间玉米灌浆时需要充足的雨水和适宜的温度，播种时节多水、低温不利于其生长，过早出现秋季霜冻会影响其收成。

玉米按照种子特点的不同可以分为三个品种：凹形颗粒玉米、硬粒玉米、爆米花玉米。这三个品种的特点影响了玉米的用途。凹形颗粒玉米（dent corn）因为其成熟的种子顶部有个凹隙而得名，这种玉米占美国玉米总产量的 90% 左右，主要用于动物饲养。硬粒玉米（flint corn）比凹形颗粒玉米要硬，其用途相同，它比其他类型玉米有更多的粮分，从而主要供人们食用；爆米花玉米（popcorn）具有极其坚硬的外壳，当受热时易于爆裂，从而产生了爆米花。

全世界有三大玉米带，一是美国的玉米带；二是中国的东北（辽、吉、黑）、内蒙古、华北平原（晋、冀、鲁、豫）；三是欧洲的南部平原地带。美国是世界上第一大玉米主产国。产量排第二位的是中国，之后分别是巴西、南非、阿根廷、罗马尼亚、南斯拉夫和俄罗斯（见表 4 – 19 和图 4 – 8）。

表 4-19　　1996—2003 年世界主要玉米生产国产量表　　单位：万吨

国家（地区）	1996 年	1997 年	1998 年	1999 年	2000 年	2001 年	2002 年	2003 年
俄罗斯	109	267	82	107	153	85	156	211
南斯拉夫	828	1047	848	973	537	929	951	628
罗马尼亚	961	1269	862	1093	490	912	840	958
南 非	1017	1014	769	795	1143	775	1005	971
巴 西	3219	3295	2960	3204	3188	4196	3593	4781
中 国	12787	10465	13320	12829	10618	11425	12150	11418
美 国	23453	23387	24788	23955	25185	24148	22881	25690
世 界	58915	58509	61551	60750	59274	61510	60416	63804

资料来源：联合国粮农组织。

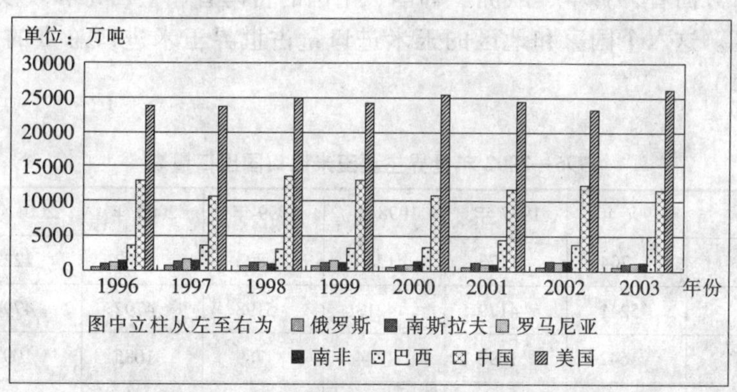

图 4-8　1996—2003 年世界主要玉米生产国产量图

美国的大部分玉米生产带主要是在伊阿华州、伊利诺斯州、印第安那州、明尼苏达州、内布拉斯加州、俄亥俄州和密苏里州。在美国，按耕种面积和产品价值来说，玉米是最大农作物。玉米在春季播种，时间大约在 5 月 1 日到 6 月 15 日之间；其收获是在 10 月初和 11 月末之间，9 月 1 日代表着一个新玉米市场年度的开始。

2. 玉米深加工。美国 80% 的玉米用于国内消费，主要用于饲养动物，主要是肉牛、肉猪、家禽、奶牛和绵羊的饲养，因而牲畜家禽的饲养规模是决定玉米价格的主要因素。过去，玉米主要是农场用于饲养动物；现在，玉米也销往乡下、集散地和港口仓库，然后从那里销往美国其他地区或出口。典型的情况是在 9 月，即玉米新作物年度之初，农场及其外边的储存地的玉米存货达到最多，之后存货量会逐渐减少，直到下年的 8 月，即这个农作物市场年度结束。

玉米还具有很多其他用途。玉米种子由软淀粉和硬淀粉、壳和芽构成，由于淀粉主要由玉米制成，所以可以通过湿碾磨加工玉米来制造淀粉，这些淀粉继而用于造纸、纺织、洗涤和食品等行业。淀粉还可以加工成甜食，如玉米糖浆、葡萄糖和高粱糖，而玉米糖浆用于制作软饮料、糖果和烤制食品，这使得玉米甜料所占份额近年来有了很大增长。玉米作为糖料的供给占据了美国营养型甜料市场的一半以上。

虽然在加工面包上玉米不像小麦用得那么多，其中主要是因为玉米不含有使面粉发酵的面筋，但是玉米仍可以被加工成玉米面粉，用以加工玉米粥、玉米饼和其他面包替代品。当玉米价格下降到足够低的水平而能与大麦及大米进行竞争时，酿制行业和工业上对于玉米产品的需求也可能增加。

乙醇是从玉米中提炼出来的主要产品。近年随着对清洁能源需求的增加，使用玉米加工乙醇的需求不断增长。玉米在该用途上的发展潜力非常巨大。

3. 玉米的世界贸易格局。玉米的贸易量在世界上仅次于小麦，居第二位，每年约0.7亿吨，占世界农产品贸易总量的1/4以上。从出口方面看，美国是世界上头号玉米出口大国，出口总量占全球出口总量的3/5。此外，阿根廷、法国、中国等也是世界玉米传统出口国。近年来，南非玉米出口也开始增加，跻身于世界玉米主要出口国之列。从进口方面看，日本、欧洲、韩国、中国的台湾省、墨西哥和埃及是主要玉米进口国和地区。这六个国家和地区的玉米进口量占世界玉米进口总量的70%（见表4－20、4－21）。

表4－20　1996—2002年世界主要玉米出口国出口量表　单位：万吨

国家（地区）	1996年	1997年	1998年	1999年	2000年	2001年	2002年
南　美	704	1173	1280	823	1122	1222	996
美　国	5241	4179	4213	5198	4797	4794	4769
前欧洲*	642	1098	1244	789	1085	1093	948
中　国	16	662	469	431	1047	600	1167
世　界	7178	7308	7611	7890	8215	7875	8461

资料来源：联合国粮农组织。

说明：*表示前欧洲这个名称来源于联合国粮农组织统计指标，包括如下24个国家和地区：奥地利、比利时、比利时—贝尔格莱维亚、保加利亚、丹麦、芬兰、法国、德国、希腊、匈牙利、冰岛、爱尔兰、意大利、卢森堡公国、马耳他、荷兰、挪威、波兰、葡萄牙、罗马尼亚、西班牙、瑞典、瑞士、英格兰。

表4－21　1996—2002年世界主要玉米进口国进口量表　单位：万吨

国家（地区）	1996年	1997年	1998年	1999年	2000年	2001年	2002年
欧　洲	11213	11692	11348	12753	12379	12551	13520
日　本	16004	16097	16049	16606	16111	16222	16421
韩　国	8679	8313	7111	8115	8715	8482	9113
中　国	6429	5787	5024	4893	4945	5235	5062

续表

国家（地区）	1996 年	1997 年	1998 年	1999 年	2000 年	2001 年	2002 年
墨西哥	5843	2519	5212	5546	5348	6174	5513
马来西亚	2227	2745	1841	2200	2249	1975	2408
埃　及	2472	3059	2969	4712	4710	4797	4721

资料来源：联合国粮农组织。

说明：其中中国的数字主要指台湾省。

世界各国国情不同，玉米消费呈现三种类型：（1）自给有余型，美国是其中的代表性国家，该国玉米消费建立在国内充足的生产量基础上，年均消费占全球总量的40%左右；（2）自给自足型，中国和巴西两国年消费量与其年生产量大致相符，并根据不同年景，适量进口和出口以维持平衡；（3）国外供给型，以日本、韩国为代表，这两个国家的玉米消费几乎完全依赖进口，库存量很小。

三、软商品现货市场概况

（一）棉花

1. 棉花的品种特性与分类。棉花是一种重要的天然植物纤维，原产于热带干燥的草原地区，最初为多年生木本植物，后来逐步引种到亚热带和温带的湿润地区，发展成今天的一年生作物。目前，由于育种和栽培技术的进步，棉花的种植范围已有较大扩展，在北纬 45 度到南纬 35 度的范围内都有种植。

棉花生长应具备一定的热量、水分、日照、土壤等条件，如要求全年日照时数不小于 1300 个小时；需要深厚的活土层；棉田一般以中性及微碱性土壤为好；要求地下水位最好在 1.5 米以下。棉花的生长分为萌芽出苗、苗期、蕾期、花铃期和吐絮成熟期五个阶段。棉花生长历经春夏秋冬四个季节，春分到立冬 16 个节气。相对于其他农产品来讲，棉花生长期较长，受自然因素的影响较大。

棉花为锦葵目棉属，棉属有四个栽培棉种组成，即亚洲棉、非洲棉、陆地棉（又叫细绒棉）、海岛棉（又叫长绒棉）。美国棉花品种以陆地棉为主，长绒棉为辅。

2. 棉花的加工与用途。棉农从棉棵上摘下的棉花叫籽棉，籽棉经过加工后去掉棉籽的棉花叫皮棉，习惯上所说的棉花产量一般都是指皮棉产量。锯齿轧花机加工出来的皮棉叫锯齿棉，皮辊轧花机加工出来的皮棉叫皮辊棉，皮辊棉的加工质量不如锯齿棉，且生产效率也较低；但锯齿轧花机加工出来的皮棉对棉花纤维有一定的损伤。目前，陆地棉的加工基本上都用锯齿轧花机。

棉花的用途十分广泛。其纤维除做纺织工业原料外，还是化学、国防、造纸、医药等工业的重要原料，是人类生活的必需品。棉籽脂肪含量为 18% ~20%，蛋白质含量为 22% ~25%，既是重要的植物油料，又是重要的植物蛋白源。棉籽出油率 16%，棉籽油（简称棉油）是世界八大植物油之一，可以食用。其化学组成与大豆油相似，是一种脂肪酸甘油脂，含有较多的维生素 E。棉油经精炼加工，可制人造奶油和工业润滑油，还可制聚氯乙烯塑料无毒增塑剂。榨油后的棉籽饼是优质肥料，经隔酚后，是禽畜的高级饲料（棉酚有毒，不能直接作饲料）。

3. 棉花的世界贸易格局。目前，中国、美国、印度、巴基斯坦、乌兹别克斯坦、墨西哥和澳大利亚是世界的主要棉花生产国，其中中国是世界上第一大棉花主产国。自1996年以来，国际棉花市场出现了较大波动，呈现出相对“过剩”的特征。美国、中国等几个产棉大国的棉花产量出现大起大落，每年棉花总产量变化较大（见表4－22和图4－9）。

表4－22　　1996—2003年世界主要棉花生产国产量表　　单位：万吨

国家（地区）	1996年	1997年	1998年	1999年	2000年	2001年	2002年	2003年
巴基斯坦	478	469	449	574	548	542	519	507
美　国	1060	1038	790	946	958	1118	936	1004
乌兹别克斯坦	335	364	321	360	300	328	320	286
印　度	726	554	628	588	492	596	475	630
中　国	1261	1381	1350	1149	1325	1597	1475	1560
世　界	5565	5461	5213	5307	5302	6067	5288	5610

资料来源：联合国粮农组织。

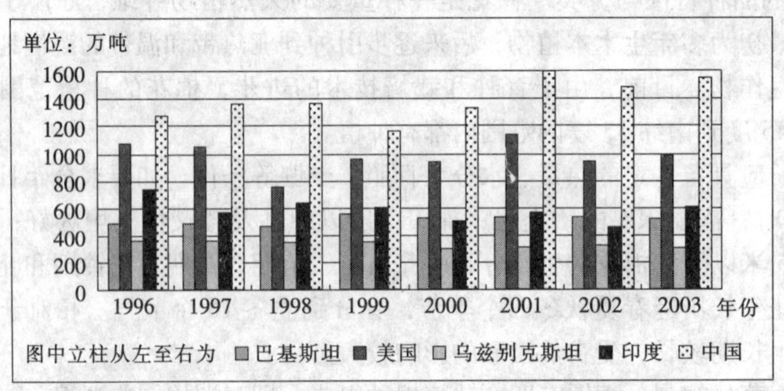

图4－9　1996—2003年世界主要棉花生产国产量图

按照联合国粮农组织1998年的生产统计和1997年的贸易数据计算，棉花贸易集中在少数大国之间，出口棉花最多的五个国家依次是美国、乌兹别克斯坦、澳大利亚、印度和希腊，合计出口量约占世界出口总量的63%，其中美国出口就占了世界出口总量的1/4。进口棉花最大的五个国家依次是中国、巴西、印度尼西亚、土耳其和意大利，合计进口量约占世界进口总量的45%。

（二）糖

1. 糖的分类。食糖的种类很多。根据加工环节不同、深加工程度不同、加工工艺不同、专用性不同，食糖可以分为原糖或粗糖、绵白糖、白砂糖、冰糖、方糖、赤砂糖、土红糖等。白砂糖、绵白糖俗称白糖。食品、饮料工业和民用消费量最大的食品糖为白砂糖。

根据制糖工艺的不同，白砂糖可分为硫化糖和碳化糖。碳化糖保质期较长，质量较好，生产成本相对较高，市场价格较为昂贵。

2. 白糖的加工及用途。白糖几乎是由蔗糖这种单一成分组成的，白糖的蔗糖分含量一般在 95% 以上。因此，凡含蔗糖成分较高的植物均可成为制糖的原料。

目前，世界上制作白糖的主要原料是甘蔗和甜菜。甘蔗是一种热带禾本科植物，生长于热带及亚热带地区，其生长过程中需要大量及经常性的雨水来生产糖分，干旱会严重影响单位产量。一般甘蔗种植一次，可每年收割，从种植到收割需要 1 ~2 年的时间，收获期 3 ~4 年。巴西是世界上主要的甘蔗生产国，其次是印度、中国和古巴。

甜菜生长于温和气候带，常常在早春种植，在冬天第一次结冰前收割，每年 10 月份开榨，次年 2 月份结束。俄罗斯是甜菜主产国，其次是法国、墨西哥、德国、波兰和美国。

工厂利用甘蔗、甜菜榨取糖汁，经过沸腾浓缩，中心分离形成糖结晶，这种结晶称为粗糖，呈浅棕色。粗糖经过提炼后成为日常消费的白砂糖。除糖料甘蔗、甜菜外，白砂糖也可由原糖、粗糖、绵白糖等其他含蔗糖分较高的食糖类加工而成。白糖作为一种甜味食料，是人体所必需的三大养分（糖、蛋白质、脂肪）之一，而且还是饮料、食品和制药工业不可缺少的重要原料。

3. 糖的国际贸易格局。世界上食糖主要生产国家和地区是巴西、印度、欧盟、中国、美国、澳大利亚、墨西哥、泰国、菲律宾、古巴、南非等（见表 4 –23）。

表 4 –23　　1996—2003 年世界主要产糖国初糖产量表　　单位：万吨

国家（地区）	1996 年	1997 年	1998 年	1999 年	2000 年	2001 年	2002 年	2003 年
澳大利亚	484	530	557	500	545	416	499	537
菲律宾	185	189	187	168	168	187	196	224
古　巴	453	432	329	387	406	353	360	220
美　国	654	728	760	820	796	717	760	812
墨西哥	467	484	549	499	498	524	518	524
泰　国	609	619	392	563	645	487	595	663
中　国	776	912	1005	772	702	952	1175	1111
欧盟 25 国	2088	2154	2036	2133	2157	1885	2195	1933
印　度	1823	1462	1459	1744	2022	2048	2048	2214
世　界	12629	12732	12974	13467	13288	13263	14550	14609

资料来源：联合国粮农组织。

世界上几乎所有的国家都生产糖，但是糖仍然是国际贸易中非常活跃的一种商品。主要出口国是古巴、巴西、澳大利亚、菲律宾和法国。主要的进口国是美国、日本、俄罗斯和英国（见表 4 –24、表 4 –25）。

表 4-24　　1996—2002 年世界主要糖出口国出口量表　　单位：万吨

国家（地区）	1996 年	1997 年	1998 年	1999 年	2000 年	2001 年	2002 年
澳大利亚	406	424	450	419	417	355	344
巴　西	549	659	868	1247	669	1153	1385
法　国	290	303	320	296	321	301	295
古　巴	386	357	257	298	342	294	307
世　界	3672	3829	3967	4250	4008	4267	4565

资料来源：联合国粮农组织。

表 4-25　　1996—2002 年世界主要糖进口国进口量表　　单位：万吨

国家（地区）	1996 年	1997 年	1998 年	1999 年	2000 年	2001 年	2002 年
俄联邦	329	356	409	591	484	557	462
美　国	280	295	203	170	141	134	142
日　本	166	171	157	152	157	153	148
英　国	131	136	143	137	137	135	133
世　界	3511	3567	3613	3979	3669	3998	3974

资料来源：联合国粮农组织。

第二节　国际主要农产品期货市场现状

一、国际农产品期货市场现状与结构

自 1848 年芝加哥期货交易所成立以来，历经 150 多年，农产品期货市场有了长足的发展，国际农产品期货市场的品种结构和地域结构也日趋完善。

（一）主要农产品期货交易所

在品种结构不断完善的过程中，从事农产品期货交易的期货交易所也从其发源地不断向世界其他国家扩展。世界农产品期货市场的流动性大大增强，交易效率大幅提高，各个市场在某一品种上的价格相互影响和制约，形成连续不断的世界农产品交易活动。

1. 美洲农产品期货交易所。芝加哥期货交易所（CBOT），又称芝加哥谷物交易所、芝加哥商会等。这是世界上历史最悠久、规模最大的期货交易所，也是最具代表性的农产品交易所。这里交易的谷物、大豆的价格是国际市场价格的风向标，全世界每年有

80%的谷物买卖在此进行。

芝加哥商业交易所（CME）。该交易所下设两大部门，即国际金融市场和联合商业市场。国际金融市场以全世界的金融家为服务对象，交易品种为外汇期货、股票指数期货和期权等。联合商业市场交易的商品有鸡蛋、黄油、活牛、生猪、奶酪、瘦肉猪、木材、牛奶、牛肉等。

除以上两个主要的农产品期货交易所外，在美国还有另外一家非常重要的交易所——美国期货交易所（NYBOT）。美国期货交易所是由纽约棉花交易所和纽约咖啡、糖与可可交易所两家交易所合并成立的交易所。原先在纽约棉花交易所主要交易棉花、浓缩橙汁等产品，在纽约咖啡、糖与可可交易所主要交易咖啡、糖和可可等产品。合并后的美国期货交易所基本上保留了原先两家交易所的交易品种，目前交易的产品主要有牛奶、糖、棉花、冷冻浓缩橙汁、马铃薯等。

此外，芝加哥中美洲期货交易所主要农产品交易品种有活牛、玉米、瘦肉型猪、燕麦、大豆、豆粕、豆油、小麦等；堪萨斯市期货交易所主要经营小麦期货；明尼阿波利斯谷物交易所主要经营小麦期货。

美国农产品期货交易所在世界上占有十分重要的地位，但是近年来，非美国农产品期货交易也日益活跃，美国的主导地位开始受到动摇。表4－26描述了1998—2003年美国农产品期货期权交易量占世界交易量的比重。1998年，美国农产品期货市场占有65.96%的份额，但到2003年这一比重已经下降到41.3%。

表4－26　1998—2003年美国和世界农产品期货期权交易量　单位：单边百万张

年　份	美国农产品期货期权	非美国农产品期货期权	合　计	美国农产品期货期权所占比重（%）
1998	90.82	46.87	137.69	65.96
1999	91.37	45.85	137.22	66.59
2000	90.96	94.73	185.69	48.98
2001	89.24	67.29	156.53	57.01
2002	97.7	101.69	199.39	49.00
2003	107.86	153.29	261.15	41.30

在美洲，加拿大的温尼伯商品交易所也是世界上较有影响力的农产品期货交易所，主要交易的品种是大麦和加拿大油菜籽。该交易所的油脂类期货交易行情指标也是国际油脂类期货交易的风向标之一。澳大利亚悉尼期货交易所是国际羊毛期货最为重要的市场，其行情不仅影响国际羊毛价格，同时也影响以羊毛为原料的粗毛纱行情。

2. 欧洲农产品期货交易所。欧洲的农产品期货交易所主要集中在英国和法国。伦敦商品交易所（LCE）经营的商品品种较多，主要包括橡胶、棉花、羊毛、咖啡、可可、原糖、茶叶和谷物等等。伦敦谷物期货市场，专门从事西欧生产的小麦期货交易；此外，英国还有从事棉花期货和现货交易的利物浦棉花交易所。伦敦国际金融期货与期权交易所（LIFFE）主要交易大麦、可可、咖啡、马铃薯、白糖、小麦等农产品期货品种。法国巴黎金融期货交易所于1988年7月兼并了巴黎商品交易所，从而增加了砂糖、可可、咖啡豆等农产品交易品种。欧洲其他的农产品期货交易所如表4－27所示。

表4－27　　主要交易所及上市过的农产品期货品种

地区	交易所名称	主要交易的农产品期货品种
美洲	芝加哥期货交易所	玉米、籼米、燕麦、大豆、豆粕、豆油、小麦
	芝加哥商业交易所	活牛、黄油、奶酪、瘦肉猪、木材、牛奶、牛肉
	堪萨斯市期货交易所	硬红冬麦
	中美洲商品交易所	活牛、玉米、瘦肉型猪、燕麦、大豆、豆粕、豆油、小麦
	明尼阿波利斯谷物交易所	黑虎虾、白虾、硬红小麦、软白小麦等
	纽约期货交易所	BFP牛奶、14号糖和白糖、棉花2号、冷冻浓缩橙汁、马铃薯
	加拿大温尼伯商品交易所	油菜籽、亚麻籽、小麦、大麦、燕麦、花生
欧洲	巴黎布鲁斯交易所	油菜籽、玉米、研磨小麦
	阿姆斯特丹交易所	马铃薯、生猪、仔猪
	西班牙柠檬类水果和商品期货交易所	脐橙
	伦敦国际金融期货与期权交易所	大麦、可可、咖啡、马铃薯、5号白糖、小麦
亚洲	日本东京谷物交易所	红小豆、国产大豆、马铃薯粉、美国大豆、糖、ARARICA咖啡、ROBUSTA咖啡
	东京工业品交易所	橡胶、棉纱、毛线
	日本中部商品交易所	红小豆、甜马铃薯粉、大豆、羊毛、鸡蛋
	日本关西商品交易所	红小豆、进口大豆、糖、生丝
	马来西亚商品货币交易所	粗棕榈油
	澳大利亚悉尼期货交易所	羊毛、小麦等
	新加坡商品交易所	ROBUSTA咖啡、RSS1橡胶、RSS2橡胶、TSR20橡胶
	南非期货交易所	白玉米、黄玉米、葵花籽、小麦
	巴西BOLSA商品交易所	咖啡、活牛、棉花、玉米、大豆、糖

3. 亚洲农产品期货交易所。日本、中国和马来西亚是亚洲主要的农产品期货交易中心。东京谷物交易所主要交易的商品有大豆、红小豆、白豆、马铃薯粉等；东京砂糖交易所主要的交易品种有原糖、精糖、黑糖以及菜糖等；东京工业品交易所主要农产品期货品种为橡胶、棉纱、毛线；日本中部商品交易所主要农产品期货品种有红小豆、甜马铃薯粉、大豆、羊毛、鸡蛋；马来西亚的棕榈油产量世界第一，吉隆坡商品交易所的棕榈油期货是国际棕榈油行情的风向标；新加坡商品交易所主要交易天然橡胶；菲律宾

马尼拉商品期货交易所目前交易的商品主要有椰干、原糖、咖啡、黄豆等四种农产品。

此外，其他发展中国家和地区建立的较大的农产品期货市场有巴西期货交易所、巴西桑托斯咖啡交易所、圣保罗商品交易所、阿根廷布宜诺斯艾利斯商业交易所、印度棉花交易所、埃及亚历山大棉花交易所、科伦坡商品交易所等。我国的大连商品交易所、郑州商品交易所和上海期货交易所虽然成立时间不长，但随着我国在世界经济体系中的重要作用日益凸显，我国的农产品期货交易（大豆、小麦、天然橡胶）也深刻地影响着整个世界的农产品期货交易。

（二）主要农产品期货交易品种

世界农产品期货交易品种日渐丰富，品种结构日趋完善。到目前为止，在世界农产品期货市场先后上市交易的期货品种大致可以划分为六大类。

1. 谷物类，主要有玉米、小麦、大麦、燕麦、高粱、大米等；
2. 油料作物类，主要有大豆、豆粕、豆油、菜籽、亚麻籽、棕榈油；
3. 牲畜及其制品类，主要有饲养用幼牛、活牛、羊、活猪、猪肉、火鸡、鸡蛋等；
4. 经济作物或软作物类，主要有可可、糖、咖啡、橘汁等；
5. 纤维类，主要有羊毛、棉花等；
6. 林产品类，主要有木材、夹板、天然橡胶等。

在长达150多年的发展历程中，一些供求量较少的小品种先后退出了期货市场，而那些供求量大的大品种期货逐渐在农产品期货市场上占据了主导地位，合约的设计也越来越适应市场的需要。这也恰恰是在农产品期货市场发展过程中对上市品种进行选择的优胜劣汰过程。到目前为止，大豆及其制品、玉米、小麦、棉花、咖啡、可可、糖、活猪、活牛等是世界上最主要的农产品期货品种。

二、芝加哥期货交易所的农产品期货竞价制度

（一）公开喊价制度及其特点

在最为重要的农产品期货市场——芝加哥期货交易所中，农产品期货交易仍然采取传统的交易竞价方式——公开喊价制度。这种交易机制是指按照价格优先、时间优先的原则，以手工方式处理交易指令的竞价方式。在20世纪90年代中期以前，公开喊价制度一直是全球期货和期权市场交易的最常用的竞价交易方式。

公开喊价方式可分为两种形式：连续竞价制（动盘）和一节一价制（静盘）。连续竞价制是指在交易所交易池内由交易者面对面地公开喊价，再辅之以手势表达各自的买卖意愿。连续竞价方式属于传统的竞价方式，在欧美期货市场较为流行。一节一价制是指把每个交易日分为若干节，每节只有一个价格，每节交易由主持人最先叫价，所有场内经纪人根据这一价格申报买卖的数量，直到在某一价格上买卖双方的交易数量相等时为止。这种叫价方式在日本较为流行。

在竞价过程中，除了口头讨价还价之外，还有一套手势加以辅助，这样可以在紧张的竞价过程中方便交易者相互联系，准确、迅速地表达交易意愿。虽然各个交易所对公开喊价的辅助手势没有统一的规定，但是人们已经默认了这种交易习惯并一直沿用下

来。一般来说，这套手势需要包括三个方面的内容：是否有买卖的意愿、买卖合约的数量、买卖的价格。交易者如果竖起胳臂，则表示他要买卖合约，手指的数目表示买卖合约的数量；交易者如果将掌心朝向自己，就表示他要买进合约，在辅以手指数目，比如伸出4个指头，表示他要买4张合约；交易者如果将掌心向外，则表示他要卖出合约，同样辅以手指数目表示卖出合约的数量。交易者如果横起胳膊，向水平方向伸出，就表示他要买卖的合约的价格，横向的手指数目表示交易者在最新价格的基础上加价或者还价的变动单位，这一单位根据不同合约的最小变动单位的不同而有所区别；横着胳膊伸出的几个指头表示几个变动单位。在口头表达法中，买方总是先喊价格再喊数量，卖方则先喊数量再喊价格。

以芝加哥期货交易所为例，下面是公开喊价竞价方式的交易过程：当收到客户的交易指令后，马上由经纪人传达到交易大厅进行交易。交易大厅的周边设有专供接受交易指令的台桌和电话。接单员接受客户交易指令并同时记录生成指令单，所有的指令单在传递过程的每一阶段，都要加盖戳记，以证明指令单是以最快的方式执行的。交易厅的电话员接到客户的交易指令生成指令单后，应立即加盖戳记、记录接单时间等，并由跑单人亲手交给交易池内的经纪人。经纪人收到指令单后，通过口头及手势将买卖意愿、具体的价格和数量表达出来，并与其他经纪人进行竞价最终实现成交。成交后，经纪人在指令单空白处写下价格和卖方身份后，盖戳签字，然后交由跑单人送回大厅接单员处。接单员接到表示交易已经完成的指令单之后，在指令单上盖上时间，并将结果通知其公司的电话室，再将成交结果向客户转达和确认。

在芝加哥期货交易所，公开喊价交易是在一个高起的八角平台并有台阶通向内部的柜台上进行的，这种结构可以使买卖双方互相看到，交易者站在交易台标明合约月份的特定地区。芝加哥期货交易所的规章制度要求经纪人采用标准手势信息号来澄清喊价所表示的讨价与还价，尤其是交易非常活跃时，手势的作用就显得更为重要。由于所有的期货交易都要记录，所有的交易者都必须能够识别对方，因此，交易人都戴有不同颜色的身份牌，以表明他们所能行使的交易特权。每枚身份牌上有不超过三个字母的缩写，用以表示交易者和记录他的交易，缩写名各不相同。此外，交易所要求交易厅人员要身穿规定的交易服装。该交易服装款式一样，但颜色不同。交易者可以根据服装的不同颜色来区别和及时寻找不同公司的经纪人员。

在公开喊价制度下，由于价格通过公开喊价形成，因而具有很高的透明度。在交易过程中，交易情况是完全公开的，交易所内的公告牌将及时地把交易价格及交易数量等相关情况公布出来。交易所中还有专人负责搜集各种市场情况，提供给交易者进行参考。这种透明的交易方式保证了期货交易的公开、公平、公正和价格形成上的合理性。

（二）电子化交易制度及其特点

电子化交易制度即计算机撮合交易制度，是指期货交易所的计算机交易系统对交易双方的交易指令进行配对的过程。这种交易制度的基本过程是：由计算机终端输入买卖指令，买卖双方按价格优先和时间优先的原则，由计算机对买卖指令自动撮合配对成交。在配对过程中，价格按以下规则形成：当买进报价与卖出报价相等时，自动配对成交；买卖价格相同但买卖数量不相等时，按时间优先的原则配对成交，即先报价者优先成交；当买进报价高于卖出报价时，按买卖双方报价的平均价成交，较高买进报价优先于较低买进报价成交，较低卖出报价优先于较高卖出报价成交；当卖价高于买价时不能成交。

电子化交易制度具有成交效率高、成交速度快的特点。不仅如此，它还利用计算机网络系统打破了期货交易的空间限制。如期货全球交易网络——GLOBEX，这是由路透社和芝加哥商业交易所、芝加哥期货交易所共同开发的进行期货、期权交易的全球电子计算机交易系统，它使全球进入 24 小时期货交易时代。但是，在电子化交易制度下，买卖双方报价是在极其分散的保密情况下进行的，双方缺少价格信息的交流和融合，这就使得原先在公开喊价制度下所特有的交易的公平、公正、公开优点，而市场的透明度大大降低。

三、芝加哥期货交易所的农产品期货交割制度

（一）交割方式的种类划分

根据用于交割的标的是否为现金，期货交易的交割方式分为实物交割和现金交割两种。所谓实物交割，就是指交易双方在交割日将合约所载的商品的所有权按照规定进行转移、了结平仓合约的过程。现金交割是指交易双方在交割日对合约盈亏以现金方式进行结算，做出相应的现金收付后了结平仓合约的过程。农产品的地域差价十分明显，不同地区的农产品价格迥然不同，不具备现金交割的条件，所以当今世界农产品期货交易的交割绝大多数以实物交割为主。

交割方式根据交割时间的不同规定，可分为集中交割和滚动交割。集中交割就是所有到期合约在交割月份最后交易日过后一次性地集中交割的交割方式；滚动交割是指除了在交割月份的最后交易日过后对所有到期合约全部配对交割外，在交割月第一交易日至最后交易日之间规定的时间也可进行交割的交割方式。采用何种交割方式，以交易所的规定为准。

（二）实物交割过程

在实物交割中，交割的选择权是给予合约的卖方，就是说由卖方决定是否进行交割、交割的质量等级、交割的具体日期以及交割的具体地点。虽然标准化的期货合约对以上几个交割要素已经做出了规定，但是合约上的规定只是一个范围，具体条件由卖方来决定。期货的实物交割由结算公司具体负责。

首先，交割的卖方通过结算公司把交割通知发给买方，结算公司在会员的交易记录中找到没有平仓的合约进行配对，找出那些持有未平仓合约时间最长的会员或者持有未平仓合约头寸最多的会员寄发通知书。而那些持有未平仓多头的会员都有义务接受交割通知并进行交割。结算公司发出的交割通知上一般会注明商品的等级、交割的价格、交割地点、交割日期。交割通知必须在结算公司规定的通知日期内发出，交割日期一般在交割通知发出之后的下一个交易日。交割通知上的交割价格必须用上一个交易日的结算价格，发生实物交割时，买方必须依照这个价格向卖方交款。

其次，商品的交割等级是由合约上的标准化等级来确定的。如果在实物交割的具体情况下，商品的等级和规定的标准等级存在着一定的差别，由结算公司来决定相应的升贴水额度。交割地点必须在期货交易所设置的固定仓库进行。结算公司同时还会通知现货交割部门在收到即将进行的现货交割的信息之后，对卖方即将进行交割的商品进行验收，并且对符合标准的商品发给检验证书，准许交割。实际交割时，买方将货款交给结算公司，卖方则将提货单交给结算公司，结算公司在核实无误后，将提货单和货款转交给双方，交割完成。

下面以芝加哥期货交易所为例，对实物交割的相关规定和具体流程加以阐述。

1. 芝加哥期货交易所的交割必须在交易所结算公司的会员之间进行。

2. 交割标的物等级及升贴水。期货合约上明确规定了可供交割标的物的等级范围，其中有交割标的物的标准等级，以及用高于或低于交割物标准等级的标的物进行交割时的升贴水。表 4－28 为大豆交割等级及相应的升贴水规定。

表 4－28　　大豆交割等级及相应的升贴水

美国 1 号黄大豆（最大含水量 13%）	交割价应高于合约价格 6 美分
美国 2 号黄大豆（最大含水量 14%）	交割价格为合约价格
美国 3 号黄大豆（最大含水量 14%）	交割价应低于合约价格 6 美分

在表 4－28 中，美国 2 号黄大豆就是芝加哥期货交易所的标准等级的大豆交割物，而美国 1 号和美国 3 号黄大豆同样可以用做交割，但是在交割时有相应的升贴水。

3. 交割日期。特定月份合约进入交割月之前的一个工作日为第一通知日，第一通知日标志着交割的开始，第一通知日之前不进行交割。在第一通知日和期货合约最后交易日之间（包括最后交易日）的时间段里，期货合约的卖方可以选择具体的时间进行交割，特定月份的未平仓合约必须在该合约的最后交易日结束之前交割。

4. 注册仓单。为了保证与特定期货合约相应的交割能够顺利完成，在交割物入库时要对其进行验收。正式的注册登记员在交割物验收合格后，对交割物进行注册登记，形成标准仓单。登记注册员负责对其登记的标准仓单的数量进行跟踪记录，并及时地将其公布在交易所的大厅或其网站上。仓单的持有者有权注销已注册的仓单，但是撤销后的仓单不能进行二次注册。除最后交割日外，仓单的注册必须在通知日，即交割日的前一个工作日的下午 4 点前完成；如果通知日为一星期中的最后一个工作日，则注册工作须在下午 3 点前完成；在最后交割日，仓单的注册必须在下午 1 点前完成。

5. 交割通知的流转。有交割意向的合约卖方负责以交易所规定的形式向交易所指定的结算公司发出交割通知，结算公司收到卖方的交割通知后，负责找出符合条件的合约买方，将与卖方交割通知中相同数量的相同商品指派给一家或几家持有头寸的买方，并作为合约卖方的代理者，负责将交割通知转发给买方。根据规定，合约买方有义务接收结算公司发出的交割通知。结算公司应当在第一时间将买方的名称及各自的交割数量等信息提供给卖方。接到交割通知后，买方必须在自己的账户上将相应数量的交割物分派在持有时间最长的合约头寸上。除特别规定以外，卖方应当在下午 4 点之前将交割通知发到结算公司。而结算公司则须在当日将交割通知发 CBOT 给符合条件的买方。

6. 交割的完成。接到结算公司发来的交割配对买方的名单和相应的交割数量后，卖方应该针对各个买家准备好相应的提货单，提货单应当标明各个买家应当购买的数量和交割时所要支付的货款总额，这个货款总额以结算公司提供的交割价格为基础计算，交割价格是结算公司综合考虑了仓储费、升贴水、货物数量变动等多种因素，调整以后开出的价格。卖方开出的提货单应当在交易所规定的时间内交往结算公司。买方应当在接到交割通知书后，将货款交往结算公司。最后，结算公司审核无误后，将提货单和货款分别交给对方。

7. 仓储费用划分。在提货单交付买方之前，仓储费用由卖方承担，一旦相应的货款支付完成，提货单由卖方转移到买方手中后，仓储费用的支付就由卖方义务转为买方义务。

交割的重要意义在于期货交割是促使期货价格和现货价格趋向一致的制度保证。通过交割，期货和现货两个市场得以实现相互联动，期货价格最终与现货价格趋于一致，使得期货市场真正发挥发现价格和套期保值的作用。

四、农产品现货点价方式与套期保值

与国内农产品现货市场不同，美国农产品现货市场是依托于期货市场而存在的。其主要表现在：国内农产品价格和农产品出口价格均是以期货价格为计价基础，然后加上相应的升贴水来计算的。其公式如下：

$$\text{国内某地农产品现货价格} = \text{近期月份合约的期货价格} + \text{该地区到芝加哥的内陆升贴水}$$

$$\text{农产品出口价格} = \text{近期月份合约的期货价格} + \text{口岸升贴水}$$

其中，出口口岸升贴水按照地点划分，分为海湾升贴水（gulf basis）和大西洋沿岸升贴水（简称为 PNW 升贴水，Pacifc North West）。按照国际贸易合同的定价方式，出口口岸基差/升贴水又可以划分为：FOB 升贴水和 CIF 升贴水，前者是离岸升贴水，后者则是包含了运费和保险费的到岸升贴水。

（一）现货点价方式

美国国内现货贸易和国际贸易中使用的定价方式基本上类似，就是采取点价方式。点价是国际农产品的一种贸易方式。农产品买卖双方在签订了购销合同之后，双方首先确定升贴水，一般是由卖方向买方提供升贴水报价，双方进行讨价还价，最终确定升贴水。然后在合约约定的时间范围内，由买方指定该段时间内的期货价格作为基准价。升贴水加上指定的期货价格就构成合同标的的价格。

以我国油厂从美国进口大豆为例，需要按照下面几个步骤进行：

1. 办理安全证书；
2. 到农业部申请标示；

3. 动植物检疫机关办理仓容和动植物检疫证书；
4. 与国外出口商签订合同；
5. 购买升贴水；
6. 在芝加哥期货交易所作价或做一口价；
7. 开立信用证；
8. 装船；
9. 到港后，办理口岸检疫局质检，之后到海关办理通关。

农产品的点价可以采取以下三种方式：

第一种方式：一口价。也就是说对合同约定的所有数量的农产品，仅仅指定一个期货价格作为计价基础。最终的现货价格也就表示为一个价格。

第二种方式：分批点价。也就是说对合同约定的购买农产品，分批次指定不同的期货价格作为计价基础。最终的现货价格也就表示为各个批次的农产品的加权平均价。

在上述两种点价方式中，点价方不参与期货合约的买卖。

第三种方式：参与期货市场的分批点价。也就是说对合同约定的购买农产品，分批次指定不同的期货价格作为计价基础，同时以该价格在期货市场上买入期货合约，等到该合同所有批次的产品全部定价完毕后，通过与多方现货商在期货市场中进行转单交易，将期货头寸转变为现货头寸。最终的现货价格也就表示为转单价格加上升贴水。而各个批次的农产品期货点价的加权平均价与转单价格之间的差额构成分批点价的损益。

在这三种点价方式中，第三种点价方式是国内农产品进口商使用最多的一种；一些小型油厂和一些对未来价格具有较强把握能力的大型油厂有时会采取一口价的方式；一些没有境外期货交易渠道的现货商常会采取第二种方式。

需要说明以下几点：

首先，升贴水的买卖和交易是在一个无形市场中进行的，美国主要的贸易商都会提供升贴水的报价，进口商可以向不同的贸易商进行升贴水询价，寻找最合适的报价，然后与其签订现货合约，并支付升贴水款项。升贴水也是可以交易的，如果觉得购买的升贴水不太合适，可以将其卖出，重新询价购买，但是这时出售方可能会要求购买方支付一定的费用。一般升贴水价格变化不大，但是也不排除由于海运费的较大波动使升贴水变化较大。

其次，分批点价是确定一段时间内的某一个期货价格作为计价基础，点价过程是在合同约定的一段时间内，进口商对这批货物中的不同数量部分指定不同的期货价格。价格选择和点价进度取决于进口商的判断，如果他觉得现在的价格比较合适，可以多点一些；如果觉得价格还有下降余地，则可以等待。总之，在约定的时间到期之前，所有的货物都应该指定了期货价格。

最后，在参与期货市场的分批点价中，当全部货物都已经指定好期货价格之后，需要将期货头寸进行转单，转变为现货头寸。转单的程序是由买方在完成点价之后，通知卖方在期货交易所内的经纪商要进行转单，对方确认后，买方将期货多头头寸以双方约定的期货价格（该价格必须是在当日期货价格波动区间内）卖给现货的卖方。由于在买方进行点价、买入期货合约的同时，现货卖方也在期货市场抛空，所以接受买方的转单后，卖方相当于空头平仓。这样，双方的期货头寸进行对冲，全部转化为现货头寸。

（二）点价与套期保值

点价只是一种现货贸易方式。在三种点价方式中，第一种点价方式完全无法达到规避风险的目的；第二种点价方式相当于是分阶段订购远期合约，套保效果有限；第三种点价方式虽然参与了期货市场，建立了期货头寸，但只能达到部分套期保值的目的。之所以说点价过程实际上是进行了不完全的套期保值，是由于投资者在最终确定转单价格之前陆陆续续购买了期货合约，也就是说，如果价格出现上涨，尽管投资者只能够以较高的期货价格进行转单，但是由于之前他已经购买了期货，期货市场上的盈利可以弥补转单的亏损。但是之所以是不完全的套期保值，原因在于进口商只能够在这一段时间内进行点价，期货保护头寸的建立时间受到限制。

所以点价绝对不代表套期保值的全部内涵。点价作为一种贸易方式，可以近似起到保值的作用，但无法替代期货套期保值。套期保值是指通过在期货市场建立与现货相反的头寸来规避现货价格的风险。只要现货头寸有风险，就具有套期保值的需要，可在点价之前、点价之后，甚至在购买升贴水之前就可以建立期货多头进行保护。比如在点价完毕转单之后，为了防止出现暴跌，可以随即在期货市场上抛空，以锁定风险。这也是套期保值。

第三节 国际农产品期货市场参与者

一、生产者（Producer）

（一）美国农场主简介

美国是世界的农业大国，也是农业强国。在美国，农产品生产主体是家庭农场。家庭农场是指任何采取独资、合伙或家庭公司形式组成的，以生产农产品为收入来源的农业组织。家庭农场不包括那些非家庭的公司或合伙企业，也不包括雇用管理者的农场。家庭农场常常雇用很少的劳动力（不超过3个），农场的土地大部分为家庭成员所有，只有非常少的部分是租赁的，并主要由家庭成员负责备耕、产品销售和管理等一系列程序。

美国家庭农场主要分为两类：小家庭农场和其他家庭农场。小家庭农场主要是指农产品年销售额低于25万美元的农场。其他家庭农场根据其经营规模分为两类：一类是大型家庭农场，这些农场的年销售额在25万～50万美元之间；第二类是超大型家庭农场，这些农场的年销售额在50万美元以上。

非家庭农场是指农场的所有者不是单个家庭，而是非家庭的有限公司或合伙公司，也包括那些雇用专门的农场管理人员经营的农场。随着美国农业耕种技术的不断提高，政府对农产品价格的保护和优惠政策的增加，使得农场主也在不断扩大种植规模，提高种植效率（见图4-10）。

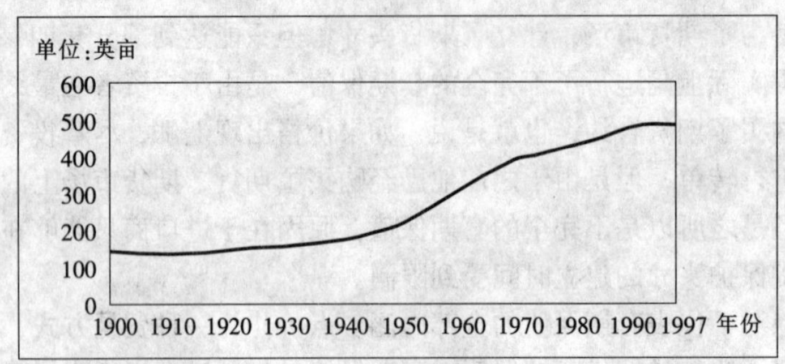

数据来源：美国农业部普查局（Census of Agriculture）。

图4-10 1900—1997年美国农场平均种植面积变化趋势

由于种植机械化程度越来越高，农场主所需要购买的机械也越来越多、越来越昂贵，所以呈现一种趋势：就是每个农场常常会集中种植一种作物，以降低种植成本。其结果就是单个农场主的种植规模不断扩大，而农场的数量却呈现递减趋势（见图4-11）。

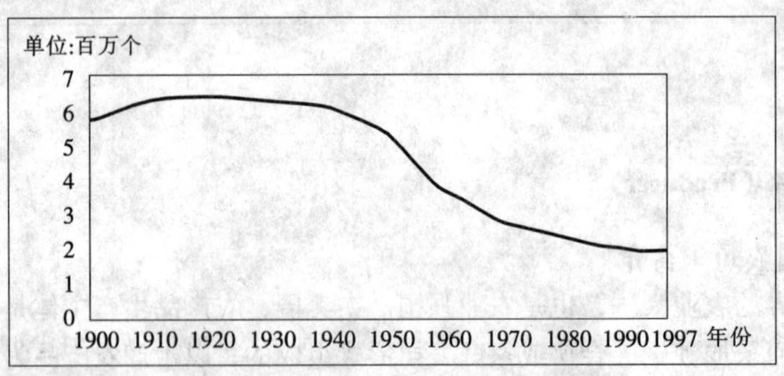

数据来源：美国农业部普查局。

图4-11 1900—1997年农场数量变化趋势

在农场数量不断减少的同时，农业从业人员也在不断减少，如图4-12、图4-13、图4-14所示，从美国劳动力人口中农业从业者所占比例、生活在农场的人口比例和美国农村人口与总人口的变化趋势中均可以看到这样的发展趋势。

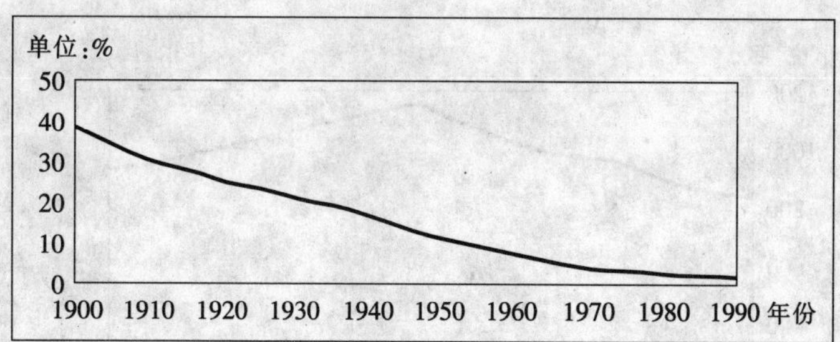

数据来源：美国普查局（U. S. Census Bureau）。

图 4－12　1900—1990 年美国劳动力人口中农业从业者所占比例

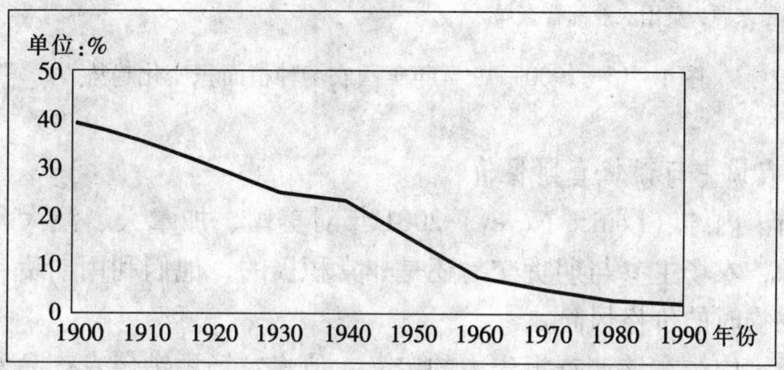

数据来源：美国普查局。

图 4－13　1900—1990 年美国生活在农场的人口比例

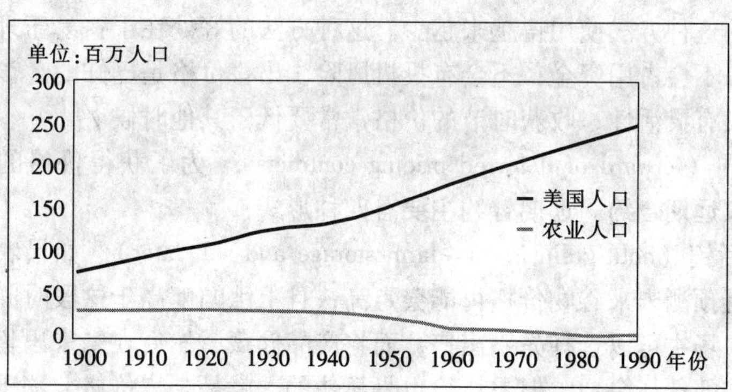

数据来源：美国普查局。

图 4－14　1900—1990 年农业人口变化趋势

从美国农产品种植面积来看，美国农产品种植面积在 1950 年之前呈现稳固增加态势（见图 4－15），当时主要得益于政府制定有利的措施，鼓励中西部地区的土地开垦。1950 年以后，农产品种植面积呈现递减趋势。但是在这以后，美国农产品的产量仍然保持较快的增长速度，这主要是得益于生产效率的提高。

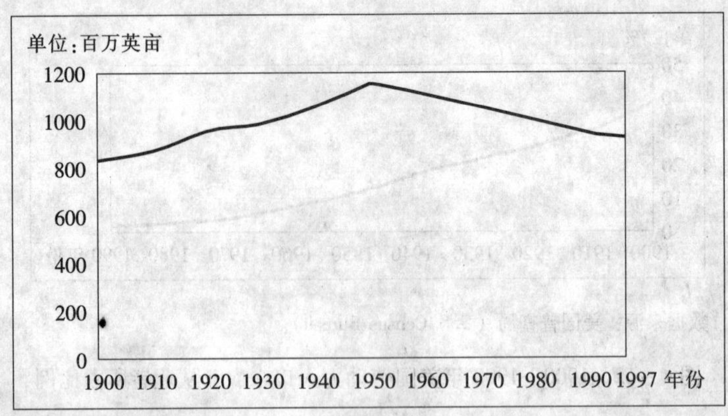

数据来源：美国农业部普查局。

图 4－15　1900—1997 年美国农场种植面积变化趋势

（二）美国农场主与期货套期保值

根据路易斯·内维（Louise Nevey）2001 年对美国、加拿大、澳大利亚农场主的调查统计结果显示，农场主参与期货交易还是非常积极的，他们利用期货市场的各种工具来规避其出售谷物时的价格风险。

根据路易斯·内维在该调查报告中的定义，他将农场主销售农产品常常使用的方法定义为以下五种：

1. 即期合同（production or deferred delivery contracts）。这曾经是农场主出售农产品所使用的最常见的方法。但是由于定价缺乏灵活性以及丰收时节产品价格会出现季节性走低，所以现在这种方法使用得越来越少。这种方法的好处在于：易于理解和操作；不需要仓储费用；不会占用资金；不会有投机风险、出售价格是已知的。该方法的不利之处在于：定价没有灵活性；收获时节的价格常常要低于其他时候。

2. 远期合同（forward or deferred pricing contracts）。为了获得价格的灵活性，农场主更多地是采取远期合约。远期合约主要有四种形式：

（1）自存后销（hold grain in on－farm storage and sell later）。如果农场主自己拥有仓储能力，并且预测未来谷物价格可能会走高，且上涨幅度高于这段时间的仓储费用和利息费用，则农场主可以选择先不出售，而将产品储藏，然后在未来出售。虽然这种方法增加了农场主的选择余地，但是风险也是显然的，就是未来价格上涨不足以支付仓储和利息费用，甚至低于现在的价格，而且储存农产品可能会降低其质量。

（2）代存后销（store grains in commercial elevator and sell later）。库存然后销售策略的另一种形式是将农产品库存在中间商的仓库中，然后在未来伺机销售。将产品库存在中间商处有如下好处：能够把握价格的灵活性；储存后不会因品质下降而遭受损失（中间商再出库和入库时会支付品质升贴水）；将产品放在中间商那里获得仓单，该仓单可以用做实物交割凭证；还可以以产品实物作为质押，从中间商那里获得融资。这种方法的不利之处就是可能未来的价格上涨不足以支付仓储和利息费用，甚至低于现在的价格，而且商业机构的储存费用常常较高。

(3) 现货远期合同 (cash forward)。农场主还可以使用远期合约来锁定产品的销售价格。远期合约是指双方约定在未来某一时间，在某一地点，以某一价格交割（或这是转移代表所有权的仓单）一定量农产品的协定。远期合约的好处是能够规避未来市场价格波动的风险；远期合约受到法律的保护；而且签订远期合约一般很少要缴纳保证金；可以出售任意数量的产品而不必局限于期货合约的单位；可以规避价格和基差风险。远期合约的不利之处是：尽管产品还没有生产出来，但是农场主负有在未来交付一定数量农产品的义务；远期合约一旦签订，一般不能够毁约，除非支付一定的违约金；一旦签订了远期合约，就锁定了基差，基差波动带来的潜在收益会被中间商赚走。

(4) 延迟定价 (delayed pricing)。在延迟定价销售方式中，农场主与中间贸易商签订协定，向其出售农产品，但是具体的卖出价格在未来一段时间内确定。在这种情况下，中间商拥有谷物的所有权，但是在签订合同时常常需要向农场主支付一定的保证金。如果农场主在未来一段时间内没有确定价格，则在截止日，按照最近月份期货合约的价格作价。延期作价的好处是：可以在丰收之后就将实物交给贸易商，同时不必接受当时的低价，而是在未来以自己可以接受的价格作为销售价格；延期作价方式帮助农场主利用价格波动趋势；一旦延期定价合约签订，所有权转移，农场主就不再支付相应的仓储费。

3. 期货 (futures for hedging inputs or outputs)。与签订的远期合约类似，农场主也可以直接参与期货市场，在丰收以后抛空期货进行套期保值。但是与远期合约所不同的是：农场主参与期货市场是将现货价格风险转化为现货价格和期货价格之间的基差风险。

4. 期权 (commodity options)。与期货类似，农场主还可以参与期权市场，在丰收以后，通过买入看跌期权来对手头的现货多头头寸进行套期保值。买入看跌期权，农场主并不负有交割义务和缴纳保证金的义务。

5. 基差合同 (basis contracts)。基差合同与延期定价合同类似，所不同的是在延期定价合约中，农场主选择的价格必须是中间商的报价，而在基差合同中，农场主选择的价格是期货交易所相应期货合约的价格。为了较好地使用基差合同，掌握历史的基差数据是非常必要的。基差合同的好处是：能够避免丰收时节基差走弱和价格走低的行情给自己带来的不利影响；能够在交割当日收到至少80%的货款，避免不必要的利息费用；能够避免期货价格的风险；降低储存费用。基差合同的不利之处是：依然面临基差风险；无法避免利息费用；一旦合约签订，中间商就拥有商品的所有权；基差合约并不是所有的农场主都可以得到的。

在所有的被调查农场主中，上述五种方式中，远期和即期合同的使用是最多的，分别占到41%和40%；期货和期权其次，分别占到25%和21%；基差合同使用最少，只有18%（见图4-16）。从总体上来看，农场主规避价格风险的手段是多种多样的，使用远期、期货和期权工具占有相当的比重。

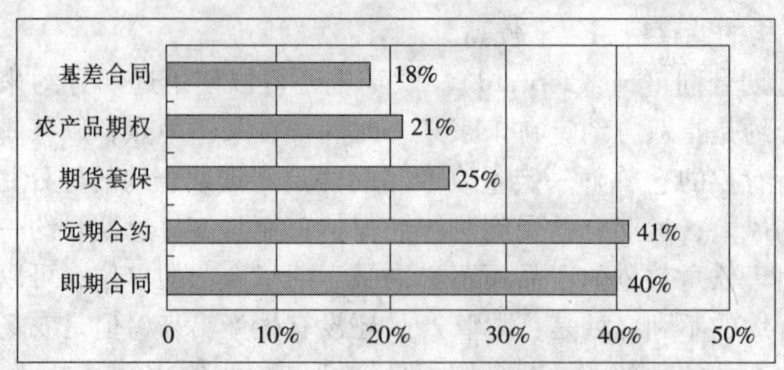

图 4-16　农场主规避价格风险的方式选择偏好

尽管从使用比例上看，农场主参与期货交易的比例处于中等水平，但是农场主对于期货价格信息还是非常敏感的。从下面几个数据我们可以看出：同样是在路易斯·内维的调查报告中，统计发现，美国农民拥有电脑且是为其农业经营服务的比重占到68%，拥有电脑但是不为农业经营服务的比重为9%，没有电脑的农民占到23%。通过对使用电脑并经常浏览互联网的农民进行调查，发现美国农民使用互联网的主要目的有九个，其中关注市场价格信息、产品信息和天气信息都占到了60%以上。

最后，从调查美国农民对期货市场作用的评价来看，大部分的农民对期货市场的积极作用表示认同（见图4-17）。

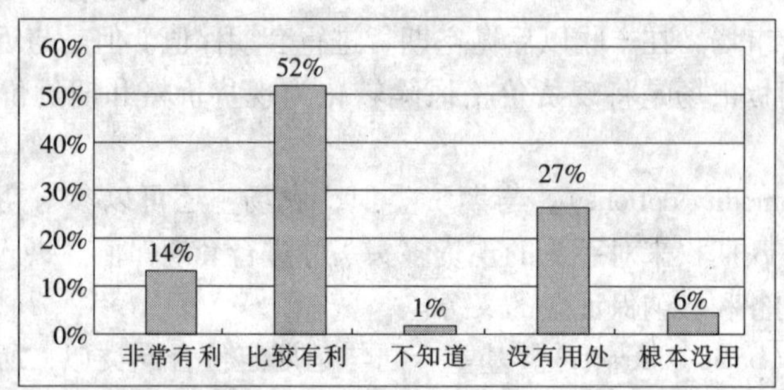

图 4-17　美国农场主对期货市场的看法

从总体来看，美国农场主是期货市场中不可或缺的一部分。尽管农场主参与期货市场的比重处于中间水平，但是期货市场的信息对农场主的生产和销售决策具有重要的影响，这也说明期货市场信息会直接或间接地对现货市场构成影响。

二、加工商（processor）和贸易商（elevator）

（一）主要中间商简介

参与农产品期货市场的现货商主要有两大类：一类是农产品加工商；另一类是农产品贸易商。这里我们将这两大类现货商放在一起作介绍，主要原因是许多加工商同时扮演着贸易商的角色，而许多重要的贸易商也常常兼有加工的业务。目前，国际农产品现货市场上经营规模较大、比较有实力的现货商有ADM、嘉吉（Cargill）、邦基(Bunge)、路易达孚、魏尔玛（Wilmar）等。下面我们对这五家企业的业务状况作一个简单的介绍。

1. ADM（Archer Daniels Midland Company)。ADM是美国本土的一家大型农产品加工和贸易企业。公司总部位于伊利诺伊州的州府德克塔（Decatur)，现在ADM共有雇员2.6万名，拥有260家压榨工厂，截至2004年6月30日，财政年度的净销售额为362亿美元。公司的主营业务包括五大部分，分别是油籽加工、玉米加工、小麦加工、农业服务和其他。ADM的经营范围遍布全球。ADM上述五项主要业务在2003年的运营利润比例分别为：34%，19%，9%，6%，32%。

ADM公司的优势是农产品加工，特别是榨油和玉米加工，其加工技术和能力在全球首屈一指，同时公司还配备有很好的谷物收购、销售、运输渠道及相关设备。ADM在中国投资的主要项目是榨油厂，其与中粮集团、新加坡魏尔玛集团合资的东海粮油是世界上日压榨能力最大的油厂，此外还包括广西大海粮油等项目。

2. 嘉吉（Cargill)。嘉吉公司是威廉姆·华莱士·嘉吉（William Wallace Cargill）先生于1865年创立的一家以经营谷物的仓储和贸易业务为主的美国私人公司。经过近140多年的经营，嘉吉已成为大宗商品贸易、经销、运输和风险管理的跨国专业公司，经营范围涵盖农产品、食品、金融和工业产品及服务。嘉吉连同其子公司和关联机构，共参与了91种不同的业务。目前，嘉吉公司在59个国家拥有10.1万名员工，经营着1104家工厂，2001年嘉吉的营业收入达490亿美元。嘉吉的业务分为以下五个部分：农业服务、采购和深加工、食品原料和应用、风险和财务管理、工业（主要是化肥生产)。

与ADM相比，嘉吉作为贸易商的角色更重一些，特别是农产品的国际贸易。我国从美国进口的大宗农产品中，有相当部分是由嘉吉公司代理的。

3. 邦吉（Bunge)。1818年彼得·格莱特·邦吉在荷兰阿姆斯特丹成立邦吉公司，当时公司的主要业务是从事农产品的进出口。在过去的180多年中，邦吉公司一直在世界农产品国际贸易、化肥生产和食品生产中占有极为重要的地位。邦吉从事的业务相当广泛，在从农场到最终零售终端的整个农业产业链条上的所有行业都有所涉及。目前，邦吉主营业务有三大块：农产品贸易、化肥业务和食品生产。从整体来看，邦吉是一家以油籽压榨、农产品国际贸易和化肥生产为主营业务的生产、贸易发展比较均衡的一家现货公司。

上述三家美国公司是美国农产品现货市场中最为重要的公司，这三家公司和即将介绍的路易达孚公司基本上垄断了美国农产品国际贸易的大半壁江山，不论是对期货市场还是对现货市场，均有非常重要的影响。

4. 路易达孚（Louis Dreyfus)。路易达孚是仅次于上述三家美国公司的世界第四大农产品现货供应商。路易达孚的总部位于法国，在全球53个国家广泛开展业务，布易诺斯艾利斯、伦敦、巴黎、圣保罗、惠灵顿和孟菲斯均设有主要的分支机构，近年来公司年收入超过200亿美元。路易达孚的经营范围包括农产品加工、贸易，各种农产品和能源产品的采购，同时公司还拥有自已的船队，从事林地管理以及许多其他的不动产项目管理。公司的经营业务包括四个方面：农产品贸易和加工、能源交易和加工制造、船运、其他业务（不动产投资、通讯网络和设备）。

从总体来看，路易达孚是一家以农产品贸易和运输为主业的现货贸易商，与其他农产品巨头一样，路易达孚还从事压榨和农产品加工以及其他多元化项目。路易达孚是欧洲农产品现货商的典型代表。

5. 魏尔玛（Wilmar）。魏尔玛集团成立于1991年，主要经营产品是棕榈油和棕榈，目前主要的业务板块包括：提炼棕榈原油，生产棕榈相关产品；生产豆粕、食用油和其他衍生产品；生产大豆油及其他食用油；食用油、油籽、油粕和其他衍生产品的贸易与采购；在主要的棕榈产区建立农场，进行棕榈和棕榈原油的生产。

魏尔玛集团总部设在新加坡和印度尼西亚。在不到15年的时间里，魏尔玛已经成为亚洲地区首屈一指的油类贸易商和加工商，2002年魏尔玛的净收入达到35亿美元。

除了上述五家比较大型的农产品现货商之外，在美国、欧洲和亚洲还有许多经营规模、经营范围仅次于上述几家的农产品现货公司。比如在美国还有莱宝（Nobel）和FGDI这样的中型贸易商，在日本有全农这样的大型农产品贸易商，在德国还有TOEPFER这样的谷物、油籽和饲料贸易商。

总的来说，在农产品的主要生产国、销售国，相应的大型和中型的农产品贸易、加工商会较多；在世界范围内，消费量越大、参与国家越多的农产品，大型现货公司参与会较多，如大豆系列产品、小麦、玉米、棉花、咖啡、可可这些品种的国际贸易中，我们常常可以看到这些巨头们的身影。

（二）贸易商参与期货套期保值

加工商作为农产品的需求方，主要是通过期货市场进行点价来规避风险。其参与期货市场的方式可以参看第二节中套期保值与点价部分的介绍。贸易商作为农场主和需求方的中间环节，同时是两者的交易对手，其参与期货市场套期保值的方式取决于农场主的现货交易方式和需求方的现货贸易方式的选择。

我们在前面对农场主销售农产品的方式作了简单介绍，从中我们可以发现农场主确定产品销售价格的方式大致可以分为全部定价和基差定价两种类型。全部定价是指农产品的销售价格完全确定或锁定，如即期合同和远期合同，所不同的是存在时间上的差别；基差定价是指确定相对于期货价格的升贴水，但是最终价格由农场主来确定，如延迟定价方式与基差合同，可以看到这两种定价方式与进口商的点价方式中的一口价和分批作价方式有些类似。所以作为中间环节的贸易商，其参与期货市场进行套期保值的做法通常也分以下两种方式：

第一种方式，如果贸易商与农场主或进口商签订的是全价（flat price，等于期货价格+升贴水）合同，在这种情况下，贸易商所接受的买价和卖价已经确定，所以为了锁住中间利润，贸易商可以直接在期货市场上进行套期保值。

比如，贸易商从农场主手中收购大豆，价格完全确定，只是交货期限有所不同。签订合同后，贸易商实际上已经拥有农产品的所有权，相当于拥有现货多头头寸。为了防止未来价格下跌，贸易商应该在合同价格基础上加上中间利润和相关费用，然后直接在期货市场上抛空保值。

再如，贸易商与中国的进口商签订现货合同以后，价格完全确定，只是交货期限有所不同。签订合同后，贸易商实际上卖出了农产品，相当于拥有现货空头头寸，为了防止未来价格上涨，贸易商应该直接在期货市场上做多保值。

第二种方式，如果贸易商与农场主或进口商签订的是基差合同。在这种情况下，贸易商所接受的买价和卖价并没有确定，只是确定了基差。这时中间商面临两种风险：一是基差风险；二是作价风险。为了规避这两种风险，中间商可以采取下面两种手段：

一是为了规避升贴水风险，直接将升贴水风险向需求方转移。比如，贸易商从农场主手中收购大豆，此时大豆现货价格为 560 美分 /蒲式耳，期货价格为 580 美分 /蒲式耳，于是双方约定基差为 -20，期货价格由农场主在未来一定时间内确定。这时农场主相当于卖出 -20 美分的基差，贸易商相当于买入 -20 美分的基差。为了规避基差风险，贸易商会将该 -20 美分的基差，加上运费、利息、利润等相关持仓费用比如为 150 美分转卖给下游的需求方，从而将基差风险转移和锁定。

二是为了规避点价风险。在与农场主签订基差合同之后，为了防止价格上涨，贸易商应该在期货市场建立多头头寸加以保护，锁定持仓费用和中间利润。在与国外进口商签订现货销售合同并卖出基差之后，贸易商应该在期货市场建立空头头寸加以保护，锁定持仓费用和中间利润。为什么在期货市场进行转单交易时，中国进口商将期货多头头寸卖给贸易商时，双方能够相互对冲，就在于贸易商之前已经在期货市场上建立了保护性的空头头寸。

总之，贸易商参与期货市场主要目的是锁定风险和利润。国外专业的贸易商、仓储商与上下游公司之间的分工相当清楚。积极参与期货市场的常常是那些较大的贸易机构，一般中间商参与期货市场的目的在于锁定风险和套期保值。

三、商品基金（commodity fund）

（一）商品基金的种类和划分

农产品期货市场既是农产品现货商和农场主进行套期保值的场所，同时也是愿意承担价格风险的投机资金活动的重要场所。

期货基金有广义和狭义之分。根据美国商品期货交易委员会的要求，头寸超过其规定的一定额度时，必须要向美国商品期货交易委员会报告，在美国商品期货交易委员会的投资者头寸（Commision of Trade，COT）报告制度中对投机者构成的划分，就将期货市场参与者划分为商业机构、非商业机构和其他未报告头寸。其中非商业机构和商业机构属于报告头寸，这里的非商业机构从广义上看就可视为基金。

根据美国商品期货交易委员会的定义，只要是在非套期保值账户以外进入期货市场进行交易，且交易量在一定标准以上的个人或机构，都可以称之为基金。所以，期货市场中的基金所指意义非常广泛。基金既可以是专业的投资基金，也可以是投资规模较大的个人或私人公司，甚至是一些大现货商，如果其头寸没有申请在套期保值账户里，也可以称之为基金。

从狭义上来讲，期货投资基金又被称为管理期货（managed futures），指的是由专业的投资经理所组成的一个行业，这些投资经理被称为商品交易顾问（comnodity trading advisors，CTA）。他们使用全球的期货和期权市场作为投资媒介，向那些想要参加“商品”市场的投资者提供专业的资金管理，交易对象包括实物商品和金融产品的期货、远期、期权合约。期货投资基金使普通投资者得以参与全球金融和非金融资产市场，并且由于它可以采用特殊的多空组合机制，给投资者提供了一种投资传统的股票和债券所不具有的特殊的获利方式。管理期货作为一种投资工具，被人们广为采用是从20世纪60年代晚期开始的。最近20年是期货投资基金高速发展的时期，美国管理期货行业中，商品交易顾问所管理的资金从1990年的低于150亿美元增长到2001年的约280亿美元。按投资管理期货的手段划分，期货投资基金可以划分为三种不同的类型：公募期货基金（public funds）、私募期货基金（private pools）和个人管理期货账户（individual accounts）。

在农产品市场中，既存在以单一品种为投资对象的基金，我们形象地称之为“大豆基金”、“玉米基金”。这些基金常驻农产品市场，对市场具有非常深刻的研究功底；同时也存在以一揽子农产品为投资对象的商品期货基金，比如一些套利基金；更高层次的是宏观基金，这些基金关注所有市场，包括商品、股票、债券、衍生品，甚至房地产、风险投资等等，这样的基金被称为宏观基金，它们像游荡的猎手，不在乎品种区别，只要有存在投资利润的品种和机会，它们就会趋之若鹜。

（二）商品基金的交易特点

研究基金在农产品市场中的持仓数量和方向是非常有意义的。从历史经验来看，基金作为一个整体，在商品市场中常常是盈利的一方，其一个显著的特点就是基金的持仓方向和数量与价格变化呈现高度相关性。即当价格上涨时，基金的净多持仓增加，而当价格下跌时，基金的净空持仓会增加。图4－18、图4－19描述的是2004年2—9月芝加哥期货交易所大豆和玉米基金持仓与期货价格之间关系的对比。从图4－18、图4－19中我们可以明显地看到期货价格变化与基金持仓之间的关系。

虽然基金持仓与价格变化的相关性非常强，但是这并不意味着基金能够操纵市场，仅就芝加哥期货交易所的农产品期货市场而言，基金所持有的净头寸历史最高也不会超过整个市场总持仓量的36%，所以基金不具有操纵市场的能力。此外，商品基金是一个笼统的概念，我们非常关注基金的净持仓方向和持仓量大小，但是在基金这个群体中，不同的基金持空头或持多头也会不一样，这一点不同于某一大户操纵市场价格。基金较大的资金量能够影响局部行情，但是却无法影响价格的整体趋势。我们既需要观察基金的操作特点，但也不要过分夸大基金的作用。

四、最重要的联邦机构——美国农业部

在农产品市场，最有权威、影响最为广泛的莫过于美国农业部。作为世界上农产品出口大国的美国，美国农业部对国内以及世界范围内农产品的报告始终是农产品期货投资者关注的焦点。美国农业部共由六个分支机构组成，不同的分支机构具有不同的职能。

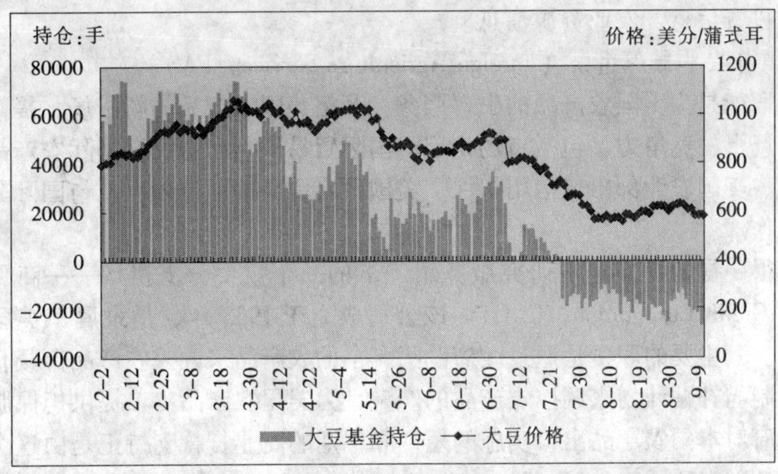

图4－18　芝加哥期货交易所大豆基金持仓与期货价格的关系图

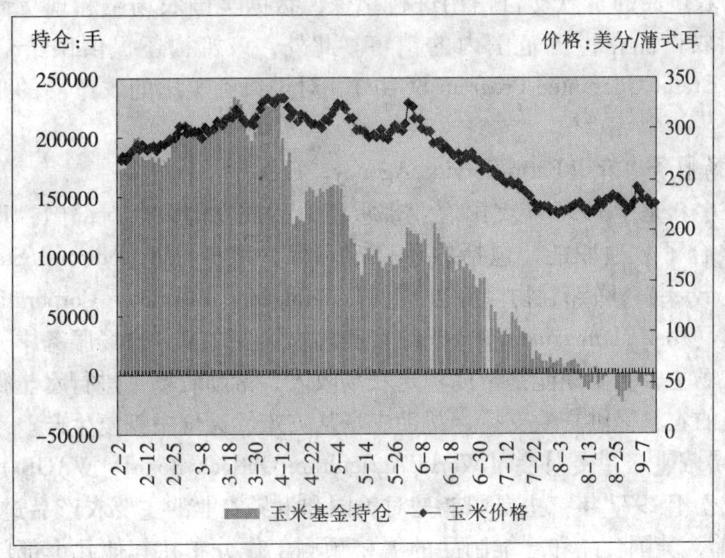

图4－19　芝加哥期货交易所玉米基金持仓与期货价格的关系图

（一）农业市场服务组织（Agricultural Marketing Service，AMS）

其主要职能是提供美国国内农产品市场的新闻和信息，涉及品种包括棉花、牛奶、水果、蔬菜、家禽、种籽、牲畜和烟草等大类。此外，农业市场服务组织还负责市场销售规范文本的制定、政府采购、农业技术研究和农业运输问题研究等方面的内容。

（二）经济研究服务组织（Economic Research Service，ERS）

该机构是美国农业部专门的研究服务部门。经济研究服务组织的主要职能是为农业、食品、自然资源和农村发展的公共决策或私人决策提供相关的信息和研究支持。经济研究服务组织提供的信息和研究服务支持包括：食品和农业经济信息、信息数据服务、市场和投资信息、农业资源信息。

（三）海外农业服务组织（Foreign Agriculture Service，FAS）

其主要职能是为美国农产品的出口服务，开拓美国农产品的新市场，提高美国农产品在全球市场上的竞争力，包括市场拓展、国际贸易谈判和协议、国际农产品市场信息搜集和分析、美国农业部出口信用担保、美国政府食品援助计划以及与国际其他农业机构的联系工作。

这里值得一提的是在经济研究服务组织下的一个重要分支机构——商品信用公司（Commodity Credit Corporation，CCC）。该公司成立于1933年，是隶属于美国农业部的公司制企业。其主要的职责是通过政府购买剩余的农产品来调控农产品市场价格，通过种植面积控制与补贴计划来调控农产品的产量，为美国农产品出口提供担保服务。

美国政府对本国农产品出口实施的短期和中期的商业贷款支持正是由这个部门的出口信用担保计划（Export Credit Guarantee Programs GSM－102）和国际出口信用担保计划（Intermediate Export Credit Guarantee Program GSM－103）来支持。该计划对美国出口到世界各地的农产品的贷款支付信用进行担保，帮助美国农场主和现货商规避违约风险，促进美国农产品在世界范围内的销售。此外，该机构还提供供给信用担保计划（The Supplier Credit Guarantee Program SCGP），对进口到美国的农产品的贷款支付提供担保。

（四）农场服务中介（Farm Service Agency，FSA）

农场服务中介是于1994年美国农业部重组之后成立的一个新部门，重组的新部门从其他部门整合了数项职能，包括农业稳定和保护服务（Agricultural Stabilization and Conservation Service）；联邦谷物保险公司（Federal Crop Insurance Corporation），即现在的风险管理组（Risk Management Agency）；美国农场主之家。农场服务中介主要的服务对象是美国农场主，主要职能是帮助稳定农场收入、帮助农场主进行水土保护、为新农场或濒临倒闭的农场提供贷款支持、帮助农场从灾难性天气中恢复生产。

（五）世界农业展望委员会（World Agriculture Outlook Board，WAOB）

该部门成立于1977年，主要职能是对美国和世界农业的主要农产品进行经济预测。在1977年之前，美国食品和纤维制品的展望预测工作分布在其他几个部门，现在这些散布在各个部门的预测机构仍然存在，但1977年新成立的世界农业展望委员会负责协调、统一这方面的信息，提高预测和展望的准确性、及时性和针对性，而且为农场主、农业政策制定者和社会公众提供这方面的信息。现在美国农业部首席经济学家办公室就设置在这个部门。

（六）国家农业统计服务（National Agriculture Statistic Service，NASS）

国家农业统计服务的主要职能是为美国农业提供及时、准确和有价值的数据和信息。国家农业统计服务的职员每年都要对美国农业生产、农产品价格、农场劳动力和薪资、农业气象等涉及美国农业的各个方面进行上百次的调查，撰写上千份的研究报告。可以说国家农业统计服务是美国农业部的第一手数据的重要来源。

第四节 农产品期货行情分析及信息来源

一、影响农产品期货价格的主要因素

（一）影响大豆及其制品期货价格的主要因素

大豆最为重要的用途是压榨，压榨得到的主要产品是豆粕和豆油。豆粕和豆油的产量间没有替代关系，也就是说其中一种少生产并不增加另一种产品的产量。因此，大豆及其制品实际上是相互关联的产品。大豆、豆粕和豆油的价格之间有整体的连动关系。另一方面，由于对豆粕和豆油需求的差异，豆粕和豆油的价格又在某种程度上具有独立性。

影响大豆需求方面的因素，主要取决于豆油和豆粕的需求。因为豆粕和豆油是关联产品，它们的价格具有联动关系；但是由于面临不同的需求，它们的价格变化可能不同。近年来，豆粕的需求量增长速度快于豆油，并且在加工过程中豆粕价值高于豆油，所以大豆的加工更多的是由豆粕的需求决定，而不是由豆油的需求决定。正是由于这样的原因，豆油经常被看做是大豆压榨生产豆粕的副产品。

另一方面，影响大豆供给的因素反过来又会影响豆油和豆粕的供给。从美国来看，影响豆粕需求的主要因素有如下几个方面：（1）美国和其他国家消费高蛋白饲料的动物的数量和种类；（2）牲畜和家禽的价格；（3）高蛋白添加饲料的供应情况及其价格；（4）大豆以及豆粕的库存水平；（5）国内和出口需求的总体情况。

影响豆油需求的主要因素有如下几个方面：（1）猪油、棉籽油和黄油等替代品的供给情况及其价格；（2）棕榈油和可可油的进口量；（3）国外油脂的供给情况，包括棕榈油、可可油、葵花籽油、菜籽油和花生油的价格。

它们的供给会影响美国豆油的出口需求和出口量。

大豆的供给主要受到世界大豆供给状况的影响，主要影响因素包括气候条件、罢工以及农场、集散地和加工厂中的大豆库存等。此外，美国、巴西和阿根廷在大豆生产与进口上的政策也会影响大豆的供给。

此外，影响大豆价格有两个指标特别有效。从研究供求平衡的基本面因素来看，影响大豆期货价格有两个重要的基本面因素：

1. 期末库存（end stock or carryout stock）。本种植年度结束后，大豆供给和大豆需求的缺口就反映为期末库存，而本种植年度的期末库存正好等于下一种植年度的期初库存。期末库存是影响大豆和豆粕的主要指标。由于豆粕是不可储存的，所以豆粕的期末库存只能够代表一段时间内的供给，所以没有太大的意义。

期末库存的重要意义在于：当每一个大豆种植年度结束以后，还需要等1~2个月时间，也就是说到11月份左右，大豆才开始大批量上市。那么期末库存至少要保证这1~2个月的大豆需求，否则就只能够通过价格上涨来抑制需求。有一个大致的规律：如果期末库存低于本年度总消费量的10%，那么就显示大豆供求形势将会趋紧，价格会出现上涨，从历史统计来看，大豆的库存消费比（期末库存/总消费）与大豆价格具有明显的负相关关系，所以分析库存消费比对预测价格是非常有意义的。

2. 10—12月份的大豆需求和库存消费比。9月份大豆集中上市之后，大豆需求，包括压榨和出口，在这段时间也异常的高涨。通过对1976—1993年大豆年度需求和10—12月份大豆需求的相关性检验发现，10—12月份的大豆压榨量与全年大豆压榨量的相关性达到0.92，10—12月份大豆的出口量与全年大豆的出口量之间的相关性达到0.76。所以，我们使用10—12月份的压榨和出口数据就能够大致预测本种植年度大豆需求的整体态势。

这样的特点在库存消费比指标上也比较明显。一般10—12月份大豆的消费量除以10月份大豆的供给如果处于28%或以上，显示市场的牛市态势较浓（10月份大豆总供给等于9月份大豆的总供给减去9月份大豆消费）；如果这一比例低于24.5%，则显示市场的熊市态势较浓；如果比例介于24.5%~28%之间，则市场属于中性。

（二）影响小麦期货价格的主要因素

影响小麦期货价格的决定因素很多，但是主要的决定因素是世界气候条件，特别是小麦主要产地国，如俄罗斯、中国和美国的气候条件。天气情况成为价格的主要决定因素，其原因来自小麦的一个特点，即作为主要食用品的小麦的需求是相当稳定的。因此，小麦的供给是小麦期货价格的主要决定因素，并且通常也是供求关系不平衡的主要原因。政府政策也会影响价格，但是政府政策经常是由于气候条件变化而制定的。所以，气候条件和政府政策（后者经常是对天气条件变化做出的反应）是价格的主要决定因素。政府政策可能包括稳定商品市场的政策或者一些更没有规律的、由于政治因素引起的政策，诸如禁运和战争。

小麦价格的其他决定因素包括：汇率（例如，美元的强劲使美国小麦出口减少）；在不同作物年度间结转库存的多少（包括私人和政府部门）；国内商业存货的可获得性以及运输车辆数量（这些因素影响小麦价格的短期变化）；世界小麦的生产和消费格局的变化，但是这一变化是逐步进行的。

（三）影响玉米期货价格的主要因素

玉米价格通过供求平衡关系决定，其中在供需两方面各有一个重要的决定因素。供给方面的因素是气候条件。因为美国是世界玉米的第一大生产国和出口国，因此如果种植季节降雨过度或玉米生长季节降雨不足，都可能显著地降低玉米的产量，从而引起玉米价格的上升。在需求方面，主要的价格决定因素是牲畜和家禽的饲养量。由于牲畜和家禽饲养是玉米最大的用途，因此美国庞大而且逐渐上升的牲畜饲养量对玉米价格产生了上升的压力。对玉米饲用需求的估计，主要需要关注存栏动物的数量以及每头动物生长消费的玉米数量（grain - consuming animal units，GCAU）。每年的1月、3月、6月、

9 月都会公布谷物库存报告，我们也可以从库存报告数据中大致估计玉米的需求和消耗进度。

其他影响价格的因素包括：其他国家牲畜和家禽的饲养量；其他玉米生产国和出口国的生产情况；与玉米具有竞争性的食用谷物的供给和价格；玉米投入价格与玉米产出价格的相对关系；玉米价格与其他谷物价格之间的关系；转入新作物年度的结转库存量的多少；政府价格支持政策的强硬程度；玉米替代的发展情况；玉米以及玉米为投入品的产品的生产方法、消费结构和长期变化；政治因素，包括禁运和战争。

（四）影响棉花期货价格的主要因素

棉花期货价格的变化由供给变化、需求变化以及政府政策三个方面决定。

从影响需求的因素来看，目前棉花消费的特点主要体现在两个方面：一方面是一些化纤制品被广泛地应用到纺织行业中，对棉花的消费需求有下降的趋势；另一方面，斜纹粗棉布使用量的增加，又使棉花的用量增加。

从影响供给的因素来看，种植意向和播种面积预示了未来棉花的产量水平，但是贯穿于种植、生长和采收期的天气变化也会对棉花的产量与品质产生明显的影响。一般来说，降雨量太少会延缓棉籽的发芽和棉株的生长，而降雨过多又会使结桃率降低或成熟期滞后；严寒和酷热也会使棉花的产量和品质受损。

（五）影响糖期货价格的主要因素

从影响糖期货价格的供给和需求两个方面来看，影响糖需求的主要因素是人均收入和人口数量。在不同的国家，这两个影响因素的作用力度是不一样的。在美国，糖作为一种生活必需品，其消费量与人口数量的相关性较高，而与收入关系不大（也就是说，美国糖的需求收入弹性较低）。而在发展中国家，人均收入和人口数量则对糖的消费具有非常明显的影响。另外，糖的替代品价格也会影响糖的需求，比如天然甜品（尤其是高糖玉米甜品）与人工甜品。近年来，消费者的需求偏好也对糖价产生一定的影响，比如在天然、绿色、健康的消费理念的感召下，消费者开始追求无糖和低糖食品，这种消费偏好的变化也会影响糖的需求。

从总体来看，糖作为人类生活中的必需品，其需求价格弹性较小，也就是说糖的价格更多地取决于糖的供给方面。

影响糖供给的主要因素有：甘蔗和甜菜主产国的天气状况、生长条件，以及由其决定的种植量和产量。天气是影响供给的一个重要的决定性因素。因为甘蔗在其生长的最后阶段凝糖最多，且在其成熟后需要立即收割以确保单产量最大，所以在收割期若发生反常的降雨，就可能会减少蔗糖的产量。

由于糖是关系国计民生的基础商品，许多国家都生产糖，而且对糖的生产和销售常常采取补贴和支持政策，甚至是政府直接经营。目前，世界糖贸易的很大一部分是在非自由市场中进行的，依赖于完全自由化的糖现货市场和糖期货市场的糖贸易只是整个市场中的小部分。所以，糖的供给和需求只要发生较小的变化，就会引起糖价的剧烈波动。

影响糖价的另外一个重要的指标是期末库存。该指标能够反映糖的供求状况，糖的期末库存量与消费量的比率是预测未来期货价格走势的非常重要的指标。如果该指标出现下降，则糖价趋于上涨。一般来说，该指标正常波动范围在20% ~36%之间。

二、国际农产品期货信息的主要来源

（一）美国农业部数据

美国农业部数据为官方数据，涵盖美国及世界农产品市场的多个方面，具有相当的权威性，对市场的影响较大，是国际农产品期货市场最重要的信息来源。其主要有：

1. 年度报告。最为重要的年度报告是关于谷物种植面积估计的两份报告，主要是3月份的《耕种意图初步调查报告》（*prospective planting report*）和6月份的《耕种意图报告》（*Acrage report*）。报告中，对年度大豆、玉米、小麦、棉花等主要农作物的播种面积、产量进行了估计说明。其中，前一份报告是对农民的种植意向进行调查，而后一份报告则是基本上确定本年度的各种谷物产品的种植面积，但是最终种植面积还是要等到下一年度的5月份左右本年度供求平衡表完全确定之时方能确定。但是一般来说，最终的种植面积与6月份报告公布的种植面积差别不大，我们在新谷物收获之前，要分析天气对单产的影响可以假定种植面积为6月份报告值。所以这两份报告对确定最终供给量具有十分重要的意义。

表4-29描述的是2004年3月31日美国农业部公布的2004/2005年度美国大豆产量的预测。在表4-29中，我们还可以看到过去两年的实际播种面积，最后一项百分比表示2004年种植面积相对于2003年种植面积的百分比率。

表4-29　Soybeans：Area Planted by State and United States，2002—2004

State	Area Planted			
	2002 1000 Acres	2003 1000 Acres	2004[①] 1000 Acres	2004/2003 1000 Acres
AL	170	170	180	106
AR	2950	2920	3050	104
DE	190	180	200	111
FL	10	13	15	115
GA	160	190	230	121
IL	10600	10300	10300	100
IN	5800	5450	5450	100
IA	10450	10600	10700	101
KS	2750	2600	2700	104
KY	1310	1250	1250	100
LA	800	760	980	129
MD	490	435	475	109

续表

State	Area Planted			
	2002 1000 Acres	2003 1000 Acres	2004[①] 1000 Acres	2004/2003 1000 Acres
MI	2050	2000	2000	100
MN	7200	7500	7700	103
MS	1440	1440	1650	115
MO	5050	5000	5100	102
NE	4700	4550	4650	102
NJ	100	90	95	106
NY	145	140	190	136
NC	1370	1450	1500	103
ND	2670	3150	3700	117
OH	4750	4300	4350	101
OK	280	270	300	111
PA	405	380	390	103
SC	435	430	480	112
SD	4250	4250	4100	96
TN	1160	1150	1180	103
TX	230	200	270	135
VA	490	500	510	102
WV	18	16	16	100
WI	1540	1720	1700	99
US	73963	73404	75411	103

① Intended plantings in 2004 as indicated by reports from farmers.

表 4-29 附表　　　　大豆：2002—2004 年美国各州种植面积

州	缩写	种植面积			
		2002 年 （1000 英亩）	2003 年 （1000 英亩）	2004 年* （1000 英亩）	2004/2003 （百分比）
阿拉巴马（Alabama）	AL	170	170	180	106
阿肯萨斯（Arkansas）	AR	2950	2920	3050	104
德拉瓦（Delware）	DE	190	180	200	111
佛罗里达（Florida）	FL	10	13	15	115
乔治亚（Georgia）	GA	160	190	230	121
伊利诺（Illinois）	IL	10600	10300	10300	100
印地安那（Indiana）	IN	5800	5450	5450	100

续表

州	缩写	种植面积			
		2002 年（1000 英亩）	2003 年（1000 英亩）	2004 年*（1000 英亩）	2004/2003（百分比）
衣阿华（Iowa）	IA	10450	10600	10700	101
堪萨斯（Kansas）	KS	2750	2600	2700	104
肯塔基（Kentucky）	KY	1310	1250	1250	100
路易斯安那（Louisiana）	LA	800	760	980	129
马里兰（Maryland）	MD	490	435	475	109
密西根（Michigan）	MI	2050	2000	2000	100
明尼苏达（Minnesota）	MN	7200	7500	7700	103
密西西比（Mississippi）	MS	1440	1440	1650	115
密苏里（Missouri）	MO	6060	5000	5100	102
内布拉斯加（Nebraska）	NE	4700	4550	4650	102
新泽西（New Jersey）	NJ	100	90	95	106
纽约（New York）	NY	145	140	190	136
北卡罗来纳（North Carolina）	NC	1370	1450	1500	103
北达科塔（North Dakota）	ND	2670	3150	3700	117
俄亥俄（Ohio）	OH	4750	4300	4350	101
俄克拉荷马（Oklahoma）	OK	280	270	300	111
宾州（Pennsylvania）	PA	405	380	390	103
南卡罗来纳（South Carolina）	SC	435	430	480	112
南达科塔（South Dakota）	SD	4250	4250	4100	96
田纳西（Tennessee）	TN	1160	1150	1180	103
德州（Texas）	TX	230	200	270	135
维吉尼亚（Virginia）	VA	490	500	510	102
西维吉尼亚（West Virgin）	WV	18	16	16	100
威斯康星（Wisconsin）	WI	1540	1720	1700	99
美国（U. S.）		73963	73404	75411	103

说明：*表示 2004 年的数值取自于农民种植调查报告。

表 4－30 是 2004 年 6 月 30 日公布的大豆种植面积报告。与 3 月份种植意向报告不同的是：在 6 月份的报告中，除了种植面积外，还增加了一项收获面积预测。由于生长过程中可能出现意外问题，所以预测收获面积常常低于种植面积。

表 4－30　Soybeans：Area Planted and Harvested by State and United States，2003—2004

State	Area Planted		Area Harvested	
	2003 1000 Acres	2004 1000 Acres	2003 1000 Acres	2004① 1000 Acres
AL	170	210	160	195
AR	2920	3100	2890	3040
DE	180	210	178	207
FL	13	15	12	14
GA	190	250	180	230
IL	10300	9900	10250	9850
IN	5450	5500	5350	5450
IA	10600	10400	10550	10350
KS	2600	2700	2480	2550
KY	1250	1290	1240	1270
LA	760	1000	740	950
MD	435	500	430	490
MI	2000	2000	1990	1990
MN	7500	7400	7400	7300
MS	1440	1670	1430	1630
MO	5000	5000	4940	4940
NE	4550	4750	4490	4700
NJ	90	98	88	96
NY	140	170	138	168
NC	1450	1450	1400	1400
ND	3150	3700	3030	3630
OH	4300	4450	4280	4420
OK	270	320	245	290
PA	380	400	375	395
SC	430	470	420	450
SD	4250	4200	4190	4140
TN	1150	1180	1120	1140
TX	200	250	180	225
VA	500	510	480	490
WV	16	16	15	15
WI	1720	1700	1650	1640
US	73404	74809	72321	73655

①Forecasted.

表 4-30 附表　　大豆：2003—2004 年美国各州种植和丰收面积

州	缩写	种植面积		丰收面积	
		2003 年（1000 英亩）	2004 年（1000 英亩）	2003 年（1000 英亩）	2004 年*（百分比）
阿拉巴马（Alabama）	AL	170	210	160	195
阿肯萨斯（Arkansas）	AR	2920	3100	2890	3040
德拉瓦（Delware）	DE	180	210	178	207
佛罗里达（Florida）	FL	13	15	12	14
乔治亚（Georgia）	GA	190	250	180	230
伊利诺（Illinois）	IL	10300	9900	10250	9850
印地安那（Indiana）	IN	5450	5500	5350	5450
衣阿华（Iowa）	IA	10600	10400	10550	10350
堪萨斯（Kansas）	KS	2600	200	2480	2550
肯塔基（Kentucky）	KY	1250	1290	1240	1270
路易斯安那（Louisiana）	LA	760	1000	740	950
马里兰（Maryland）	MD	435	500	430	490
密西根（Michigan）	MI	2000	2000	1990	1990
明尼苏达（Minnesota）	MN	7500	7400	7400	7300
密西西比（Mississippi）	MS	1440	1670	1430	1630
密苏里（Missouri）	MO	5000	5000	4940	4940
内布拉斯加（Nebraska）	NE	4550	4750	4490	4700
新泽西（New Jersey）	NJ	90	98	88	96
纽约（New York）	NY	140	170	138	168
北卡罗来纳（North ）	NC	1450	1450	1400	1400
北达科塔（North Dakota）	ND	3150	3700	3030	3630
俄亥俄（Ohio）	OH	4300	4450	4280	4420
俄克拉荷马（Oklahoma）	OK	270	320	245	290
宝州（Pennsylvania）	PA	380	400	375	395
南卡罗来纳（South）	SC	430	470	420	450
南达科塔（South Dakota）	SD	4250	4200	4190	4140
田纳西（Tennessee）	TN	1150	1180	1120	1140
德州（Texas）	TX	200	250	180	225
维吉尼亚（Virginia）	VA	500	510	480	490
西维吉尼亚（West Virgin）	WV	16	16	15	15
威斯康星（Wisconsin）	WI	1720	1700	1650	1640
美国 U. S.		73404	74809	72321	73655

说明：*表示为预测值。

3 月份的种植意向报告可以在以下网址找到：

http：//usda. mannlib. cornell. edu/reports/nassr/field/pcp－bbp/。

6 月份的种植面积报告可以在以下网址找到：

http：//usda. mannlib. cornell. edu/reports/nassr/field/pcp－bba/。

除了上述两份报告之外，还有一些其他的年度报告，比如《农产品年鉴》、《农产品年报》、《农产品价格》等，但是其重要性相对较低。

2. 季度报告。最主要的季度报告是农产品季度库存报告，发布时间一般为每季度最后一个月的最后一天（30 日或是 31 日），主要包括小麦、玉米、大豆、棉花等主要农产品的季度库存和播种、收获面积，市场比较关注。特别是每市场年度最后季度的报告，实际上是对整个市场年度的报告，对市场的影响尤为重要。

每年农产品期货行情可以大致分为供给行情和需求行情。在谷物种植前后以及生长过程中，市场炒作的题材主要是供给因素，主要有种植面积、天气、单产和产量；在谷物丰收以后，市场关注的焦点就转移到需求方面，比如国内需求、出口等因素。通过关注每个季度末谷物库存的数量，可以大致衡量本年度收获的谷物消耗的速度，从而大致判断期末库存水平的高低。我们知道，谷物的期末库存是影响期货价格的最为主要的因素。

谷物库存数据的另一个用处是：如果谷物丰收以后，我们由大致确定的种植面积、单产和收获面积，就可以大致计算本年度的供给量。应用每月公布的美国普查局压榨报告和美国油料压榨协会（NOPA）的压榨数据以及每周公布的出口销售报告，我们可以推断需求进度，从而可以估算每个季度的库存数据，将该推断数据与美国农业部公布的季度库存数据相对比，相互印证。

表 4－31 是 2004 年 6 月 30 日公布的美国大豆季度库存报告。库存项目包括农场库存和非农场库存两个部分。其中农场库存是指在农场主手中的库存量，非农场库存是指在贸易商或加工商手中的库存量。

表 4－31　Soybeans：Stocks by Position，State，and United States，June 1，2003—2004

State	2003			2004		
	On Farms 1000 Bushels	Off Farms[1] 1000 Bushels	Total All Positions 1000 Bushels	On Farms 1000 Bushels	Off Farms 1000 ushels	Total All Positions 1000 Bushels
AL	*	*	*	*	*	*
AZ		*	*		*	*
AR	*	*	*	*	*	*
CA		*	*		*	*
CO		*	*		*	*
DE	*	*	*	*	*	*
FL	*	*	*	*	*	*
GA	*	*	*	*	*	*
ID		*	*		*	*

续表

State	2003			2004		
	On Farms 1000 Bushels	Off Farms① 1000 Bushels	Total All Positions 1000 Bushels	On Farms 1000 Bushels	Off Farms 1000 Bushels	Total All Positions 1000 Bushels
IL	40000	49188	89188	15000	53279	68279
IN	13000	33702	46702	7000	16859	23859
IA	79000	72650	151650	31000	59315	90315
KS	3500	9750	13250	1900	10652	12552
KY	*	3913	*	*	*	*
LA	*	3809	*	*	*	*
MD	*	*	*	*	*	*
MI	9100	5680	14780	3200	2150	5350
MN	45000	28625	73625	15500	25569	41069
MS	*	1699	*	*	1239	*
MO	16000	13890	29890	5200	13949	19149
MT		*	*		*	*
NE	14500	24108	38608	8300	30878	39178
NV		*	*		*	*
N ENG		*	*		*	*
NJ	*	*	*	*	*	*
NM		*	*		*	*
NY	*	206	*	*	*	*
NC	*	4431	*	*	5634	*
ND	6500	3500	10000	2600	5840	8440
OH	12000	27072	39072	4900	14182	19082
OK	*	252	*	*	95	*
OR		*	*		*	*
PA	*	1488	*	*	1740	*
SC	*	*	*	*	2804	*
SD	17000	8311	25311	7800	10824	18624
TN	*	1043	*	*	709	*
TX	*	596	*	*	313	*
UT		*	*		*	*
VA	*	*	*	*	*	*
WA		*	*		*	*
WV	*	*	*	*	*	*
WI	7000	9149	16149	2600	5895	8495
WY		*	*		*	*
Unall②	9900	26800	54137	5000	37634	55168
U. S.	272500	329862	602362	110000	299560	409560

① "Off farms unall ocated" includes State data not published to avoid disclosure of individual operations, "on farms unallocated" includes minor producing States' data not published separately.

② Includes stocks at mills, elevators, warehouses, terminals, and processors.

表 4－31 附表　　　大豆：2003 年至 2004 年 6 月 1 日全美分州不同地点大豆库存

州	2003 年			2004 年		
	农场库存 1000 蒲式耳	非农场库存[①] 1000 蒲式耳	合　计 1000 蒲式耳	农场库存 1000 蒲式耳	非农场库存 1000 蒲式耳	合　计 1000 蒲式耳
阿拉巴马（Alabama）	*	*	*	*	*	*
亚历桑那（Arizona）		*	*		*	*
阿肯萨斯（Arkansas）	*	*	*	*	*	*
加州（California）		*	*		*	*
柯罗拉多（Colorado）		*	*		*	*
德拉瓦（Delware）	*	*	*	*	*	*
佛罗里达（Florida）	*	*	*	*	*	*
乔治亚（Georgia）	*	*	*	*	*	*
爱德华（Idaho）		*	*		*	*
伊利诺斯（Illinois）	40000	49188	89188	15000	53279	68279
印地安那（Indiana）	130000	33702	46702	7000	16859	23859
衣阿华（Iowa）	79000	72650	151650	31000	59315	90315
堪萨斯（Kansas）	3500	9750	13250	1900	10652	12552
肯塔基（Kentucky）	*	3913	*	*	*	*
路易斯安那（Louisiana）	*	3809	*	*	*	*
马里兰（Marvland）	*	*	*	*	*	*
密西根（Michigan）	9100	5680	14780	3200	2150	5350
明尼苏达（Minnesota）	45000	28625	73625	15500	25569	41069
密西西比（Mississippi）	*	1699	*	*	1239	*
密苏里（Missouri）	16000	13890	29890	5200	13949	19149
蒙他拿（Montana）		*	*			
内布拉斯加（Nebraska）	14500	24108	38608	8300	30878	39178
内华达（Nevada）		*	*		*	*
新罕布什尔（New Hampshire）		*	*		*	*
新泽西（Hew Jersey）	*	*	*	*	*	*
新墨西哥（New Mexico）		*	*		*	*
纽约（New York）	*	206		*	*	*
北卡罗来纳（North Carolina）	*	4431		*	5634	*
北达科塔（North Dakota）	6500	3500	10000	2600	5840	8440
俄亥俄（Ohio）	12000	27072	39072	4900	14182	19082
俄克拉荷马（Oklahoma）	*	252	*	*	95	*
俄勒冈（Oregon）		*	*		*	*

续表

州	2003 年			2004 年		
	农场库存 1000 蒲式耳	非农场库存① 1000 蒲式耳	合　计 1000 蒲式耳	农场库存 1000 蒲式耳	非农场库存 1000 蒲式耳	合　计 1000 蒲式耳
宝州（Pennsylvania）	*	1488			1740	*
南卡罗来纳（South Carolina）	*	*			2804	*
南达科塔（South Dakota）	17000	8311	25311	7800	10824	18624
田纳西（Tennessee）	*	1043	*	*	709	*
德州（Texas）	*	596	*	*	313	*
犹他（Utah）		*	*		*	*
维吉尼亚（Virginia）	*	*	*	*	*	*
华盛顿（Washington）		*	*		*	*
西维吉尼亚（West Virgin）	*	*	*	*	*	*
威斯康星（Wisconsin）	7000	9149	16149	2600	5895	8495
怀俄明（Wyoming）		*	*		*	*
unall②	9900	26800	54137	5000	37634	55168
全美	272500	329862	602362	110000	299560	409560

说明：①未统计非农场库存（off farms unallocated）是指美国未被统计在内的各州私人库存。未统计农场库存（on farms unallocated）是指一些产量较小，而没有单独统计公布的州的库存。

②包括所有的加工厂、收储站、仓库、筒仓和加工商的库存。

3. 月度报告。最重要的月度报告是每月 10—13 日发布的供需报告，主要公布小麦、玉米、大豆等主要农产品的供需平衡表，包括世界主要农产品生产国和美国的主要农产品的种植面积、收获面积、平均单产、产量、期初和期末库存以及进出口量等供需平衡表各项指标。月度供求报告是分析、判断农产品基本面情况的主要依据。

表 4－32 和表 4－33 分别是 2004 年 9 月 10 日美国农业部公布的美国大豆供求平衡表和世界大豆供求平衡表。

表 4－32　　WASDE－428－13

U. S. Soybeans and Products Supply and Use（Domestic Measure）1/

Item	2003/2004	2004/2005 Est.	2005/2006 Projections	
			October	November
SOYBEANS：	Million acres			
Area				
Planted	73.4	75.2	72.2	72.2
Harvested	72.5	74.0	71.3	71.3
	Bushels			
Yield per harvested				

续表

Item	2003/2004	2004/2005 Est.	2005/2006 Projections	
			October	November
acre	33.9	42.2	41.6	42.7
			Million bushels	
Beginning stocks	178	112	256	256
Production	2454	3124	2967	3043
Imports	6	5	4	4
Supply，total	2638	3241	3227	3303
Crushings	1529	1696	1695	1720
Exports	887	1103	1115	1075
Seed	92	88	90	90
Residual	17	98	66	68
Use，total	2525	2985	2966	2953
Ending stocks	112	256	260	350
Avg. farm price（$/bu）2/	7.34	5.74	5.00—5.80	4.95—5.75
			Million pounds	
SOYBEAN OLL：				
Beginning stocks	1489	1076	1571	1691
Production	17081	19360	19155	19435
Imports	306	22	65	65
Supply，total	18875	20457	20791	21191
Domestic	16864	17416	17850	17950
Exports	936	1350	1300	1350
Use，total	17800	18766	19150	19300
Ending stocks	1076	1691	1641	1891
Average price（c/1b）2/	29.97	23.01	22.00—25.00	22.00—25.00
			Thousand short tons	
SOYBEAN MEAL：				
Beginning stocks	220	211	260	172
Production	36325	40717	40375	40913
Imports	285	145	165	165
Supply，total	36830	41073	40800	41250
Domestic	31449	33601	34000	34300
Exports	5170	7300	6550	6700
Use，total	36619	40901	40550	41000
Ending stocks	211	172	250	250
Average price（$/s. t.）2/	256.05	182.89	155.00—185.00	155.00—180.00

Note：Reliability calculations at end of report. 1/Marketing year beginning September 1 for soybeans；October 1 for soybean oil and meal. 2/Prices：Soybeans，marketing year weighted average price received by farmers；for Oil，simple average of crude soybean oil，Decatur；for Meal，simple average of 48 percent，Decatur.

表 4－32 附表　　　　　美国大豆及相关产品供求平衡表[①]

项　目	2003/2004	2004/2005 预估	2005/2006 预测 10月	2005/2006 预测 11月
大豆（单位：百万蒲式耳）				
种植面积（百万英亩）	73.4	75.2	72.2	72.2
丰收面积（百万英亩）	72.5	74	71.3	71.3
单产（蒲式耳/英亩）	33.9	42.2	41.6	42.7
期初库存	178	112	256	256
产量	2454	3124	2967	3043
进口	6	5	4	4
总供给	2638	3241	3227	3303
压榨	1529	1696	1695	1720
出口	887	1103	1115	1075
种用	92	88	90	90
残余	17	98	66	68
总需求	2525	2985	2966	2953
期末库存	112	256	260	350
平均农场价格[②]	7.34	5.74	5.00—5.80	4.95—5.75
豆油（单位：百万磅）				
期初库存	1489	1076	1571	1691
产量	17081	19320	19155	19435
进口	306	22	65	65
总供给	18875	20457	20791	21191
国内消费	16864	17416	17850	17950
出口	936	1350	1300	1350
总需求	17800	18766	19150	19300
期末库存	1076	1691	1641	1891
平均价格[②]	29.97	23.01	22.00—25.00	22—25
豆粕（单位：千短吨）				
期初库存	220	211	260	172
产量	36325	40717	40375	40913
进口	285	145	165	165
总供给	36830	41073	40800	41250
国内消费	31449	33601	34000	34300
出口	5170	7300	6550	6700
总需求	36619	40901	40550	41000
期末库存	211	172	250	250
平均价格[②]	256.05	182.89	55.00—185.00	155—180

说明：①大豆作物市场年度始于9月1日，豆粕和豆油始于10月1日。

②大豆平均价格是农民接受的全年加权平均价；豆油是 DECATUR 地区毛油的算术平均价格；豆粕是 DECATUR 地区48%蛋白含量的算术平均价格。

表 4-33 WASDE-414-26

World Soybean Supply and Use 1/(Million Metric Tons)

Region	Supply			Use			Ending stocks
	Beginning stocks	Produc-tion	Imports	Domestic		Exports	
				Crush	Total		
2002/2003							
World 2/	32.71	196.81	62.71	164.85	190.42	61.66	40.16
United States	5.66	75.01	0.13	43.97	47.52	28.42	4.85
Total foreign	27.05	121.80	62.58	120.88	142.90	33.24	35.30
Major exporters 3/	21.86	92.00	1.70	51.90	55.92	31.65	27.99
Argentina	10.16	35.50	0.38	23.53	24.86	8.71	12.47
Brazil	11.60	52.00	1.32	27.17	29.76	19.73	15.42
Major importers 4/	4.30	18.79	51.30	53.54	67.63	0.32	6.44
China	2.10	16.51	21.42	26.54	35.29	0.27	4.47
EU-25	1.08	0.89	16.82	16.26	17.84	0.03	0.93
Japan	0.67	0.27	5.09	4.01	5.32	0.00	0.71
Mexico	0.10	0.09	4.23	4.34	4.38	0.00	0.05
2003/2004 (Estimated)							
World 2/	40.16	188.52	54.71	165.43	190.57	55.46	37.36
United States	4.85	65.80	0.17	41.78	43.86	24.09	2.87
Total foreign	35.30	122.72	54.54	123.66	146.71	31.38	34.49
Major exporters 3/	27.99	90.60	0.87	56.30	60.91	29.16	29.39
Argentina	12.47	34.00	0.37	25.02	26.60	7.00	13.24
Brazil	15.42	52.60	0.50	29.93	32.85	19.70	15.98
Major importers 4/	6.44	17.53	44.39	49.84	64.07	0.37	3.92
China	4.47	15.40	16.90	25.43	34.37	0.30	2.10
EU-25	0.93	0.73	15.29	14.62	16.08	0.03	0.84
Japan	0.71	0.23	4.90	3.85	5.19	0.00	0.65
Mexico	0.05	0.13	4.00	4.10	4.13	0.00	0.04
2004/2005 (Projected)							
World 2/							
August	36.19	222.84	64.48	179.71	208.51	64.81	50.20
September	37.36	222.99	63.50	179.83	208.72	63.58	51.54
United States							
August	2.87	78.29	0.16	44.23	48.11	28.03	5.18
September	2.87	77.18	0.16	43.95	47.84	27.22	5.16
Total foreign							
August	33.32	144.55	64.32	135.48	160.40	36.78	45.02

续表

Region		Supply			Use			Ending stocks
		Beginning stocks	Production	Imports	Domestic		Exports	
					Crush	Total		
September		34.49	145.80	63.33	135.88	160.88	36.37	46.38
Major exporters 3/								
August		28.49	110.00	1.05	62.28	67.37	34.29	37.89
September		29.39	110.00	0.95	62.48	67.57	33.89	38.89
Argentina	Aug.	12.46	39.00	0.35	26.00	27.57	8.27	15.97
	Sep.	13.24	39.00	0.35	26.20	27.77	7.97	16.85
Brazil	Aug.	15.85	66.00	0.70	34.66	38.02	23.07	21.47
	Sep.	15.98	66.00	0.60	34.66	38.02	22.97	21.59
Major importers 4/								
August		3.92	19.84	52.58	54.76	70.01	0.26	6.08
September		3.92	19.84	52.01	54.12	69.44	0.26	6.07
China	Aug.	2.10	17.50	23.00	28.30	38.20	0.20	4.20
	Sep.	2.10	17.50	22.50	27.80	37.70	0.20	4.20
EU-25	Aug.	0.84	0.84	16.16	15.50	16.96	0.03	0.85
	Sep.	0.84	0.84	16.16	15.50	16.96	0.03	0.85
Japan	Aug.	0.65	0.28	5.00	3.89	5.26	0.00	0.67
	Sep.	0.65	0.28	5.00	3.89	5.26	0.00	0.67
Mexico	Aug.	0.04	0.11	4.60	4.68	4.71	0.00	0.04
	Sep.	0.04	0.11	4.60	4.68	4.71	0.00	0.04

1/Data based on local marketing years except Argentina and Brazil which are adjusted to an October - September year. 2/World imports and exports may not balance due to differences in local marketing years and to time lags between reported exports and imports. Therefore, world supply may not equal world use. 3/Argentina, Brazil and Paraguay. 4/Japan, China, and EU, Mexico, and Southeast Asia (includes Indonesia, Malaysia, Philippines, and Thailand).

表4-33 附表　　世界大豆供求平衡表①　　单位：百万吨

地区	供给			需求			期末库存
	期初库存	产量	进口	压榨	国内总需求	出口	
				2002/2003			
世界②	32.71	196.01	62.71	164.05	190.42	61.66	40.16
美国	5.66	75.01	0.13	43.97	47.52	28.42	4.85
其他地区	27.05	121.8	62.58	120.88	142.9	33.24	35.3
主要出口国③	21.06	92	1.7	51.9	55.92	31.65	27.99
阿根廷	10.16	35.5	0.38	23.53	24.86	8.71	12.47
巴西	11.6	52	1.32	27.17	29.76	19.73	15.42
主要进口国④	4.3	18.79	51.3	53.54	67.63	0.32	6.44

续表

地区		供给			需求			期末库存
		期初库存	产量	进口	压榨	国内总需求	出口	
中国		2.1	16.51	21.42	26.54	35.29	0.27	4.47
欧盟25国		1.08	0.89	16.82	16.26	17.84	0.03	0.93
日本		0.67	0.27	5.09	4.01	5.32	0	0.71
墨西哥		0.1	0.09	4.23	4.34	4.38	0	0.05
				2003/2004 预估				
世界		40.16	188.52	54.71	165.43	190.57	55.46	37.36
美国		4.85	65.8	0.17	41.78	43.86	24.09	2.87
其他地区		35.3	122.72	54.54	123.66	146.71	31.38	34.49
主要出口国		27.99	90.6	0.87	56.3	60.91	29.16	29.39
阿根廷		12.47	34	0.37	25.02	26.6	7	13.24
巴西		15.42	52.6	0.5	29.93	32.85	19.7	15.98
主要进口国		6.44	17.53	44.39	49.84	64.07	0.37	3.92
中国		4.47	15.4	16.9	25.43	34.36	0.3	2.1
欧盟25国		0.93	0.73	15.29	14.62	16.08	0.03	0.84
日本		0.71	0.23	4.9	3.85	5.19	0	0.65
墨西哥		0.05	0.13	4	4.1	4.13	0	0.4
				2004/2005 预测				
世界	8月预测值	36.19	222.84	64.48	179.71	208.51	64.01	50.2
	9月预测值	37.36	222.99	63.5	179.83	208.72	63.58	51.54
美国	8月预测值	2.87	78.29	0.16	44.23	48.11	28.03	5.18
	9月预测值	2.87	77.18	0.16	43.95	47.84	27.22	5.16
其他地区	8月预测值	33.32	144.55	64.32	135.48	160.4	36.78	45.02
	9月预测值	34.49	145.8	63.33	135.88	160.88	36.37	46.38
主要出口国								
	8月预测值	28.49	110	1.05	62.28	67.37	34.29	37.89
	9月预测值	29.39	110	0.95	62.48	67.57	33.89	38.89
阿根廷	8月预测值	12.46	39	0.35	26	27.57	8.27	15.97
	9月预测值	13.24	39	0.35	26.2	27.77	7.97	16.85
巴西	8月预测值	15.85	66	0.7	34.66	38.02	23.07	21.47
	9月预测值	15.98	66	0.6	34.66	38.02	22.97	21.59
主要进口国								
	8月预测值	3.92	19.84	52.58	54.76	70.01	0.26	6.08

续表

地区		供给			需求			期末库存
		期初库存	产量	进口	压榨	国内总需求	出口	
	9月预测值	3.92	19.84	52.01	54.12	69.44	0.26	6.07
中国	8月预测值	2.1	17.5	23	28.3	38.2	0.2	4.2
	9月预测值	2.1	17.5	22.5	27.8	37.7	0.2	4.2
欧盟25国	8月预测值	0.84	0.84	16.16	15.5	16.96	0.03	0.85
	9月预测值	0.84	0.84	16.16	15.5	16.96	0.03	0.85
日本	8月预测值	0.65	0.28	5	3.89	5.26	0	0.67
	9月预测值	0.65	0.28	5	3.89	5.26	0	0.67
墨西哥	8月预测值	0.04	0.11	4.6	4.68	4.71	0	0.04
	9月预测值	0.04	0.11	4.6	4.68	4.71	0	0.04

说明：①上述数据基本是当地市场年度，除了巴西和阿根廷采取10月至9月的市场年度。

②世界进口和出口数据可能并不足平衡的，这主要是因为不同地区的市场年度不同，从而进口和出口数据的报告存在延续，因此世界供给可能并不等于世界需求。

③阿根廷、巴西、巴拉圭。

④日本、中国、欧盟、墨西哥和东南亚（包括印度尼西亚、马来西亚、菲律宾和泰国）。

除了月度供求报道之外，每月美国农业部还出版《月度农产品新闻》、《饲料展望》、《小麦展望》、《世界谷物市场》、《世界油料市场》、《农产品价格》等月度刊物。

4. 每周报告。美国农业部的每周报告主要有：出口检验报告、出口销售报告、作物生长播种和进度报告。

出口装船的检验报告：星期一上午公布上一周大豆、玉米、小麦、豆粕、豆油等农产品出口装船的检验报告，并按国家和地区进行了细分。

出口销售报告：每周四上午公布上一周大豆、玉米、小麦、豆粕、豆油等农产品的出口销售报告。报告按国家和地区进行了划分。

以上两个报告对于了解主要农产品短期的需求状况十分有用，是判断现货市场强弱的主要信息来源。此外，对于出口销售单笔超过10万吨商品的进出口贸易，美国农业部也会在交易发生的第二日公布。

作物播种和生长进度报告：在小麦、玉米、大豆等农产品生长阶段，每周星期一下午公布作物生长进度报告，包括作物的优良率、开花、结荚、抽穗、扬花等指标，以此判断作物的生长情况和产量。与该报告同时公布的还有周度天气报告和周度农作物概况报告。

除了上述主要的报告之外，按照商品划分，还有以下报告和公布时间，如表4-34所示。

表 4-34

种类	报告	时间
美国谷物	各种谷物的库存	按季度，大约在1、4、6、10月22日公布（大豆不包括10月）。
	种植计划，春季作物	1月22日和4月15日。
	英亩数和产量	下一个冬小麦作物，12月22日。
	玉米和高粱的生产	按月公布，7月10日至11月10日。
	黑麦的生产	按月公布，7月10日至10月10日。
	冬小麦的生产	按月公布，5月10日至8月10日。
	燕麦和大麦的生产	按月公布，7月10日至9月10日。
	除小谷物以外所有作物的年终总结	1月15日公布，包括英亩数、生产情况、产量、价格和价值的最终估计。
美国油籽	大豆和亚麻籽的库存	1月、4月、6月、9月22日公布。
	大豆和亚麻籽的种植计划	1月21日和4月15日公布。
	上一个季节的棉籽产量	5月10日公布。
	亚麻籽生产	按月公布，8月10日至10月10日。
	亚麻籽和花生生产	按月公布，8月10日至11月10日。
	亚麻籽和棉籽的压榨情况，豆饼、棉籽、油及油渣的库存。	每月25日公布。
	所有油籽的生产及产量年终总结	1月15日公布。
美国棉花	种植英亩数，上一个作物年的产量	5月10日公布。
	种植计划	1月21日和4月15日公布。
	新作物年度的种植面积	6月28日公布。
	产量估计	每月公布，8月10日至次年1月10日。
	轧棉籽报告	8月至次年3月，每月10日和24日公布。
	消费库存	大约每月20日公布。
	棉花统计年报	6月25日公布。

资料来源：美国农业部数据均可在美国农业部网站获得，网址：www.usda.gov。

（二）美国商品期货交易委员会、美国普查局资料和美国油料压榨协会月报数据

1. 美国商品期货交易委员会定期发表期刊和特殊报告。按季度发表美国商品期货交易委员会报告和《交易商报告》（Commssion of Trade Report），主要报告各种商品的未平仓合约数量。

持仓报告包括期货持仓报告和期货加期权持仓报告两种，每种报告又分为长式和短式两种报告格式。期货加期权持仓报告，将期权头寸根据Delta值折合成期货头寸，加总到期货头寸中。长式格式报告要比短式报告的内容分类更为具体。实践中，我们常常

关注期货持仓报告。

在持仓报告中，将投资者划分为报告头寸和非报告头寸两大类。其中报告头寸类是持仓量高于美国商品期货交易委员会的持仓限额，有报告义务的投资者持仓状况；非报告头寸则表示中小投机者持仓。报告头寸包括商业机构持仓和非商业持仓两大类，分别代表套期保值者和商品基金，尤其是基金的持仓数量较被市场关注。该报告每星期五公布，公布的持仓是截至上周二的持仓状况。

表4－35显示的是2004年9月7日美国商品期货交易委员会公布的期货持仓报告的短格式版本。

表4－35

大豆 SOYBEANS 芝加哥商品交易所 CHTCAGO BOARD OF TRADE
截至2004年7月9日仅期货持仓 FUTURES ONLY POSITIONS AS OF 09/07/04

报告头寸 REPOT POSITION							非报告头寸 NONREPORTABLE POSITIONS	
非商业机构 NON-COMMERCIAL			商业机构 COMMERCIAL		合计 TOTAL			
多头 LONG	空头 SHORT	套利 SPREADS	多头 LONG	空头 SHORT	多头 LONG	空头 SHORT	多头 LONG	空头 SHORT
(每份合约5000蒲式耳 CONTRACTS OF 5000 BUSHELS)					OPEN INTEREST 持仓量:177806			
报告头寸 COMMITMENTS								
32437	51898	9514	106355	69180	148306	130592	29500	47214
较08/31/04变化 CHANGES FROM(持仓量变化 CHANGE IN OPEN INTEREST: 3495)								
1509	1849	546	-771	119	1284	2514	2211	981
各类投资者占持仓量比重 PERCENT OF OPEN INTEREST FOR EACH CATEGORY OF TRADERS								
18.2	29.2	5.4	59.8	38.9	83.4	73.4	16.6	26.6
每类投资者数量 NUMBER OF TRADERS IN EACH CATEGORY(TOTAL TRADERS: 360)								
83	127	68	71	110	204	272		

美国商品期货交易委员会网址：www. cftc. gov。《交易商报告》（Commssion of Trade Report）可以在以下网址找到：http：//www. cftc. gov/cftc/cftccotreports. htm。

美国商品期货交易委员会同时还有许多出版物和研究报告发表，如《大头寸套期保值者研究》、《期货和期权的代理人研究》、《关于商品期货交易的基本事实》等。

2. 美国普查局每月的压榨报告和美国油料压榨协会月报。这两个机构分别在每月月底和月中公布压榨与库存数据，主要内容包括大豆压榨量，豆粕、豆油产量和库存量以及豆粕进出口量。同时，还有其他关于农产品的报告发布。

网址：www. census. gov；http：//www. nopa. org/。

（三）期货交易所数据

各类农产品期货交易所均提供定期和不定期的关于本交易所交易商品的统计报告和相关数据，可直接通过该交易所的网站获得。下面列出主要农产品期货交易所及网站。

芝加哥期货交易所，网址：www. cbot. com；

中美洲商品交易所，网址：www. midam. com；

明尼阿波利斯谷物交易所，网址：www. mgex. com；

巴西期货交易所，网址：www. bbf. com. br；

堪萨斯市商品交易所，网址：www. kcbt. com；

纽约棉花交易所，网址：www. nyce. com；

纽约咖啡、糖和可可交易所，网址：www. csce. com；

温尼伯商品交易所，网址：wce. mb. ce。

（四）私人分析机构数据

一些私人研究分析机构定期或不定期地提供有关农产品的市场研究，公布专题报告和数据，对美国农业部和其他政府组织机构将要公布的报告和数据进行提前预测，如播种面积、产量预测、出口销售等。下面是较为知名的几家私人分析机构及网址：

1. 农业现货和信息服务商：

Informa Economics（Spark），网址：informaecon. com/；

Ag Resource，网址：www. agweb. com；

Midwest Market Solutions，网址：midwestmarketsolutions. com/；

Proexporter（网络咨询公司），网址：www. proexporter. com/；

Progressive Ag，网址：www. progressiveag. com/。

2. 交易分析和投资公司：

Bellingham，网址：www. abellingham. com；

A. G. Edwards & Sons，网址：www. agedwards. com/；

North American Risk Mang，网址：www. narmsinc. com/；

Prudential Securities，网址：www. prudential. com/index/；

STA Trading Services，网址：www. iamhedged. com/；

Cargill Investor Services，网址：www. cis. cargill. com/psresearch. osp。

3. 国外著名期货经纪公司：

Allendale，网址：www. allendale. com/；

US Commodities，网址：www. uscommodities. com/；

Fcstone，网址：www. fcstone. com/；

O'Connor，网址：www. eoconnor. com/；

RJ O'Brien，网址：www. rjobrien. com/；

Fimat Futures，网址：www. fimat. com/fimat/index. html；

Alaron，网址：http：//www. alaron. com/home. htm；

Barrington，网址：http：//www. barringtoncommodities. com。

（五）农业非政府组织和服务机构数据

许多农业非政府组织和服务机构定期或不定期地提供有关农业及农产品市场、种植、生产加工等方面的数据和报告，可以从它们的网站上获得。下面是主要的农业非政府组织机构及网址：

1. 期货业协会（FIA）提供的《交易规模月报》、《未平仓合约报告》、《期权报告》

等报告，按月提供所有期货和期权合约的交易规模及未平仓合约资料；网址：www. fiafii. org。

2. 美国大豆协会（ASA），网址：www. asa - europe. org。

3. 美国谷物饲料协会（NGFA），网址：www. ngfa. org。

4. 全美玉米种植协会（NCGA），网址：www. ncga. com/。

5. 美国小麦生长协会（NAWG），网址：www. wheatworld. org。

6. 美国玉米种植协会（ACGA），网址：www. acga. org。

7. 美国农业市场协会（NAMA），网址：www. nama. org。

第五节　国际农产品套期保值案例

[案例 4 -1]　A 油厂对采购大豆的卖期保值

2004 年 8 月，此时距离 4 月 16 日芝加哥期货交易所大豆期货价格出现第一个跌停板已近 4 个月时间。大豆价格从 4 月份的 1064 美分/蒲式耳最高点一路走低，下跌到 8 月初的 560 美分/蒲式耳左右，跌幅近 500 美分。此次下跌的主要原因是由于中国采取紧缩性的宏观经济政策，银行收缩放贷规模，致使中国油厂的采购资金链断裂，中国买家大量毁约已经购买的南美大豆。在此背景下，宏观对冲基金大量沽空与中国相关的商品，大豆价格出现连续暴跌。

由于大量毁约，中国买家信誉受到严重损害，国际大粮商不断提高中国购买大豆的门槛（如提高保证金比例、突出违约责任等措施）。同时，在北美大豆种植的关键阶段，对于早霜的担忧开始出现在市场上，所以从 8 月底芝加哥期货交易所大豆期货价格开始出现反弹，与此同时，由于大豆进口断档，中国国内的港口大豆库存和豆粕价格高企，国内油厂的压榨利润逐渐增加。

从另一方面来看，2004 年美国大豆的种植和生长状况都比 2003 年有大幅度提高，霜冻是目前仅有的利多因素，大豆整体丰产的可能性非常大，目前大豆供给紧张只是由于毁约南美大豆带来的信誉问题所造成的临时性短缺。从技术层面来看，大豆价格 K 线图中的均线系统显示长期趋势仍然向下。所以基本上可以确定此次反弹是下跌趋势中的一次中级别调整。

综合上述情况，由于前期 A 油厂在大豆进口中并没有出现严重的毁约问题，大豆进口渠道相对通畅，所以他们决定抓住这一时机，进口美国大豆进行压榨或转售。但是由于此波反弹结束的时间尚不明确，所以 A 油厂决定在作价的同时通过卖出大豆期货对已购买的现货进行套期保值。

8 月初，A 油厂与外商签订了一船 5 万吨美国大豆的进口合同，并敲定到中国港口的升贴水为 190 美分 /蒲式耳，在 8 月 13 日—8 月 23 日的数个交易日，A 油厂将这一船大豆共 404 手全部作价，均价在 582 美分 /蒲式耳。点价同时，A 油厂按照 80% 的套期保值比例，在芝加哥期货交易所 11 月大豆合约上以 610 美分 /蒲式耳的价位抛出 320 手进行套期保值。该船大豆于 8 月 30 日装船完毕并驶往中国。

9 月 1 日，11 月大豆期货价格在冲高 652 美分 /蒲式耳价位左右时，价格开始出现回落。35 天后，A 油厂订购的大豆到达中国港口时，期货价格已经回落到 530 美分 /蒲式耳左右，相应的国内大豆港口现货价格也出现下跌，582 美分 /蒲式耳作价的这一船大豆已经出现亏损，假定升贴水没有变化，大豆亏损 52 美分 /蒲式耳，总计亏损 105. 04 万美元。但是由于该油厂已经在期货市场做空进行套期保值，此时空头头寸的盈利为 128 万美元，正好弥补了上述亏损。

点评：

对现货进行套期保值的基本原理是：在期货市场上建立与现货头寸方向相反的保护性期货头寸，保护性期货头寸的数量（或保值比例）可以由油厂相机而定。一旦签订现货订购合同，即使还没有作价，但油厂相当于处于空头的地位，所以要进行买期保值，规避价格上涨的风险；在作价以后，由于油厂已经拥有商品的所有权，确定了采购成本，相当于处于多头的地位，所以要进行卖期保值，规避价格下跌的风险。

本案例中，A 油厂立足于国内现货状况，利用进口通道的优势进口大豆。由于对行情判断正确，将其定义为：长期下跌过程中的中级别回调，直接采用做空大豆期货的方式，对现货头寸进行保护。如果未来期货价格继续保持上涨态势，尽管期货空头头寸会出现损失，但是由于进口大豆的现货价格较国内具有竞争优势，所以现货贸易和压榨能够获得丰厚的回报，达到锁定成本、规避风险的目的。

［案例 4－2］　B 贸易商点价前的买期保值

2004 年农产品期货市场的大牛市给中国人上了惨痛的一课，许多油厂和贸易商在 900 美分 /蒲式耳甚至 1000 美分 /蒲式耳的价格水平上大量作价购买美国大豆，随之而来的暴跌，使这些油厂和贸易商几乎濒临破产，而 B 贸易商是在这次大牛市中有幸的生存者之一。B 贸易商在作价和套期保值中的做法从正反两个方面给我们以深刻的教训。

2003 年 10 月份，芝加哥期货交易所大豆价格在美国大豆干旱、减产的利多刺激下，已经攀升至 650 美分 /蒲式耳左右的价位，而且 10—11 月份南美的大豆种植情况也不太理想。此时正值美国大豆即将丰收，开始大量上市。B 贸易商如往年一样，准备在 2004 年初进口一部分大豆，以便在美国大豆销售接近完成、而南美大豆还没有上市之前、国内进口大豆豆源紧张之时赚取一定的利润。此时，B 贸易商还没有完全意识到自己将会经历一次史无前例的牛市行情。2003 年 11 月初，B 贸易商与某国外著名粮商签订了大豆进口合同，进口两船美国 2 号黄大豆，并确定了升贴水。作价时间，区间限定在 2004 年 4 月 25 日之前。

到 2003 年 11 月，芝加哥期货交易所大豆已经连续上涨 4 个月，价格达到 750 美分 /蒲式耳左右。B 贸易商希望能够在较长一段时间内抓住价格波段来分批次点价，但是这样做的潜在风险就是如果价格出现连续上涨，选择在未来作价反而达不到低价格。

为了规避这一风险，B 贸易商计划在进口商那里作价之前，通过其母公司的境外期货套期保值平台，事先买入 5 月大豆期货合约进行保值，设定的套期保值比重为 70%，2003 年 12 月 5 日，B 贸易商以 750 美分/蒲式耳的价格买入 560 手 5 月大豆期货合约。

从 2003 年 11 月底开始，B 贸易商开始分批次在进口商那里作价，其间芝加哥期货交易所的大豆价格开始出现疯狂的连续上涨，到 2004 年 4 月中旬，B 贸易商将全部两船大豆点价完毕，而此时 5 月大豆期货价格已经冲高到 1000 美分/蒲式耳以上，B 贸易商两船货作价的平均价格在 980 美分/蒲式耳。作价完毕后，B 贸易商将其套期保值头寸共 560 手以均价 1000 美分/蒲式耳平仓。

5 月中旬，全部两船大豆抵达中国港口，之后从 5 月 11 日芝加哥期货交易所的大豆价格开始出现暴跌，5 月大豆期货合约以 969 美分/蒲式耳摘牌，5 月底价格回落到 800 美分/蒲式耳附近，而国内大豆期现货价格早从 4 月初开始就出现暴跌。

盘点整个进口、点价和套期保值，假设 B 贸易商在 7 月份才将所有的进口大豆转售出去，若不计升贴水成本，销售价格在 800 美分/蒲式耳，则 B 贸易商进口两船大豆现货总计亏损 727.2 万美元（(980-800)×50×2×404)，套期保值头寸的盈利为 700 万美金（(1000-750)×50×560)。两项相抵，B 贸易商亏损 27.2 万美元，基本上达到了套期保值的目的。

点评：

在分析 B 公司此次经验教训时，我们发现如果在点价后，B 公司严格按照套期保值的原则对已经作价的现货头寸进行保值，即在 4 月底的时候建立期货空头头寸，在将两船销售完毕后，将保护性的空头头寸平仓，将会获得非常丰厚的期货收益，从而可以进一步弥补现货的损失。

B 贸易公司所遇到的大豆行情是历史上罕见的大牛市行情，B 贸易公司没有忽视分批作价的劣势——价格出现连续上涨的状况，所以在作价之前，事先通过其母公司的境外期货渠道建立了套期保值头寸，从而部分规避了作价本身的时间缺陷。但是，B 贸易公司在现货订购和套期保值过程中也存在失误，那就是完成作价之后没有立即建立保护性的空头头寸来对现货进行保护。如果立即建立保护性的空头头寸，B 贸易公司的风险就能够大部分锁定，在这次罕见的大牛市行情中就不会因为剧烈的价格波动而蒙受损失。不管是贸易公司还是油厂都应当立足于自己的主营业务，明确自己参与期货市场的主要目的是规避风险，锁定成本，赚取稳固的压榨或贸易利润。

[案例 4-3]　C 贸易商购买看涨期权进行套期保值

油厂或贸易商参与期货市场不一定都是以期货盈利来弥补现货亏损，有时候正好相反，即期货保护性头寸出现亏损，但现货能够获得较丰厚的收益。C 贸易商的经历就是典型的案例。

2004 年 4 月份以来，芝加哥期货交易所的大豆期货价格从 1064 美分/蒲式耳的高位跳水，价格出现连续下跌，我国进口商大量毁约已经订购的南美大豆。8 月初，国内大豆进口受到信誉问题的困扰，供给开始出现紧张。C 贸易商决定在这时候进口一船美国大豆，趁国内现货紧张之时出售。

但是，此时芝加哥期货交易所的大豆行情还面临许多不确定性的因素：一是价格出现近4个月的连续暴跌，是否会有一定级别的反弹出现；二是7月底8月初正处于美国新大豆种植的关键时期，2004/2005年度美国大豆种植区域温度普遍低于正常，生长进度有所滞后，所以大豆生长的不确定也使对后市的行情判断难以把握。所以C贸易商决定在作价之前，先行购买看涨期权作保护，而且由于近期价格连续下跌，看涨期权的价格相对便宜，套期保值成本也不高。

8月初，C贸易商与国外进口商签订进口一船大豆的现货合同，作价时间在2004年9月30日之前。8月5日签订现货合同时，11月大豆期货合约的价格在560~570美分/蒲式耳左右，此时11月大豆敲定价格为680美分/蒲式耳的看涨期权价格为3.5美分/蒲式耳，当时该期权的Delta① 值为0.24左右，根据DELTA比率计算的保护一船大豆（404手）大致需要2000手（=404/0.24）看涨期权，C贸易商拟定的套期保值比例为50%，即在作价之前购买1000手看涨期权来规避定价过程中的价格连续上涨的风险。2004年8月5日，C贸易商买入上述数量的看涨期权。

从8月中旬开始，芝加哥期货交易所的大豆期货价格由于炒作霜冻的因素开始出现反弹，11月期货合约价格在9月1日最高上探到652美分/蒲式耳。此时C贸易商已经作价了大约80手，尽管作价价格较高，但是由于有保护性的期权头寸，所以相对于8月中旬的期货价格，目前已经作价的80手出现一些亏损，但是看涨期权已经涨到8美分左右，基本上可以弥补上述损失。9月1日以后，芝加哥期货交易所的大豆期货价格重新开始下跌，到9月中下旬，价格已经回落到520美分/蒲式耳左右。

到9月30日最后作价期，C贸易商将全部一船货作价，均价在540美分/蒲式耳左右。此时，11月大豆680美分/蒲式耳的看涨期权只有1美分，C贸易商将该期权头寸全部平仓，相当于每蒲式耳大豆增加成本6美分，即该船大豆均价应该在546美分/蒲式耳。

点评：

尽管从结果来看，C贸易商的进口成本增加了6美分，但是这样的增加幅度对于一般大豆进出口贸易公司而言是完全可以接受的。更为重要的是，正是由于购买了看涨期权，所以在价格反弹到650美分/蒲式耳左右的价位时，贸易公司的作价心态非常平稳，不会出现追涨杀跌的焦躁情绪。回顾芝加哥期货交易所的大豆价格在1000美分/蒲式耳高位运行时，为什么如此多的油厂和贸易公司纷纷杀入作价购买，就是买涨不买跌的心理在作祟。所以，期权这种套期保值能够有效地规避作价风险，保持作价者的良好心态。

更为重要的是，如果美国天气出现任何问题的话，大豆期货价格重新回到700美分/蒲式耳以上，贸易商的作价风险加大，购买看涨期权正好可以规避上述风险。在前面几个案例中，我们一再强调一个观点：大豆贸易商或油厂一定要明确自己的主营业

① Delta参数反映期货价格每变动1美分，期权价格变动的多少。所以用Delta可以计算如果要达到完全套期保值的效果，1手期货要多少反方向的期权进行保护。

务，确保主营业务的利润的实现；同时要正确看待期货市场的作用，明确自己作为保值性质的商业机构的地位。这是实施套期保值的根本出发点和有效推动力。

［案例4－4］ D油厂使用期权组合进行套期保值

相对于期货套期保值而言，期权在套期保值方面具有更大的潜力，这不仅在于期权本身特殊的风险收益特性，而且更在于期权的变化更多，能够满足更为灵活的套期保值需要。期权组合的使用就是期权套期保值灵活性的表现之一。D油厂的套期保值经验为我们提供了一个借鉴。

每年7月份和8月份是美国大豆生长的关键时期。8月份美国进入夏季，干旱时常发生，而这段时间是大豆生长最为关键的时期，对于降雨、温度等气候因素非常敏感，所以任何有关天气方面的重大消息都会对市场产生较大的冲击。这段时间的行情又称为"天气行情"。2004年7月初，即将进入天气炒作的行情，芝加哥期货交易所的大豆价格也已经持续下跌了3个多月。D油厂由于在2004年初以均价730美分/蒲式耳进口了3船大豆，进口后不久即出现暴跌行情，到7月初，芝加哥期货交易所的大豆期货价格又回到700美分/蒲式耳以下。为了防范下跌风险，D油厂准备在期货市场购买一部分看跌期权来锁定风险。但是7月份和8月份的天气难以让人琢磨，许多未定因素将会在其间影响市场，为了保险起见，D油厂准备先建立一组风险较小的跨式期权组合来进行保值。

7月初，芝加哥期货交易所的11月大豆期货合约价格基本上在650美分/蒲式耳左右，D油厂作了如下期权组合：买入200手11月大豆敲定价格为800美分/蒲式耳的看涨期权，同时买入200手11月大豆敲定价格为540美分/蒲式耳的看跌期权，价格分别为4美分和9.5美分。该期权组合的风险收益特点为：如果价格在未来出现暴涨和暴跌，该期权组合都会盈利，但如果未来价格波动性较小，则该期权组合将会损失时间价值，直至到期，所有的权利金全部丧失。根据历史规律，在炒作天气行情的时候，一般价格波动性都会增加，所以该期权组合出现损失的概率较低。

此外，D油厂还作了如下套期保值方案的调整计划：如果未来天气状况基本上没有太大问题，作物生长态势良好，就伺机增加看跌期权的头寸数量，使该组合更具看跌倾向，从而达到为手中现货进行套期保值的目的；如果未来天气果真出现问题，价格出现大幅上涨，则保持该组合不变。在这种情况下，手头持有的现货头寸没有风险，同时期权组合还能够获得收益。

从7月份开始，2004年美国大豆种植的天气状况非常好，大豆生长状况也大大好于前几年。D油厂根据事前制定好的保值方案，在8月底和9月中旬分别两次加仓购买看跌期权。到10月份其现货基本压榨完毕时，其期权组合已经变为：200手11月大豆敲定价格为800美分/蒲式耳的看涨期权和600手11月大豆敲定价格为540美分/蒲式耳的看跌期权。此时，11月大豆期货价格已经跌至510~520美分/蒲式耳之间，看跌期权已经变为实值。

尽管在大豆压榨方面该油厂出现损失，但是由于使用了期权组合进行避险，而且灵活地调整了看跌期权的数量，使得该油厂在看跌期权上收益颇丰，达到有效规避风险的目的。

点评：

用期权组合进行套保是套期保值中比较复杂的方法，但是其灵活性和针对性确实要强于其他手段。在上面案例中，D 油厂没有使用单一的买入看跌期权，而是使用了一个期权组合套保。不论是价格出现上涨、下跌，该组合都能够有效地规避风险。而且根据市场变化，D 油厂还设计了套期保值头寸的调整方案，降低保值头寸的风险，增强保值的效果。上述组合惟一的风险就是价格窄幅波动，但是“天气行情”的特点决定了价格窄幅波动的概率非常低，也就是说出现风险的概率也较低。使用期权组合套保要求对不同敲定价格的期权属性有较好的理解和分析，需要比较好地跟踪市场波动率的变化，也需要有较强的对期权头寸建仓的把握能力，这是使用期权组合套保的最大障碍。

第五章 国际金属期货

国际金属现货市场主要分为贵金属（precious metals）和工业金属（ industrial metals or base metals，行业中亦称基本金属）两大市场。贵金属主要分为黄金、白银、铂金和钯等。工业金属主要分为铜、铝、铅、锌、镍、锡和合金铝等。近20多年来，随着全球经济的快速增长，贵金属和工业金属的产量与消费都呈逐年大幅增长之势。

第一节　国际金属现货市场概况

一、贵金属现货市场

（一）黄金

1. 概述。人类发现和使用黄金迄今已有7000多年的历史，我国的黄金开采和使用也至少有4000多年的历史，大约在新石器时代就已经认识了黄金。黄金以其美丽、稀有、名贵、稳定和优良的延展性倍受人类的喜爱，为世人共同追求的财富。

近年来，黄金除了传统的装饰和储备用途之外，也被越来越多地应用于电子工业、化学工业和航天工业。西方国家黄金的主要用途分布如下：首饰工业79%，储备5%，其他及工业用途16%。

2. 全球产量与消费。近年来，全球的黄金（直接来自于矿）产量一直处于比较平稳的水平，每年约2600吨。2000年为2591吨，2001年为2623吨，2002年为2587吨，2003年为2601吨。同期再生回收黄金也呈逐年增长的趋势，从2000年的609吨增至2003年的946吨。与此同时，全球消费呈逐年递减之势，从2000年的4022吨递减至2003年的3176吨。根据西方研究机构预测，今后几年，全球的黄金（矿）产量将维持在4000吨左右，消费维持在3600吨左右。市场基本处于供大于求的状况。

3. 西方黄金开采和提炼成本。从图5－1中我们可以看出，1975年以来，西方国家的黄金开采和冶炼成本基本保持在200～250美元/盎司左右。20世纪90年代末以来，生产成本有所下降，基本在200美元/盎司以下。

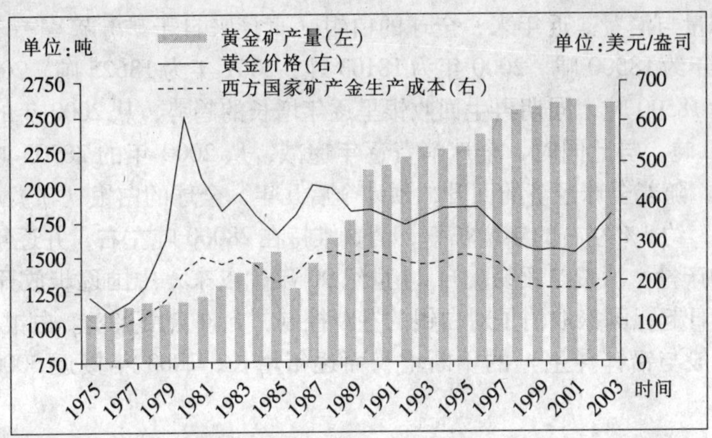

数据来源：巴克莱银行。

图 5－1　全球黄金矿产量、黄金价格以及生产成本

中国的黄金产量从 1987 年的不足 100 吨发展到 2003 年的 240 吨左右，每年都保持稳定的增长水平。2003 年，中国黄金消费总量同比增长了 3%，达到 213.2 吨，位居世界第三，仅次于印度和美国，中国的黄金大部分用于首饰工业。

（二）白银

1. 概述。银是人类最早发现和开采利用的金属元素之一。约在 5000～6000 年以前，人类就认识了自然银并采集它。16 世纪，人类开始大量采集并冶炼白银。

在所有金属中，银的导电性和导热性最高，延展性和可塑性好，易于抛光和造型，可与许多金属组成合金，主要用于首饰、照相、造币和工业用银。

图 5－2 显示了自 1987 年以来西方国家白银消费领域的分布状况，其中，工业用银约占 40% 左右，其他依次为首饰、照相以及造币。

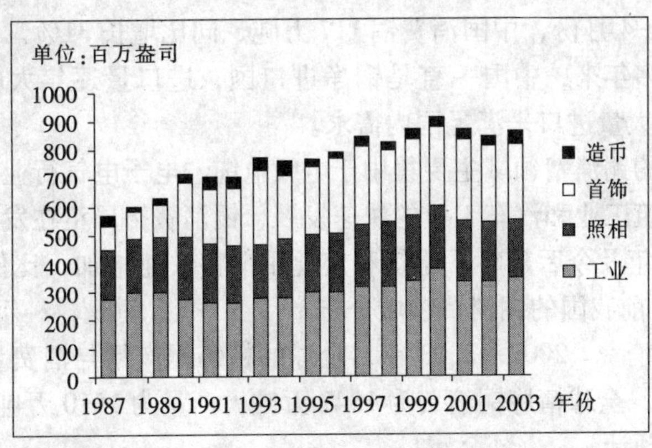

数据来源：全球贵金属市场权威咨询和研究机构（GFMS）、巴克莱银行。

图 5－2　西方国家白银消费领域分布

2. 全球产量与消费。近年来，全球的白银（直接来自于矿）产量一直处于比较平稳的水平，每年约18500吨。2000年为18103吨，2001年为18625吨，2002年为18550吨，2003年为18500吨。同期再生回收银呈逐年增长的趋势，从2000年的5611吨增至2003年的6000吨。与此同时，全球消费逐年递减，从2000年的28305吨递减至2003年的26700吨。随着全球经济的回升，预计今后几年，全球的白银（矿）产量将保持稳步增长的态势，约8%左右的年增长率，消费维持在28000吨左右，并逐年小幅增长。

3. 中国的产量、消费与贸易。自20世纪90年代以来，中国逐步放开了白银市场。2000年1月1日起，国家取消了对白银的垄断控制，允许自由买卖。白银产量随着铅锌产量（白银一般与铅锌伴生）的不断增长而逐年增长，2003年接近5000吨，净出口2960吨。

二、工业金属（Industrial metals or base metals）现货市场

（一）铜

1. 概述。铜是人类最早开发利用的矿产资源之一。早在2500多年前，人们就开始利用锡和铜两种金属制造青铜器，由此进入青铜器时代。随着人类文明的发展，技术的不断创新，铜的用途越来越广泛，用量也越来越大，并形成了目前蓬勃兴起的世界铜工业。

2. 主要用途。由于铜具有优良的导电性能，被大量应用于电线电缆以及电子元器件工业。建筑工业是目前全球铜消费的第二大领域，其中铜带和铜管等用量最大。电线电缆和电气行业是第一大消费领域，占36%；其次为建筑行业，占35%；第三大消费领域为运输行业，占12%；工业机械设备占9%；一般普通消费产品占8%。

3. 中国的产量、消费及消费领域。近年来，随着我国经济的持续快速增长，中国的铜产量与消费急速增长，尤其是消费，其增速一直高于我国的GDP年增长率，产量与消费占全球的比重越来越大。从2002年起，中国成为世界第二大铜消费国，仅次于美国。2003年，中国电解铜产量为175万吨左右，消费高达306万吨，不足部分全部依赖进口。2004年1—4月份，中国消费铜117万吨，同比增长31%。产量的增速远远赶不上消费的增速。多年来，中国一直是铜净进口国，进口量逐年大幅增加。预计今后10年中国仍将依赖大量进口来满足国内需求。

近年来，我国的铜消费领域主要集中于电线电缆、电子电气行业，其次为机械制造行业。随着中国建筑工业和汽车工业的快速发展，铜消费格局正在发生急剧变化。据最新统计表明，2004年及今后几年，建筑和交通用铜将快速增加，比例将分别达到10%以上。图5-3是目前我国的铜消费领域分布。

4. 全球产量与消费。2000—2003年，全球的精炼铜产量与消费量一直徘徊在1500万吨上下。2003年，全球精炼铜消费为1547万吨，产量为1510万吨。图5-4中2004年的数字是当时的预计。

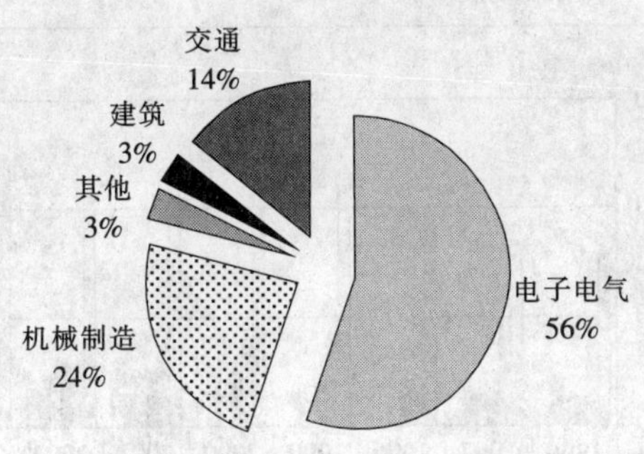

图5－3　我国铜消费分布图

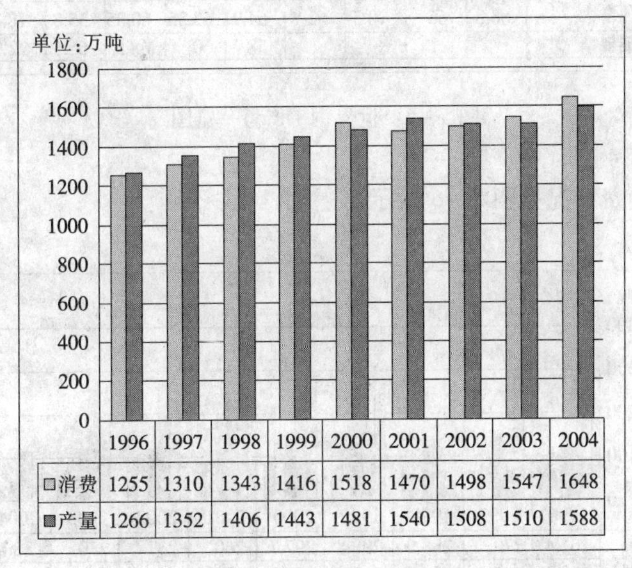

	1996	1997	1998	1999	2000	2001	2002	2003	2004
消费	1255	1310	1343	1416	1518	1470	1498	1547	1648
产量	1266	1352	1406	1443	1481	1540	1508	1510	1588

图5－4　世界精炼铜产量与消费量一览图

全球铜矿资源主要集中在南美、北美、东南亚和澳洲。铜矿主要生产国有智利、美国、印度尼西亚、澳大利亚、加拿大。此外，俄罗斯和中国的铜矿产量也很大，但基本自用，没有出口（见图5－5）。

全球电解铜产区主要集中在南北美洲以及亚洲。具体分布为：南北美洲占全球总产量的41%，亚洲占31%，欧洲占21%，澳洲4%，非洲3%。目前，全球铜消费国家主要有中国、美国、德国、日本、韩国以及欧洲其他国家。

20世纪60年代末开始使用的铜湿法冶炼技术使铜冶炼工业进入一个新的历史时期。随着技术的不断改进，湿法冶炼的铜产量呈逐年上升趋势。目前，该技术主要在智利被广泛使用。

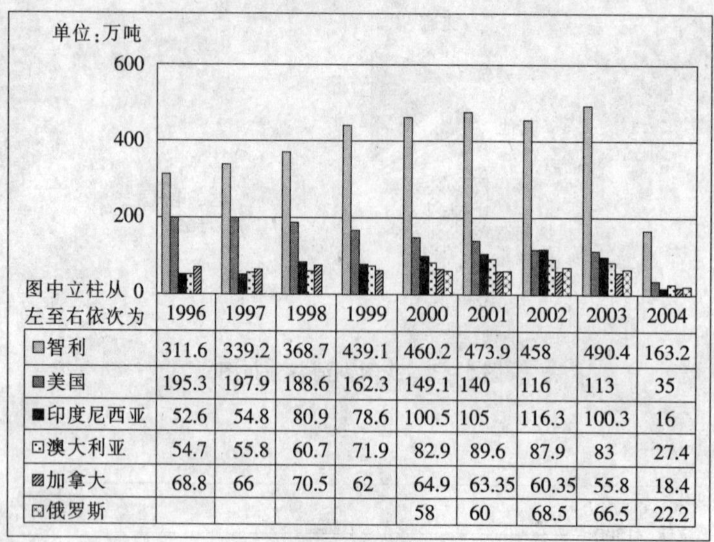

	1996	1997	1998	1999	2000	2001	2002	2003	2004
智利	311.6	339.2	368.7	439.1	460.2	473.9	458	490.4	163.2
美国	195.3	197.9	188.6	162.3	149.1	140	116	113	35
印度尼西亚	52.6	54.8	80.9	78.6	100.5	105	116.3	100.3	16
澳大利亚	54.7	55.8	60.7	71.9	82.9	89.6	87.9	83	27.4
加拿大	68.8	66	70.5	62	64.9	63.35	60.35	55.8	18.4
俄罗斯					58	60	68.5	66.5	22.2

图 5－5　世界铜矿产量一览图

全球精炼铜消费情况如图 5－6 所示。

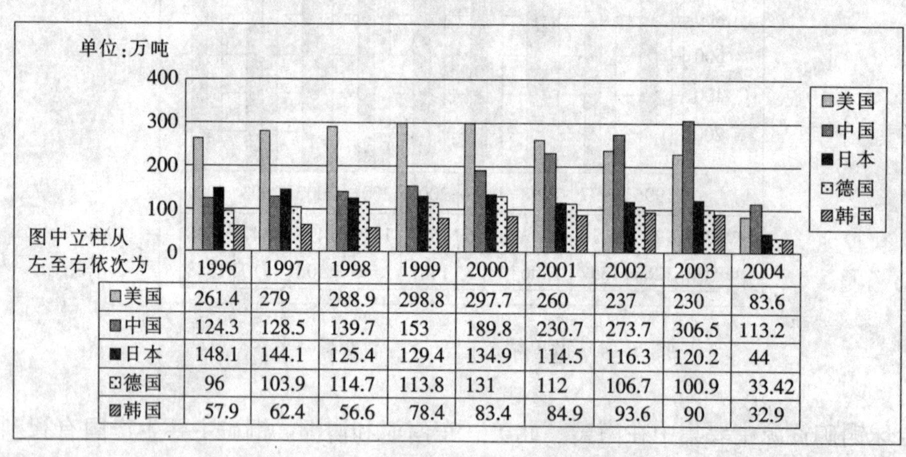

	1996	1997	1998	1999	2000	2001	2002	2003	2004
美国	261.4	279	288.9	298.8	297.7	260	237	230	83.6
中国	124.3	128.5	139.7	153	189.8	230.7	273.7	306.5	113.2
日本	148.1	144.1	125.4	129.4	134.9	114.5	116.3	120.2	44
德国	96	103.9	114.7	113.8	131	112	106.7	100.9	33.42
韩国	57.9	62.4	56.6	78.4	83.4	84.9	93.6	90	32.9

图 5－6　全球精炼铜消费国一览图

（二）铝

1. 概述。在众多大宗金属中，铝是最晚被发现和被利用的金属，但其储量却是地球中最丰富的。早在 1746 年，德国科学家波特发现了氧化铝。一个多世纪之后，人们才开始真正大量提炼并利用电解铝。

铝具有重量轻、导电优、耐腐蚀及良好的延展性等特点，被广泛应用于建筑、交通运输、电线电缆、包装、机械和消费品等行业。2004 年，西方国家铝消费领域比重如下：交通运输用铝占 29%，建筑占 20%，包装占 18%，电气 9%，消费品 8%，机械

8%，其他 8%。

2. 中国铝产量与消费。近年来，我国的铝消费领域主要集中在建筑、交通运输、电力、包装、日用消费和机械等行业（见图 5－7），产量和消费都呈高速增长的态势，尤其是原铝冶炼工业，由于产能扩张太快，导致 2004 年中央出台政策（减少贷款，提高自有资金的投资比例等等）控制其冶炼行业。

从 1998 年以来，我国就成为仅次于美国的全球第二大原铝消费国，2001 年以来成为全球第一大原铝生产国。自 2000 年始，我国的原铝消费每年以 20% 以上的年率增长。2003 年，我国原铝产量约 550 万吨，消费约 510 万吨。预计今后相当长的时间内，随着我国经济的持续高速发展，铝消费和产量都将保持 20% 左右的年增长率。

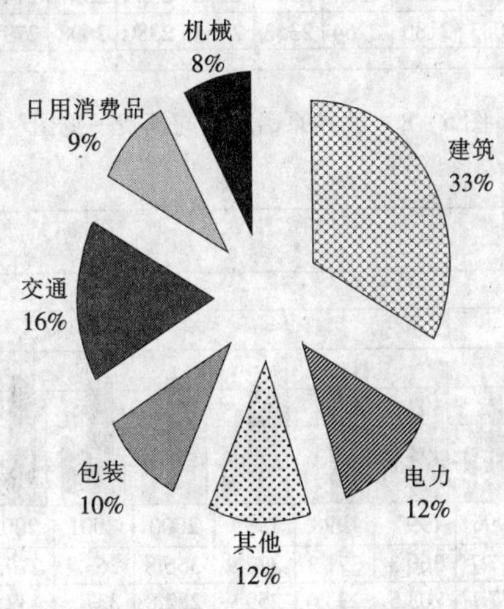

图 5－7　我国铝消费分布图

3. 国际铝市场产量与消费。近年来，国际原铝产量和消费都在大幅增长，尤其是中国的产销。2000—2001 年，全球总体的原铝消费和产量分别都是 2500 万吨左右。2002 年以来，产量、消费都快速增长。2003 年，全球的产量和消费分别为 2800 万吨左右和 2740 万吨左右（见图 5－8）。近年来，全球的原铝主产区为北美洲、欧洲、亚洲等地区，具体如下：中国占全球总产量的 20%，北美占 19%，欧洲占 18%，俄罗斯占 12%，其他亚洲国家占 10%，澳大利亚占 8%，拉丁美洲占 8%，非洲占 5%。而原铝消费地区主要集中在亚洲、欧洲和北美洲（见图 5－9、图 5－10）。

（三）铅

1. 概述。早在 5000 多年前，人类就发现并开始利用铅，但直到 19 世纪中期，铅金属才开始大量地被利用。铅具有良好的延展性和耐腐蚀性，是制作管材的理想金属。尤其是 20 世纪 20 年代以来，随着汽车工业的快速发展，蓄电池很快成为铅的最主要消费领域，这使得铅成为继铁、铝、铜、锌之后的第五大金属。2003 年，全球金属铅产量与消费分别约为 680 万吨，并呈逐年递增的趋势。

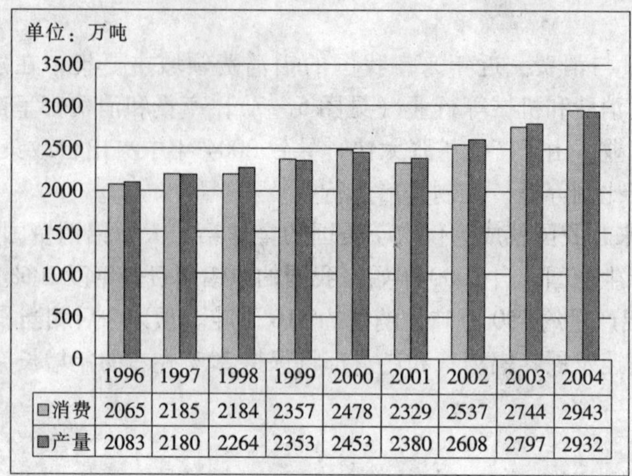

	1996	1997	1998	1999	2000	2001	2002	2003	2004
消费	2065	2185	2184	2357	2478	2329	2537	2744	2943
产量	2083	2180	2264	2353	2453	2380	2608	2797	2932

图 5－8　世界原铅产量与消费一览图

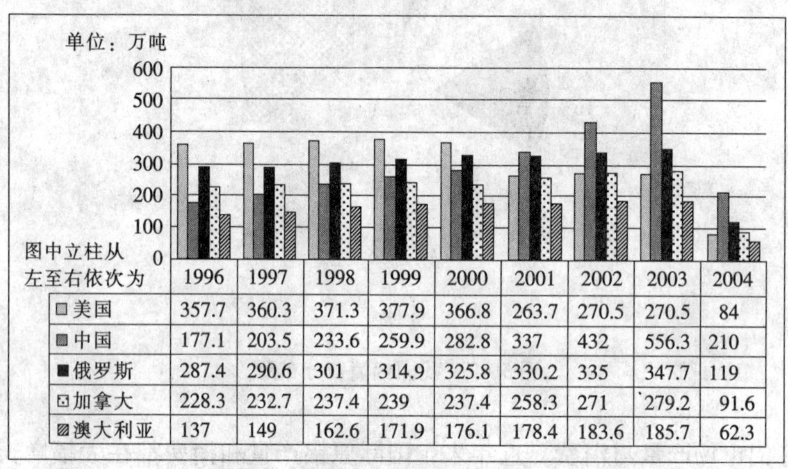

	1996	1997	1998	1999	2000	2001	2002	2003	2004
美国	357.7	360.3	371.3	377.9	366.8	263.7	270.5	270.5	84
中国	177.1	203.5	233.6	259.9	282.8	337	432	556.3	210
俄罗斯	287.4	290.6	301	314.9	325.8	330.2	335	347.7	119
加拿大	228.3	232.7	237.4	239	237.4	258.3	271	279.2	91.6
澳大利亚	137	149	162.6	171.9	176.1	178.4	183.6	185.7	62.3

图 5－9　全球原铅主产国及产量一览图

2. 用途。目前全球61%的铅用于蓄电池，而西方国家蓄电池占铅用量的71%，染料占12%，铅挤压制品占7%，弹药占6%，电缆护套占3%，合金占1%。

3. 全球产量。2003 年全球精炼铅产量为 672 万吨，主要生产地区为北美，占全球总产量的27%，西欧占21%，东欧占8%，澳大利亚占19%，中国占16%，拉丁美洲占7%，非洲占2%。

4. 全球消费。目前，全球的消费地区主要集中在美洲、欧洲和中国。其中欧洲占全球消费总量的25%，北美占23%，亚洲（不包括中国）占17%，中国占15%，其他国家和地区占9%，拉美占7%，日本占4%。

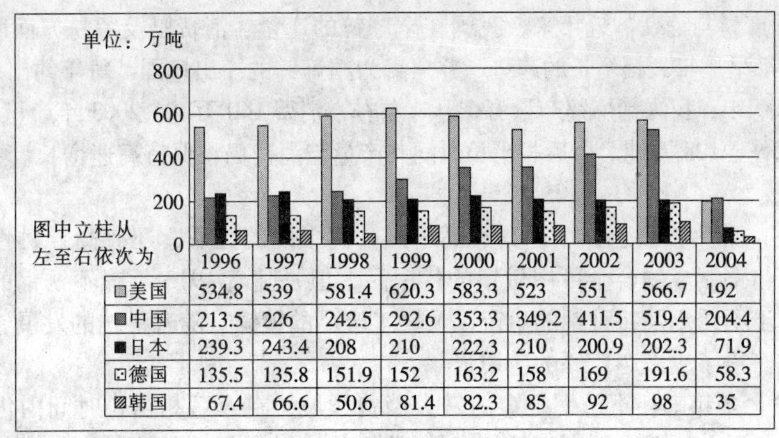

	1996	1997	1998	1999	2000	2001	2002	2003	2004
美国	534.8	539	581.4	620.3	583.3	523	551	566.7	192
中国	213.5	226	242.5	292.6	353.3	349.2	411.5	519.4	204.4
日本	239.3	243.4	208	210	222.3	210	200.9	202.3	71.9
德国	135.5	135.8	151.9	152	163.2	158	169	191.6	58.3
韩国	67.4	66.6	50.6	81.4	82.3	85	92	98	35

数据来源：巴克莱银行。

图 5－10　全球原铝主要消费国一览图

5. 中国产量与消费。近年来，中国在全球铅的产量、消费以及贸易方面占据越来越重要的位置，产量、消费及贸易都呈逐年大幅增长的趋势，并一直为精炼铅的净出口国，每年净出口约 40 万吨。2000 年，我国精炼铅产量为 110 万吨左右，消费为 66 万吨。2003 年产量增至 158 万吨，消费增至 117 万吨。预计今后几年中国仍将维持铅净出口的局面。

（四）锌

1. 概述。锌是蓝白色的晶体，具有防腐蚀能力，主要用于制造各类合金和镀锌业，尤其是制造汽车外壳和镀锌钢板的用量在国外占到锌消费的 54%，在我国为 25%。锌与铜合熔形成黄铜，是锌传统的用途。黄铜被认为是高功能合金，它能被所有传统的方法，如铸造、轧制、挤压锻造和热压制造成型。因此，锌作为仅次于铜、铝的第三大有色金属，以其独有的物理、化学性质被广泛应用于电子、工业、建筑等多个领域。

2. 用途。目前，镀锌行业仍然是精炼锌的主要消费领域。西方国家镀锌消费占全球锌消费的 54%，黄铜制品及铸件占 16%，氧化锌及化工占 7%，锌型材占 7%，压铸合金占 12%，其他占 4%。

3. 全球产量。近年来，全球锌矿和精炼锌产量都呈逐年增长趋势，年增长率约 4%。2003 年，全球精炼锌产量 985 万吨，今后几年其产量仍将保持 4% 以上的年增长率。全球精炼锌主产区为：中国占全球总产量的 23%，西欧占 22%，澳大利亚和亚太地区占 23%，北美占 12%，东欧占 10%，拉美占 8%，非洲占 2%。

4. 全球消费。全球锌的消费与产量一样，近年来都处于不断增长的态势。2003 年，全球精炼锌消费 963 万吨，今后几年其消费仍将保持增长的态势，年增长率有望达到 3% 左右。目前消费比例如下：西欧占全球总消费的 25%，中国占 20%，其他亚洲国家（不含中国和日本）占 18%，北美占 14%，拉美占 6%，日本占 6%，东欧占 6%，澳大利亚占 3%，非洲占 2%。

5. 中国产量与消费。近年来，我国在全球锌的产量、消费以及贸易方面起着举足轻重的作用，都呈逐年大幅增长的趋势，并一直为精炼锌的净出口国，每年约出口50~70万吨左右。2000年，我国精炼锌产量196万吨左右，消费140万吨。2003年产量增加至229万吨，消费增至198万吨。今后相当长时间其产量与消费仍将保持高速增长。

（五）镍

1. 概述。镍为银白色金属，具有高熔点、高强度的性质，还有高导磁性、抗腐蚀的特点。镍与铜制成的合金可用做银的代用品，但是随着1913年镍不锈钢的发现，镍的2/3应用于不锈钢及特种钢的生产以及轻工产品的镀镍。随着科技的发展，镍在合金生产等领域获得了越来越广泛的应用。

2. 用途。多年来，不锈钢是镍的最大消费领域，在今后相当长时间内仍将是主要的消费领域。目前，西方国家不锈钢占镍消费的69%，有色金属合金占10%，电镀占8%，合金钢占4%，铸造占3%，其他占6%。

3. 全球产量。近年来，全球精炼镍产量呈逐年增长趋势，年增长率约4.5%。2003年，全球总产量为121.5万吨，今后几年仍将保持3%以上的增长率。全球精炼镍主产区为：俄罗斯及独联体占全球总产量的31%，西欧占16%，澳洲占15%，美洲占20%，亚洲占14%，非洲占4%。

4. 全球消费。2003年，全球精炼镍消费126万吨，今后几年消费将保持3.5%的年平均增长率。目前，全球主要消费地区为：西欧占全球总消费的39%，中国占9%，其他亚洲国家（不含中国和日本）占19%，北美占9%，拉美占16%，日本占6%，拉美占2%，非洲占3%，其他地区占3%。

5. 中国的产量与消费。近年来，中国的镍产量与消费不断高速增长，但受矿资源的限制，中国的产量远远不能满足自己消费，多年来一直是电解镍的净进口国。2000年，中国精炼镍产量5.1万吨，2003年增至6.47万吨，但产量增速远远低于消费增速。2003年，中国电解镍消费13.3万吨，当年净进口高达6万多吨。随着中国不锈钢产量的快速增加，预计今后几年中国仍将大量进口电解镍和镍矿，镍消费将保持10%以上的年增长率。

（六）锡

1. 概述。与铜一样，锡是人类最早发现的金属之一。早在2500多年前，中国人就开始利用铜和锡制造青铜器。

锡较柔软，易弯曲。锡有三种同素异形体：白锡、灰锡和脆锡。当白锡加热到13.2℃时便慢慢地转为灰锡；当温度继续上升至161℃以上时会转为脆锡。金属锡主要用于制作合金，如锡与铅的低熔合金可以用做焊锡；铜和锡的合金俗称青铜，可制作器具；铜、锑和锡的合金可制作轴承；铅、锑和锡的合金可铸铅字。锡还大量用做锡箔和金属镀层。

2. 用途。近年来，全球锡消费领域主要包括焊锡、锡板等。其中，锡焊料占32%、马口铁占27%，锡合金占14%，其他占17%，PC稳定剂占6%，镀锡占4%。

3. 全球产量。近年来，全球精炼锡产量受价格影响处于大幅波动的不稳定状态，但基本保持小幅增长的态势。2000 年，全球产量同比增长 9%；2001 年仅增长 1.2%；2002 年受价格持续低迷影响，同比下降 0.3%；2003 年全球总产量 27.7 万吨，同比增长 2%。预计今后几年产量将保持 3% 左右的年平均增长率。

全球精炼锡主产区为：中国占全球总产量的 36%，印度尼西亚占 25%，秘鲁占 14%，泰国占 6%，马来西亚占 5%，比利时占 3%，巴西占 3%，玻利维亚占 4%，俄罗斯占 2%，其他国家占 2%。

4. 全球消费。由于锡属于金属中的“夕阳行业”，近年来全球消费与产量一样，处于不稳定状态，总体保持小幅增长的态势。2000 年全球消费锡 27.36 万吨，同比增长 9.7%；2001 年只增长了 0.5%；2002 年增长 1.8%；2003 年全球精炼锡消费 30.1 万吨，同比大幅增长 7.5%。今后几年消费仍将保持小幅增长的态势，约 2.5% 的平均年增长率。

目前，全球主要消费地区为：欧洲占全球总消费的 24%，中国占 22%，其他亚洲国家（不包括中国和日本）占 19%，日本占 10%，美国占 17%，其他美洲国家占 6%，其他国家和地区占 2%。

5. 中国产量与消费。中国是世界上主要精炼锡生产国，同时也是主要的消费国。近年来，由于私采乱采现象严重，锡矿资源越来越匮乏。虽然我国的精炼锡除满足自行需求外每年都有一定数量的出口，但由于矿产资源匮乏，锡矿进口呈逐年递增的趋势。

我国是产锡大国，但却不是贸易强国。由于多头对外，在国际贸易方面明显与产量不相匹配，在国际市场价格中没有太多的发言权。

2000 年我国精炼锡产量 11 万吨，消费 5.1 万吨。2001 年和 2002 年由于国际价格低迷，产量不足 10 万吨，消费维持在 5 万～6 万吨之间。2003 年产量有所上升，为 10 万吨，消费快速增长，为 7.4 万吨。预计今后几年我国产量将保持稳步的增长，增幅约为 8%～10%。与此同时，消费的增速将远远超过产量的增速，每年将高达 15% 以上。

近年来，中国的精炼锡净出口基本维持在 4 万～6 万吨之间，随着中国自行消费的快速增长，中国的净出口将逐年下滑。

第二节　国际金属期货市场的现状

一、国际金属期货市场概况及交易品种

目前，国际金属期货市场主要有伦敦金属交易所（LME）、上海期货交易所（SHFE）、纽约商业交易所（NYMEX）、商品交易所有限公司（COMEX）和东京工业品交易所。其中，纽约商品交易所和商品交易所有限公司实际上早已合并为一家交易所，只是因为交易仍旧分别在两个地方进行，人们仍按以往的习惯分别称呼。

在以上各金属交易所中，伦敦金属交易所规模最大，成交量最大，2003 年成交量高达2.6万亿美元，2004 年上半年同比增长18%左右。伦敦金属交易所的上市品种也最多，包括铜、铝、锌、镍、锡、铅、合金铝、北美合金铝、白银以及伦敦金属交易所金属综合指数。上海期货交易所只有铜、铝两个金属上市品种，其他为橡胶等。近年来，上海期货交易所的铜、铝交易量快速增长，成为仅次于伦敦金属交易所的全球第二大基本金属交易所，远远超过纽约商品交易所有限公司。纽约商品交易所金属上市品种只有铂金和钯，商品交易所有限公司金属上市品种只有铜、铝、白银和黄金。东京工业品交易所金属上市品种为黄金、铂金、白银和铝（见表5-1）。

表5-1　　世界金属期货主要交易所及上市品种一览表

交易所名称	上市品种
伦敦金属交易所（LME）	铜、铝、锌、铅、镍、锡、铝合金、北美铝合金、LME 指数
上海期货交易所（SHFE）	铜、铝
纽约商品交易所（NYMEX）	钯、铂金
商品交易所有限公司（纽约，COMEX）	铜、铝、黄金、白银
东京工业品交易所（TOCOM）	铝、铂金、黄金、白银

由于国际金属期货市场目前仍然以伦敦金属交易所为主，本章将着重介绍伦敦金属交易所，简单介绍商品交易所有限公司的铜铝交易。上海期货交易所作为国内交易所不属于境外期货，故不作介绍。

国际金属期货市场上市交易的品种主要分为工业金属和贵金属。黑色金属——钢材由于规格复杂，标准不统一，期货合约难以出台，目前尚未有交易。2003 年，伦敦金属交易所曾欲推出钢材品种和塑料，但经过几轮摸底测试后，目前尚没有统一意见。

二、伦敦金属交易所（LME）

（一）伦敦金属交易所的历史

伦敦金属交易所（London Metal Exchange，LME）的历史最早可以追溯至1571 年开业的皇家交易所（Royal Exchange）。当时一些金属贸易商代表生产商和消费商经常在伦敦咖啡馆聚集并进行金属现货贸易。19 世纪英国工业革命之前，英国的铜、锡产量除自己消费外，还向欧洲出口。因此在中世纪，欧洲有些商人也很快参加了皇家交易所的交易。

19 世纪下半叶，随着工业革命的急速发展，英国对金属的需求不断增长，金属贸易也因此得到空前发展。为了满足国内需求，金属贸易商不得不从遥远的智利进口铜矿，从亚洲的马来西亚进口锡矿。由于路途遥远、船期不定、自然不可抗力以及信息的匮乏，使交易风险大增。贸易商在诸多风险中进行着现货贸易。随着1869 年苏伊士运河的开通，从马来西亚运送锡矿到英国的时间缩短为3 个月左右，正好与从智利运送铜矿到英国的3 个月时间相同。随着后来电报和蒸汽机的发明，使得人们能够更加准确地计算货物的出发时间以及到达时间，由此为后来交易所的3 个月标准合约奠定基础。

1877 年，伦敦金属市场与皇家交易所在伦敦合并，正式成立了伦敦金属交易所公司（LME Company），从此开创了其独特的以 3 个月期货合约为标准的金属期货交易。

交易所成立伊始，只有铜和锡两个上市商品。随着历史的发展，交易所适时适势地逐步增加了新的交易品种和修改交割商品的品质。1981 年，铜的标准提高至高级铜，1986 年又提高至目前仍然执行的 A 级铜标准（grade A）。1989 年 6 月，伦敦金属交易所把大锡的交割标准提高至目前的 99.85%。

1920 年交易所正式引进铅、锌品种，在此之前为非正式交易。铅的交割标准从开始交易至今基本没有改变。锌锭引入交易所后几经提高交割质量，1986 年正式确定为 99.995% 特高级锌。

1978 年伦敦金属交易所正式引入原铝交易，交割质量标准为 99.50%，1987 年提高至目前的交割质量标准 99.7%。1979 年引入镍，1992 年铝合金上市。1999 年 5 月白银上市。但后来由于交易量小,交易所把期货标准交易改为场外交易，非伦敦金属交易所正式交易。

2000 年 4 月 10 日，在铜、铝、镍、铅、锌、锡六个商品的基础上创立了伦敦金属交易所期货指数（LMEX）。指数交易不能进行实物交割，只能用现金结算。指数权重比例如下：铝占 43%，铜占 25%，锌占 16%，铅占 13%，镍占 2%，锡占 1%。

（二）伦敦金属交易所的会员构成

伦敦金属交易所的会员由七种会员构成，具体为：

第一类：圈内会员（ring member）。伦敦金属交易所圈内会员必须是伦敦清算所的会员，同时也是英国金融监管局（FSA）的会员，获得英国《2000 金融服务与市场准则法》授权。圈内会员可以进入圈内进行公开叫价交易，可以进行 24 小时不间断的经纪公司办公室之间交易（interoffice trade），可以签发客户合约，即成为客户的“对赌家”或“庄家”。

截至到 2005 年 10 月份，伦敦金属交易所拥有 11 个圈内会员—即正式会员。由于交易所正式交易时围成一圈，故称圈内会员（ring member）。圈内会员有 AMT（德资），Barclays（英资），Calyon Financial SNC（法资），Man Financial（英资），Metdist Trading Ltd.（印度，伦敦金属交易所前主席巴格瑞（Bagri）控股），Natexis Commodity Markets Ltd.（法资），Refco Overseas（美资），Sempera Metals Ltd.（美资），Societe Generale（法资），Sucden（UK）Ltd.（英资），Triland Metals Ltd.（日资）。

第二类：准经纪清算会员（associate broker clearing），同时也是伦敦清算所会员。第二种会员性质基本与第一种会员一致，除不能在圈内交易外，享有第一种会员的全部权利和义务。其会员有 AIG，Cargill，花旗银行，德意志银行，汇丰银行，高盛（Goldman Sachs）等国际大型投资银行或投资公司。

第三类：准交易清算会员（associate trade clearing），同时也是伦敦清算所会员。只能通过第一、二类会员进行交易，不能在圈内交易，也不能签发客户合约，其实质基本与客户一样，但可以自行与伦敦清算所进行自己业务的清算。其会员有瑞士贸易商 Glencore，挪威 Hydro 铝业公司以及荷兰 Hunter Douglas 公司等国际大型贸易或工业公司。

第四类：准经纪会员（associate broker），除不是伦敦清算所的成员和不能进入圈内进行交易外，其权利和义务基本与第一、第二类会员相同，是英国金融监管局的会员，获得英国《2000 金融服务与市场准则法》授权，可以进行 24 小时不间断的经纪公司办公室之间交易，可以签发伦敦金属交易所合约。其会员有 ADM 投资服务公司、Carr 期货公司、Fimat 国际银行等专门经纪公司。

第五类：准交易会员（associate trade），向交易所缴纳少量的年费，享有一定的知情权，除此无其他权利。其成员主要为智利铜公司、美铝、加铝以及 Billiton 等国际知名的消费商和生产厂家。

第六类和第七类会员为个人会员和荣誉会员，没有任何权利，没有实质意义。犹如"荣誉博士"、"荣誉市民"、"荣誉主席"等等。

（三）伦敦金属交易所的交易方式

伦敦金属交易所的三种交易方式分别为：经纪公司办公室之间的相互交易（Interoffice trading）、场内公开叫价交易（Open Outcry trading）、伦敦金属交易所电脑交易（LME Select）。前两种尤其是第一种是交易所的最主要交易方式，成交量占 80% 左右，第三种交易方式一般很少有人使用。

1. 经纪公司办公室之间的交易。伦敦金属交易所真正意义上的场外交易就是经纪公司办公室之间的交易。它是经纪公司之间的交易，同时也是经纪公司代理客户进行的交易。除节假日外，在交易所场内喊价交易停止后，交易仍然通过经纪公司继续进行，从不间断。经纪公司之间的交易是交易所交易的延续，虽然字面上为经纪公司之间的交易，但实际上客户此时也通过经纪公司在进行交易，当然其中也不排除经纪公司自身的部分交易。最近几年来，这种交易已经成为伦敦金属交易所的主要交易方式，其交易量约占每日交易量的 60% ~80%。此种交易一般通过电话进行，也有部分网上交易。

经纪公司办公室之间的交易是全球性 24 小时循环不间断的交易，其主要市场有伦敦—纽约—亚洲（东京、悉尼、新加坡）。正是这种跨地区的不同市场的存在给伦敦金属交易所市场带来巨大的流动性，吸引了大量的客户。

2. 场内公开叫价交易。这种古老而又独特的交易方式从交易所成立伊始就使用并沿用至今。因各经纪公司派出交易代表围成一圈进行手势交易，所以称为圈内交易。而办公室之间的交易因是通过电话进行，所以无法进行公开叫价或手势交易。

公开叫价有两个主要市场——Ring and Kerb Trading。今天伦敦金属交易所的圈内（Ring）和场外（Kerb，其文字本身的意思为马路崖子）其实都是圈内交易，真正的场外交易是经纪公司办公室之间的交易。交易所成立后，在很长时间内，大部分交易基本在场内进行，即分节进行，当时只有圈内交易。交易所收市后，交易自行停止。

随着交易量逐步扩大，市场参与者增加。交易所收市后，圈内交易结束，而此时交易商余兴未尽，人们自然而然转移至交易所外的马路旁继续交易，由此产生了 Kerb trading，即当时的场外交易。随着交易机制的改进，场外交易（Kerb trading）移至交易所内进行，形成了目前的圈内交易。目前，Ring Trading 和 Kerb Trading 的惟一区别就是：前者为分商品的圈内交易，而后者是所有商品混合交易的圈内交易。

3. 电脑网上平台交易。网上交易是伦敦金属交易所的第三种交易方式，通过 LME

Select 交易系统，经纪公司和客户可以进行买卖。由于传统的影响和 LME Select 系统的局限性，大多数市场参与者仍然习惯于通过电话进行交易。目前，网上交易与前两种交易方式相比，仍然没有形成规模，参与者少。

（四）伦敦金属交易所与我国交易所的区别

目前，我国各期货交易所全部是电子化交易，即通过电脑系统进行交易，没有公开喊价交易；交易时间也是根据交易所的正常交易时间进行，交易所闭市后，交易停止。而伦敦金属交易所则是 24 小时不间断交易。这是由于伦敦金属交易所的经纪公司与我国的经纪公司有着本质上的区别。

虽然伦敦金属交易所与我国目前的期货交易所都实行会员制，但两者的会员制却有天壤之别。伦敦金属交易所采取的是会员自行管理制，交易所由各会员组成，实行董事会负责制，董事会也是由各会员组成。清算由独立的部门进行清算。伦敦清算所（London Clearing House）负责伦敦金属交易所的清算。伦敦金属交易所只负责其会员的风险，不负责会员的客户的风险。众所周知，我国期货交易所虽然也实行会员制，但交易所本身很少接受会员的管理，而是有自己独立的管理层。

（五）伦敦金属交易所的经纪公司与我国经纪公司的主要区别

伦敦金属交易所的期货经纪公司与我国经纪公司的最大区别是：首先，伦敦金属交易所的第一、二类经纪公司都是做市商（market maker），也即市场风险的承接者和转移者。通俗地说，伦敦金属交易所的经纪公司既是客户的买家，又是客户的卖家。在中国，我们称之为客户对赌家或庄家。而目前我国法律明文规定不允许国内期货经纪公司成为客户的庄家。其次，伦敦金属交易所的经纪公司允许客户的授信交易（credit trading）。经纪公司根据客户的信用状况，允许客户在不用缴纳保证金的情况下进行交易，其风险存在于经纪公司和客户之间，与交易所无关。而目前我国明文规定禁止授信透支交易，所有客户必须缴纳保证金后才能交易。

（六）伦敦金属交易所的可交割品质及注册品牌

伦敦金属交易所对各品种可交割品质及注册品牌都有明确的规定，这些规定可以在交易所的网站上找到。表 5－2 是与铜有关的注册品牌明细。

表 5－2　　伦敦金属交易所与铜有关的注册品牌

国　家	品　牌	生产厂家
澳大利亚	ISA	Mount Isa Mines Ltd
	OLYDA	WMC（Olympic Dam Corporation）Pty Ltd
奥地利	BRX	Montanwerke Brixlegg Aktiengesellschaft
比利时	OLEN	Umicore
	SME	Metallo－Chemique International NV
巴西	CbM	Caraiba Metais SA
加拿大	FKA	Falconbridge Ltd
	NORANDA	（produced after October 1999）Noranda Inc
	ORC	Inco Ltd

续表

国 家	品 牌	生产厂家
智 利	ABRA	Sociedad Contractual Minera El Abra
	AE	Corporacion Nacional del Cobre de Chile
	AE SX EW	Corporacion Nacional del Cobre de Chile
	CCC	Corporacion Nacional del Cobre de Chile
	CCC - SBL	Corporacion Nacional del Cobre de Chile
	cCc - SX - EW	Corporacion Nacional del Cobre de Chile
	CDA	Compañia Minera Carmen de Andacollo
	CHUQUI - P	Corporacion Nacional del Cobre de Chile
	CMCC	Compañia Minera Cerro Colorado Ltda
	COLLAHUASI	(produced after December 1998)
		Compania Minera Dona Ines De Collahuasi SCM
	ENM	Empresa Nacional de Mineria
	ESOX	(produced after April 1999)
		Minera Escondida Limitada
	LBF	Compania Minera Falconbridge Lomas Bayas
	MET	Minera El Tesoro
	MIC - P	Minera Michilla S. A
	MIC - T	Minera Michilla S. A
	MB	Empresa Minera de Mantos Blancos SA
	MV	Empresa Minera de Mantos Blancos SA
	ZALDIVAR	Compania Minera Zaldivar
中 国	GUIYE	江西铜业公司
	JINTUN (1997 年 8 月 31 日后生产的)	金龙铜业公司
	TIE FENG	铜业公司
	TG	安徽铜都铜业公司
芬 兰	OKM	Harjavalta Copper Oy
德 国	HK	Huettenwerke Kayser AG
	NA - ESN	Norddeutsche Affinerie AG
印 度	BIRLA COPPER	Hindalco Industries Limited
	STERLITE	Sterlite Industries (India) Ltd
印度尼西亚	GRESIK	PT Smelting
日 本	DOWA	Dowa Mining Co. , Ltd
	HM	Nippon Mining and Metals Co Ltd
	MITSUBISHI	Mitsubishi Materials Corporation
	MITSUI	Mitsui Mining & Smelting Co. , Ltd
	OSR	Onahama Smelting & Refining Co Ltd
	SR	Nippon Mining and Metals Co Ltd

续表

国　家	品　牌	生产厂家
日　本	SUMIKO N	Sumitomo Metal Mining Co Ltd
	SUMIKO T	Sumitomo Metal Mining Co Ltd
	TAMANO	Mitsui Mining & Smelting Co. ; Ltd
韩　国	CHANGHANG	LG – Nikko Copper Inc.
	ONSAN	LG – Nikko Copper Inc.
	ONSAN II	LG – Nikko Copper Inc.
缅　甸	MONYWA S&K	Myanmar Ivanhoe Copper Company Ltd
挪　威	FHG	Falconbridge Nikkelverk A/S
阿　曼	OMCO	Oman Mining Co LLC
秘　鲁	SMCV	Cyprus Amax Minerals Company
	SPCC – ILO	Southern Peru Copper Corporation
	SPCC – SXEW	Southern Peru Copper Corporation
菲律宾	PASAR	菲律宾联合冶炼公司
波　兰	HMG – B	KGHM Polska Miedz SA
	HMG – S	KGHM Polska Miedz SA
	HML	KGHM Polska Miedz SA
南　非	PMC	Palabora Mining Company Ltd
西班牙	ERCOSA	Elmet SL
	FMS	Atlantic Copper SA
瑞　典	BK	Boliden Mineral AB
美　国	ATR	ASARCO Incorporated
	BHP COPPER **	BHP Copper Inc.
	BHP COPPER/SXEW ***	BHP Copper Inc.
	CB * CC	Cyprus Amax Minerals Company
	CMMC ER	Cyprus Amax Minerals Company
	CTB	Cyprus Amax Minerals Company
	KUC	Kennecott Utah Copper Corporation
	MAGMA *	BHP Copper Inc.
	P * D	Phelps Dodge Sales Co Incorporated
	RAY	ASARCO Incorporated
赞比亚	MCM	Mopani Copper Mines Plc
	REC	Konkola Copper Mines plc

说明：* 表示 1997 年 1 月 31 日以后交仓的不能在伦敦金属交易所进行交割。

** 表示 2001 年 10 月 26 日以后交仓的不能在伦敦金属交易所进行交割。

*** 表示 2002 年 12 月 26 日以后交仓的不能在伦敦金属交易所进行交割。

其他金属，如铝、铅、锌、镍、锡等的注册品牌可登陆伦敦金属交易所网址查询。

（七）我国企业如何在伦敦金属交易所申请注册品牌

目前，我国在伦敦金属交易所注册的铜、铝、锡、锌、铅品牌不少，但随着产量的不断扩大，仍有不少生产企业希望在伦敦金属交易所注册其产品。

申请注册品牌的基本程序如下：

1. 自身全面检查是否符合其注册条件，包括产量是否有一定规模，品质是否符合伦敦金属交易所现行的质量标准。

2. 向伦敦金属交易所圈内会员或准经纪清算会员，即第一、二类会员提出申请，由经纪公司负责初审。

3. 经纪公司初审后，提交伦敦金属交易所董事会。

4. 董事会初步通过后，生产厂家送检样品。

5. 伦敦金属交易所指定消费厂家进行检验。

6. 经纪公司通知初步结果，初步合格后，生产厂家缴纳一定费用，具体费用与经纪公司协商。

7. 伦敦金属交易所董事会最后做出是否同意注册的决定。

需要注意的是，在申请过程中甚至注册批准后，如果发现品质不符、不稳定，或者有任何变化、改变，以及消费者投诉等等，伦敦金属交易所董事会或任何董事都有权暂停、终止或取消注册品牌，以保证交易所和消费者的利益。

铜、铝注册所需要的基本条件是：交易所规定，如果欲在伦敦金属交易所申请注册可交割品牌，生产厂家必须具有一定规模，铜年产量不低于2.5万吨，铝年产量不低于5万吨；3年以上的连续生产，且产品质量连续3年保持稳定。当然，具备上述条件并不等于即可申请注册，还取决于其他众多的条件。最简单快捷的办法是全权委托经纪公司代理申请。

（八）伦敦金属交易所的实物交割及仓单

伦敦金属交易所成立的初始目的就是为消费者和生产者提供一个安全有效的交易平台。无论是理论上还是实践中，任何买单或卖单都可通过伦敦金属交易所指定的仓库进行实物交割，也可通过期货市场中的反向操作进行对冲了结。虽然发展到目前，由于来自不同领域的市场参与者越来越广泛，交易所的实物交割量只占总交易量的很小一部分，大部分的成交最终并未进行实物交割。

1. 伦敦金属交易所的仓单。仓单，伦敦金属交易所称之为“warrants”。伦敦金属交易所的仓单是物权证明，不记名，不挂失。仓单本身可以买卖，在某种意义上等于货币，一般由伦敦金属交易所指定的仓储公司出具。每一张仓单为一个标准合约。以铜、铝为例，每张仓单的数量一般为25吨（溢短装不得超过2%）。仓单的内容一般有：商品名称、数量、件数、存放地址、入库日期、生产厂家、仓储公司、费率。仓单中所列货物必须是同一品牌，同一国家所产，形状和规格一致，存放在同一仓库；并且包装结实、安全，标识明显，易于装卸。

2. 实物交割。实物交割实际上就是仓单的交割。伦敦金属交易所的市场参与者在交易后可以选择实物交割来履行合约，以此对冲期货头寸。例如，生产者通过伦敦金属交易所进行的保值抛盘，到期后如果不进行买入对冲，可以选择实物交割，把生产的伦敦金属交易所注册品牌商品交运至其指定仓库，并通过 C. Steinweg，Metro 或 Henry Bath 等伦敦金属交易所认证的仓储公司制作仓单。仓单制作完成后，即可交与伦敦金属交易所的经纪公司，冲抵期货合约。同样，消费者在伦敦金属交易所的保值买盘也可以通过经纪公司进行实物交割。消费者把货款付给经纪公司，然后通过经纪公司收受仓单，完成伦敦金属交易所的期货合约义务。

3. 实物交割的具体程序。

［例 5－1］ 某一铜生产者通过经纪公司在伦敦金属交易所抛出 1000 吨 2004 年 12 月 20 日到期的合约，欲进行实物交割。生产者负责在 12 月 20 日之前把 1000 吨铜（货物必须是伦敦金属交易所的注册品牌）运至伦敦金属交易所在欧洲或新加坡或美国的任何仓库。货到目的港后，传真指令国际大型仓储公司（一般为伦敦金属交易所认证的，如 C. Steinweg 等）代理入库，包括港口至仓库的运输、质量检验、过磅、标码、重新包装，然后制成仓单，向仓储公司缴纳一定费用。仓储公司制作仓单后将及时通知客户。12 月 18 日（即到期前的倒数第二个交易日）为现货日（cash day），生产商通知经纪公司将进行实物交割。12 月 20 日之前，生产商指令仓储公司把仓单转移给经纪公司，并通知经纪公司接受仓单。经纪公司确认收到仓单后，把货款支付给生产商。至此，生产商通过经纪公司卖出的 1000 吨期货合约以实物交割履约完毕。

［例 5－2］ 某消费者通过经纪公司在伦敦金属交易所买进 1000 吨铜，交割日期为 12 月 20 日。在 12 月 18 日（即到期前的倒数第二个交易日）为现货日，消费者通知经纪公司将进行实物交割，于 12 月 20 日之前把货款（以当时买入的合约价格计算）电汇经纪公司账户。经纪公司确认收到货款后，负责把仓单交付给消费商。

4. 仓单的串换。需要指出的是，伦敦金属交易所的仓单是卖方市场。如果买方不提出具体要求，经纪公司（作为仓单拥有者的代理）有可能交付不同品牌、不同仓库的货物。如果买方要求同一品牌、同一仓库的货物，买方可以向经纪公司提出串换仓单，把不同品牌、不同仓库的仓单串换成同一仓库、同一品牌的仓单，但有可能还需要支付一定金额的加价（溢价，premium）。

5. 仓单转现货实物。仓单的拥有者如果拥有大量不同品牌、不同仓库的仓单，但又不愿接收仓单，而要求具体某一品牌的实物，此时也可通过实物贸易商而不必通过经纪公司进行转换。仓单的拥有者可以直接把仓单转交与实物贸易商，由贸易商把仓单串换成符合客户要求的实物，并负责把货物运到客户指定的地点，如上海港到岸价（CIF）。

6. 期货头寸转为现货实物。如果客户通过经纪公司在伦敦金属交易所建立了期货头寸，并希望转成现货，此时可以通过既有实物背景又有期货背景的大型现货贸易商把期货头寸转成现货实物，而不必自己向经纪公司购买仓单或交仓单。例如，某消费商在伦敦金属交易所保值购买了 1000 吨铜，到期日为 12 月 20 日，价格 2500 美元/吨。消费商欲接实物。在期货合约到期日之前，消费商可联系实物贸易商并告知其自身在伦敦金属交易所有1000铜期货多头，希望到期转成现货实物。此时，贸易商根据客户期货头寸的具体情况和价位，加上一定的加价、运保费和手续费后，与消费商达成现货买卖合同。然后贸易商通知经纪公司表示同意接收消费商的1000铜多头期货，同时负责安排1000吨铜实物运至客户指定港口，如上海港到岸价（CIF）。而消费者在伦敦金属交易所原有的1000吨铜期货合约的义务将转由贸易商履行。

（九）伦敦金属交易所的仓库

由于伦敦金属交易所设立的最初目的就是要进行实物交割，所以买卖双方都需要在交易所指定的仓库进行交割。交易所成立初期并没有专门指定仓库。随着历史的发展、交割条件的要求，交易所逐步要求卖方如果要进行实物交割，必须把货物运至交易所指定的仓库，以便监控和保证所交运的货物符合交易所的品质规定。

目前，伦敦金属交易所批准的交割仓库有400多个，主要分布在欧洲、美国、中东和远东等地区的32个港口或地区。不同的金属，仓库也不同，有些仓库只允许交割某一种金属。以铜为例，伦敦金属交易所的可交割仓库为75个，主要分布在欧洲和美国，少量分布在亚洲国家。

1. 伦敦金属交易所的仓库运营和管理。伦敦金属交易所自身既不拥有伦敦金属交易所的仓库，也不负责仓库的日常管理和营运等具体经营活动，更不负责仓库的盈亏。日常经营及管理一般由仓库的所有者——国际大型仓储公司负责。交易所只负责批准和认定交割地址、仓储公司以及具体仓库。未经交易所认定的仓库，所在仓库的仓单不能有效交割。同样，未经伦敦金属交易所批准的仓储公司不得经营伦敦金属交易所的仓储及仓单交割业务。

2. 伦敦金属交易所对申请成为交易所仓库及仓库运营商的规定和要求。伦敦金属交易所对其仓库的库址、仓库本身以及经营单位都有严格的规定和要求。只有符合要求，交易所才考虑批准其为伦敦金属交易所的可交割仓库和仓储运营商。

3. 伦敦金属交易所对仓库所在国家及仓库本身的基本要求或原则性要求。某种金属的仓库所在国家或地区必须是该种金属的净消费地区，拥有便利的交通条件、发达的金融体系、完善的法律监管系统、贸易自由、无关税、政治体制和经济体制稳定。

4. 伦敦金属交易所对仓储公司的原则性要求为从事金属行业的贸易、运输、仓储业务多年，具有丰富的经验，信誉卓著的国际大型跨国公司。其他硬件条件有良好的仓储设施、丰富的专业知识等。伦敦金属交易所对一般仓储公司欲申请成为伦敦金属交易所的仓储公司的要求很严格，很难获得批准。目前，伦敦金属交易所批准的著名仓储公司有C. Steinweg，Metro International Trade Services，Henry Diaper & Co Ltd，Henry Bath，Pacorini USA Inc，North European Marine Service等。

5. 我国企业如何申请设立伦敦金属交易所的仓库。近年来，我国有些企业就在中国设立伦敦金属交易所的仓库曾做过一些尝试性努力，但效果不大。在我国设立伦敦金属交易所的仓库涉及面广，程序复杂，需要假以时日。目前，C. Steinweg和Henry Bath公司在我国上海都设有保税库仓库，但尚未获得伦敦金属交易所的批准，不能作为伦敦金属交易所的可交割仓库。

作为企业，如果欲申请成为伦敦金属交易所的仓储公司，可以通过经纪公司向伦敦金属交易所董事会提出申请，但我国目前尚没有企业做出这方面的尝试。需要提醒的是：申请将耗时耗力，且最终结果有可能无功而返，这主要与我国目前的政治经济环境有关。

（十）伦敦金属交易所的结算

1. 伦敦清算所。伦敦清算所（London Clearing House）由伦敦三个交易所组成，并隶属于这三个交易所。它们分别是伦敦国际金融期货与期权交易所、伦敦金属交易所和国际石油交易所。

伦敦清算所采取会员制，各交易所的清算会员均为伦敦清算所会员。清算所为非营利组织，采取保证金制和董事会管理制。每个清算所会员必须向伦敦清算所提供 1.5 亿美元的银行担保，同时必须缴纳同等金额的违约金。通过这种保证金制度，伦敦清算所自然而然成为每一个清算会员任何一笔交易的买方或卖方，从而保证每一份合同的履约。非清算会员之间的合约以及伦敦金属交易所客户的合约，清算所不负责清算，它们为主体之间的合约，风险由合约方承担。

由于伦敦清算所承担着所属会员的风险，所以清算所规定：除上述银行担保及违约金外，会员在交易前还必须缴纳一定比例的初始保证金；而且清算所有权根据市场情况要求会员随时追加保证金。清算所随时核查会员的所有头寸，并随时根据市场价格计算出浮动盈亏，并根据会员的净的浮动亏损额度，要求会员缴纳保证金（call margins）。保证金可以是现金或银行担保。

2. 伦敦金属交易所的结算分为以下两种：

（1）清算会员之间的结算。清算会员之间的结算一般只针对伦敦金属交易所的合约（其中包括代理客户成交的伦敦金属交易所的合约以及会员之间的合约）。具体清算过程如下：一清算会员从另一清算会员购买金属。双方把交易的具体细节输入伦敦清算所的电脑配对系统。假设双方对交易细节如价格、到期日、合约方、数量和商品等无异议，交易被系统接受后自动配对（matched）并自行清算，以结算出盈亏。双方根据盈亏，进行自动划账结算。

（2）清算会员或清算经纪公司与客户之间的清算。清算会员或清算经纪公司与客户之间的合约分两种：第一，如果是伦敦金属交易所的合约，则必须进入伦敦清算所进行结算，当然与伦敦清算所的结算是由清算经纪公司代理进行。第二，如果是伦敦金属交易所客户的合约，则不进入清算所清算，由经纪公司和客户自行结算。风险由合约方自行承担。

3. 伦敦金属交易所结算日。伦敦金属交易所的交割是按日交割，并非像上海期货交易所按月交割结算。标准交割日一般为 3 个月期，这就是我们通常所说的 3 个月期货价。以 3 个月为标准，根据日期之间的差价，可以调至任意日期，也就是结算日或交割日可以随意调整。例如，2 月 18 日买入的 3 个月期货，到期日或交割日为 5 月 18 日。交易成交后，客户根据自身需要可以调至任何日期（任何工作日，最远期为 63 个月以后），比如调至 3 月 4 日或 4 月 28 日等等。

4. 到期结算制。根据伦敦金属交易所的规定，客户无论是选择实物交割还是市场对冲平仓，交割日或到期日到期时必须进行结算。比如，2 月 18 日客户买入的 40 手 3 个月期货铜，到期日为 5 月 18 日。3 月 22 日，客户卖出 40 手铜调至 5 月 18 日后平仓。平仓后无论出现获利还是出现亏损，都将在 5 月 18 日进行资金结算。期货头寸可以在任何时候平仓了解，但由此产生的盈亏必须等到结算日才能结算，不能提前。

5. 到期日一致制。客户在伦敦金属交易所交易后，如果选择平仓对冲，则必须把多头和空头的交割日或到期日调至同一日期。在上海期货交易所进行交易时，在上海买入相应月份时，卖出同样月份、同样数量即可自行平仓对冲。而由于伦敦金属交易所是按日交易，按日交割，在平仓时必须把交割日调至一致。例如，8 月 18 日客户买入 10 手 3 个月期货铜，到期日（交割日）为 11 月 18 日。9 月 9 日，客户卖出 10 手 3 个月期货铜，到期日为 12 月 9 日。此时客户欲把此两笔交易对冲平仓，就必须把空头的到期日调至 11 月 18 日，才能把这两笔交易对冲了结。如果日期不调至一致，虽然该两笔交易为一买一卖，但到期时仍属于敞口（open），无法自动对冲。经纪公司或交易所不会自动代理对冲。

（十一）伦敦金属交易所的点价——如何利用伦敦金属交易所的价格进行实物贸易点价

点价（pricing）：由于历史和市场规模等各种原因，目前伦敦金属交易所的金属价格已经成为全球价格的风向标和晴雨表。在很大程度上，伦敦金属交易所的铜价就是全球的铜价，伦敦金属交易所的铝价就是全球的铝价。全球生产商、贸易商和消费商在进行实物贸易时，基本上以伦敦金属交易所的价格作为基准，由此产生了伦敦金属交易所点价。如果没有伦敦金属交易所市场的活跃，价格涨跌的风险就没有那么大，实物贸易将不可能存在点价，而买卖双方在签订合同时直接确定价格即可。

点价有以下三个要素：

1. 点价的基价（price basis）。基价可以是任何市场成交价格，包括伦敦金属交易所均价（月平均价、周平均价和买卖双方商定的一定时间内的平均价），或伦敦金属交易所现货结算价，或伦敦金属交易所 3 个月期货结算价，或任意将来某未知价格（any unknown LME price（both cash and three month））。

（1）伦敦金属交易所均价。它一般指某一时间段内伦敦金属交易所官方现货结算价或 3 个月期货结算价的加权平均。也可以是一定时间段内伦敦金属交易所收盘价（either offer or bid）的平均价。

（2）伦敦金属交易所官方价格。由于伦敦金属交易所是一个 24 小时循环式市场，价格总是处于波动之中，这样就需要一个公认的各方都能接受的当日官方价格，由此产生了每日的官方价格：即每日上午第二轮圈内（Ring Dealing）交易中最后一时刻的收盘价或成交价，一般指卖价（offer）。该价格的现货收盘价即为现货结算价（cash settlement price），3 个月收盘价即为 3 个月结算价（three month settlement price）。

2. 点价期，又称为定价期，英语称“Quotational Period”（QP）。在实际贸易中，买卖双方一般都要确定点价期，即在一定的时间内根据伦敦金属交易所的价格确定买卖双方最后的买卖价格。

3. 点价选择权，即在实际贸易中，在点价期内，按事先约定的基价由谁在何时和何价位确定最后价格的权利。

通常是买卖双方预先商定，可以是卖方的权利，也可以买方的权利。例如：一消费商和一贸易商签订1000吨铜的买卖合同，双方规定：按点价期内任意一天伦敦金属交易所的现货结算价确定价格，点价期为2004年8月2日至12月20日，选择权在买方。由于点价期内价格起伏很大，双方一般最好约定由买方或是卖方选择某一天或任意基价，以免引起不必要的纠纷。

在实际贸易中应该运用何种基价，主要取决于买卖双方的事先商定，没有固定的模式。同样，点价基价的确定也没有固定模式，可以是均价，也可以是现货价或3个月期货结算价，也可以是伦敦金属交易所的任意一个价位。通常的做法是：按照货物预计到港的日期（ETA），以该日期伦敦金属交易所的现货价作为基价。此基价对买卖双方都比较公平。

值得注意的是：近年来，随着上海铜、铝期货市场的活跃，越来越多的中国企业开始利用上海期货交易所的铜、铝价格作为点价基础。当然，仍有不少企业利用伦敦金属交易所的基价来完成现货贸易的点价，尤其是铅、锌、镍、锡生产厂家。

4. 通常的几种作价方式：

（1）M-1，-2，-3：即装船前的1个月、2个月、3个月伦敦金属交易所的现货结算平均价。

（2）M+1，+2，+3：即装船后的1个月、2个月、3个月伦敦金属交易所的现货结算平均价。

（3）M+0：不加不减，即装船当月份伦敦金属交易所的现货结算平均价。

三、纽约商品交易所有限公司

（一）综述

纽约商品交易所有限公司成立于1933年，为纽约商业交易所的一个部分。其前身是国家金属交易所、纽约橡胶交易所、国家生丝交易所和纽约兽皮交易所，由这四个交易所合并而来。最初上市交易品种有铜、兽皮、橡胶、丝绸、白银和锡。1994年8月，纽约商品交易所与纽约商品交易所有限公司合并，成为纽约商品交易所集团的一部分。

目前，在纽约商品交易所有限公司上市的交易品种有铜、铝、白银和黄金，另有铂金和钯在纽约商业交易所上市交易。1974年12月31日，随着美国对个人拥有黄金的解禁，纽约商品交易所有限公司正式推出黄金期货交易。1982年10月4日又推出黄金期权交易。虽然白银是交易所成立伊始的上市商品，但目前的期货标准合约为1963年6月12日引进，1984年10月4日又引进白银期权交易。从1933年7月5日至1989年12月27日，纽约商品交易所有限公司的铜期货交割标的一直为标准铜，1988年7月29日，纽约商品交易所有限公司把铜期货交割标准提高至目前的高级铜（HG），1986年4月7日正式引进铜期权，1988年7月29日修改为高级（HG）铜期权。铝是纽约商品交易所有限公司上市交易品种最晚的一个，1999年5月14日推出铝期货，同年7月23日推出铝期权。

除上述四个金属品种在纽约商品交易所有限公司上市外，另外有两种贵金属在纽约商业交易所上市：铂金和钯。1956 年 12 月 3 日，纽约商业交易所正式推出铂金期货，1990 年 10 月 16 日又推出铂金期权。1968 年 1 月 22 日推出了钯期货。由于市场机制以及透明度高，纽约商品交易所有限公司的铜、铝交易量大大低于伦敦金属交易所和上海期货交易所，市场流动性较差，市场参与者基本局限于美国本土，很少有其他地区的参与者。虽然纽约商品交易所有限公司铜、铝交易量无法与伦敦金属交易所相比，但其黄金和白银的期货期权交易量为全球最大，对全球的金银价格具有很大的指导作用。

（二）纽约商品交易所有限公司的交易方式

商品交易所有限公司（纽约）的交易方式基本与伦敦金属交易所一致，分为三种交易方式：经纪公司办公室之间的电话交易、场内公开喊价、NYMEX ACCESS 电子交易。与伦敦金属交易所不一样的是：纽约商品交易所有限公司场内公开喊价交易比较活跃，成交量明显大于其他两种交易方式，但与伦敦金属交易所的成交量相比，相差甚远。

1. 电话交易方式，又称经纪公司之间或经纪公司与客户之间的电话交易。由于纽约商品交易所有限公司市场与伦敦金属交易所市场关联性大，经常相互影响，两个市场的经纪公司交叉，既可代理纽约商品交易所有限公司的交易，又可代理伦敦金属交易所的交易，所以客户只需通过经纪公司即可进行任意一个市场的交易，一般都是通过电话进行交易。1999 年，纽约商品交易所有限公司引进了经纪公司作为做市商的交易机制。

2. 场内公开喊价交易方式，基本与伦敦金属交易所的场内交易一致。所不同的是：纽约商品交易所有限公司场内交易是各经纪公司的交易员围成几圈，连续不停地公开喊价，既不分节，也不分交易时段。其中，铜交易从上午 8:10 持续至下午 1:00；铝交易从上午 7:50 一直持续至下午 1:10。交易时间，交易员可以短暂离开，也可停止交易，在圈外徘徊。

3. NYMEX ACCESS 电子交易方式。1993 年，纽约商品交易所有限公司正式开通 NYMEX ACCESS 电子交易系统，使得经纪公司和客户可以通过因特网进行 24 小时不间断的交易，节假日除外。

（三）纽约商品交易所有限公司的交割

与伦敦金属交易所一样，纽约商品交易所有限公司成交的期货头寸都可以进行实物交割。纽约商业交易所成立之初，卖方经常带着样品来到交易所，而买方经常在交易所检验商品，以期购买合格的商品。随着技术的进步，通过交易所进行的实物交割越来越少。理论上，任何一笔交易都可以进行实物交割或平仓对冲。纽约商品交易所有限公司规定：只要在交割月份内的任何一个交易日，买卖双方都可以提出实物交割，一般通过交易所指定的仓库进行。买卖双方如果知道相互对应的多空头寸，可以直接进行交割（这点与伦敦金属交易所的交割不一样）进行了结；也可通过经纪公司进行交割，并同时了结期货头寸。

（四）纽约商品交易所有限公司的结算

纽约商品交易所有限公司的结算方式与伦敦金属交易所的结算方式基本一致。纽约商品交易所有限公司通过清算会员成为每一笔卖单的买方，每一笔买单的卖方。清算会员向纽约商品交易所有限公司缴纳保证金，以保证会员或客户之间的每一笔买卖单结算。而客户通过向经纪公司缴纳保证金，以保证他们之间的结算。

当客户卖出或买入期货合约，必须向清算会员缴纳一定金额的保证金，如果市场有变化，还必须向清算会员追加保证金。与伦敦金属交易所不同的是：纽约商品交易所有限公司的结算可以提前。如果客户或经纪公司的头寸平仓后有盈利或亏损，可以提前进行结算，不必等到到期日。

第三节　国际金属期货价格影响因素及信息来源

影响国际金属市场价格的因素非常广泛，但其中最重要的因素是基本面，也就是供需决定了价格。其次，技术周期性和基金面也是两个重要的因素。再次，生产成本、相关市场、汇率、股市、利率、罢工、突发性自然灾害或政策变化都会给价格带来一定影响，有时甚至是重大的影响。

一、基本面因素

影响金属价格的基本面因素主要包括宏观经济走势和金属市场本身的供需状况。一般来说，全球经济增长会带动金属需求，从而推高金属价格；反之亦然。一个市场如果发生严重供需失衡，其价格必然会随之走高或走低。

（一）宏观经济因素

世界宏观经济好坏是影响金属期货市场价格的最根本因素。经济增长，金属需求增长，价格走高；反之，则下降。从图 5 - 11 中我们可以看出，世界 GDP 增长与金属价格走势的密切关系。同时可以从图 5 - 12、图 5 - 13 中看出，西方领先指标、美国 ISM 制造业指数等数据走高，金属价格也相应走高。当然二者之间有先后，不可能亦步亦趋。此外，影响金属价格的宏观经济数据还有美国和西方国家的工业产量、美国咨商局（Conference Board）领先指标、美国耐用品消费订单等等。

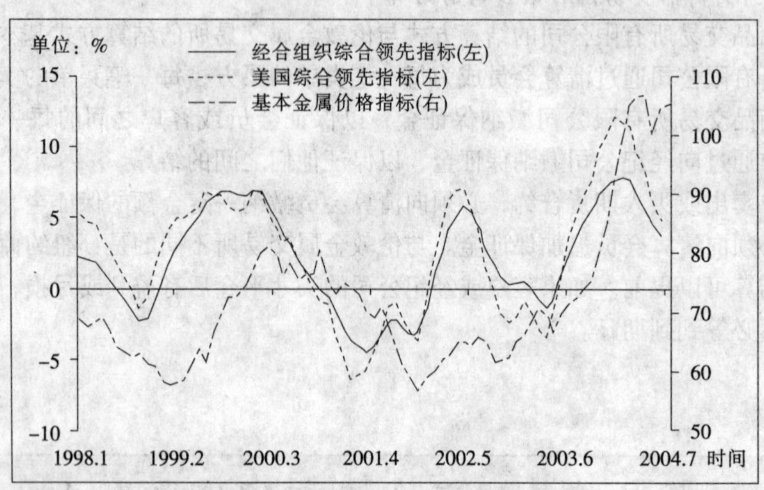

图 5－11　西方领先指标与金属价格的关系

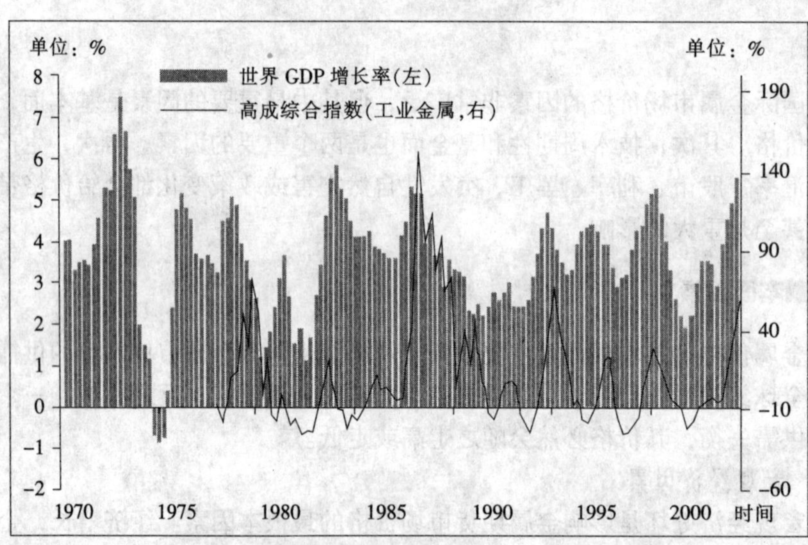

图 5－12　世界 GDP 增长率与金属价格的关系

(二) 供需因素

金属市场供需是影响市场价格的最重要、最直接的因素。从图 5－14 中我们可以看出，铜库存处于低位，供应减少，铜价必然处于高位；反之亦然。

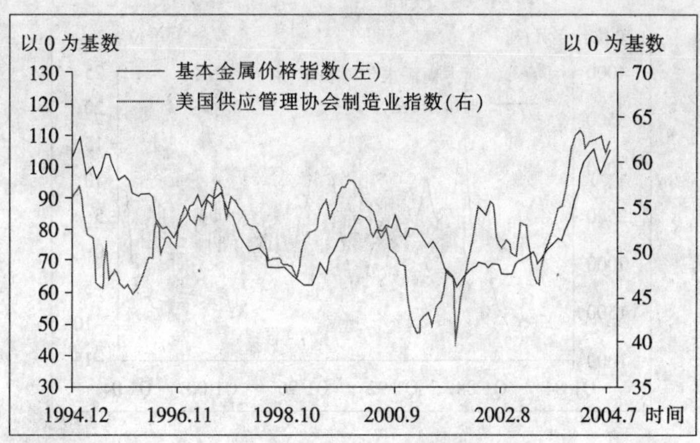

数据来源：巴克莱银行。

说明：美国制造业指数以 50 为分界点，50 以上为扩张期，50 以下为收缩期。

图 5 - 13　美国供应管理协会（ISM）制造业指数与伦敦金属交易所金属价格的关系

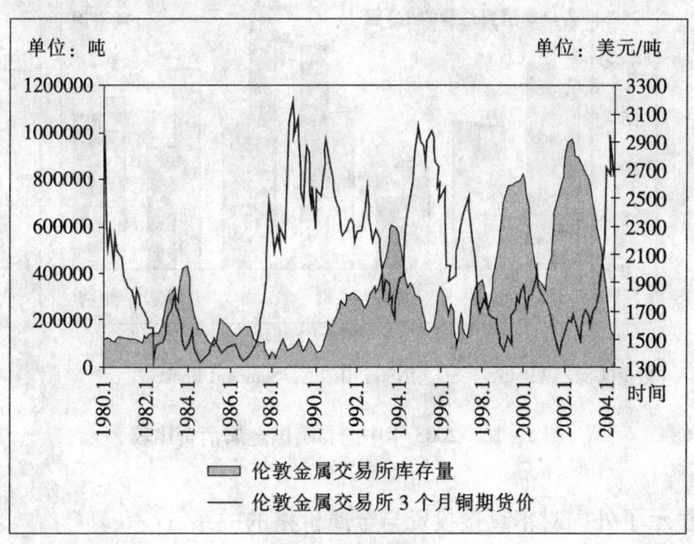

图 5 - 14　库存与铜价的关系

图 5 - 15 显示了西方国家近年铜需求的年增长率。

（三）中国因素

近年来，中国大宗有色金属的产量和消费增长迅猛，对世界金属价格的影响越来越大，对有些金属品种价格甚至起着关键的作用，因为中国的消费和产量已然占据了市场的重要地位。图 5 - 16 是 2003 年中国与美国基本金属消费比例。2004 年中国在基本金属消费方面已全部超过美国。

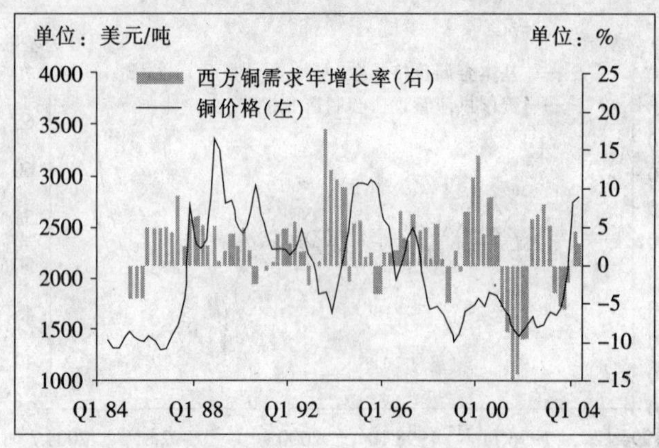

数据来源：巴克莱银行。

图5－15　西方国家铜需求年增长率

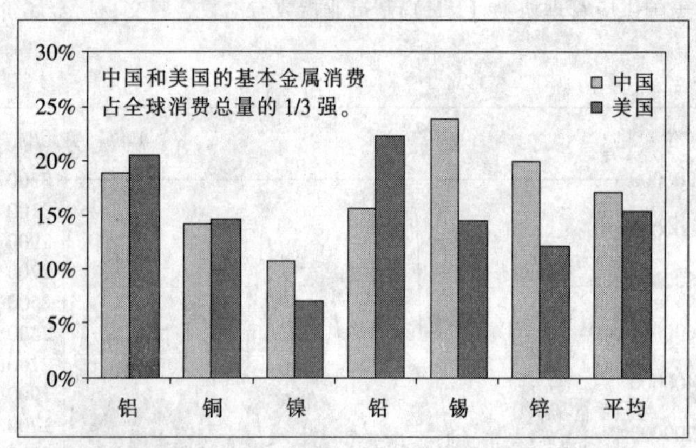

数据来源：WBMS，ICSG，INSG，ILZSG，Standard Bank.

图5－16　2003年中国与美国金属消费比较

图5－17显示了外国对华直接投资与金属价格的关系。

二、基金因素

在国际金属期货市场中，基金的作用不可忽视，它们有时“呼风唤雨”，有时“推波助澜”。基金的惟一目的就是赚取利润。它们总是惟恐天下不乱，从中渔利。

基金一般分为三类：（1）宏观基金（Macro fund），主要以长线战略投资为主，背后一般是银行。如索罗斯的量子基金，高盛、摩根斯坦利、美林等投资银行。（2）对冲基金或套利基金（Hedge Fund）。这种基金的规模小于第一类基金，但也具有相当规模。此类基金的背后一般是大型实物贸易商、生产商或消费商，有的也具有银行背景。它们在期货市场的做法是以长线为主，短线为辅。（3）第三类基金为CTA（Commercial

Trading Advisory)。此类基金规模小，基本以技术性短线操作为主，长线为辅。

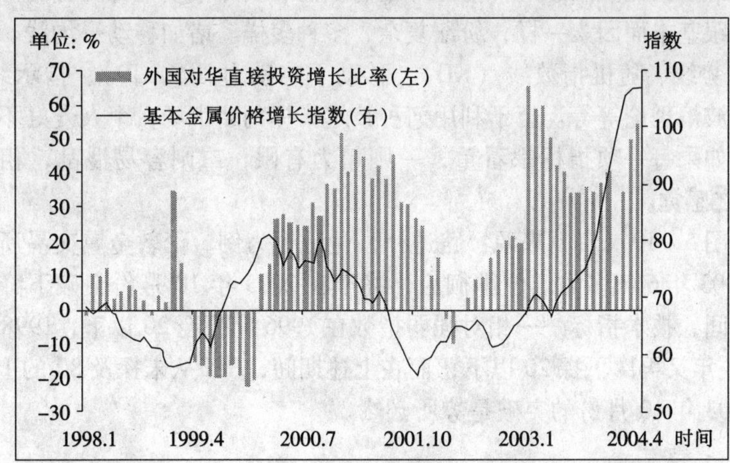

图 5－17　外国对华直接投资与金属价格的关系

基金往往是借市造市，利用良好的基本面、技术面或其他突发因素推高市场。反之，则利用世界经济的衰退和供应过剩打压市场。一般情况下，基金做多，价格上扬；基金做空，价格则跌，但此规律并非绝对（见图 5－18）。

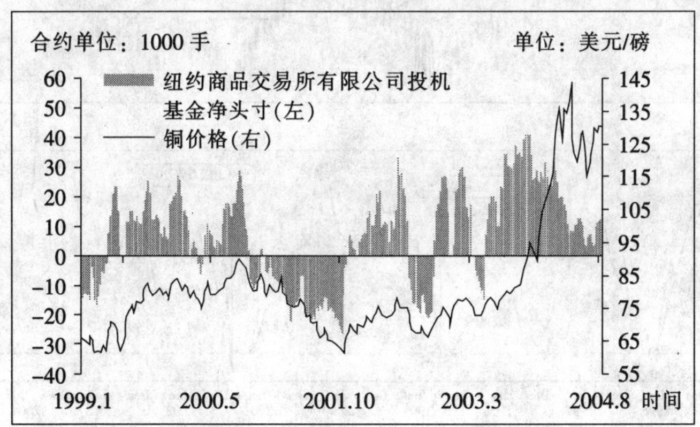

数据来源：巴克莱银行。

说明：0 线为分界，线上为净多，线下为净空。

图 5－18　纽约商品交易所有限公司铜市场基金净多与价格走势

三、技术因素

著名投资家马蒂·泽威格（Marty Zweig）有许多投资名言，其中关于技术指标的名言为：每一项技术指标最终都将尘埃落定（Every Indicator eventually bites the dust）。技术指标具有一定的科学性和指导性，但并非灵丹妙药、百验百准。在一定时期内，技术指标受基金等许多人为因素影响，可能存在与供需和实际市场情况的背离。

技术指标跟基本面因素一样，纷纭复杂，多种多样。诸如移动平均线、相对强弱指数（RSI）、趋势线、随机指数线（KD）、移动平均动力（MACD）、指示线（Signal）、黄金分割以及波浪理论等等。至于利用何种技术指标判断市场，个人爱好不一致，也没有特别规定。如果每一项指标都看重，一则精力有限，二则容易混乱，相互矛盾，有“雾里看花”之感觉。

我们仅以图 5－19（资料来源：路透社）伦敦铜为例。伦敦金属交易所的铜价在经历了 1997—2003 年 6 年多的低位徘徊后，终于在 2003 年 10 月份突破下降趋势线，进入大牛市。其间，技术指标——相对强弱指数在 1996 年探至 20 以下，1998 年再次探至 20 以下，2001 年又再次下探 20 以下，而在上述期间，RSI 从未探及 80 的上限，因此从技术面看，2003 年 10 月份的突破是势所必然。

说明：相对强弱指数接近 20 或 20 以下为超卖，说明市场处于极度低迷，同时也说明市场随时可能反转。接近或超过 80 为超卖，说明市场看多人气旺盛，价格走势强健，但同时也说明市场随时可能反转。

图 5－19　1994—2004 年上半年伦敦金属交易所 3 月期铜价月线图和相对强弱指数

四、汇率和利率因素

从图 5－20、图 5－21 中可以看出美元汇率和利率对金属的价格影响也很大。一般来说，美元升值，金属价格下跌；美元利率上升，金属价格上升。反之，则下跌。

图5-20 美联储基本利率与金属价格的关系

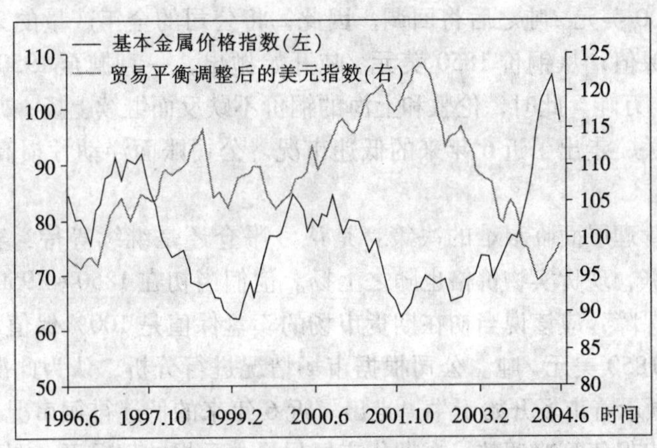

图5-21 美元汇率与金属价格的关系

五、金属市场的信息来源

目前，有关国际金属市场的信息来源主要有：美国数据公司（Datastream）、世界金属统计局（World Bureau of Metal Statistics）、英国研究机构 CRU（Commodity Research Unit）和 Brook Hunt，以及国际铜研究小组、国际铅锌研究小组、国际镍研究小组、国际铝业协会（IAI）、路透社等等。

有关中国金属市场的产量和消费数据信息来源有：中国有色金属协会、中国海关、国家统计局、安泰克信息科技有限公司等。

第四节 国际金属产品套期保值案例

[例5－3] 生产者卖出保值

某铜生产企业年产电解铜30万吨左右。20世纪90年代以前基本是通过现货实物市场现产现销，没有通过期货市场保值。90年代中期以来开始介入期货市场，并通过期货市场进行远期卖盘保值，获得了一定效益。公司始终采取灵活，但比较保守和稳妥的保值策略。

2003年10月中旬，伦敦金属交易所3个月期铜价开始向上突破，冲击2000美元/吨大关。当时公司管理层对市场做出判断后，认为突破2000美元/吨大关比较困难，在冲击1950～2000美元/吨之后将回调。因此，将公司的全年产量的20%通过期货市场进行远期抛售保值，从铜价1850美元/吨开始抛出，一直抛至1950美元/吨左右，大约抛出6万～8万吨。此时，伦敦和上海的铜价不跌反而继续上扬，并于11月初突破2000美元/吨大关，走出了近6年来的低迷市况。公司账面浮动亏损高达500万～600万美元。

此时，公司管理层面临艰难的决策：是认亏平仓还是继续等待？实际上对公司而言，期货价格上涨，现货实物价格也随之上扬。他们当初在1850～1950美元/吨抛售，其背后有产量做保障，应该说当初在期货市场的卖盘保值是100%保值，因为公司当时的生产成本低于1850美元/吨。公司根据市场情况进行分析，认为此次价格突破2000美元/吨大关，预示着市场开始走牛，走出了近6年来的低迷徘徊市况，价格将不断走高。公司及时做出保值策略调整，在期货市场尽量少亏损的情况下，买回平仓，以期待价格继续走高，届时高价卖现货。他们选择了价格一旦有回调，立即空头回补。

果然，市场给了他们机会。11月23日，伦敦金属交易所3个月期铜价格从2100美元/吨左右大幅回调至1950美元/吨。公司立即抓住机会，在1950美元/吨附近全部买入平仓。虽然平仓后期货市场出现了一定的亏损，但在他们买入平仓后，铜价又大幅回升，进入新一轮的大牛市，再次突破2000美元/吨大关，并一路上扬至2004年第一季度的3000多美元/吨，使得公司能够在高位大量抛出保值，获取了更大的利润。

点评：

从表面上看，该公司的期货保值出现了亏损，但实际上，如果公司不及时调整保值策略，而是在期货市场低位抛出后一味地等待期货和现货市场同时解套，那么，公司不可能在价格大幅上扬后腾出更多的产量卖现货，只能获得当初按1850美元/吨左右抛出时锁定的一小部分利润。此案例是明显的“以小换大”，以期货较小的损失换取了后来更大的公司整体利润。

［例5-4］　贸易商套期保值

某国营大型贸易公司年出口大锡1万吨左右，与国外企业签订有长期供货协议，与国内大锡生产厂家有不固定的购货意向书，但最后买卖价格取决于交货时伦敦金属交易所的大锡价格。长期以来，公司在期货市场中采取积极稳妥的保值策略。

2001年6月—2003年9月之间的大部分时间内，伦敦金属交易所3个月期货锡价一直低迷徘徊，在3600美元/吨至4400美元/吨之间徘徊。此时，由于价格低迷，出口亏损，国内大锡出口举步维艰，而公司正常的实物出口贸易却无法停止。为了维持正常的贸易关系，公司决定利用伦敦金属交易所期货市场进行违反常规的买盘保值（按照正常做法，公司有现货实物出口，应该在期货市场进行卖出保值。但由于国内供应商无法供货，而向国外供货又无法中断，因此只能采取在伦敦金属交易所进行买入保值）。从2001年下半年开始，公司对大锡市场做出初步判断后（当时锡价格在3600美元/吨左右），以公司出口量的20%在伦敦金属交易所交易，进行预先买入保值，并在3600美元/吨至4200美元/吨的区间内来回进行高抛低吸。同时，当价格在区间低位时，在期权方面进行一个Synthetic Option trading（一买一卖），即卖出看跌期权（put option）的同时买入同等数量的看涨期权（call option）。这样做的成本几乎为零，但风险是：一旦价格继续下跌，公司将面临一定风险。如果价格不涨不跌，公司风险几乎为零。如果价格上扬，公司将因此获利，涨幅越大，获利越多。因为买入的看涨期权将因此而成为多头。公司的策略是：基于对市场的判断，市场跌破3600美元/吨的可能性不大，而回升至4000美元/吨甚至更高的可能性较大。如果在期货市场预先买入，则每月可向国外消费者供货，不至于中断正常的现货贸易。因此，公司决定在低位买入后，届时市场上扬后直接在期货市场卖出平仓，与此同时按市价买入现货实物交运出口，从而达到保值的目的。如果价格继续下跌，则再往远期调期，以等待价格回升。

实践表明，从2001年下半年至2003年9月份，伦敦金属交易所的大锡价格一直低迷徘徊。公司利用现货实物贸易进行保值，在伦敦金属交易所期货市场上采取高抛低吸的区间交易策略，并一直以先多后空（即没有多头的情况下不轻易抛空）战术取得了较好效益。公司多次综合各方面的信息后，坚持认为低迷的价格终将过去，进一步下降的空间有限，以保持多头为主，到期适当延期。2003年10月份开始，大锡价格终于走出低迷，随大盘不断上扬。此时，公司通过到期即延期的方式已经累积了不少的期货多头，同时在价格低迷时买入的看涨期权全面进入盈利状态，而当时卖出的看跌期权则因买方无利可图而放弃，公司不必承担任何义务。因此，公司在期货和期权方面双双获得比较可观的盈利，不仅达到了保值的目的，同时也保障了正常的实物贸易的延续。

点评：

公司根据市场情况，结合自身的实际进出口量，及时调整保值策略，适时地利用期货和期权进行逆向反常规的保值方法，取得了意想不到的效果。

［例5-5］　消费者保值

某不锈钢生产厂家年产不锈钢100万吨左右，年用镍量为6万吨左右，每月购买4000~5000吨镍，基本依赖于进口，且现用现买，与国外供货商没有长期合同。由于对期货市场了解不多，期货市场的参与程度也不高，基本采取比较保守的保值策略。

在保守思想的指导下，公司每年在购买镍方面基本采用现货方式。他们认为，“不通过期货市场保值也是一种保值”。从表面上看，不保值也是一种保值在理论上和实践中都绝对成立，而实践中也确实证明了有时不保值比保值的效果更佳。

从1998年至2003年9月，伦敦金属交易所3个月镍期货价一直比较低迷，大部分时间在4000美元/吨至8000美元/吨之间徘徊。工厂所需要的镍绝大部分没有通过伦敦金属交易所期货市场进行保值，只有很小的一部分通过简单的远期买入保值手段进行保值，但效果并不理想，没有取得预想的保值收益。因为当时伦敦金属交易所的镍价格基本处于下降趋势或在低位区间徘徊，到期买现货比预先买入期货合算。

由于该厂采取的保守策略，也由于多年来在期货市场中保值效果不理想，使得该厂更加认为利用期货市场保值不如不保值，不如直接买现货。工厂继续被动地跟着市场走，不愿积极主动地调整策略，仍然采取不保或少保的策略。这样使得工厂在2003年10月至2004年都非常被动，被迫在镍价格15000美元/吨至17000美元/吨之间买入不少现货，无形中增加了大量的成本。2003年10月份，伦敦金属交易所的镍价终于突破10000美元/吨大关，进入加速上扬通道。此时工厂有些慌神，欲在期货市场买入远期作为保值，但就在工厂犹豫不决的时候，价格继续上扬，使之更加难以下定决心进行保值。就这样在犹豫中丧失了许多机会，最终未能保值，无谓地增加了大量原料成本。

点评：

这是一起不保值或少保值、不能随着市场行情及时调整保值策略的典型案例，也是目前我国消费企业中非常普遍的现象（例如2004年，我国的许多电解铜用户即是如此，不保值，现用现买）。从表面上看，这个案例中没有多少保值策略和实践。实际上，正是由于工厂没有进行保值，尤其是在价格出现突变的情况下没有及时调整保值策略，造成成本的大量增加。这从另一方面更加说明了保值的必要性和重要性。

其实，该厂完全可以采取灵活的多种保值措施来为自己每月大量进口的镍进行保值。即使在价格低迷的时候，作为消费者的工厂也可以采取期权和期货相结合的保值策略。当镍价在4000美元/吨以下时，由于是历史低位，进一步下降的幅度和可能性都不大，此时工厂可以卖出低价位的看跌期权，以赚取期权金；也可以买进低价位的看涨期权，以期价格上扬。如果价格没有上涨而是下跌，工厂可以进货作为生产之用。而当2003年10月份，镍价开始上扬时，工厂可以在期货市场进行远期买入或卖出看跌期权、买入看涨期权等进行保值，从而锁定进口成本。

第六章

国际能源期货

第一节　国际石油现货市场概况

一、世界石油储量及分布

石油是经过数以亿计的地质年代的演变而形成的一种矿产品，它并非人们想象的那样在地下以河流或湖泊的形态存在，而是蕴藏在地下数千米深的岩石缝隙中，地层必须满足一定的地质条件，才有可能形成具有商业开采价值的油流。

石油的这种储存形式，使得石油的储量及其分布具有以下显著的特点：

一是由于石油勘探的复杂性和开采技术的局限性，要准确预测全世界存在的石油数量和这种资源的最终可采量具有相当的难度，不同的机构往往会做出不同的评价和预测结果（见表6-1）。

表6-1　原油与天然气液探明储量评价结果　单位：10亿桶

资料来源	储量	有效期	评价日期
HIS能源公司	1100	2000年底	2001年7月
欧佩克秘书处	1078	2000年底	2001年8月
世界能源理事会	1051	1999年底	2001年10月
《油气杂志》	1028	2001年1月1日	2000年12月
《世界石油》	1003	2000年底	2001年8月
美国地质调查所2000评价报告	960	1996年1月1日	2000年6月
ODAC（Campbell）	845	2000年底	2001年7月

数据来源：IEA，“*World Energy Outlook*”，2001.

二是随着时间的推移，人们对已有储量和资源量的评价结果会不断调整，这主要是因为随着勘探开发工作逐步展开，人们对现有油藏的认识不断深入，对油藏储量的估算更加准确；技术的进步使得人们一方面可以勘探出新的油田，另一方面可以提高现有油藏的采收率，甚至可以把原先无法开采的油藏投入开发。图6-1展示了美国地质调查所对已有储量和资源量估算的历史演化。

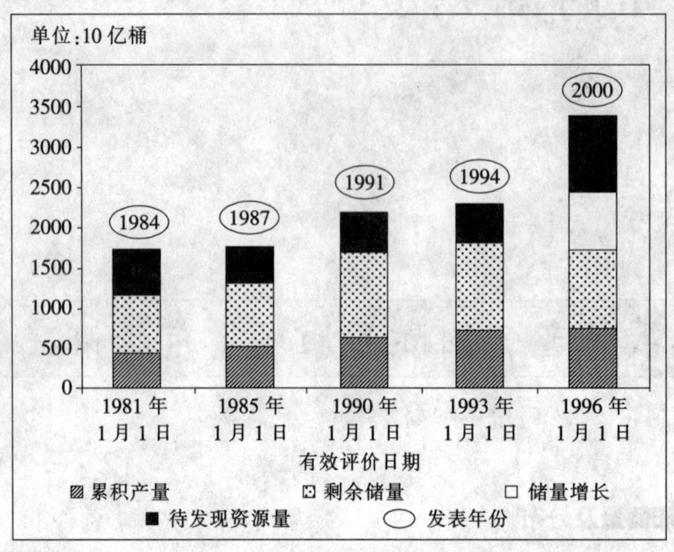

数据来源：IEA，"*World Energy Outlook*"，2001.

图6-1 美国地质调查所资源量估算的历史演化

三是世界石油分布极不均匀，而且远离消费区，这客观上促进了全球石油贸易的发展，但同时也加剧了各国对石油资源的争夺（见图6-2）。

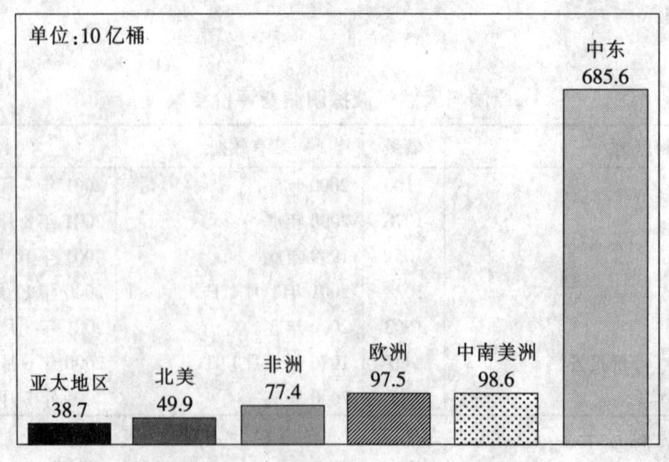

资料来源：*BP Statistical Review of World Energy June* 2003.

图6-2 2002年底世界石油探明储量的地区分布

各个国家石油储量和产量的详细数据如表 6-2 所示。截至 2002 年底，世界石油剩余探明储量 1427 亿吨，其中 78.2% 集中在欧佩克产油国，排名前十位国家集中了 84% 的世界总探明储量。从地区分布看，世界上 65% 的石油储存在中东地区，排名前五名的国家都集中在中东，依次为沙特阿拉伯、伊拉克、科威特、阿联酋和伊朗。中国的石油剩余探明储量为 25 亿吨，排名第十一位。如果以储采比来衡量，全球石油储采比为 41 年，中东为 92 年，非洲 27 年，中国为 15 年，远远低于世界平均水平。

表 6-2　2002 年各国石油储量、产量和储采比

国家或地区	石油储量（10 亿吨）	储量份额（%）	石油产量（百万吨）	储采比（年）
美　国	3.8	2.9	350.4	10.8
加拿大	0.9	0.7	135.6	9.0
墨西哥	1.8	1.2	178.4	10.1
北美合计	6.4	4.8	664.4	10.3
巴　西	1.1	0.8	74.4	15.4
厄瓜多尔	0.7	0.4	20.8	31.2
委内瑞拉	11.2	7.4	151.4	74.0
中南美洲合计	14.1	9.4	335.7	42.0
阿塞拜疆	1.0	0.7	15.3	62.5
哈萨克斯坦	1.2	0.9	47.2	26.1
挪　威	1.4	1.0	157.4	8.7
俄罗斯	8.2	5.7	379.6	21.7
英　国	0.6	0.5	115.9	5.4
欧洲及欧亚合计	13.3	9.3	784.2	17.0
伊　朗	12.3	8.6	166.8	73.8
伊拉克	15.2	10.7	99.7	152.4
科威特	13.3	9.2	91.8	144.8
阿　曼	0.7	0.5	44.6	16.8
卡塔尔	2.0	1.5	34.7	57.6
沙特阿拉伯	36.0	25.0	418.1	86.0
阿联酋	13.0	9.3	105.6	123.1
中东合计	93.4	65.4	1014.6	92.0
阿尔及利亚	1.2	0.9	70.2	16.5
安哥拉	0.7	0.5	44.6	16.4
利比亚	3.8	2.8	64.7	59.4
尼日利亚	3.2	2.3	98.6	32.8
非洲合计	10.3	7.4	376.4	27.3
中　国	2.5	1.7	168.9	14.8
印　度	0.7	0.5	36.7	19.4
印　尼	0.7	0.5	62.4	11.1
亚太合计	5.2	3.7	381.4	13.7
世界总计	142.7	100.0	3556.8	40.6
经合组织国家	9.4	6.9	1009.7	9.7
欧佩克国家	111.9	78.2	1364.2	82.0
非欧佩克国家*	20.1	14.4	1728.1	11.9
前苏联国家	10.7	7.4	464.6	22.9

说明：* 表示不包括前苏联国家。

二、世界石油产量及分布

进入20世纪90年代以后，世界石油产量增长缓慢，由1990年的31.68亿吨增长到2000年36亿吨，年均增长1.29%，2000年以后产量有所下降。世界主要国家和地区原油产量分布详见表6-3。世界石油产量主要来自中东、北美，2002年其产量分别占世界的28.5%和18.7%。沙特阿拉伯、美国、俄罗斯一直保持着世界前三名的产油大国地位。2002年世界原油产量前五位的分别是沙特阿拉伯、俄罗斯、美国、墨西哥和中国。

表6-3　　1990—2002年世界石油产量变化　　单位：百万吨

国家或地区	1990年	1994年	1998年	1999年	2000年	2001年	2002年	
							产量	份额（%）
美　国	416.6	387.5	368.1	352.6	352.6	349.2	350.4	9.9
加拿大	92.6	106.4	125.1	121.0	126.9	127.5	135.6	3.8
墨西哥	146.3	154.4	173.5	165.2	171.2	176.6	178.4	5.0
北美合计	655.6	648.3	666.7	638.8	650.8	653.3	664.4	18.7
巴　西	32.3	34.3	49.8	56.3	63.2	66.3	74.4	2.1
委内瑞拉	115.9	142.0	181.0	167.0	171.6	165.2	151.4	4.3
中南美洲合计	228.4	271.2	351.5	344.6	349.8	342.8	335.7	9.4
挪　威	82.2	128.6	149.7	149.7	160.2	162.2	157.4	4.4
俄罗斯	515.9	317.6	304.3	304.8	323.3	348.1	379.6	10.7
英　国	91.6	126.5	132.1	136.8	125.9	116.7	115.9	3.3
欧洲及欧亚合计	788.5	662.7	686.0	699.2	724.6	746.7	784.2	22.0
伊　朗	162.8	183.6	188.9	176.2	187.5	182.6	166.8	4.7
伊拉克	105.3	24.8	104.4	124.9	127.3	116.5	99.7	2.8
科威特	46.8	103.4	107.2	98.3	104.0	101.9	91.8	2.6
沙特阿拉伯	342.6	435.3	452.0	419.1	450.6	434.1	418.1	11.8
阿联酋	108.4	116.6	119.9	107.6	117.0	113.5	105.6	3.0
中东合计	851.9	971.6	1100.8	1054.8	1121.9	1085.6	1014.6	28.5
阿尔及利亚	57.5	56.4	61.8	63.9	66.8	65.8	70.2	2.0
尼日利亚	89.2	97.0	105.9	99.2	103.3	107.8	98.6	2.8
非洲合计	318.4	333.8	363.7	359.9	371.3	373.3	376.4	10.6
中　国	138.3	146.1	160.2	160.2	162.6	164.8	168.9	4.8
印　尼	74.4	76.9	74.2	68.6	71.5	68.0	62.4	1.8
亚太合计	325.1	346.3	370.2	364.4	382.9	378.9	381.4	10.7
世界合计	3167.9	3233.9	3538.8	3461.7	3601.3	3580.6	3556.8	100.0
经合组织国家	891.8	966.6	1011.2	986.5	1011.3	1001.4	1009.7	28.4
欧佩克国家	1190.5	1324.0	1499.4	1425.2	1506.0	1458.1	1364.2	38.4
非欧佩克国家*	1406.9	1546.2	1676.9	1666.6	1702.0	1698.0	1728.1	48.6
前苏联国家	570.5	363.7	362.5	369.9	393.3	424.5	464.6	13.1

说明：*表示不包括前苏联国家。

从各地区石油产量所占比例的变化可以看出，北美和前苏联地区所占比例有所下降，中东原油所占的比例增加，其余地区产量变化不大。

北美的原油产量 11 年间基本维持在 6.5 亿吨/年左右，其中加拿大和墨西哥的原油产量略有增长，而美国由于本国石油后备储量不足，产量逐渐下滑，由 1990 年的 4.17 亿吨下降到 2002 年的 3.5 亿吨。

1990 年苏联解体，俄罗斯原油产量持续下滑，由 1990 年的 5.16 亿吨下降到 1994 年的 3.18 亿吨，1996 年降到谷底，此后逐步回升，2002 年生产 3.80 亿吨，已超过美国而跃居第二位。

海湾战争给中东各国带来巨大冲击，科威特原油产量迅猛下降，1991 年仅生产石油 920 万吨，直到 1994 年原油生产才恢复正常。伊拉克由于贸易禁运的缘故，1991 年原油产量由 1990 年的 1.05 亿吨猛跌到 1370 万吨，经济濒临崩溃，1996 年开始实施"石油换食品"计划后，伊拉克石油生产才逐渐恢复，2000 年产量达到 1.27 亿吨，此后由于政局动荡，石油产量又开始下降。总体而言，尽管中东地区各国石油产量和出口量因种种原因而产生巨大的波动，但由于石油储量稳步增长，原油产量和出口量总体呈现增长的趋势，产量由 1990 年的 8.52 亿吨提高到 2000 年的 11.22 亿吨，2000 年以后有所减少。

20 世纪 90 年代后期，中南美洲的一些产油国推行私有化政策，向国内外开放市场，掀起海外大石油公司投资热潮，促使石油产量迅速提高，由 1990 年的 2.28 亿吨增长到 2000 年的 3.50 亿吨，增加了 1.22 亿吨。委内瑞拉原油产量由 1990 年的 1.16 亿吨一度提高到 1998 年的 1.8 亿吨，2002 年产量下降到 1.51 亿吨。

欧洲石油资源主要集中在北海海域，挪威和英国是该地区最大的两个产油国，石油产量约占该地区的 87%。由于北海油田新增储量不足，原油上产量难度较大，1996 年后欧洲原油产量一直维持在 3.27 亿吨/年左右。

非洲的石油资源主要集中在北非和西非。近年来，各国际石油公司对该地区的石油工业投资加强，石油探明储量不断增加，特别是已探明西非海域油气资源占全球海上油气资源的 20%，石油产量由 1990 年的 3.18 亿吨上升到 2002 年的 3.76 亿吨，年均增长约 1.4%。石油产量的提高主要来自尼日利亚和阿尔及利亚。

亚太地区由于自身石油探明储量的不足，作为该地区主要产油国的中国和印度尼西亚的石油产量几乎没有增长，故 1996 年后石油产量一直在 3.7 ~ 3.8 亿吨左右徘徊（见图 6 - 3）。

三、世界石油消费及分布

近十几年来，世界石油消费以缓慢的速度增长，由 1990 年的 31.40 亿吨增长到 2002 年 35.23 亿吨，12 年间增加了 3.83 亿吨，年均增长 0.96%。世界主要国家和地区石油消费变化详见表 6 - 4。世界石油消费主要集中在北美洲、亚太地区和欧洲，2002 年三个地区石油消费量合计占世界总消费量的 84.6%，这主要是与这三个地区经济的发展及人口稠密对石油需求旺盛相对应的。2002 年，世界石油消费排名前五位的是美国、中国、日本、德国和俄罗斯，集中了 46.5% 的石油消费；排名前二十位国家的石油消费量占消费总量的 77% 左右，石油消费相对集中在发达国家和近年来经济增长较快的国家。

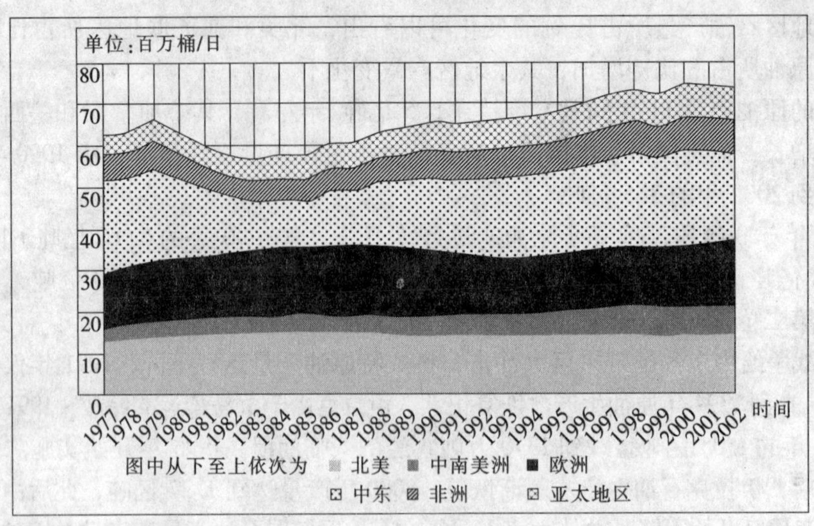

资料来源：*BP Statistical Review of World Energy June*, 2003.

图 6－3　各地区石油生产变化趋势

表 6－4　**1999—2002 年世界石油消费变化**　单位：百万吨

	1990 年	1994 年	1998 年	1999 年	2000 年	2001 年	2002 年	
							消费量	份额（%）
美　国	781.8	809.8	863.8	888.9	897.6	896.1	894.3	25.4
加拿大	79.8	78.4	86.7	87.2	88.1	88.7	89.7	2.5
墨西哥	67.7	77.8	81.2	80.8	84.1	83.4	80.9	2.3
北美合计	929.3	966.0	1031.7	1056.9	1069.8	1068.2	1064.9	30.2
巴　西	58.4	65.7	83.2	85.7	85.8	87.5	85.4	2.4
中南美洲	166.9	186.4	219.6	218.9	218.3	218.8	214.8	6.1
法　国	89.4	88.2	95.0	96.4	94.9	95.5	92.8	2.6
德　国	127.3	135.1	136.6	132.4	129.8	131.6	127.2	3.6
意大利	93.6	92.5	94.7	94.4	93.5	92.8	92.9	2.6
俄罗斯	249.7	162.7	123.7	126.2	123.5	122.3	122.9	3.5
西班牙	48.7	53.5	66.4	68.4	70.0	72.7	73.5	2.1
英　国	82.9	82.9	81.2	80.1	78.9	77.3	77.2	2.2
欧洲和欧亚	1129.1	946.9	942.3	936.3	927.1	930.5	925.2	26.3
伊　朗	47.1	53.4	55.9	57.3	56.1	54.0	53.2	1.5
沙　特	51.2	53.5	58.8	60.9	62.4	62.7	63.4	1.8
中东合计	164.7	187.1	202.0	206.7	208.3	206.4	207.4	5.9
非洲合计	93.8	100.6	112.5	115.1	115.9	116.5	118.6	3.4
中　国	110.3	149.5	190.3	207.2	230.1	232.2	245.7	7.0
印　度	57.9	67.4	86.8	95.2	97.5	96.7	97.7	2.8
日　本	247.7	267.4	253.6	257.3	255.4	247.5	242.6	6.9
韩　国	49.5	87.0	93.9	100.7	103.2	103.1	105.0	3.0
亚太合计	656.4	812.5	903.6	946.5	978.1	976.7	991.6	28.1
世界合计	3140.2	3199.5	3411.7	3480.4	3517.5	3517.1	3522.5	100.0
欧盟 15 国	580.1	598.9	635.3	636.6	633.8	639.6	634.4	18.0
经合组织	1926.3	2041.0	2150.5	2187.5	2198.4	2194.5	2181.9	61.9

北美地区一直保持占世界石油总消费量的30%左右，其中25%的石油消费在美国，尽管美国石油产量逐年下滑，但并没有影响石油消费的增长，12年间石油消费增长了1.1亿吨。

欧洲石油消费所占比例比较平稳，在22%左右，1997年后石油消费基本维持在7.5亿吨左右，特别是德国和法国等经济发达国家的石油消费呈现下降的趋势，这与欧洲近年来实行的一系列节油政策、开发新的替代能源等密不可分。

亚太地区石油消费所占比例稳步增长，由1990年的20.9%提高到2002年的28.1%，12年间石油消费量增加了3.35亿吨。亚太地区1990—2002年石油消费年均增长3.5%，而世界平均增长率仅0.96%。中国石油消费增长最快，年均增长6.9%，12年间石油消费增长了1.35亿吨，占亚太地区石油消费增长量的40%，占全世界石油消费增长量的35%。

前苏联地区随着苏联解体、俄罗斯等国国民经济衰退、国内需求不振，石油消费量由1990年的4.19亿吨下降到2002年的1.7亿吨左右，石油消费量减少了一半多。

中东地区和非洲的石油消费量增长缓慢，所占比例基本维持不变（见图6－4）。

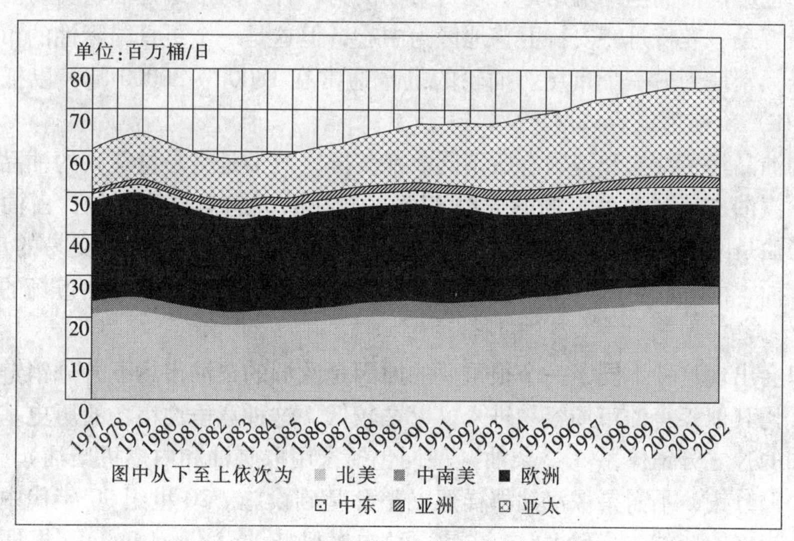

资料来源：*BP Statistical Review of World Energy June*, 2003.

图6－4　各地区石油消费变化趋势

四、世界主要石油现货市场分布

目前在实货交易（包括现货和远期交易）方面，已形成了欧洲、美国和亚洲这几大主要石油市场。

（一）欧洲市场

欧洲市场以西北欧市场为最主要的市场。西北欧市场覆盖了四个主要欧洲消费国中的三个——德国、英国和法国。欧洲石油现货市场20世纪50年代就出现了，那时交易量很小，没有引起大石油公司的注意，但最终这一地区的石油销售都建立在现货交易价格的基础上。现在这一地区有许多炼油商，一些属于大石油公司，一些是独立的。独立的炼油厂依靠石油交易商和别的机构租用其自身的炼油能力炼制油品开展业务。由于在油轮抵达最终用户以前频繁转手而且个人交易者缺乏官方记录，交易量难以准确统计。

在报价方面，众多的报价系统保证了日常交易的完成，并把交易通过屏幕显示，或通过传真、电报传递信息。这些报价系统通过其中的服务人员用电话与交易商保持联系来获得交易的完成与价格方面的信息。同时，报价服务也被看做为国际石油交易所原油合约的基础之一，并且是国际石油交易所和其他交易所制定新合约时在实物交割方面必须面对的问题。

西北欧市场包括驳船和油轮两大部分。驳船市场交易1000~2000吨批量级的油品，主要是经莱茵河到德国和瑞士，也有少量油品经这种方式流入英国和法国。驳船市场的供应商主要是西北欧海岸的炼油商。驳船市场的交易商很多，大多数以鹿特丹为中心，在阿姆斯特丹—鹿特丹—安特卫普地区以离岸价（FOB）价格进行交易，他们既从事投机性交易，也分销油品至终端用户。现货市场的另一种交易形式是油轮交易。尽管其也是以阿姆斯特丹—鹿特丹—安特卫普地区为中心，但这是一个更具国际性的市场，油轮从一个市场频繁地到另一个市场。油轮的批量通常在18000~30000吨，以抵达西欧的到岸价（CIF）价格为报价依据。

欧洲的油品消费结构和美国有所不同。在美国，汽油是交易量最大的油品，取暖油排第二位。汽油占美国油品市场的大约42%，而在欧洲它只排第二位，占油品市场的24.5%。柴油是欧洲现货交易量最大的油品，约占市场的一半，投机交易的量也很大。在供应源方面，前苏联尽管其重要性已经有所下降，但仍是西北欧柴油市场的一个主要供应源。

之所以会出现这种不同，一个很重要的原因是欧洲的柴油市场下游分销链具有高度的竞争性，比其他零售油市场容易进入，壁垒较低。这种竞争性市场的历史基础是欧洲家用取暖油的独立分销体系（“柴油”一词包括家用取暖油和内燃机柴油）。国内的取暖油允许小额分销，不需要像汽油那样建立整套基础设施。20世纪90年代中期，欧洲推出一种新规格的柴油——EN590。这是一种内燃机柴油（diesel fuel），根据季节略有不同。这种燃油的推出适应了欧洲柴油轿车使用量迅速增长的情况，并将欧洲柴油贸易分成两个不同的部分：取暖油和内燃机柴油。内燃机柴油所要达到的标准已和燃料油略有不同。另一个欧洲柴油市场较为活跃的原因是：在美国，汽油规格有统一的标准，而在欧洲，汽油规格多种多样，从而限制了其市场。不过，欧洲统一的汽油规格的推广正在改变这种状况。

在远期交易方面，布伦特混合原油是十分活跃的交易品种。每批货是50万桶，在实物交割前，一批货会多次转手。布伦特原油不仅是英国北海产量最大的原油，也是国际自由市场非欧佩克国家生产原油中产量最大的。这一市场大约有10~12个主要贸易商，20个左右小一些的贸易商。主要的油公司和炼油商在这一市场也很活跃。远期市场最终需要实物油的交割，但大多数交易是出于套期保值的目的。世界上许多实物原油贸易都以布伦特原油来标价。这就是说，许多西非和北海原油会被报价为“到期布伦特加 x 分”或“到期布伦特减 x 分”。在北美和南美，许多原油以西得克萨斯中质油（WTI）为基准进行相似的报价。

现货和远期市场中活跃的参与者有两类：经纪商和贸易商。最近十余年来，市场上出现了一种新的贸易商，他们被称为“华尔街炼油商”。之所以这么称呼，是因为美国投资银行建立了石油交易部门，像操作其他金融工具一样参与到石油衍生品交易中。它们帮助许多石油公司承担风险，并在实货和期货市场转移这些风险，扮演着保险公司的角色。这些参与者最早出现于 1987 年左右，并立刻在全球范围内对石油工业产生了影响。华尔街炼油商的客户来源广泛，从石油工业中的生产者到消费者都有。与纸货和期货市场相比较，它们为客户提供了更大的灵活性。它们根据客户需要度身量制期权和其他工具，然后以最合理的方式分散掉风险。

此外，地中海市场是欧洲另一个主要的现货市场。这一地区的供应商主要是本地炼油商，特别是西意大利海岸的独立炼油商。现在从俄罗斯和前苏联地区经过里海的供应也逐渐增多，随着这一地区油田的开发，这一来源可能会成为更重要的来源。此外，阿拉伯海湾的石油也已进入这一市场。

（二）美国市场

美国是世界上第二大原油生产国，日产量大约 830 万桶，余下的 900 万桶每日所需原油由来自世界各地的进口油填补，主要是来自南美、英国和尼日利亚的原油。传统上美国被认为是石油生产国，但最近 10 年来由于消费上升和生产下降，已转变为进口大于自产。

在美国市场的主要部分——墨西哥湾沿岸和其他中心（包括纽约和南加州）有着和欧洲相似的、活跃的现货市场。但美国市场也有一些不同于欧洲市场的特点。在美国，由于存在输油管道系统，在全国范围内运输原油，其货物批量的大小比欧洲用船运进行贸易灵活得多。例如，原油通常一批货有 40 万～50 万桶，而在美国 10 万桶就有可能交易（当然，通常一批货的数量是大于此数的）。这使得原油现货市场更活跃，参与方比欧洲更多。在欧洲，需要有雄厚的财力，以至于只允许较大的公司进入。

美国市场和欧洲市场相比，在原油价格上也存在差异。其一个最主要的原因是有便宜的国内石油。在世界上，虽然只有沙特石油产量比美国多，但美国政府除了一些例外，是禁止石油出口的，因此美国没有成为国际石油市场的主要生产者。由于国内的低价油不能参与国际市场竞争，只能挤在国内市场，造成了市场价格偏低。在 1980 年以前，美国对石油产品还有进口限制，解除这一限制后，美国市场除了出口限制以外，已经成为一个高效的国际市场。

（三）亚洲市场

20 世纪 80 年代以来，亚太地区，特别是东亚的石油市场，伴随着经济的持续发展迅速扩大，中国等国的石油消费持续增加。90 年代世界石油需求的年均增长速度为 1.3%，而亚太地区的年均增长速度为 3.6%。21 世纪初，亚太地区的原油需求增长速度继续高于世界原油需求的平均增长速度。在亚洲市场中，新加坡市场是一个发展迅速的现货市场。它是世界主要石油现货市场中最年轻的，但现在已成为南亚和东南亚石油交易的中心。这一地区的供应者主要由当地的炼油商和阿拉伯海湾国家的炼油商组成。

由于西方国家对轻质油品的需求较高，中东的重质油较多地运往亚洲。不过这一点由于西方国家因轻质油供应不足而稍有改变，亚太地区对轻质油的需求量有所提高。在政府的大力支持下，新加坡市场颇为火爆，燃料油和石脑油传统上是这一地区的主要交易品种。石脑油主要是满足日本的进口需要，同时柴油、航空煤油和汽油也是其交易品种。

第二节 国际石油期货市场的产生、发展与现状

一、国际石油期货市场的产生与发展

19 世纪下半叶，一个“汽油交易所”曾在纽约繁荣一时。在 20 世纪 30 年代早期，当市场的原有秩序被俄克拉荷马和得克萨斯石油生产出现的爆炸性增长所打乱、油价大幅下跌时，在加利福尼亚曾建立起一个石油期货市场。不过这一石油期货的萌芽很快就消失了，因为大型跨国石油公司和美国政府很快重建了稳定的垄断市场结构，确保了在此后将近 40 年中价格的相对稳定，这就使石油期货市场失去了其产生的先决条件。

1973 年，阿拉伯石油禁运造成油价大幅上涨，纽约棉花交易所率先推出了一个在鹿特丹交割的原油合约（以避开当时美国的价格管制）。但这一努力仍然未能成功，因为美国政府继续进行价格控制，石油贸易的参与者当时也对石油期货持怀疑态度。

1978 年，纽约商业交易所（NYMEX）推出了第一个成功的石油期货合约——纽约取暖油期货合约。该期货合约刚推出的时候，吸引了小型的独立市场参与者以及一些将纽约商业交易所作为替代供给源的炼油商。由于初期参与的小型公司的目的往往是在充斥着大公司的市场中找一个替代供给源，实物交割量开始时相当大。不过，很快现货石油交易商和来自其他金融和商品市场的一些纯投机者也进入了石油期货市场。在市场的鼓舞下，纽约商业交易所又推出了含铅汽油合约（后被无铅汽油合约取代），国际石油交易所也成功地推出了它的第一个柴油期货合约。

经过二十多年的发展，已有数种石油期货合约在市场上站稳了脚跟。这包括纽约的原油、取暖油、无铅汽油、天然气合约和伦敦的原油、柴油合约，而东京商品交易所 1999 年新推出的汽油期货合约交易也非常活跃。此外，作为这些成功合约延伸的期权合约也取得了成功。表 6－5 是 2003 年全球交易量最大的四个能源期货合约。

表 6－5　　2003 年全球能源期货合约排名　　单位：单向手

序号	交易所	合约	2003 年交易量
1	纽约商业交易所（NYMEX）	轻质低硫原油，1000 桶	45436931
2	东京商品交易所（TOCOM）	汽油，100 千升	25677079
3	国际石油交易所（IPE）	布伦特原油，1000 桶	23942136
4	纽约商业交易所（NYMEX）	天然气（Henry Hub），10000MMBtu	19037118

表 6－6 显示了 1974—2003 年期间世界各交易所推出的主要石油期货合约的情况。

表 6－6　　1974—2003 年推出的主要石油期货合约情况

年份	品种	交割地	交易所	交易情况
1974	原油	鹿特丹	纽约棉花交易所	失败
	家用燃油	鹿特丹	纽约商业交易所	失败
1978	取暖油	纽约	纽约商业交易所	活跃
	家用燃油	纽约	纽约商业交易所	失败
1981	柴油	鹿特丹	国际石油交易所	活跃
	取暖油	格尔夫港口	纽约商业交易所	失败
	含铅汽油	纽约	纽约商业交易所	失败
	含铅汽油	格尔夫港口	纽约商业交易所	失败
	无铅汽油	格尔夫港口	芝加哥期货交易所	失败
	无铅汽油	格尔夫港口	纽约商业交易所	未交易
	丙烷	得克萨斯	纽约棉花交易所	失败
1983	西得克萨斯中质油（WTI）原油	库欣	纽约商业交易所	活跃
	LLS 原油	圣詹姆斯	芝加哥期货交易所	失败
	布伦特原油	鹿特丹	国际石油交易所	失败
	取暖油	格尔夫港口	芝加哥期货交易所	失败
1984	无铅汽油	纽约	纽约商业交易所	活跃
	含铅汽油	格尔夫港口	芝加哥商业交易所	失败
	无铅汽油	格尔夫港口	芝加哥商业交易所	未交易
1985	布伦特原油	北海	国际石油交易所	失败
1986	西得克萨斯中质油（WTI）原油期权	库欣	纽约商业交易所	活跃
1987	取暖油期权	纽约	纽约商业交易所	活跃
	布伦特原油期权	鹿特丹	荷兰期货交易所	失败
1988	布伦特原油	现金结算	国际石油交易所	活跃
	丙烷	得克萨斯	纽约商业交易所	活跃
1989	无铅汽油期权	纽约	纽约商业交易所	活跃

续表

年份	品种	交割地	交易所	交易情况
	高硫燃料油	新加坡	新加坡国际金融交易所（现被合并为新加坡交易所）	失败
	布伦特原油	鹿特丹	ROEFEX	失败
	柴油	鹿特丹	ROEFEX	失败
	家用燃油	鹿特丹	ROEFEX	失败
	家用燃油	现金结算	国际石油交易所	活跃
	家用燃油	格尔夫港口	纽约商业交易所	失败
	布伦特原油期权	现金结算	国际石油交易所	活跃
	柴油期权	鹿特丹	国际石油交易所	活跃
1990	天然气期权	Henry Hub	纽约商业交易所	活跃
	迪拜原油	现金结算	新加坡国际金融交易所	失败
	迪拜原油	现金结算	国际石油交易所	失败
1991	柴油	新加坡	新加坡国际金融交易所	失败
1992	酸质原油	格尔夫港口	纽约商业交易所	失败
	天然气期权	Henry Hub	纽约商业交易所	活跃
1994	纽约汽油/原油价差期权	纽约	纽约商业交易所	活跃
	纽约港取暖油/原油价差期权	纽约	纽约商业交易所	活跃
1995	布伦特原油	现金结算	新加坡国际金融交易所	失败
1996	Permian Basin 天然气	Permian Basin	纽约商业交易所	失败
	Alberta 天然气	Alberta	纽约商业交易所	活跃
1999	汽油、煤油	东京	东京工业品交易所	活跃
2001	中东原油	现金结算	东京工业品交易所	不活跃
2002	中东原油	现金结算	新加坡交易所	失败
2003	柴油	东京	东京工业品交易所	较活跃

资料来源：John Treat，“*Energy Futures*：*Trading Opportunities*”，Penn Well Corporation，2000.

二、国际石油期货市场的现状

（一）纽约商业交易所

在纽约商业交易所的石油类期货合约中，轻质低硫原油期货合约是目前世界上商品期货中交投最活跃的期货品种之一。由于该合约良好的流动性以及很高的价格透明度，纽约商业交易所的轻质低硫原油期货价格被看做是世界石油市场上的基准价之一。该期货交割地位于俄克拉荷马州的库欣，这里也是美国石油现货市场的交割地。

取暖油合约。取暖油被称为第二号燃油，一桶原油中大约有25%的产出是取暖油。该合约早期吸引了取暖油批发商和消费量巨大的终端消费者，后来人们用该合约与柴油及航空燃料油对冲。时至今日，该合约吸引了商界各方，包括炼油厂、批发商、取暖油零售商、卡车运输商、航空公司以及海洋运输公司等参与该合约的买卖，把该合约作为一种风险管理和价格发现的工具。

无铅汽油期货合约。在美国，汽油是石油制品中销售量最大的一种，约占全国油品消费量的一半左右，其年消费量约为 1190 亿加仑。纽约港是美国东海岸油品主要集散地，本期货合约主要基于该港石油价格。纽约商业交易所与联邦政府及州政府密切联系，不断发展监管手段，以使该期货合约价格准确地反映现货市场的情况。

丙烷期货合约。丙烷是天然气加工和石油精炼中的副产品，用途广泛，如民用及商用取暖以及对农作物进行干燥处理等，其最大用途是作为石化工业原料。天然气供应公司经常在需求高峰时期储存丙烷以供使用。纽约商品交易所的丙烷期货合约与其他能源期货合约一样，为现货的价格发现及风险管理提供了一项有用的工具。

Henry Hub 天然气期货合约。天然气在美国能源体系中占有重要地位，占所有能源消费量的 1/4，而且其份额还在不断扩大。同时，天然气更为清洁，面对越来越严格的环保标准，天然气相对于其他种类的能源具有相对优势。在天然气消费者中，工业及发电公司消费占 59%，商业用及民用占 42%。自纽约商业交易所于 1990 年 4 月推出该合约以来，其交易量和空盘数量一直不断攀升，现已成为交易所历史上成长最快的交易品种。

（二）伦敦国际石油交易所

伦敦国际石油交易所是欧洲最重要的能源期货和期权的交易场所。它成立于 1980 年，是非营利性机构。

1981 年 4 月，伦敦国际石油交易所推出柴油期货交易，合约规格为每手 100 吨，最小变动价位为 25 美分/吨。重柴油在质量标准上与美国取暖油十分相似。该合约是欧洲第一个能源期货合约，上市后比较成功，交易量一直保持稳步上升的走势。

1988 年 6 月 23 日，国际石油交易所推出国际三种基准原油之一的布伦特原油期货合约。国际石油交易所的布伦特原油期货合约特别设计为用以满足石油工业对于国际原油期货合约的需求，是一个高度灵活的规避风险及进行交易的工具。国际石油交易所的布伦特原油期货合约上市后取得了巨大成功，迅速超过柴油期货，成为该交易所最活跃的合约，从而成为国际原油期货交易中心之一，而北海布伦特原油期货价格也成为国际油价的基准之一。现在，布伦特原油期货合约是布伦特原油定价体系的一部分，包括现货及远期合约市场。该价格体系涵盖了世界原油交易量的 65%。

2000 年 4 月，国际石油交易所完成了改制，成为一家营利性公司。2001 年 6 月，国际石油交易所被洲际交易所（Intercontinental Exchange, Inc.）收购，成为这家按照美国东部的特拉华州法律成立的公司的全资子公司。

（三）东京工业品交易所

东京工业品交易所英文名为 Tokyo Commodity Exchange（TOCOM）。东京工业品交易所成立于 1984 年 11 月 1 日，它合并了东京纺织品交易所（成立于 1951 年）、东京橡胶交易所（1952）和东京黄金交易所（1982）。从一成立至今，东京工业品交易所经历了快速的市场扩张，其交易量从 1985 年的 400 万手上升到 2002 年的 7500 万手。从成交量意义上说，东京工业品交易所已经是世界上最大的铂、汽油、煤油和橡胶期货市场以及黄金第二大交易市场。

日本的石油期货市场虽然起步较晚，但是发展很快。日本是传统的石油进口国和消费国，国内所需石油几乎全部依赖进口。1999 年下半年，东京工业品交易所推出了汽油和煤油期货交易。与欧美相比，日本的石油期货合约具有以下一些特点：合约以日元报价，采用日本国内通行的计量单位——千升，合约规格为每手 100 千升。在上市的第一年，汽油期货的成交量达到 10649179 手，煤油期货为 3620356 手。与日本的年消费量相比，汽油和煤油期货的成交量分别是现货消费量的 18 倍和 13 倍。日本一些大型石油公司，如出光兴产和 COSMO 等，在向伊滕忠商社购买汽油和煤油时，已经开始采用与东京工业品交易所汽油、煤油期货价格连动再加升贴水的办法成交。日本石油期货市场的影响和作用越来越大。

（四）新加坡石油纸货市场

新加坡石油纸货市场大致形成于 1995 年前后，虽然不是期货市场，但在属性上与石油期货市场一样，都属于石油衍生品市场，只不过它是一个场外市场，而不是交易所场内市场。纸货市场的交易品种主要有石脑油、汽油、柴油、航煤和燃料油，其中最活跃的是燃料油和石脑油纸货交易。燃料油纸货市场的规模大约是现货市场的 3 倍以上，其中 80% 左右是投机交易，20% 左右是保值交易。

纸货市场的参与者主要有以下几类：

投资银行和商业银行：Goldman Sachs，Morgan Stanley Dean Witter，Salomon Bros，Bank of America，Citi Bank，Deutsche Bank，Barclays Banks，Credit Lyonnais，Societe Generale 等。

大型跨国石油公司：BP - Amoco，Shell，Chevron - Texaco，Totalfina，Lukoil，Statoil，Fortum，Petrobras，PMI，Petco，Repsol，Cepsol，Sinopec，Conoco 等。

石油贸易商：Hin Leong，Koch，Sempra，Vitol，Glencore，Cargill，Crown，Onyx，Chemoil - ITC，Itochu Petroleum，Marubeni，Westport，Mitsui Oil，Sinochem，Sumitomo，CRC，China Aviation Oil，Sinoying，Kang Qi Petroleum，View Sino，Gree Hongkong，Rinex，Gracewood Int′L，Mitsubishi，Famm，Astra，Sino Star，Zhong Jing，Waterway，Equiva，AFT，Unipec，Trafigura，Elpaso Merchant，Titan Oil，Projector，Daxin，Kuo Oil，Onyx Oil，B. B. Energy，Galaxy，Kinetic Energy，Consort，Ignition Point，Golden Island，Bakri，Faloil，O. W. Bunker 等。

终端用户：包括船公司、航空公司、发电厂等用户，如 Neptune Orient Lines（NOL），Evergreen Shipping，Singapore Airlines，British Airways 等。

纸货市场的主要作用是提供一个避险的场所，它的交易对象是标准合约，合约的期限最长可达 3 年，每手合约的数量为 5000 吨，合约到期后不进行实物交割，而是进行现金结算，结算价采用普氏公开市场最近一个月的加权平均价，经纪商收取 7 美分/吨即收取 350 美元/手的佣金。由于是一个场外市场，纸货市场的交易通常是一种信用交易，履约担保完全依赖于成交双方的信誉，这要求参与纸货市场交易的公司都是国际知名、信誉良好的大公司。

第三节　影响石油期货价格的主要因素

1973 年石油危机以后，跨国石油公司垄断石油价格的机制基本瓦解，石油成为全球价格波动最为剧烈的商品，很多经济学家也因此投身于油价预测的工作。但回顾油价演变的历史可以看出，尽管经济学家们通过大量的统计分析和宏观研究，在各种假设的前提条件下，建立了一系列计量经济模型，但预测的结果却不尽人意。这是因为石油除了符合一般商品价格受基本供求关系决定的规律外，还受到其他诸多因素的影响。

从大的方面来看，影响石油价格的因素不外乎基本供求关系和短期因素。供给因素包括石油供应总量及变化趋势、石油供给结构、石油生产成本；需求因素包括经济发展水平、经济结构调整、替代能源的发展、节能技术的发展和应用；影响石油价格的短期因素包括突发的世界政治经济事件、欧佩克组织及国际能源总署（IEA）对市场的干预、石油库存变化、国际资本市场资金的短期流向、汇率变动、异常气候引起的局部需求变化等，这些短期因素都是通过影响人们对未来市场供求关系的预期来影响石油价格的短期走势的。

目前，全球的石油价格都是以原油作为基准的，全球三大基准原油分别是英国北海的布伦特原油（Brent）、美国西得克萨斯中质油（WTI）以及中东的迪拜油。原油价格的波动左右着成品油及油品的价格，因此下面着重分析影响原油价格的各种因素。

一、影响石油价格的供给因素

（一）石油供应总量及供给结构

迄今为止，历史上发生了数次石油危机和石油战争，危机的发生使人们担心未来的石油供应。以罗马俱乐部为代表的一些专家学者几十年前曾经预测世界石油资源将在数十年内消耗殆尽，而石油价格会涨至 100 美元/桶以上。事实上，几十年过去了，世界石油资源不但没有消耗殆尽，而且探明储量持续增加，石油价格也远未上涨到当初预测的水平。1982—1991 年的 10 年间，全球累计采出石油 295 亿吨，而探明剩余储量却从 1981 年底的 926 亿吨增加到 1991 年底的 1365 亿吨；1992—2001 年的 10 年间，全球累计采出石油 340 亿吨，探明剩余储量从 1991 年底的 1365 亿吨增加到 2001 年底的 1400 亿吨；目前全球石油储采比在 40 ~ 43 年之间。从这个意义上来说，至少在未来 20 年不会出现全球范围内的石油供应短缺现象（见图 6 - 5）。

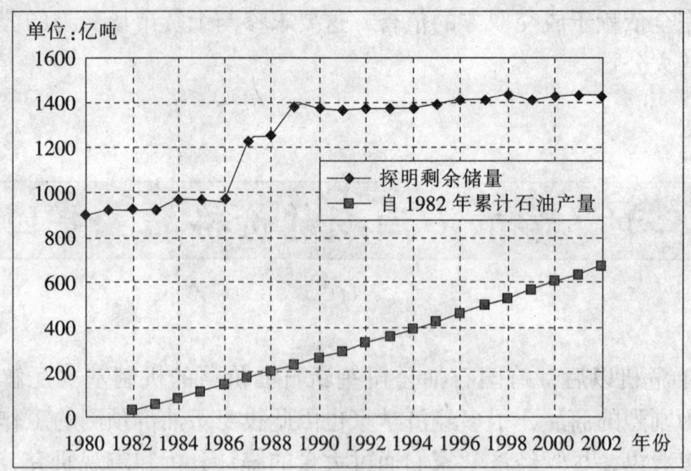

图 6－5 世界石油储量和产量变化趋势

然而，从世界石油储量分布上看，结构性的失衡是一个基本特征。以中东产油国为主的欧佩克组织的石油储量占世界总储量 70% 以上的比重，在世界石油市场的供应端起着非常重要的作用。欧佩克国家的产能利用率及其在世界石油供应中所占的比重的变化，对世界石油价格有非常深远的影响。

对于非欧佩克国家而言，其剩余可采储量是有限的，在 20 世纪 80 年代仅占世界石油储量的约 1/3，到 2002 年其份额已经下降到约 1/5。目前，全球石油储采比约 40 年，主要欧佩克国家都在 80 年以上，而主要非欧佩克国家储采比仅十多年。因此，从长远来看，非欧佩克国家不可能长期占据世界石油市场的主导地位，其占有的市场份额将会逐渐向欧佩克国家，尤其是海湾产油国转移。这是预测油价长期走势必须考虑的一个基本因素（见图 6－6）。

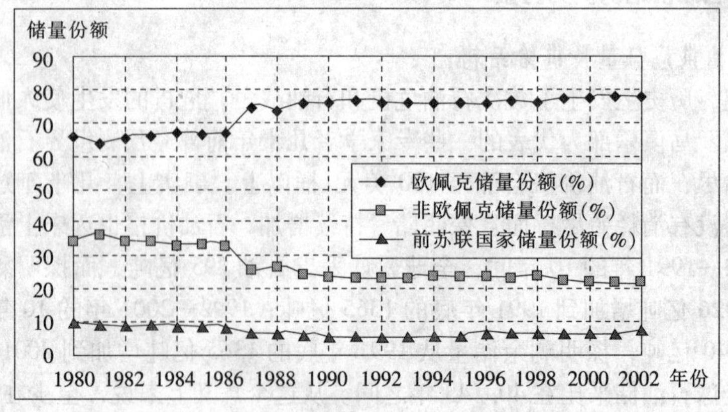

图 6－6 世界石油储量结构变化趋势

（二）石油生产成本

石油生产成本并不直接对国际石油市场价格的决定产生影响，而是通过影响生产者的产量决策，进而影响市场供应数量，间接地引起价格波动，因此可以说石油生产成本是影响石油价格的一个长期因素，一国、一个地区的石油生产成本的上升并不会立即引起石油价格的波动，只有石油生产成本的变动足以引起供应数量的变化时，才有可能引起价格的波动。

就供应数量而言，首先是生产水平受到石油总储量的约束，总储量又受到新增储量的影响，而新增储量主要靠勘探开发投资的增加而增加。只有当价格的上涨水平足以刺激边际油田的开发时，资金才会因为有利可图而流向勘探开发领域，使新增储量增加，大量的新的石油区块投入生产，从而增加石油供应总量；相反，如果价格水平不足以刺激投资的流动而引起生产的下降，就会导致供应紧张，造成新的价格上涨。显然，刺激投资增加或引起投资减少的临界点在于边际油田的生产成本，只要价格足以刺激边际油田的开发，整个总供给水平就不会发生较大的变动，一旦价格水平跌到边际油田开发成本以下，供给水平下降，就会自然制止价格的下跌，这就是价格和成本之间相互调节的市场机制。

二、影响石油价格的需求因素

（一）经济发展水平及经济结构变化

经济的发展与石油消费的关系是直接的关系，与石油价格的关系是间接的关系。经济发展引起石油市场供需关系变化，从而影响石油价格。

石油消费变化同全球经济发展之间存在一定的量的比例关系。经济学上一般用石油消费对国民生产总值的弹性系数来表示，并常以这一系数来计算和预测全球经济发展将引起的世界石油消费量的变化。石油消费弹性系数定义为一定时期内石油消费的增长率与国内生产总值的增长率的比值。需要指出的是：由于各个国家和地区经济结构、能源结构的差异，其弹性系数值是不一样的；而且随着节能技术、替代能源的发展，石油消费弹性系数也在不断发生变化（见图6－7）。

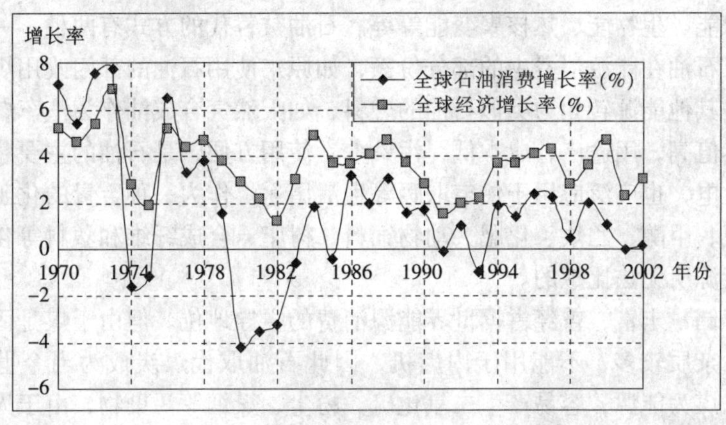

图6－7　世界经济发展与石油消费的关系

在高油价的情况下，各个国家必然会根据自身情况，采取多种措施来降低石油消耗。但是必须看到，油价波动对发达国家和发展中国家的影响程度是不一样的。发达国家经历多次石油危机后，对能源结构和经济结构进行了大力调整，已经从机器大工业时代发展到后工业化时代，低能耗的服务业和信息业在国民经济中占据了主导地位，因而其经济发展对石油的依赖程度逐渐变小。发展中国家由于制造业和运输业在整个国民经济中占有很大的比重，因而其经济发展对能源尤其是石油的依赖将会表现出刚性增长的势头。近年来，发达国家多次出现了由于油价波动引起的石油需求下降或增长缓慢的现象；而同时，不论油价怎样变化，发展中国家的石油需求却呈现出长期稳定增长的趋势。

（二）替代能源的发展

研究石油价格的长期变化趋势，必须关注石油替代能源的发展，因为替代能源的成本决定了石油价格的上限。20 世纪 70 年代石油价格高涨，迫使使用石油的部门以其他燃料来替代，但交通运输部门却始终离不开石油。目前，发展石油替代能源已成为各个国家的共识，不太可能再出现反向趋势，但其发展速度将取决于石油及其替代能源的相对价格。

当石油价格提高到一定水平时，使用其他燃料或技术就比使用石油便宜。可以取代石油的技术通常称为回止技术（back stop technlogy），它提供了一个回止价格，在这个回止价格水平以上，石油价格过高，致使使用石油不再合算，因此石油价格的高低将是石油被取代速度快慢的重要因素。70 年代初，人们普遍认为油价若高于 14 美元/桶，将会产生一个庞大的合成燃料工业部门；到 70 年代末，又有人预言油价若高于 30 美元/桶，合成燃料会替代石油；到 80 年代初，人们对石油替代品回止价格的普遍估计提高到 40 ~65 美元/桶。对合成燃料价格的估计为什么会逐步增长，这是由于石油价格增长本身就使合成燃料项目的费用上升，而且早先在估计合成燃料技术的成本时，对其在工程和技术方面的困难一般容易低估。

一般而言，所有的能源资源都是石油的替代能源，具体地说，不可再生的能源资源包括煤、天然气、铀、油页岩、油砂等，可再生的能源资源包括水力、太阳能、风力、地热能、潮汐能、生物能、热核聚变能等等。石油被替代的方式有两种：一种是其他能源直接替代了石油在能源消费中的部分份额，如原来使用石油的部门改用煤炭作为其燃料；另一种是其他能源转化为类似石油的燃料，如天然气合成油作为汽车燃料。

天然气热值高，用途广，成本低，污染少，使用方便，是石油的主要替代能源。天然气可用于发电，也广泛应用于住宅取暖等生活用途。作为一种宝贵的化工原料，可用以制造合成氨、甲醇、乙炔、化肥、动物饲料、树脂、合成纤维和塑料等化工产品，这是其他替代能源所无法比拟的。

煤炭由于储量丰富，曾经占据世界能源消费的主导地位。但由于煤是固体燃料，热值低于石油，杂质较多，不能用于内燃机，因此石油取代煤炭成为当今世界的主导能源。另外，以煤为能源，容易产生二氧化硫、粉尘、煤烟等污染物，由于人们对环境问题日益关注，减少用煤污染所需的投资越来越大，这也限制了以煤炭替代能源的进程。

目前，各个国家纷纷展开煤炭液化和气化工艺技术的研究，以期能扫除煤炭取代石油的技术和经济障碍。

20 世纪 70 年代石油危机以后，工业发达国家都在积极研究发展核能工业，法国和瑞典更为显著。目前，核电在世界一次能源消费中的比重为 7.6%，在电力结构中的比重为 17%；近期核电的发展主要集中在亚洲，我国正在筹建的核电站有四座。人们认为核能将是取代石油的重要能源，但从目前的技术水平来看，核废料的储存等环境保护问题、核事故对人们心理的影响大大削弱了核能的替代地位。

作为汽车动力，人们也在积极开发石油替代能源，天然气、光伏电池已用做汽车燃料，适用于新燃料的发动机也在不断的研究改进之中。除经济成本以外，各个国家出于环境保护和可持续发展的考虑，也纷纷出台一系列政策，鼓励替代能源尤其是可再生能源作为汽车的动力，如北京为了把 2008 年奥运会办成一次绿色的奥运，已明确表示要提高天然气在公交系统应用的比例。

可持续发展观念的深入使得研究发展新能源和可再生能源已经成为各个国家的自觉行动。可再生能源广泛使用要解决的许多难题，如能流密度低，受昼夜、季节、纬度、海拔、气候影响供应不稳定，蓄能问题，投资成本高，利用网络成问题等，但可再生能源最终取代矿物能源的趋势是不可扭转的，这必将会影响石油价格的长期走势。

（三）节能技术的发展和应用

节能的直接作用就是减少能源消费量，使供求关系发生变化，通过供求关系的变化再对石油价格发生作用。反之，放松了节能，需求即增加，石油价格便会相应上升。另一方面，油价的变化反过来又制约着节能的进展：持续的高油价必然加快节能的进展，使石油消费量下降，导致油价下跌；低油价则能使节能活动减弱，石油消费量上升，导致油价上涨。正因为国际油价与节能是相互影响的，所以节能运动也必将随着国际油价的涨落而时紧时松。这样的局面也使欧佩克组织认识到：油价过高未必对自己有好处，因为高油价会抑制石油需求，从而使欧佩克组织失去在国际石油市场的部分份额，最终损害自身的利益。

可以说，节能是“石油危机”的产物。1973 年和 1979 年两次石油危机，结束了长期以来西方国家使用廉价石油的时代，他们开始采取多种措施节约能源。一是调整产业结构，限制高能耗产业的发展，如减少重化工业在整个工业部门中的比重，积极发展电子电器、生物工程等节能型、高附加值的新兴产业；二是在钢铁、化学、建筑、造纸和冶金等能源和石油消费相对集中的部门大力推广技术型节能；三是大力降低交通运输业的石油消费，如对汽车产品进行更新换代，使其向轻型化和节能型的方向发展，通过征收高油耗税来减少石油消费；四是通过加强建筑物的绝热和保温性能、维护采暖系统等直接手段，对民用和商业用能采取切实可行的节能措施。

三、影响石油价格的短期因素

从理论上来讲，油价走势取决于基本供求关系的变化，而世界石油市场的基本供求因素是相对稳定的，国际油价理应稳定在一定的范围之内。但是由于受到许多短期因素的影响，石油价格频繁波动，并且经常出现暴涨暴跌的现象。短期因素之所以能通过影响人们的心理预期影响石油价格，国际对冲基金之所以选择石油作为炒作的对象，主要是因为石油生产和消费的短期价格弹性都很小。供给方面，受资源禀赋和产能建设条件的制约，一般的生产者很难在油价上涨时快速增加产量，而沉没成本的发生使得生产者也不愿意在油价下跌的时候快速削减产量；更何况石油生产不是一个充分竞争的生产领域，寡头垄断的生产格局容易形成价格联盟和投机合约。消费方面，石油的难以替代性使得消费者即使在石油价格剧烈波动时也不可能在短时间内找到替代能源或者有效的节能措施，只能被动地接受价格波动带来的损失，而一个国家经济结构的调整也是一个循序渐进的过程，不可能一蹴而就；在极端的情况下，消费者由于心理预期的作用，甚至会在油价居高不下时抢购囤积，而在油价下跌时反而持币观望，因而加剧了市场的波动。

期货市场是一个公开、集中、统一、近似于完全竞争的市场，与现货市场相比，具有较大的成交量和更高的流动性，期货市场能够迅速地吸收社会各方面的信息，因而其产生的价格能够最大限度地反映全社会对石油价格的预期，能够反映真实的市场供求关系的变化。但同时，由于石油生产者和消费者对油价波动的理性反应都需要一段时间，表现出一定的惯性或者说粘性，这就给了国际垄断资本以可乘之机。他们往往通过期货市场操纵短期油价走势，从而加剧油价波动的频率和幅度。

影响石油价格的短期因素是多种多样的，突发的政治经济事件、欧佩克组织及国际能源署对市场的干预、商业库存的变化、国际资本市场资金的短期流向、汇率变动、异常气候引起的局部需求变化等。

（一）突发的政治经济事件

20 世纪的战争多数是因为争夺能源尤其是石油而引发的，而在 20 世纪 70 年代以后，几乎任何一次突发的政治经济事件都会不同程度地影响到世界石油价格。

20 世纪 70 年代的两次石油危机可以说是源于经济利益的争夺，而政治事件则是危机爆发的导火索。1973 年阿以战争爆发后，油价水平从 2 ~ 3 美元/桶戏剧性地提高到 1974 年初的 13 美元/桶；1979 年受伊朗革命的影响，油价提高到 35 ~ 40 美元/桶，几乎是 1970 年初时的 20 倍。这两次石油危机彻底瓦解了西方跨国石油公司垄断石油价格的格局，对世界石油市场结构和石油价格体系的演进产生了深远的影响。

1990 年 8 月，伊拉克入侵科威特，国际油价陡涨至 30 多美元/桶，随后美国出兵将伊拉克人赶出科威特，油价又回落至 15 美元/桶左右。

2002 年 12 月，世界第五大产油国委内瑞拉发生工人大罢工，委内瑞拉的石油产量从原来的每天 300 万桶下降到不足 30 万桶，受委内瑞拉罢工危机和美英威胁对伊拉克发动军事行动的影响，23 日世界石油价格大幅上升，突破 31 美元/桶，创两年来的油价最高纪录。2003 年 2 月，世界第六大石油输出国尼日利亚又发生了石油工人大罢工，推动油价进一步上涨。罢工前，尼日利亚每天输出 200 多万桶原油，其中有过半出口到美国，而委内瑞拉每天向美国输出的原油也有 150 万桶之多。两个产油大国相继发生罢工，使美国的能源储备下降到一个低点。2 月 14 日，纽约的原油价格上升到 36. 8 美元/

桶，是两年半来的最高点。

2003 年 12 月 13 日，美军抓获萨达姆，由于担心伊拉克石油冲击国际石油市场，最先开盘的亚洲电子盘交易，石油价格开盘后即急剧下跌，最低时达 31.74 美元/桶，较周五纽约收市价 33.04 美元/桶大跌 1.3 美元，瞬时跌幅近 4%。纽约商品交易所 1 月原油收市时下跌 67 美分/桶，收于 32.37 美元/桶，而 1 月家用燃油和 1 月汽油期货每加仑也分别下跌了 1.91 美分和 1.74 美分，收于 90.65 美分和 88.30 美分。

（二）欧佩克组织和国际能源署对市场的干预

作为国际上颇具影响力的两大能源组织，欧佩克组织和国际能源署对石油市场和石油价格的影响不可低估。由于欧佩克组织控制着全球剩余石油产能的绝大部分，而国际能源署拥有大量的石油储备，他们能在短时期内改变市场供求格局，从而改变人们对石油价格走势的预期。

欧佩克组织成立几十年来取得了油价战的胜利，也吞食了油价暴涨暴跌带来的苦果，在斗争中逐步走向成熟和理性。他们已经深刻地认识到：长期维持石油高价是不可能的，过高的石油价格虽然能够一时增加石油输出国的收入，但从长远来看，会导致世界经济的衰退和石油需求的下滑、替代能源的加快发展对石油能源地位的削弱，以及非欧佩克石油输出国的崛起和欧佩克组织国际市场份额的丧失，因此，只有在合理的价格范围内维持世界石油市场的稳定，才能从根本上维护产油国的根本利益。2000 年，欧佩克组织提出了稳定油价的新标准，把欧佩克一揽子原油价格保持在 22～28 美元/桶作为指导产量调控的价格目标，决定当油价连续 20 个交易日超出这一价格范围的时候，就以调整产量的方式对市场进行干预。

2003 年 9 月 24 日欧佩克组织第 127 次会议决定：从 11 月 1 日起将欧佩克组织 10 国的日产量配额削减 3.5%，即 90 万桶，从 2540 万桶/日削减到 2450 万桶/日，减产的决定是依据石油市场基本形势做出的，欧佩克预计世界经济和石油需求有所增长，但非欧佩克国家石油供应量的快速增长、伊拉克石油产量的逐步回升以及经合组织石油库存的持续增加将给 2004 年石油市场以供大于求的压力，石油价格有下降的趋势。在过去几年中，相对于石油价格突破目标区间高端的可能性而言，欧佩克组织对油价可能跌破目标区间的低端表现出更严重的忧虑，此举的目的在于提前干预，将油价稳定在 25 美元/桶以上，避免石油价格在 2004 年大幅下挫。欧佩克组织的这一决定宣布后，原油价格应声上涨，纽约 11 月原油期货价格上涨 1.11 美元/桶，达 28.24 美元/桶，11 月交运的布伦特北海原油上涨 1.16 美元/桶，达 26.68 美元/桶。

国际能源署是在 1974 年石油危机发生后，由西方能源消费大国建立的，它的成员国共同控制着大量石油库存以应付紧急情况。这些石油存储在美国、欧洲、日本和韩国等国家和地区。最近几年，国际能源署的 26 个成员政府所控制的原油战略储备已达 13 亿桶，而该机构成员国还拥有 25 亿桶商业原油储备，这些储备油可以满足其成员国 114 天的石油进口需求。

2003 年初，美国威胁攻打伊拉克，加之委内瑞拉石油工人罢工危机，市场普遍担心石油供应中断。为维持石油市场稳定，国际能源署宣布：一旦伊拉克战争爆发，如有必要，它随时准备迅速、大量地释放储备石油。而经合组织的石油储备在战争期间使用时，将以3~5美元/桶的补偿价格出售给用油单位，这使得战争给经济带来的损失减少到最低程度。由于国际能源署每天可以释放1200万桶原油，相当于当时伊拉克石油出口量的7倍以上，因此国际能源署的表态对稳定石油市场、缓解油价上涨起到了积极的作用。

（三）石油库存变化

就全球而言，石油库存主要集中在经合组织国家，其中美国占有40%左右的份额。由于美国经济发展状况对西方乃至世界经济起着举足轻重的作用，而且美国既是石油生产大国，又是石油消费大国，因此美国公布的一些有关本国的经济状况指标对欧洲、亚洲国家也有较强的影响力。在国际石油市场上，美国石油协会（API）、美国能源部的能源情报署（EIA）每周二公布的石油库存和需求数据已成为许多石油商判断短期国际石油市场供需状况和进行实际操作的依据，该数据可以从路透社、道·琼斯及其他众多媒体上及时获得。

从纽约、伦敦石油期货市场的交易情况看，在每周公布石油库存数据前，石油商表现得十分谨慎，成交量萎缩。石油库存和需求数据公布以后，西得克萨斯中质油价选择向上或向下波动的方向，从而直接影响伦敦和新加坡市场布伦特油的走向，并带动油品价格向上或向下波动。

石油库存一般是低油价时买进，高油价时抛出，以降低储备成本或获取交易收益。库存对油价的影响是复杂的，从长远看，库存是供给和需求之间的一个缓冲引子，对稳定油价有积极作用，起到一个稳定器的作用。低油价时，增加石油库存会推动油价上涨；高油价时，抛出库存石油会引起油价下跌。但从短期看，石油库存又会对市场油价波动起到推波助澜的作用。因为库存石油往往是在油价看涨时购进，短期内将推动油价加剧上升；在油价看跌时抛出，短期内又会推动油价加剧下跌。特别时当几个国家同时购进或抛出库存石油时，将会使石油市场产生剧烈波动。现在，库存对油价的影响越来越明显，甚至在一定程度上成为油价变动的信号。

石油库存包括常规库存和非常规库存。常规库存是保持世界石油生产、加工、供应系统正常运转的库存，主要是最低操作库存、海上库存、政府战略储备库存和安全义务库存。最低操作库存主要是指油田、管线和炼厂为维持正常生产和运转需要所必需的最低库存量。海上库存是指海上运输途中油轮所载的原油存量和一些作为临时码头的浮船上的石油存量。政府战略储备库存是指国家出于战略考虑，为防备石油短缺而储备的石油库存。安全义务库存是没有政府战略储备库存的国家通过命令或立法，要求石油公司进行储备的最低安全义务库存量。常规库存一般随着全球原油需求的增加而上涨。在常规石油库存中，政府战略库存占据了绝大份额。

非常规库存也被称为商业库存，是高于安全义务库存量的部分。非常规库存通常掌握在石油公司手中，而石油公司会根据市场情况和预期变化灵活调整自己的库存水平。在石油价格预期看涨的情况下，一些石油公司会有意增加库存，带动石油价格上升，但当全球非常规库存上升到较高水平时，受库存压力影响，石油价格又会开始下降。

研究表明，非常规库存对石油价格的影响要明显强于常规库存。尽管常规库存量十分巨大，几乎占全球原油总库存量的80%以上，但它们对油价的影响却很小。因为在没有政府干涉的情况下，常规库存一般比较稳定，处于市场预期范围之内，不参与商业贸易，因而对油价无直接影响，但有时会有间接关系。如果石油主消费国政府突然宣布增加战略库存，这样一部分非常规库存将进入常规库存。由于非常规库存直接反映贸易中石油的紧缺程度，因此非常规库存的降低将刺激油价上涨。石油公司一般根据期货价格来调整非常规库存水平。当期货价格远高于现货价格时，就会有一些公司增加非常规库存，持货待涨，从而刺激现货价格上涨，期、现价格差减小。当期货价格低于现货价格时，石油公司就会尽量减少非常规库存，持币观望，从而使现货价格下降，与期货价格形成合理价差。

2003年，由于欧佩克组织宣布减产、委内瑞拉罢工危机以及期货市场长期的油价倒挂（即近期价格高于远期价格），导致石油公司不愿意增加库存，因此库存一直处于较低水平。加之其他因素的影响，促使油价持续走高。第一季度末，经合组织工业石油库存为23.38亿桶，低于过去10年的平均水平，也低于库存水平极低的2000年。尽管第二、三季度石油库存有所回升，第三季度末达到25.5亿桶，但仍低出1998—2002年5年平均水平0.8亿桶，仅略高于库存水平极低的2000年。

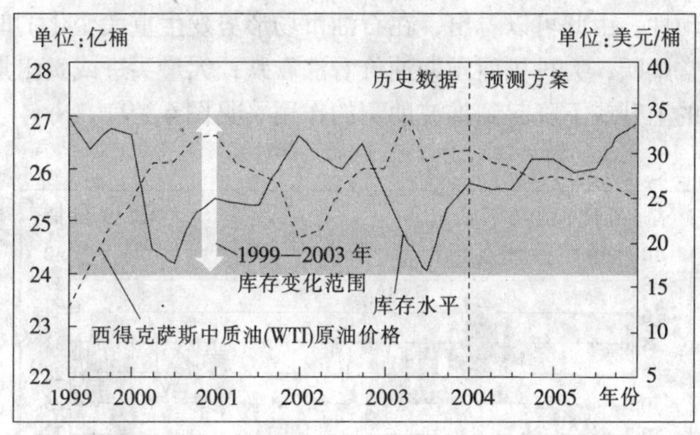

资料来源：国际能源署，转引自《国际石油经济》，2004年第1期。

图6-8　经合组织石油库存与油价的关系

2003年12月17日美国能源情报署（EIA）公布原油库存下降510万桶至2.728亿桶，达到20年来美国12月份原油库存的最低水平，也接近炼油企业得以维持正常生产的库存水平2.70亿桶，同时，家用燃油库存亦在冬季需求高峰期减少。美国原油库存连续4周快速下降2120万桶，给居高不下的油价以强有力的支撑。受此影响，原油期货价格再度走高，当日纽约商业期货交易所2004年1月原油期货合约结算价收高46美分/桶，至33.35美元/桶，第二天继续收高36美分/桶，连续两日盘中最高成交价为33.77美元/桶和33.90美元/桶，是2003年3月18日油价触及34.97美元/桶以来的最高水平。12 月 17 日，伦敦国际石油交易所 2004 年 2 月原油期货合约也收高 62 美分/桶，至 30.59 美元/桶，18 日继续走高 21 美分/桶，收于 30.80 美元/桶（见图 6－8）。

（四）国际资本市场资金的短期流向

20 世纪 90 年代以来，国际石油市场的特征是期货市场的影响显著增强，这是国际石油垄断资本与国际金融资本相互作用的结果。作为一种重要的金融衍生工具，石油期货交易的迅猛发展使石油价格短期走势可以在一定程度上摆脱石油商品供求关系的束缚，呈现出其独有的价格运动规律。以世界上最大的石油期货市场——纽约商业交易所为例，在该交易所 2000 年市场参与者构成当中，石油交易商占 39.9%，机构投资者、对冲基金占 31.2%，石油生产、加工、消费及运输企业只占 28.9%。也就是说，机构投资者、对冲基金等投机性力量更多地参与了期货市场，巨额的对冲基金流入原油期货市场，使原油价格极易大幅波动。

美国商品期货交易委员会的统计报告表明，在 2003 年的大部分时间里，非商业性交易商在纽约商业交易所的石油期货交易中，多仓量（买盘，推动油价上升）均大于空仓量（卖盘，对油价有向下的压力），而且大幅度地改变仓位：年初净多仓 1 万多手，但到 5 月份净空仓量已达到 6 万手；8 月份再次转为净多仓量 6 万手，10 月份又净空仓 5 万手，11 月份以后净多仓量的局面再次出现。短短几个月内如此大幅度地改变仓位（往年基金往往长时间地持同一方向仓位）在历史上实属罕见，也反映了 2003 年石油期货市场的极大波动性。由此可以看出，在石油市场形势发生重大变化的时候，期货市场上的投机活动非常踊跃，大投机商预期油价看涨看跌，大量买进或卖出期货合约，这必然会对石油价格的上升或下降起到推波助澜的作用（见图 6－9）。

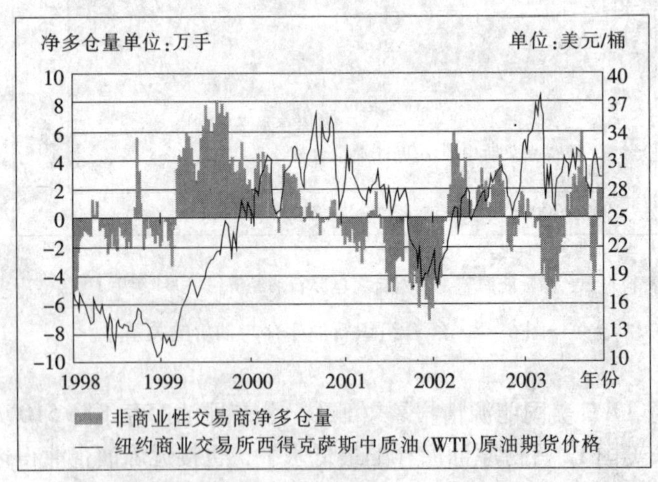

资料来源：美国商品期货交易委员会，转引自《国际石油经济》，2004 年第 1 期。

图 6－9　美国纽约商业交易所投机交易与西得克萨斯中质油（WTI）原油期货价格的关系

（五）汇率变动

美元一向是世界原油市场的权威标价和结算货币，这也是美元主导世界货币体系的最主要表现之一，这一机制使得美国在国际金融体系中处于极其有利的地位。对于这个世界上最大的石油进口国来说，一则它只要用本国货币就能买到别国必须付外汇才能购得的原油，大大减少了其在国际贸易中出现的巨额赤字；二则它可以免受汇率变动对于其实际支付数额的影响，而其他国家在石油贸易中不但要承受油价的波动，而且在实际支付时还要考虑汇率变动的风险。

有鉴于此，美国极力维持其强势美元地位，而石油进口依赖率高达 80% ~90% 的欧洲，也在谋求改变其在国际货币体系中的弱势地位，于是在 1999 年欧元诞生之后，美元和欧元之间的较量就从未停止，而石油在美元和欧元之争中则扮演了重要的角色。

2000 年油价高涨时，美国为保持自身经济的持续繁荣，曾借机对欧洲的经济进行打击。当时欧元表现疲软，以欧元计算的油价升幅相对更大。从 4 月至 7 月，欧元兑美元贬值 11.5%，同期油价升值 46%，对欧盟来说，油价升值逾 60%，加上昂贵的汽油税，其物价将可能进一步攀升。如果欧盟把利率调高，其工业要面对因油价上涨导致的生产成本增加以及投资成本增加的双重打击，最终使经济放缓、失业率上升；如若不加息，欧元势必更加疲软，通胀将加剧，可谓进退两难。

任何货币的持续走强必须以其经济的长期稳定发展作为基础。美国国内需求不足，财政贸易赤字不断扩大，导致国际资本从 2001 年起大量流出美国，这是自 1995 年以来国际资本大规模流向美国后的第一次明确转向。与此同时，欧元区国家经济基本面相对较好，欧元逐步升值，两年来欧元对美元已升值约40%，欧元的升值进一步带动了资金从美国流出，从 2002 年第四季度起，每个月净流入欧洲的国际资本都在 150 亿欧元以上。

另一方面，欧元在国际贸易结算和国际货币储备中的地位日益上升。这是因为目前欧洲跨国公司之间的兼并和收购多数以欧元结算，欧元区国家之间的贸易、美国对欧元区的出口和亚洲向欧元区的出口大部分也以欧元结算；在国际货币体系中，2002 年后欧元由于其发行和流通沿袭了原德国马克的份额而跃升到国际货币储备中的第二位，而世界各国的储备当局为了避免单一盯住美元所带来的风险，也抛出一部分美元而换持部分欧元。欧洲央行估计，目前亚洲等新兴市场国家的外汇储备中，欧元的比例已增加到 20% ~30%。

由于美元持续贬值，2003 年石油输出国组织的石油美元收益在国际上的实际购买力减少了 25% ~30%。为了应对美元贬值、石油收益下降的局面，石油输出国组织只能以维持原油高价作为有效措施。但是，石油长期高价必然会对世界经济的发展产生消极影响，因此有必要改革目前的原油计价手段。最近，石油输出国组织秘书长席尔瓦明确表示：石油输出国组织正在考虑摆脱美元而用欧元计价的方案。

国际汇率的日常波动会影响到各国石油贸易的实际支付额，而一旦国际原油计价体系发生变化，则会对世界石油市场格局产生深远的影响。

（六）异常气候引起的短期需求变化

欧美许多国家用石油作为取暖的燃料，因此，当气候变化异常时，会引起燃料油需求的短期增加，从而带动原油和其他油品价格走高。如2003年12月2日，冬季的第一波寒流冲击了美国东北地区，纽约商业期货交易所石油期货市场随即出现强劲升势。首当其冲的品种是燃料油，价格最高涨幅超过7%，收市时仍保留4%。受其带动，2004年1月原油期货合约价格上涨了83美分/桶，收于30.78美元/桶。伦敦国际石油交易所布伦特2004年1月原油期货合约价格收市时上涨69美分/桶，收于28.94美元/桶。

12月4日，欧佩克石油部长会议做出维持目前产量配额不变的决定，天气继续成为影响油价的主要因素，而此时美国天气预报周末将有暴风雪袭击美国东海岸，使取暖油期货价格继续走高。纽约商业期货交易所2004年1月原油期货合约价格上涨了16美分/桶，收于31.26美元/桶。伦敦国际石油交易所布伦特2004年1月原油期货合约价格上涨了9美分/桶，收于29.23美元/桶。随后几天，天气预报美国天气依然寒冷，增强了市场对于石油需求增长的预期，取暖油价格继续走强。

综合分析影响石油价格的各种因素，可以看出：基本的供求关系决定了油价的长期走势和运行区间，任何国家和组织即使能在一定程度上操纵石油价格，但如果不考虑市场经济的规律，最终都会自食苦果。就短期因素而言，各种因素通常是同时起作用的，它们可能使油价向同一个方向变化，也可能使油价向相反的方向变化，而且一个因素本身有可能就是另一个因素变化的原因所在，我们只有综合分析各种因素的影响大小及其作用的方式，才能做出正确的判断。

四、能源期货主要信息来源

能源期货的信息来源十分广泛，具体如下：

（一）国际能源组织

1. 国际能源署，网址：www. iea. org；
2. 欧佩克，网址：www. opec. org；
3. 世界石油大会，网址：www. world－petroleum. org；
4. 石油经济学家，网址：www. petroleum－economist. com；
5. 美国石油学会，网址：www. api. org；
6. 美国独立石油协会，网址：www. ipaa. org；
7. 国际能源经济协会，网址：www. iaee. org；
8. 美国石油炼制协会，网址：www. npradc. org。

（二）能源交易所

1. 纽约商业交易所，网址：www. nymex. com；
2. 伦敦国际石油交易所，网址：www. theipe. com；
3. 东京工业品交易所，网址：www. tocom. com；
4. 上海期货交易所，网址：www. shfe. com. cn。

（三）国际石油网站

1. BP 世界能源统计评论，网址：www. bp. bom/bpstats/index. html；

2. 国际能源期货交易价格，网址：www. cnnfn. com/markets/commodities. html；

3. 美国能源情报署，网址：www. eia. doe. gov/；

4. 《新加坡商业时报》，网址：www. asia1. com. sg/btcommo/crude. html；

5. 石油期货交易收盘评论，网址：www. site - by - site. com/usa/commentaries/comm _close. htm；

6. 胡佛在线，网址：www. hoovers. com/；

7. 伦敦国际石油交易所期货价格（IPE），网址：www. ipe. uk. com/prices. html；

8. 纽约商业交易所能源期货价格，网址：quotewatch. com/exchanges/nymex. html；

9. 国际原油现货价格报道，网址：www. tscn. com/Fortune/market _ alert. html?SLUG = oilquote。

（四）跨国石油公司

1. 沙特阿拉伯国家石油公司，网址：www. careermosaic. com/cm/aramco；

2. 委内瑞拉国家石油公司，网址：www. pdv. com/pdvsa/pdvsa. html；

3. 美国埃克森—美孚公司，网址：www. exxon. mobil. com；

4. 伊朗国家石油公司，网址：www. nioc. org；

5. 英荷壳牌集团，网址：www. shell. nl；

6. 英国石油—阿莫科—阿科公司，网址：www. bpamoco. com；

7. 墨西哥国家石油公司，网址：www. pemex. com；

8. 法国道达尔菲纳—埃尔夫公司，网址：www. totalfinaelf. com/us/html/index. htm；

9. 科威特国家石油公司，网址：www. knpc. com；

10. 中国石油天然气集团公司，网址：www. cnpc. com；

11. 印度尼西亚国家石油公司，网址：www. catalog. com/pertamin/corp. htm；

12. 阿尔及利亚国家石油公司，网址：www. mbendi. co. za/cost. html；

13. 美国雪佛龙公司，网址：www. chevron. com；

14. 巴西国家石油公司，网址：www. petrobras. com. br；

15. 美国德士古公司，网址：www. texaco. com；

16. 阿布扎比国家石油公司，网址：www. adnoc. com；

17. 意大利埃尼集团，网址：www. eni. it/english/home. html；

18. 西班牙雷普索尔—YPF 集团，网址：www. repsol. com。

（五）中国国家石油公司

1. 中国石油化工集团公司，网址：www. sinopec. com. cn；

2. 中国石油天然气集团公司，网址：www. cnpc. com. cn；

3. 中国海洋石油总公司，网址：www. cnooc. com. cn；

4. 中国化工进出口总公司，网址：www. sinochem. com。

（六）专业石油信息机构（网站）

1. 路透社；

2. 道·琼斯公司；

3. 普氏（PLATTS）；

4. 阿各斯（ARGUS）；

5. 瑞木（RIM）；

6. 金凯讯石化财经资讯网；

7. 慧聪石油商务网，网址：www. oil. sinobnet. com，www. hc360. com；

8. 息旺咨询服务公司，网址：www. clenergy. net；

9. 世界石油网，网址：www. worldoilweb. com/asp/info/webco. asp；

10. 东方油气网，网址：www. oilgas. com. cn；

11. 石油在线，网址：www. oilonline. com. cn。

（七）杂志刊物

1.《中国石油和化工经济分析》，中国石油化工协会主办，网址：www. cpcia. cn；

2.《中国石油和化工》，中国石油和化学工业协会主办，网址：www. chinashh. cn；

3.《石油参考》、《石油综合信息》，中国石油集团经济技术研究中心主办，网址：www. cpii. cnpc. com. cn；

4.《世界石化市场》、《当代石油石化》、《中国石化文摘》，中国石油化工集团公司经济技术研究院主办；

5.《中国石油石化》，经济日报报业集团主办；

6.《国际石油经济》，中国石油学会石油经济专业委员会主办，网址：www. petroecon. com. cn。

第七章
境外期货套期保值风险管理

2001年5月24日，中国证券监督管理委员会、国家经济贸易委员会、对外贸易经济合作部、国家工商行政管理总局和国家外汇管理局颁布了《国有企业境外期货套期保值业务管理办法》。按照其规定，被有关部门批准可以在境外进行期货交易的持证企业，其业务仅限于套期保值交易。从事套期保值交易有没有风险？有哪些风险？企业在进行套期保值业务时应如何防范这些风险或如何对这些风险进行管理？对持证企业来说，所有这些问题不仅在开展业务之前就应该高度重视并深入理解，而且还应该提前做好风险管理的制度建设工作。

第一节　套期保值风险案例

期货交易中的交易者分为套期保值者和投机者两类。套期保值者是风险厌恶者，其交易目的是规避现货市场的价格风险；投机者是风险的主动接受者。从这个角度而言，投机者的风险比套期保值者的风险大得多。套期保值者通过期货市场将现货价格锁定后，无论价格向上还是向下波动，导致的结果都是一边盈利一边亏损，盈亏之间或许不相等，差额主要来自基差。因此，套期保值的风险主要来自于基差风险。以上这些都是期货教科书中最常见的说法。

然而，套期保值的风险不仅仅局限于基差风险。下面不妨看几个实际案例。

一、德国金属公司为何惨败

（一）起因

德国金属公司（MG）是德国最大的工业公司之一，德国最大的两家银行——德意志银行和得累斯顿银行拥有其33.8%的股份。德国金属精炼和营销公司（MGRM）是德国金属公司在美国的子公司，其主要业务是从事油品贸易。

1993年期间，德国金属精炼和营销公司出售了大量远期供货合同，合同内容基本上是：在未来5~10年以固定价格向需求方供应原油、加热油和汽油，不管合约的长度如何，这些固定价格比合约协商时的现货市场价格高3~5美元/桶；此外，远期供货合同还给了对方在现货价格上升到合约规定的固定价格之上时以现金结算的选择权，具体规定为：对方支付主导的近期月份期货价格和合同规定的供应价格之间价差的一半。比如，合同价格为20美元/桶，几个月后，近期月份期货价格上升到24美元/桶，对方可以要求德国金属精炼和营销公司中止合同，并由其支付2美元的差价。

多数远期供货合同是在1993年夏天石油价格低迷（17～19美元/桶）并且继续下跌时商定的。终端用户认为这是锁定低价以保障未来供货的好机会，因此愿意支付3～5美元/桶的溢价，幅度为20%或更多一些。就这样，德国金属精炼和营销公司陆陆续续签订了约1.6亿桶供应原油、加热油和汽油的合同，合同总价值为40亿美元。

不难理解，固定价格远期交割使得德国金属精炼和营销公司面临油价上涨的风险，如果价格上涨3～5美元/桶，溢价就会被吞噬；如果价格上涨得更多，会导致巨额亏损。因此，公司决定运用石油期货和互换进行避险。如果德国金属精炼和营销公司能够成功地规避价格风险，将可能产生约6亿美元以上的利润（4美元×1.6亿桶）。应该说，进行套期保值的理由是很充分的。

（二）避险方案

由于德国金属精炼和营销公司和客户的合同长达5年或10年，而期货合约最长只有36个月，而且远期的期货合约流动性很差。因此，德国金属精炼和营销公司交易的多数是近期月份的期货合约。在这种情况下，德国金属精炼和营销公司不得不采用转期策略来应付。一开始持有较近月份合约的多头，随着交割日的来临，将这些头寸平仓的同时再买入后面的合约。当然，在数量上应该减去已经交割给客户的数量。然而，不难想到的是，这种集中滚动策略只有在即期石油期货价格等于远期期货价格的情况下才是没有成本的；如果近期合约价格高于远期合约价格，即现货升水（backwardation）市场时，连续滚动方式将会产生额外盈利，因为到期合约会被更便宜的新合约代替；如果近期合约价格低于远期合约价格，即现货贴水（contango）市场时，转期就会引起亏损。从历史上看，石油市场有时候是现货升水市场，有时候是现货贴水市场，但更多的是现货升水市场。因而，从概率平均的意义上而言，德国金属精炼和营销公司可以预计通过转期还将获得额外的利润。总之，过去的数据提供了对预期转期盈利的合理支持。

德国金属精炼和营销公司通过期货市场和互换交易进行保值。在期货市场上，到1993年第四季度，德国金属精炼和营销公司持有的期货多头头寸为5500万桶；而在互换方面有1～1.1亿桶，互换的对方都是大的互换交易商，如银行。两者合计几乎和远期供货承诺的1.6亿桶相等（套期保值比为1）。

然而，接下来又发生的事情完全出乎人们的意料。

（三）结局

1993年末，石油现货价格从6月时的19美元/桶下跌到15美元/桶。同时，在1993年的时候，石油市场进入了现货贴水阶段。价格下跌导致德国金属精炼和营销公司的多头头寸产生了大量的亏损，尽管这一损失可以以远期现货合同的账面盈利抵消，但现货远期供货的盈利必须到交割时才会体现出来。德国金属精炼和营销公司不得不在期货上追加大量保证金。另外，现货贴水阶段又使德国金属精炼和营销公司在转期时又增加了额外亏损。

1993 年 12 月初，纽约商业交易所鉴于德国金属精炼和营销公司的头寸过大（最高峰的时候，德国金属精炼和营销公司的期货购买量达到纽约商业交易所原油期货总持仓量的 20%），决定取消德国金属精炼和营销公司的套期保值优惠，将保证金提高 1 倍。德国金属精炼和营销公司的苦难开始了。德国金属公司监事会认为亏损是由大量投机造成的，经过讨论后，决定将德国金属精炼和营销公司的石油期货平仓，并且通过支付违约金的方式解除了远期供货合同。据当时的报告说，德国金属精炼和营销公司在期货和互换上损失高达 13 亿美元，这些损失额超过了德国金属公司的一半资本，只是由于一笔巨大的 19 亿美元拯救计划才使德国金属公司不致破产。

从事后看，德国金属公司监事会做出了最糟糕的决定。自 1993 年 12 月 7 日清盘到 1994 年 8 月 8 日期间，原油价格从 13. 90 美元/桶上涨到 19. 40 美元/桶，而且，石油期货又回到现货升水阶段。清盘发生在最不理想的时刻。同时，清盘计划不仅放弃了远期供货合同可能发生的至少可以抵消部分衍生品亏损的未实现盈利，还多赔了一大笔违约金。如果不清盘，将计划继续执行下去，最终不但不会亏损，初始目标是完全可能达到的。

（四）评点

监事会认为亏损是由大量投机造成的，但许多学者（包括诺贝尔经济学奖获得者米勒）对此研究之后发表了不同的看法，也因此引起了当时一场颇大的争论。反对者认为：这是套期保值而不是投机交易。当然，在这个套期保值方案中有漏洞或不合理的地方，德国金属精炼和营销公司对套期保值将会面临的风险估计不足，再加上高层公司的不理解及措施不当，最终导致套期保值失败。

有学者指出：不合理的会计准则也是导致失败的一个原因。在德国的会计惯例中，传统上采取保守稳健的会计和信息披露制度。对金融衍生品交易的财务核算和会计记账考虑更多的是谨慎性原则。比如，衍生品交易持仓头寸按逐日盯市规则计算出来的浮动亏损要在每一会计期末计入公司的财务报表，但持仓头寸的浮动盈利却不能计做公司的利润。这样的账务处理确实是满足了谨慎性原则，但在本案例中却起了反作用，误导了那些还不了解事件全部情况或虽知道一些情况但没有足够时间或能力进行专业判断的投资人和债权人，这在一定程度上堵塞了公司的融资渠道，加剧了危机。结果公司的亏损被夸大了，被不合理的会计准则确定为“投机”而造成亏损，这也影响了德国金属公司监事会的决策。

事实上，德国金属公司并不缺乏资金。德国金属公司在 48 家银行还有未曾动用的 15 亿马克的信用额度。另外，1993 年 12 月，德国金属精炼和营销公司在将其远期供货合同进行证券化基础上还有融资机会。最后，德国金属公司的大股东是德国两家最大的银行，它们有资金可以支持一个被认为是合理的策略，而且有了解这个策略所需要的内部渠道。远期供货合同对不知情的外部信贷提供者来说是不透明的，但对于内幕人士是透明的。只有一个可能——那就是德国金属公司的管理层认为套期保值策略是不合理的。

二、国内某冶炼厂锌锭被挤兑事件

（一）背景

20 世纪 80 年代末，受国际宏观经济的带动，需求的增长，伦敦金属交易所的所有金属都经历了一场波澜壮阔的牛市，锌锭市场也不例外。但进入 90 年代以来，世界锌锭市场供需发生了重大改变，中国由纯进口国变成了纯出口国。伦敦金属交易所的锌价格也随着供需面的改变，在经历了 1989—1991 年的牛市后进入了漫长的熊市，3 个月期货价格从 1700 美元/吨左右跌至 1992 年初的 1000 美元/吨，1992 年中涨至 1350 美元/吨后再次陷入低迷，一直持续至 1994 年下半年。1995 年初，走出一波小高潮，最高达到 1250 美元/吨，此后直到 1996 年底，一直在 1000 美元/吨上下低迷徘徊。

当时国内有一家年产 25 万吨左右的锌锭冶炼厂，由于担心价格进一步下跌，于是考虑在伦敦金属交易所进行卖出套期保值。当时该厂设有专门的进出口公司，进出口公司中设有期货部，专门从事伦敦金属交易所的锌锭期货保值业务。但是，进出口公司的总经理既是公司高级管理人员，又参与伦敦金属交易所的具体交易，甚至还是下单员。

（二）过程与结果

由于交易人员认定锌价还将继续下跌，他们在伦敦金属交易所卖出了 40 多万吨的期货，交割月份为 1997 年 5—8 月份，卖出价格基本在 1000 美元/吨左右。这一数量实际上已经完全超出了其生产能力。此时，一家瑞士巨大的实物贸易商盯上了这个大空头。在不声不响中，这家贸易公司悄然囤积库存，并同时在伦敦金属交易所买入 1997 年 5—8 月份交割的期货。在此时间段内，市场上形成了以瑞士贸易商为首的大多头和以该厂为首的大空头对决的局面。当时该厂认为，反正届时可以交货，根本没有考虑在如此短的时间内是否能交运这么多的货物。

1997 年 1 月，伦敦金属交易所 3 个月期锌价格开始大幅上扬，每月以 100 美元/吨的速度走高。价格从年初的 1050 美元/吨一路飙升至 7 月份的 1700 美元吨/吨左右。而现货价格更是暴涨至 2000 美元/吨，现货升水基本维持在 150 美元/吨至 300 美元/吨之间。到 4 月份时，该厂的期货操作人士仍然未能引起足够的重视。进入 5 月份，由于期货市场保证金不能到位，短期内又不能交货，结果被迫在高位全部买入平仓，最终导致 1.7 亿美元的亏损。

（三）评点

该冶炼厂自己生产一定量的锌，在市场价格低迷之时，担心锌价继续下跌而通过期货市场卖出保值是合理的。但问题在于其交易数量的失控，当交易数量远远超出了自己的能力时，这就不是套期保值了，至少可以说其中已经掺杂了大比例的投机交易。当套期保值转化为投机交易，其带来的风险也因此被放大，甚至超出企业可以承担的能力。从套期保值的观点看，该厂在一开始进入市场大量抛售的决策就已经违背了套期保值的目的和宗旨。初始决策的不慎重导致最终不得不吞下苦果。值得注意的是：进出口公司的总经理既是公司的高级管理人员，又参与伦敦金属交易所的具体交易，甚至还是下单员，这一情况充分说明了公司在分工及决策机制上存在重大缺陷。公司管理层人员不是从公司整体经营计划出发制定套期保值方案并实施必要的监控，而是亲自操刀，将自己降格为一般的交易员。由于缺乏应有的监督和制约，一旦在判断行情、制定方案中产生失误，很难得到及时纠正，最终导致不可收拾的局面出现。

三、住友商社期铜事件

（一）事情经过

住友商社是世界上最大的铜产品经营商和出口商。20 世纪 50 年代，该商社逐步发展成日本第三大最有实力的金融综合性企业集团和日本最大的交易商行之一。住友商社是整个住友集团的核心实体。1995 年其铜交易量达 75 万吨，约占当年世界铜产量 1004 万吨的 7.5%，铜期货合约成交额约占伦敦金属交易所市场总成交额的 14%。

1996 年 6 月 14 日，日本住友商社总裁秋山富一在东京发布公告，公开了该公司有色金属交易部部长兼首席交易员滨中泰男与一名 8 年前离职的雇员长期从事未经授权的国际期铜交易，致使住友商社遭受了 18 亿美元的巨额损失。

住友事件一经披露，立即引起国际期铜市场价格狂跌，伦敦金属交易所 3 个月期铜价格从消息公布前的 2150 美元/吨急挫至 6 月 17 日的 1800 美元/吨。由于住友商社仍有 200 万吨铜尚待出售，损失进一步扩大，保守估计其亏损额至少已达 30 亿美元。虽然住友商社凭借其巨额资产的支撑没有遭受破产清算的厄运，但此事件对住友商社长期以来的良好声誉和未来的经营带来的恶劣影响却是不可估量的。

1970 年，22 岁的滨中泰男进入住友商社。70 年代末，被公司派至伦敦金属交易所参与金属期货交易，这时他还只是一个普通小职员。然而当他 1983 年返回国内时，他的铜交易量已经有每年 1 万吨。80 年代末，他已经在国际期铜大户中崭露头角，由于他领导的住友商社有色金属交易小组已控制了全球铜交易量的 5% 之多，被人称为“5% 先生”。

滨中泰男在期铜交易中所持有的是多头头寸，铜价上涨时，获利颇多。但是，1995 年铜价开始步入熊市。1995 年 1 月 20 日，铜价还在 3075 美元/吨，到 1996 年初，已跌到 2600 美元/吨以下。铜价的连续下挫使得滨中泰男的多头头寸盈利不仅全部损失，而且产生了相当严重的亏损。事发前很长一段时间内，滨中泰男还在市场上放风，说他与中国的几家公司有着巨额的铜现货交易，以需要套期保值为由，长期大量买入多头铜期货合约，企图以此影响铜市场价格。但过高的期铜价格吸引了大量短期投机者入市做空，其中包括一些著名的投资基金，如索罗斯量子基金、罗伯逊老虎基金等。这时，滨中泰男孤注一掷，继续大量买入多头期铜合约。1996 年 5 月 9 日，伦敦金属期货交易所 3 个月期的期铜价达到该年度的最高点 2715.50 美元/吨。由于铜市场的基本面状况朝着滨中泰男非常不利的方向发展，比如，世界第一大产铜国智利的一座重要矿山的罢工得以平息，铜市场的供求状况好转；而滨中泰男的重要贸易伙伴——中国几家公司的铜购买量已被证实并不像宣称的那样多。伦敦金属交易所终于查出滨中泰男在银行的存款余额通知单中有 2000 万美元，与住友商社财会部门掌握的数额不符，滨中泰男未经授权非法交易的违规事件东窗事发。6 月 5 日，滨中泰男承认了未经授权违规操作的事实。

（二）评点

住友商社总裁秋山富一在事后承认，重用滨中泰男是一个错误，并宣布解除滨中泰男的职务。他说道，在我的印象中，他十分富于自制力，十分讲究逻辑，于是我信任他，并委任他为首席金属交易员，但我现在感到非常失望。

住友商社是世界上最大的铜产品经营商和出口商，因此，在境外从事期铜交易不仅非常有必要，而且从其以往的情况看，的确也因此得到过很大的好处。即使对滨中泰男而言，也是因为在此之前取得了一定的成绩之后才获得了公司的信任。事后，秋山富一总裁也一再表示，将继续广泛积极地参与国际铜及其他商品的交易。

住友商社遭受严重损失的根本原因是公司缺乏有效的内部监控机制。事发前，滨中泰男是住友商社有色金属交易部部长兼首席交易员和账户管理员，同时集该交易部负责人、交易员、会计、出纳于一身，几乎不存在任何稽查制度。这就为滨中泰男长期从事未经授权的账外交易，并私自篡改账目和记录，隐瞒在交易中的巨额亏损创造了极为便利的条件。

住友事件的深刻启示是：在金融衍生品这样一个高风险的市场上，仅靠个人品格和交易者之间的信用关系是相当危险的。在缺乏有效市场风险监控机制和信息披露的情况下，个人的违规行为将会给公司造成重大的损失。只有建立严格的风险监控机制并加以认真执行，才能尽量避免类似事件的发生。

第二节　套期保值风险分析

上述三个案例充分表明了套期保值不是没有风险的。企业在从事套期保值业务中，如果对可能面临的风险认识不足，草率入市，完全有可能得到事与愿违的结果，使保值交易变成了亏损交易。因此，作为持证企业，在实际进行期货操作之前应该对套期保值的风险表现、可能面临哪些风险及常用的风险分析工具有所了解与掌握。

一、套期保值的风险表现

（一）套期保值的目的是避免不确定性

套期保值的目的是通过期货市场来规避现货风险，正如一般的教科书上所述：由于期货价格与现货价格有联动效应，所以通过期货市场提前锁定现货价格，从而避免部分价格风险是可行的，之所以难以避免全部的价格风险，那是因为现货价和期货价之间存在着基差。

对企业而言，价格波动风险事实上是指价格不利于企业的价格波动。比如，对买进套期保值者来说，最担心的是未来价格上涨导致生产成本上升，如果日后的价格波动是下跌的，那就不仅不能称之为风险，反而是对企业有利的。但问题在于价格究竟是涨是跌企业事前无法确定，而这种不确定性就是风险。

在不确定性面前，企业如何对待？进行套期保值或不进行套期保值是两种不同的选择。选择不进行套期保值的企业面临的结果是一旦价格朝着不利于自己的方向变动，不得不接受损失；相反，如果价格朝着有利于自己的方向变动，企业还能获得额外的收益。显然，不进行套期保值实际上也是一种赌博。

（二）套期保值也会面临风险

选择套期保值的结果是将不利于自己的价格波动风险规避了，但同时也将有利于自己的价格波动带来的额外收益让渡出去了。如果不利于自己的价格波动风险出现了，套期保值的表现形式就是现货亏损而期货盈利，以期货的盈利弥补现货亏损。由于在期货交易上是盈利的，少量的保证金投入带来大量的浮动盈利。因此这时候的套期保值基本上是无风险的。

但是，一旦有利于自己的价格波动出现了，套期保值的表现形式就反过来了，这时候是期货亏损现货盈利。由于在期货交易上是亏损的，少量的保证金投入带来大量的浮动亏损，按照期货交易逐日清算的规则，这些亏损是必须及时用现金弥补的。尽管在这种情况下企业在现货上是有利的，但现货上的额外收益或好处是在未来逐渐体现出来的，并不能在现在就起到弥补期货亏损的作用。这时候，在期货市场上进行套期保值的头寸就会受到严重的威胁，套期保值的风险因此产生。失败的套期保值案例几乎都是因为没有处理好这种风险而导致的。

如果在套期保值之前企业没有足够的思想准备，在套期保值中没有准备足够的追加保证金，套期保值很可能中途流产，最终导致失败的结局。如果在套期保值中严格遵守数量对等的原则，有足够的思想准备及维持头寸的资金，一直坚持到最后，最终的损失不会很大。因为这些损失可以在后来的现货上逐渐收回。但是，一旦套期保值流产失败，或者在套期保值数量上还夹杂着部分投机头寸，则最终导致的损失很可能远远超过现货上的收益。

1999 年 3 月，国内铜价跌至 14300 元/吨，经过 3 个月的振荡筑底，从 6 月起大幅度上扬，至 9 月时，铜价重上 18000 元/吨。此时，国内有一个与铜相关的公司内产生了有两种不同意见：一种认为这是较满意的价位，公司应该开始大规模保值；另一种观点则认为铜价仍有较大上升空间，应谨慎保值。公司期货领导小组在听取各方面意见后，决定从 18300 元/吨起大量保值，总保值量约 3 万 ~ 5 万吨。进入 12 月初，国内铜价涨至 18300 元/吨之后，该铜业公司开始大量保值，每涨一个台阶，就抛出 3000 ~ 5000 吨。进入 2000 年元月下旬，随着价格的持续上涨，该公司按既定计划继续抛出保值，但此时持仓量已接近 3 万吨。有期货市场经验的人都知道，每一次大行情的后期，人们往往都缺乏理性，令反向保值者饱受煎熬。当时该公司每天需追加保证金 1500 万元，由于公司在 19000 元/吨以下的持仓量较多，虽然从下单的月份和数量都没有违背“以保值为目的”，但保值的价格和时机稍早了些，导致保证金追加的困难。至元月 25 日，该公司持仓占用保证金达 1 亿多元。公司财务部门告知代理期货经纪公司，如果次日价格再上涨，因无法追加保证金将不得不斩仓。幸运的是铜价见到 19450 元/吨之后，开始掉头下跌，至4月中旬已跌至17300元/吨，此时该公司分析后势仍可能上涨，及时将保值头寸全部平仓，获利9600万元。

尽管该公司的套期保值最终是成功的，但从其经过情况来看，有着侥幸成分。公司在资金准备上的不足，说明了当初公司对市场价格的判断还是存在着一定的误差，正是这些误差导致入市时机稍早了一些。

（三）价格预测对套期保值者同样重要

套期保值的风险特征主要表现为期货头寸的方向与期货价格波动方向不一致。显然，降低这种风险的一个重要途径是提高市场价格的预测能力。

套期保值者通常都是与现货有关的企业，他们对市场非常熟悉，这当然是一个优点。但在某种程度上，正因为对市场太熟悉了，很可能会影响其对后市的正确判断。比如，在一波较大的上升行情发生之前，价格通常会呈现出极度低迷。对企业来说，由于一直沉浸在这种极度低迷之中，身同感受，自然会更加强烈。这种感受会使得它们对后市非常悲观。一旦价格有所回升，供应商会觉得在这时进行套期保值卖出已经很满足了，但后来的事实表明卖得太早了。更有甚者，在价格又有所上涨时，一些现货商会觉得价格已经不合理了，于是越涨越抛，不顾大势，下赌气单。由于对价格上涨的幅度没有心理准备，最终因为承受不了巨额保证金的追加不得不斩仓。

许多实际例子表明，在一些较大或特大行情面前，现货商的预测能力反而不如投机者。正是在这种情况下，套期保值失败的比例会很高。这就表明：提高预测能力不仅是投机者的必修功课，也是套期保值者必须认真对待的一项功课。

现货商在制定套期保值方案之前必须摆脱“不识庐山真面目，只缘身在此山中”的局限性。利用期货市场，就必须熟悉期货市场，熟悉期货市场价格变化的一些基本规律。在价格预测方面，投机者具有一些套期保值者不具备的优点。比如，他们熟悉各种测市方法，重视各种测市指标，强调趋势判断及顺应趋势，不轻易判断市场的顶点和底点，并在交易中设置止损目标。这些都是非常有益的投资经验，值得套期保值者学习。套期保值者在形成套期保值方案之前，应该在发挥自己对现货市场熟悉这一长处的同时，与投机者多加沟通，吸取他们的经验及合理部分的内容。这对提高测市能力，制定出更加合适的套期保值方案，降低套期保值的风险将会有帮助。

二、套期保值可能面临的风险

企业在套期保值业务中可能面临的风险可以归纳为下列几种：

（一）市场风险（market risk）

这里的市场风险主要是指市场价格变动引发的风险。

价格波动在市场经济中是一种客观现象，是不以人们的意志为转移的。也正是因为市场价格波动给企业经营带来了风险，才使企业产生了避险的需要。然而，价格波动有大有小，方向或上或下，既可能朝着有利于企业的方向波动，也可能朝着不利于企业的方向波动。当价格波动比较小时，企业进行避险的必要性和迫切性都会降低；如果企业认为价格将朝着有利于企业的方向波动时，就更不需要避险了；只有当企业认为价格将朝着不利于企业的方向波动时，才会产生避险的愿望。显然，企业是否进行套期保值，实际上是建立在价格判断基础上的。然而，这种判断是否与实际情况相符，仍旧具有不确定性。如果对后市价格变动的方向或幅度判断失误，以致入市或出市的时机选择不当，产生资金准备不足导致无力补仓或持仓等，就可能造成相应的损失。因而，价格风险是期货交易中最常见、最为普遍、最需要重视的一种风险，同时也是最直接、最表象的风险。

无论企业是否决定进行套期保值，都应该对价格风险有足够的评估和认识。如果不进行套期保值，要评估将会面临什么风险；如果进行套期保值，也要评估可能带来哪些风险。在评估风险时，可以采用一些与其业务相适应的指标，同时要考虑各种情况出现的可能性，特别要考虑最坏的情况出现的可能性。然后根据企业的业务经营方针、整体实力来决定是否进行套期保值。如果决定进行套期保值，还得结合自有资本额、风险承受力等来确定相应的持仓限额、警戒限额、止损限额等。

（二）信用风险（credit risk）

信用风险是指由于交易对手破产等问题产生违约事项，不能从持有的头寸中取得预期的经济效果的风险。如果在境外期货交易所进行套期保值，交易环节涉及交易所、经纪公司和经纪人。如果通过场外市场进行远期合约交易，则信用风险直接来自交易对手。在期货交易方面，由于交易所的风险处理制度比较健全，因此违约风险比较罕见，但经纪公司不规范运作的情况还是时有发生，必须加以重视与防范。场外市场交易方面的信用风险比交易所大得多，例如，美国安然公司一度开展了能源合约交易，破产之后，导致大量客户的合同无法执行。

企业要防范和降低境外交易对手的信用风险，应该在入市之初就加以重视。在选择之前，就应该制定评估和选择的相关标准与程序。比如，在选择交易所时，应该选择管理规范、交易活跃、交易的期货品种在同类期货交易所中具有代表性的期货交易所；在选择境外期货经纪机构时，应该了解它们的历史、信用情况、财务状况、受监管的情况、公司类型、与相关交易所及清算机构的法律关系等，并对其进行资信审查。资信审查可以采用信用评级咨询、同行业咨询、客户群体咨询等方式进行。然后根据其信用情况，确定每年的交易限额。一般而言，选择境外期货清算机构资信良好的清算会员比较稳妥。在境外代理机构开户时，应该严格按照规定的程序进行，认真审核与其签订的法律文件，了解主要条款，并明确自己的权利和义务。在选择经纪人时，应该查明该经纪人的资信状况及他们与经纪机构的关系，并对已有材料进行评估。

如果选择场外市场进行保值交易，企业不仅应该对信用风险更加重视，采用更加严格的标准，还应该做到及时跟踪，一旦出现信用风险预兆，能够及时避免或降低所带来的风险损失。

（三）流动性风险（liquidity risk）

流动性风险有两种：一种是指资产流动性风险（asset risk），也叫市场/产品流动性风险（market/product liquidity risk）；另一种是指融资流动性风险（funding liquidity risk），也叫现金流风险（cash - flow risk），当套期保值企业不能履行支付（资金或实物）时发生。

市场交易的流动性差，将会导致企业无法及时以合理价格建立或了结头寸。通常用市场广度和深度来测量市场交易的流动性。广度是指在既定价格水平下满足投资者交易需求的能力，如果交易双方均能在既定价格水平下获得所需的交易量，市场就是有广度的；反之，市场就是窄的。深度是指市场对大额交易需求的承接能力，如果追加数量很小的交易就导致价格大幅波动，市场就缺乏深度；反之，如果追加数量很大对价格也没有很大的影响，市场就是有深度的。对于持仓较大的套期保值者而言，如果希望在临近交割之时对冲其原有头寸，必须重点考虑流动性风险。尽量选择流动性大的工具和市场进行套期保值是规避流动性风险的常用方法。另外，如果市场流动性较小，也可以考虑一定的提前量或采用分步平仓的策略。

由于场外市场的流动性通常较低，因此利用场外市场进行套期保值的企业更应注意交易中的流动性问题，并且对可能发生的合约提前中止所引起的麻烦有一定的预防措施。

资金或交割实物的流动性风险是指企业在进行套期保值交易时是否具备足够的履约能力。比如，当资金准备不足、无法满足每日清算后追加保证金的要求时，其持有的头寸会面临强制平仓的风险。又如，卖出套期保值在面临交割时，如果没有足够的实物，也会遭受违约赔付损失。企业预防此类风险的要点是：在决定套期保值的数量时应该充分考虑自己的承受能力；建立一套留有余地的资金安排及相应的调动计划；定期检查和预测资金需求情况，制定能够应付突发事件的应变计划。

（四）操作风险(operations risk)

操作风险是指因为在信息系统或内部控制中存在的缺陷而导致的意外损失风险。这种风险与人为错误、系统失灵以及程序步骤或控制措施不当有关。由于操作风险主要来自员工、流程和系统三个环节，这些都是内部原因，故也可以称为内部风险。操作风险造成的后果可能极为严重，比如，住友商社事件和巴林银行破产案都是因为内部管理制度疏漏，使得一线交易员可以胡作非为，并最终导致失控局面的出现。这些例子都表明了企业在期货交易中必须对内部管理加以充分重视。另一方面，正因为操作风险不是外部风险，并非是不可控的风险，因此，如果企业领导人对此足够重视，建立严格的内部控制程序，并且坚决贯彻执行，操作风险是可以避免的。

（五）法律风险(legal risk)

法律风险是指企业本身的行为或交易所、期货经纪机构、经纪人、交易对手的行为与相应的法规或具有法律效力的行业惯例发生冲突而给企业带来的损失。诸如委托了没有代理资格的交易中介、使用了非法来源的资金、开户及下单中未能符合法律程序或行业惯例、对当地的税收制度不尽了解或有意无意地触犯、蓄意违规交易等，都会造成法律风险。

企业要避免法律风险，就必须充分了解境内外有关期货交易的法律、法规、政策及有关制度和规则，并通过日常的合规检查工作，监督期货业务人员加以严格地执行。比如，在与境外经纪机构或交易对手签订协议前，应了解该公司的法律地位和交易资格、所在地的有关监管法规、协议的主要内容及双方的权利和义务，应防止在签订协议之前进行交易的行为。当企业涉及司法诉讼时，必须评估对正在进行的期货交易及对信用状况产生的负面影响，并采取相应的防范措施。

（六）各类风险之间的关系

不同的风险具有不同的特点。市场风险关注的是价格的变动及其套期保值策略的合理性；信用风险考察的是风险暴露及对方违约的概率；流动性风险主要关注的是因流动资金不足而无法履约所带来的风险；操作风险主要考察主观因素造成的风险；而法律风险关心的是合约是否具有可实施性的问题。实际上，风险事件通常是多种风险因素共同作用的结果，上述五类风险往往会同时发生作用，相互影响。

市场风险在整个风险体系中具有基础性的地位，其他风险既是市场风险的结果，又能够进一步加重风险的程度。在很大程度上，正是因为有了市场风险，才会出现流动性风险和信用风险。此外，市场风险还是引发操作风险的重要原因之一。因为通常情况下，巨大的市场损失可能会导致交易员采取各种办法来掩盖和隐瞒损失，使损失的规模不断扩大，进而加剧市场和信用风险。

三、常用风险分析工具

价格波动风险是客观存在，它会给企业的经营或套期保值头寸带来风险。有头脑的企业领导人肯定会提前评估价格波动导致的影响，而且，这种评估不仅是定性的，更需要定量进行。对价格风险及因此而引发的经营风险、套期保值头寸风险进行定量评估，就需要应用各种测量风险的工具或测量技术。在各种工具中，逐日盯市（mark to market）是最基本、最简单的一种，由于这是期货交易的结算惯例，前面已经有所介绍，这里不再赘述。下面对其他一些常用的工具和技术进行介绍。

（一）敏感度分析（sensitivity analysis）

敏感度分析是一个应用十分广泛的分析工具。其分析对象和原理是：当一个人们关注的指标受到众多不确定因素影响时，分析各个因素的同比例变化影响指标变化的大小程度，从中找出最敏感的因素。这种方法除了在科学实验中经常应用外，在经济领域中也有广泛的应用。比如，在工程项目的投资分析上，敏感度分析已经成为必须进行的环节。

事实上，敏感度分析在企业的风险因素评估中也大有用处。比如，企业在年底对来年的生产经营进行计划和预算，预计利润指标可以达到多少。但这一指标是建立在众多价格假定基础上的，故实际上利润 R 是众多因素的函数，$R=f(X, Y, Z, \cdots)$，其中 X，Y，Z，…分别代表各种原材料的价格、人力成本、产量、销售价格等。运用敏感度分析，就是对各个自变量求偏导数，计算所得的数值越大，说明该因素的影响越大。当函数模型无法建立时，可以采用数字计算方法进行测试。例如，假定各个自变量数字增加5%，利润指标 R 分别会变动多少。将一系列数字代入计算后，就能发现哪些是最敏感的影响因素。比如，对航空公司而言，敏感度分析会揭示航空煤油价格是极其敏感的因素，一旦其价格发生较大上升，很可能导致本来可以盈利的预算变成亏损；又如，对铜矿生产企业而言，敏感度分析也会发现铜的价格是至关重要的因素，会对企业利润目标起着重要影响。

敏感度分析可以帮助企业寻找出敏感因素，使企业对这些因素更加重视。企业对这些因素进行研究时，应进一步测量可以承受的最大值，如果这些因素的变动可能越过最大值，就有必要寻找相应的避险工具进行避险操作。

对已经进行套期保值的企业来说，敏感度分析也是一个非常实用的方法。当企业在期货市场上持有头寸之后，就会面临价格波动风险。比如，当企业在市场上不仅拥有不同交割月份的期货合约（其中可能有多有空），还有一定量的期权头寸（其中可能有买权也有卖权），则其全部组合的价值会受到各种因素影响。比如，期价波动、合约间差价变动、现货价与期货价之间的升贴水变动、期权价格的变动等。这时，运用敏感度分析方法不仅可以帮助企业估算出风险敞口的等同价值（risk equivalent exposure，REE），找出对组合价值影响最大的因素，而且定量计算出影响数值，使企业做到心中有数。

对运用期权交易工具的企业来说，由于期权模型中的一些参数本身就是敏感度分析指标，因此可以直接加以利用。如常用的 Delta 就是期权价格对标的资产价格的一阶偏导数，实际上就是敏感度参数；而 Gamme 是衡量 Delta 值对标的资产价格变化的敏感度，它等于期权价格对标的资产价格的二阶偏导数；而 Vega 则是衡量期权价格对标的资产价格波动率的敏感度；Theta 是衡量期权价格对时间变化的敏感度。

（二）引进概率分析的风险价值法(Value at Risk，VaR)

敏感度分析解决的是：如果某因素发生既定量的变化，会导致结果出现多大的变化。但它没有解决该因素出现既定量变化的可能性有多大。事实上，敏感度分析的基本假设就是各个不确定因素发生变动的概率是相同的，而这是与实际不相符合的。在现实世界中，很可能会出现很敏感的因素不太变动，或不太敏感的因素可能发生较大的变动的情况。在这种情况下，这些不太敏感的因素可能带来的风险说不定比那些敏感度大的因素还大。

概率分析的目的就是研究各个不确定因素发生既定量幅度变动的概率，这显然比敏感度分析要求更高，也更难。进行概率分析的通常方法是通过历史数据进行。比如，某期货合约在过去 48 个月中月涨跌率在 -10.5% ~12% 之间，我们可以计算每一种特别的涨跌率分布在这 48 个月中发生了多少次，通过这样构建一个涨跌率的概率分布，以此来推断下一时间段发生相应涨跌率的概率；又如，在技术分析中，各种形态出现后，预期价格将向何方变动及变动幅度的测量实际上也是一种概率分析。

风险价值的含义是指：在市场正常波动下，某一金融资产或证券组合的最大可能损失。它是 20 世纪 80 年代之后兴起的一种风险度量及风险管理方法。20 世纪 80 年代之后，金融衍生品市场得到了大规模的扩展，全球各大金融机构及一些资金规模庞大的公司和机构投资者纷纷介入其中，但是，金额巨大的风险事故也随之不断出现，一些风险甚至导致银行破产。如何控制这些风险，成为那些金融机构及大投资者们的当务之急。正是在这个背景下，VaR 方法出现了。1993 年，30 国集团发表了《衍生产品的实践和规则》研究报告，VaR 方法作为重要的风险管理概念被广泛推荐，众多的商业银行和投资银行、公司、机构投资者及监管机构也开始对其日益关注，并纷纷引进，许多利用VaR进行风险管理的软件被开发出来。

VaR给出了在某一特定时期和正常的市场条件下，给定的资产组合在一定的置信水平下可能遭受的最大损失，或者说在一个给定的时期内，一个资产组合的价值的下跌以一定的概率一般不会超过的水平。用公式表示为：

Prob（$\Delta P < VaR$）$= \alpha$

式中：Prob为资产价值损失小于可能损失上限的概率；ΔP为某一金融资产在一定持有期Δt的价值损失额；VaR为给定置信水平α下的在险价值——即可能的损失上限；α为给定的置信水平。

例如，某机构的一个投资组合为1亿美元，经过计算以往月度涨跌率导致损失的概率分布，得出：

Prob（$\Delta P <$ 200万美元）$= 0.05$

这意味着未来一个月中，在置信水平为95%的情况下，这笔投资组合最大风险价值（VaR）为200万美元或最大损失为200万美元。或者说，仅有5%（1－95%）的概率，损失会超过200万美元。

从统计的意义上讲，VaR本身是个数字，它是指：面临“正常”的市场波动时“处于风险状态的价值”，即在给定的置信水平和一定的持有期限内，预期的最大损失量（可以是绝对值，也可以是相对值）。

显然，VaR值或VaR模型中，涉及到持有期长短、置信区间大小及观察期间三个因素。其中，持有期是明确风险管理者关心资产在一天内、一周内还是一个月内的风险价值；置信水平反映了风险控制者对风险的不同偏好。选择较大的置信水平意味着其对风险比较厌恶，希望能得到把握性较大的预测结果，希望模型对于极端事件的预测准确性较高；观察期间（observation period）是对给定持有期限的回报的波动性和关联性考察的整体时间长度，是整个数据选取的时间范围，有时又称数据窗口（data window）。

VaR的特点有：第一，可以用来简单明了地表示市场风险的大小，投资者和管理者都可以通过VaR值对风险进行评判；第二，可以事前计算风险，不像以往风险管理的方法都是在事后衡量风险大小；第三，不仅能计算单个金融工具的风险，还能计算由多个金融工具组成的投资组合风险，这是传统金融风险管理所不能做到的。

VaR的应用主要体现在：第一，用于风险控制。目前已有超过1000家的银行、保险公司、投资基金、养老金基金及非金融公司采用VaR方法进行风险控制，它可以使每个交易员或交易单位都能确切地明了他们在进行有多大风险的金融交易，并可以为每个交易员或交易单位设置VaR限额，以防止过度投机行为的出现。第二，用于业绩评估。交易员可能不惜冒巨大的风险去追逐巨额利润。公司出于稳健经营的需要，必须对交易员可能的过度投机行为进行限制。所以，有必要引入考虑风险因素的业绩评价指标。第三，估算风险性资本（risk－based capital）。以VaR来估算投资者面临市场风险时所需的适量资本。VaR值被视为投资者所面临的最大可接受（可承担）的损失金额，若发生，需以自有资本来支付，防止公司发生无法支付的情况。

总之，VaR 值可以使期货投资者了解目前市场上的风险是不是过大，可以让期货投资者在做期货交易之前判断期货交易的时机是否恰当、是否适合立即进行期货合约买卖的操作。如果 VaR 值比以往大，则表示今日进场所承担的风险成本将会较大，反之，如果 VaR 值比以往小，则表示今日进场所承担的风险成本将会较小。而对已拥有期货头寸的期货投资者来说，VaR 可以告诉投资者目前所承担的风险是否已超过可忍受的限度。

（三）压力测试法（stress testing）

VaR 方法考虑的是市场处于“正常”之下的情况。然而，企业在持有期货头寸期间，市场完全有可能出现不利于持有头寸的突发事件，即平时所说的小概率事件。压力测试法就是针对这种情况而设计的。

压力测试是对于可能出现的市场非正常状况，主观地确定价格波动的幅度和频率，然后计算出在相应状况下，交易头寸可能带来的最大损失。完善的风险度量工作包括识别能对企业产生不良影响的市场上可能发生的事件和变化，并就企业对这些变化的承受能力做出估计。这些分析不仅应考虑发生这类不利事件的可能（概率），还应考虑“最坏情形”。从这个意义上讲，压力测试是对 VaR 方法的补充和完善。最坏情形分析一般必须在整个企业的基础上进行，这里要考虑价格或波幅异常变化的影响、市场流动性不足，或某一主要交易对手方在衍生品业务和现货交易组合中违约的影响。

压力测试不仅可以进行潜在的盈亏之类的定量计算，还能够对管理层在特定情况下可能采取的行动做更多的定性分析。管理层的这种定性分析的重要结果是企业能够做出在发生突发事件时的应急计划，如应急时的有关操作步骤和正式或非正式的沟通渠道等。

压力测试法带有一定的主观性，这是在运用中必须注意的。所计算出来的最大损失是否准确，主要取决于主观确定的“压力”是否符合可能出现的实际情况。悲观交易员往往会过度悲观，他确定的“压力”可能过强，从而夸大可能出现的最大损失；而乐观交易员往往会过度乐观，他确定的“压力”又可能过小，从而缩小可能出现的最大损失。处于巨大压力下并出现赌博心理的交易员，在进行风险测量时，将会有更大的出入，他们往往会以“希望出现的情形”取代“可能出现的情形”，从而减少“压力”，缩小可能出现的最大损失。

（四）套期保值比率（hedge ratio）

传统的套期保值理论强调“等量相反”，实际上这是建立在现货价格和期货价格平行运动基础上的。但事实上两者却经常不是平行运动的。由于期货风险与现货风险不一样，1 对 1 的套保比率有时会导致套期保值头寸蒙受过大的风险。例如，本章开头所举的德国金属公司套期保值失败的例子，非常典型地表明了这一点。不少专家在评论时指出，德国金属精炼和营销公司针对大量的远期合同在期货及互换市场上进行等量保值的做法实际上是错误的，尽管期货价格下跌时远期合同价值在增加，但由于远期合同价值增加小于衍生品头寸的亏损（爱德华和坎特在 1995 年估计要低 50%），所以，看上去似乎是合理的等量套保实际上反而是不合理的。如果当时采用正确的套期保值比率，1993 年的市场价格下跌导致的追加保证金和转期亏损会小得多。

假定 ΔX 为套保期限内现货价格的变化量；ΔQ 为套保期限内期货价格的变化量；并且假定现、期两个市场价格的变动服从正态分布；σ_X 为 ΔX 的标准差；σ_Q 为 ΔQ 的标准差；ρ 为 ΔX 和 ΔQ 之间的相关系数；R 为套期保值比率。

在套保期限内，保值者头寸的价格变化为：$\Delta X - R\Delta Q$（或 $R\Delta Q - \Delta X$）；保值头寸价格变动的方差为：$V = \sigma_X{}^2 + R^2\sigma_Q{}^2 - 2R\rho\sigma_X\sigma_Q$。

将方差 V 看做因变量，套保比率 R 看做自变量，两边取导可得：$dV/dR = 2R\sigma_Q{}^2 - 2\rho\sigma_X\sigma_Q$。显然，当 dV/dR 无限趋近于 0 时，R 值为最佳，由此可得最佳套保比率公式为：

$R = \rho\sigma_X/\sigma_Q$

该公式揭示了最佳套保比率等于套保期限内现货价格变动的标准差与期货价格变动的标准差的商乘以二者的相关系数。

根据公式可以发现，“等量相反”是建立在套保比率为 1，即 $R = \rho\sigma_X/\sigma_Q = 1$ 这个基础上的。但从实证的角度看，期货价格的波动往往要远大于现货价格的波动，所以在绝大多数情况下可以 $\rho\sigma_X/\sigma_Q \leqslant 1$。因此 $\rho\sigma_X/\sigma_Q = 1$ 可基本认定为小概率事件。

例如，某公司将在 3 个月后购买 5000 吨铜。该公司测算出 3 个月内现货铜的价格变动标准差 $\sigma_X = 0.033$，3 个月内伦敦期货铜价格变动的标准差 $\sigma_Q = 0.039$，3 个月内现货铜的价格变动与 3 个月内期货铜价格变动的相关系数 $\rho = 0.85$。根据以上数据，该公司可以算出其最佳套期比率为 $0.85 \times 0.033/0.039 = 0.72$。由于伦敦铜的一张期货合约的标的是 25 吨，因此该公司应购买期货合约为 $5000/25 \times 0.72 = 144$ 张。

通过套保比率公式可以发现，ρ，σ_X，σ_Q 这三个参数的精确度是影响公式效果的关键所在。通常，这些参数也是从历史数据中获得。

由于不同时期套保比率中的参数会有变化，因而，按照套保比率来确定套保头寸会涉及到动态套期保值概念，即套期保值头寸应该根据不同时期不同参数的变化而变化。由于需要较频繁地买卖期货，交易成本会有所增加。但由于这样做更贴近实际情况，依据该公式成功的案例也很多，企业在进行境外套期保值时应该加以借鉴，以更科学的手段达到规避风险的目标，取得更佳的保值效果。

第三节　内控制度和风险管理制度

持证企业在进行套期保值交易时可能面临各种风险。防范风险，化解风险，将是持证企业的永恒课题。尽管在防范风险、化解风险的工作中，相关人员的水平、素质及经验是非常重要的，但是，企业不能因之而忽略制度的作用，必须建立一套有效的内控制度和风险管理制度。只有在制度保障作用下进行的风险控制才是可靠的。

一、风险管理制度

（一）风险管理制度的原则

1. 全面风险管理原则。该原则要求企业在风险管理中坚持全面性。比如，在风险考察上，既考虑现货的风险，也考虑期货的风险；在风险源上，不仅考虑市场风险、信用风险、操作风险、流动性风险，也要考虑法律风险、影响企业的信誉风险等；在风险管理上，既要考虑全员参与，即覆盖所有的有关部门和人员，也要考虑时间上的全部过程。

2. 集中管理和自上而下的垂直管理原则。该原则要求企业在进行风险管理时应该设立决策层次的风险管理小组或风险管理委员会，它与负责具体业务风险的管理部门不一样，其担负的职责是制定风险管理政策、进行总体风险汇总和评估，以及进行风险决策。风险管理小组或风险管理委员会的规模及组建方式可以根据企业的实际情况而定，比如，一些企业由副总经理负责，在总经理办公会上决策。该原则还要求企业高层领导应充分认识到自身对风险管理制度所承担的责任。决策层次的风险管理小组或风险管理委员会应该明确企业的风险厌恶程度以及承担和控制风险的责任分配，应该将风险管理作为日常管理事项，并在风险管理中发布前后一致的指令和原则，使这些指令和原则得到贯彻与执行。

3. 独立性原则。该原则要求风险管理的检查、评估部门应当独立于交易执行部门，并有直接向上报告的渠道。其主要表现在由风险管理小组或风险管理委员会直接领导的与各个业务部门紧密联系的职能上独立的风险管理部门。

4. 程序性原则。该原则要求企业的风险管理应当严格遵循事前授权审批、事中执行和事后审计这三道程序，进一步提高企业在风险环境中及时、有效、系统地管理风险的能力。

（二）风险管理制度的组织构建

风险管理制度的全面落实是在相应的组织机制保障下进行的。风险管理的组织构建要考虑企业的实际情况和实际需要。比如，对保值品种较多且业务量也较大的企业，相应的机构设置可以多一些，专职人员的配备也应该更多。而业务量较小的企业可以简化一些，有些岗位可以采用兼职的方式来处理。但是，无论规模大小，不能违背风险管理制度的基本原则。图 7－1 是一个结构比较简单的实例。

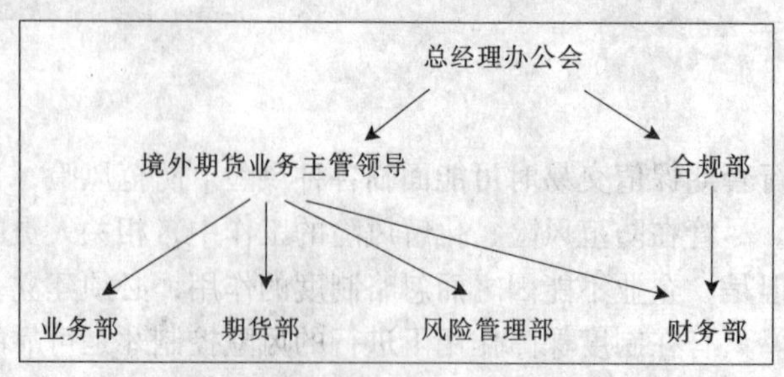

图 7－1

1. 总经理办公会。总经理办公会相当于企业决策层次的风险管理小组或风险管理委员会。其担负的职责是制定企业风险管理政策、授权安排、对企业总体风险进行评估以及对重大套期保值方案进行审批、选择期货经纪公司以及对重大风险事故进行处理。境外期货业务主管领导由企业的一名副总经理担任，合规部经理、风险管理部经理与主管领导都应该是风险管理小组或风险管理委员会的成员。

2. 业务部。这里的业务部主要是指与企业现货业务有关的部门，如企业中负责现货采购的部门或负责销售的部门，也可以是企业的下属企业，它们实际上是套期保值的主体及保值盈亏的承担者。因此，在制定套期保值计划时，它们应发挥主要作用。

3. 期货部。期货部是前台交易部门，其职责是对期货市场和交易工具进行研究；制定本部门投资策略及风险管理的各项方法；参与保值计划和方案的制定；按照交易方案对外下达交易指令，并及时向相关部门报告交易情况；对市场行情及投资风险进行分析，并将分析报告递送有关部门。

4. 风险管理部。风险管理部是风险管理体系中的要害部门。其主要功能是制定与境外期货业务有关的风险管理政策及风险管理工作程序，并监督境外期货业务有关人员严格执行。其四大职责为：企业的境外代理机构开户、结算、风险管理及档案管理。除境外代理机构开户是一次性工作外，其余三项工作都是日常工作。审查境外代理机构的信用情况，审查现货部门的套期保值资格，是开户工作的重点。结算工作包括记录、复核、确认及报告等内容，这些工作必须有专人负责，并与交易部门严格分离。风险管理是其核心工作，重点在审核现货部门的具体保值方案；核查交易人员的交易行为是否符合套期保值计划和具体交易方案；对期货头寸的风险状况进行监控和评估，保证套期保值过程的正常进行；发现、报告并按照程序处理风险事故；评估、防范和化解企业境外期货业务的法律风险。

5. 财务部。财务部主要负责资金调拨及进行会计核算工作，从部门角度提出对机构风险承受能力的意见，并在税收、会计处理上适应金融衍生品业务的特性做出相应安排，保证机构业务活动的正常进行。

6. 合规部。合规部的主要职责是通过合规检查工作，协助企业总经理或期货业务主管领导监督期货业务人员严格执行境内外有关期货的法律法规和企业内部期货业务管理制度。

合规部门应该对业务部门，如财务部、交易部、风险管理部（包括结算部）的工作进行定期或不定期的核查，以督促企业执行境内外有关期货的法律、法规及政策；督促企业执行其内部的境外期货业务管理制度；指出境外期货业务管理中存在的不足并提出改进意见；根据监管政策的变化，对企业的境外期货业务管理制度提出相应的修改意见。

（三）风险管理制度的主要内容

1. 合规性内容。合规性是企业在制定风险管理制度中必须重视的内容。由于获得批准可以在境外从事期货交易的企业都是国有企业，其资产所有权属于国家。中国证券监督管理委员会、国家经济贸易委员会、对外贸易经济合作部、国家工商行政管理总局和国家外汇管理局颁布的《国有企业境外期货套期保值业务管理办法》是企业必须遵守的规范。因此，企业必须在制定企业内部风险管理制度时将其规定融入进去。比如，《国有企业境外套期保值业务管理办法》中规定："只能从事套期保值交易，不得进行投机交易"，"境外期货头寸实行额度管理"，"持证企业在境外期货经纪机构应当以本企业的名义开设交易账户，并以本企业的名义通过境外期货经纪机构从事期货业务"，还有外汇管理方面的内容及一系列应该向证监会履行的报告备案内容等。这些内容都应该包含在企业的风险管理制度中。

2. 程序性内容。程序性是指风险管理制度中涉及过程的内容必须程序化。比如，在操作程序上，企业的套期保值计划应由最高管理层确定，并授权有关部门确定套期保值方案；前台交易人员只能在限额和授权范围内进行交易，交易发生后，应将交易细节送到后台；交易对手的交易确认应直接寄到后台。后台人员将前台的交易细节与境外经纪机构或交易对手的确认进行核对，并与境外经纪机构或交易对手进行最终确认；后台人员应负责逐日盯市，独立评估市场风险。评估风险所采用的价格应独立地来自于市场，确保所有的保值活动都及时准确地得到记录，并及早发现执行和记录中的错误并及时改正。又如，在风险管理程序上，如何识别风险，如何评估风险，相关人员如何依据风险政策和风险限额进行监控，出现风险时如何及时报告并按照权限进行处理。实际上这也是涉及多个部门许多人员的过程。应该按照什么样的流程进行运作，必须事前程序化，使各部门的相关人员做到有据可依，职责分明。

3. 针对性内容。这是指风险管理制度中必须具有针对不同种类风险做出针对性安排的条款。按通常的分类，各种风险可划分为市场风险、信用风险、流动性风险、操作风险、法律风险等。针对性的要求是将相应的防范、监控及处理方法明确化，并具体落实到相关部门及相关人员。比如，法律风险有哪些，应该有哪个部门或哪些人员按照什么程序进行专项管理。又如，操作风险发生在哪些环节，与哪些部门有关，各个部门如何协同避免这些风险，各自的职责又有哪些等。

二、内控制度

（一）内控制度的必要性与重要性

企业在利用衍生品市场时会面临各种风险，值得注意的是在各种风险中必须认真防范由于企业在内控制度上的疏漏而出现的操作风险。因为它一旦出现，不仅不能使企业实现避险目的，反而会导致企业陷入困境、甚至破产的境地。

20 世纪 90 年代以来，国际上重大的衍生品事故频频发生，给当事人所在的机构、企业或银行造成了巨大的损失。本章的开头也介绍了三个典型例子。尽管从表象看，这些惨败的案例都与操作者自身有直接关系，都是因市场失利而导致的。但内中更本质的原因还是这些机构、企业或银行对操作人员的监督失控。

认真梳理这些案例，不难发现其中有着惊人的一致。当事的操作人员的确在以往有过很好的绩效，也因此得到了领导人的高度信任。一些领导人将他们看做赚钱的机器，生怕过多的干预会妨碍他们赚钱，有意无意地为他们创造脱离监督的条件。即使原来有一些风险控制制度或手段，也在领导人的授意或默许下被束之高阁。比如，搞垮巴林银行的里森因其业绩被提升为巴林期货新加坡公司的总经理，并逐渐集交易、结算和监管大权于一身；导致日本大和银行亏损11亿美元的井口俊英在取得一定的绩效之后被提拔为交易主管，可以在华尔街专用办公室内进行交易，而公司其他职员都必须在大和银行纽约分行里进行交易，更糟糕的是没有人知道井口俊英的交易情况；引发住友事件的滨中泰男也是深得高层领导的信任，同时集交易部负责人、交易员、会计、出纳于一身。

原因是如此相似，而过程几乎也是一样。在缺乏监督的情况下，操作者在操作中开始有所失手时，损失并不是很大，但不服输及不愿影响自己声誉的心理导致他们千方百计隐瞒亏损的事实，同时铤而走险，进行非授权的违规交易，最终导致亏损越来越大。比如，里森将亏损头寸放在一个88888的特殊账户，并谎称该账户是客户的；而滨中泰男则是索性篡改账目和记录；井口俊英同样如此进行了伪造欺骗活动。在长时期的隐瞒过程中，这些公司和银行也都有惯常的审计、检查活动，或者因为外部信息进行的专项检查，但最终都是不了了之。之所以如此，固然与检查人员的疏漏失职有关，但某种程度也与领导人的不重视及溺信有关，导致检查人员轻描淡写地走过场。当然，最重要的原因还是因为关键岗位没有得到分离，给他们篡改账户、伪造记录创造了条件。井口俊英的隐瞒活动居然能够持续10年，隐瞒时间最短的里森也有两年多（自开设88888账户时算起）。这里充分说明了这些银行和公司的风险管理制度和内控制度徒有虚名，甚至连他们的败露也都不是所在银行或公司主动发现的。比如，里森是看到无法收拾后潜逃；滨中泰男是因为伦敦金属交易所对其进行专项调查后暴露的；而井口俊英的暴露也是因为知道无法挽回败局之后不得不自首。当这些银行或公司知道真相后，只有接受事实。

不妨做一个假设，如果上述银行和公司一开始就有一个完整有效的内控制度，并按照要求一开始就执行关键岗位人员分离制度，这样的事情还会发生吗？答案是不言自明的。作为交易员，在交易中有输有赢是很正常的，如此巨大的亏损也不可能在一夜之间发生。如果风险管理系统能够及时得到真实的信息流，按照风险管理制度进行处理，这样的风险事故是完全可以避免的。

从这些例子中不难明白：衍生品市场存在各种风险，企业如果没有完善有效的内控制度，所导致的风险很可能会上升为企业的最大风险。所有被允许在境外从事期货交易的持证企业都应该牢牢树立起这一观念。特别是对持证企业的领导人来说，不仅应该在思想意识上真正重视起来，而且应该亲自力行，将内控制度落到实处。

（二）杜绝内部失控是内控制度的首要任务

内控制度的首要任务是杜绝出现因内部失控而导致的重大损失。前面曾经举过不少案例，从表面上看，都是因为出现了“流氓交易员”，但其背后的根本原因都是内控机制出了问题。杜绝“流氓交易员”并不难，关键是做到下面三点：

1. 适当的授权。期货业务操作的复杂性决定了授权行为的广泛性，授权行为包括交易授权、交易合同签约授权和交易资金调拨授权。企业法人代表一旦授权，被授权者的行为就代表了授权人的行为，其行为后果由授权人负责。因此，企业领导人应该对授权持慎重态度。选择被授权人时，应该考虑其是否德才兼备；授权书应列明人员名单、授权内容、限额及授权的时限；当必须给多位人员授权时，必须指定授权人有效次序；授权书签发后，应及时通知被授权人和相关各方，如有变动，也应该及时通知有关各方；最重要的是必须保持交易授权、交易合同签约授权和交易资金调拨授权相互独立，以限制被授权人权力过大可能给企业造成的伤害。

2. 重要岗位的分离。从前面介绍的一些重大风险失控事件来看，其共同根源都是在这一环节上发生的失误所导致的。所有的案例几乎都是因为当事人集交易、结算和监管大权于一身，给他们伪造账目、篡改记录等犯罪活动开启了方便之门。为此，企业不仅应该建立一个合理的组织结构，更重要的是应该坚持重要岗位的人员必须分离这一原则。只有这样，才能真正堵住这方面的漏洞。

3. 严格的报告制度与及时的检查。报告制度的目的是让企业领导及时、全面地了解期货保值业务的情况，让风险控制部门及时掌握风险情况。从时间要求看，分为日报、周报、月报、季报、年报等，不同的部门所需要的报告周期不一样，比如，对风险控制部门来说，需要日报；而对合规部经理及期货业务主管领导来说，正常情况下周报可能已经足够；对风险管理委员会来讲，正常情况下可采用月报制或季报制。对风险控制部门来说，所需报告的内容主要涉及头寸情况、资金情况、风险情况；对合规部经理来说，撰写的报告基本内容还得包括境外期货业务相关人员对境内外相关法律法规政策执行情况、对企业内部有关规章制度的执行情况等。报告的真实性是报告的生命，为了预防可能存在的作假行为，交易、结算、会计核算和风险控制的报告路线应分开。而且，合规部门不应该满足于日常的报告制度，还应该积极主动地进行不定期的检查，认真仔细地核对原始凭证，保证交易账户及交易记录的完整性和准确性，杜绝虚假报告的产生。

（三）操作失误的预防及纠正

“流氓交易员”对企业造成的伤害往往是严重的，内控制度要对其格外重视。但除了“流氓交易员”之外，还有其他操作风险，比如，由于操作失误导致的差错风险，企业对此也应该予以足够重视。差错风险来自于员工、流程和系统三个环节。因此，内控制度的建立也应该按照三个环节展开，做到事前设防、事后能及时发现、发现后能得到及时纠正。

1. 事前设防。减少差错风险的最好方法是事前设防。这就要求企业对交易流程进行优化设计，杜绝或减少因流程不合理而导致的差错；提高相关人员的业务技能和素质，做到不经过培训不上岗、考核不合格下岗，以此提高相关人员的责任心。同时，可以采用全面质量管理中的一些方法，对事故差错率进行分析归类，找出最容易发生差错的环节及原因，并提出针对性的解决办法。

2. 事后及时发现。一般而言，操作差错在期货交易的初始阶段导致的损失并不会很大，其前提就是能够及时发现并得到及时纠正。所以，降低出错损失的关键在于能否及时发现。从期货交易的常见差错来看，错单是最原始的差错，比如，数量不对、方向搞反等。如果交易员能在第一时间发现，及时纠正，损失不会太大。如果交易员没有及时发现，就得依赖结算人员的把关，而结算人员即使发现也是次日了，可能导致的损失就会大于第一时间发现的损失。如果结算人员都没有发现，使差错隐藏下来，导致的损失可能更大。显然，结算人员的工作质量是至关重要的。因而，必须建立严格的结算人员复核对账要求及相应程序，确保差错不漏过这道防线。

3. 事后及时纠正。差错被发现之后，如何解决与处理也是很重要的。必须提前制定差错处理办法及相应的程序，以免发现差错后拖延不决，导致损失扩大。通常，差错处理办法及相应的程序会分别按照差错的性质及不同的类型规定不同的处理方法。比如，对交易员在第一时间发现错单的情况，规定在第一时间立即纠正，并马上向部门领导报告。结算部门发现差错后应马上向部门领导报告，由部门领导按照程序进行处理。差错处理办法还应该对差错处理之后如何对责任人进行处理做出规定，并建立差错报告必须存档的制度。

三、建立以“风险控制”为核心的套期保值计划

企业进行套期保值的目的是为了规避现货价格的风险。但是，一旦进入期货市场，就必须接受期货市场的一系列规定，接受期货交易自身可能带来的风险。因此，企业决定进行套期保值之前，应全面估计可能存在的风险，制定出一套适合自己的套期保值计划不仅是重要的，而且也是必要的。没有计划的套期保值，就像盖房子没有图纸一样——代价惨重的错误在所难免。

（一）制定套保计划之前的战略思考与规划

企业在制定套保计划之前，首先要进行战略思考及战略规划。所谓战略思考及战略规划，是指企业与套期保值有关的一些重大问题。这些问题应该是企业领导人在专家们的帮助下亲自解决的。以下三点均属重大问题：

1. 企业有没有必要进行套保交易？这是企业领导人必须回答的问题。由于企业领导人掌握企业的大局，他们不仅对企业中的经营情况及存在哪些风险最清楚，也最有权力做出是否需要进行避险的决策。企业领导人可以采用敏感度分析方法，并结合自己的经验，对影响企业的风险源进行辨认。比如，对航空公司来说，无论按照敏感度分析还是历史经验，都很容易发现航空煤油的价格风险是企业极大的风险源。

企业领导人在做出是否有必要进行套期保值的判断时，不仅与该领导人的风险偏好及风险意识有关，也与企业的经营目标、财务目标、保值的成本与收益大小有关，还与该领导人是否了解和熟悉期货市场有关。比如，企业领导人风险意识较强，最担心价格风险的影响使企业既定的经营目标、财务目标不能完成，又对期货市场的运作方式比较了解，决策并推动企业进行套期保值的可能性就越大。反之，则做出不进行套期保值决策的可能性较大。比如，企业领导人认识到某个品种价格上涨对企业的影响较大，但还是决定不在期货市场上进行套期保值，其理由或许是考虑到将来一段时期价格上涨的可能性不大；或许是考虑到已经与信誉较好的供货企业签订了长期供货合同；或许是考虑到企业富裕资金较多，可以在目前多储备一些；还有可能是因为不熟悉期货市场，惧怕期货市场的风险等等。

2. 风险可不可以转移？如果有多种转移途径，应该选择哪一种风险转移途径？在解决了必要性问题之后，企业领导人还必须考虑可行性问题。可行性问题涉及多个方面，首先是针对企业的风险源，市场上有没有相应的对冲工具？在国际会计准则（IAS 39）和美国会计准则（FAS 133）中，对于保值的要求极为严格，要求必须通过有效性测试（effectiveness test）的交易才能视为保值。而所谓有效性，就是指保值交易的损益与被保值的现货业务与价格变化有关的损益之间应该可以互相抵消。由于在期货市场上交易的品种毕竟是有限的，一些企业即使认识到有必要进行套期保值，也不一定能在期货市场上找得到相适应的品种。而另一种情况则是虽然在期货市场上没有直接对应的品种，但存在着高度相关的品种，完全可以借此进行风险对冲。比如，对航空公司来说，在期货市场上不存在航空煤油这一品种，但由于其与原油期货之间具有高度相关性，利用原油期货对航空煤油进行套期保值是完全有效的。

另一个问题是假定衍生品市场上存在着多种对冲方式，企业又应该如何选择？比如，是选择期货还是期权？或者选择在场外市场进行远期合同交易，寻找对手进行互换交易？对此，企业必须对自身种种可能的情况做出合理的评估。评估必须建立在企业对不同方式的机制、运作原理、风险大小、资金要求非常熟悉的基础上，评估可以在专业人士的帮助下进行。

可行性问题实际上还涉及到另一个要求，即企业领导人必须考虑企业能否在资金、人才、制度上做出合理的安排，以支持期货交易的要求。期货交易需要预先支付一定的保证金及抵挡浮动亏损的资金，尤其是当企业从事境外期货交易时，必须有相应的外汇才行，如果没有相应的资金，即使想从事套期保值也不可能；期货交易的专业性很强，对相应的人才素质要求较高，如果企业没有这方面的专业人才，盲目进行期货交易的风险也是很大的；由于期货交易自身具有的高风险特征，企业如果无法建立起与其相适应的风险控制制度及组织，任由一二个“专家”操盘，也可能最终会出现风险失控局面，使企业蒙受更大的风险。

3. 明确指导方针，制定套保原则及目标。当企业领导人解决了必要性及可行性问题、决定在期货市场进行套期保值交易后，接下来面临的问题就是明确企业保值工作的指导方针，制定企业保值的目标和原则。

企业领导人总揽全局，决策进行套期保值后，不可能亲自制定具体操作方案，也不可能亲自操盘，通常企业都会建立相应的组织或机构专门负责期货交易。然而，这些组织和机构应该怎么思考，怎么行事，有多大的自主权，这些都是企业领导人必须提前考虑的。企业领导人必需明确指导方针，并在此基础上规定套期保值的目标和原则，这是非常重要的。只有这样，才能使相应的组织和机构在制定具体方案时减少偏差，与企业的整体经营目标保持一致，也才能使他们行动有据，进退有序。

企业套期保值的指导方针是：为企业规避价格风险服务。企业套期保值的目标是：最大程度地降低企业面临的价格风险，确保企业经营整体目标的实现。企业套期保值的原则是：风险原则、量力而行原则、上下沟通原则和先决策再操作原则。

（二）套保计划的内容及方案

1. 套保计划的内容。套保计划的内容主要涉及保值工具、保值数量、保值时间、保值价格四项。

保值工具是确定利用哪个交易所、哪个品种、哪种方式（期货还是期权，买还是卖）、甚至是哪个合约来进行。在确定时，必须考虑该工具对企业的适用性。

保值数量是确定保值交易的头寸数量及分布数量，在确定时既要考虑企业的实际需要，又要考虑到匹配资金的能力。

保值时间是保值头寸持有的时间跨度，它与企业现货敞口风险的时间跨度有关。

保值价格是保值头寸的建仓价格。合理的建仓价格不一定是企业的理想价格，必须既考虑到企业的现货业务、生产成本，又考虑到市场价格，包括现货价格、期货价格及两者间的基差。

2. 套保方案的制定程序及基本要求。套期保值方案的制定应该按照一定的流程进行。

前期的研究和开会是必须的，以便了解其背景情况。背景情况包括市场情况、企业自身的情况，比如，企业的生产成本、生产规模、保本点在哪里、企业最担心的情况是什么、这种情况发生的概率有多大、一旦发生后企业将蒙受多大的损失等等，这些情况必须在制定方案前搞清楚。

接下来，应该有专业部门依据上述情况起草具体的套保方案。套保方案草案可以是几个，即设计多种应对策略，并对不同方案在不同指标、不同场景下的优劣做出相应的评价。

然后，企业高层决策者对方案进行审查评议，根据企业实际情况（如财务情况、可能发生的生产调整、销售情况）提出自己的看法和希望改进之处。

最后，专业部门根据高层决策者的评议进行优化调整，并报企业高层决策者批准。

保值方案必须具有可行性和一定的灵活性。比如，超出资金允许或一旦发生交割无力实现的方案都是不可行的；当交易量颇大时不考虑市场的流动性也是不合理的。灵活性主要体现在建仓、平仓的时机和价格上，一般可以规定一个区间及幅度，以便于操作人员根据市场实际情况进行操作。

完整的套保方案还应该包括方案的风险评估，制定不同情景出现后相应的对策，包括危机处理方法。

（三）套保计划的执行、调整及评价

套保方案得到批准后，应该得到严格执行。不被执行的计划就是不被使用的汽车安全带，起不到任何风险控制的作用。交易人员应该按照套保方案进行时机选择，恰当地对外下达指令并完成交易，风险管理机制也应该同时启动。由风险管理人员对交易情况进行监督，结算人员对完成的交易进行核对、记录和确认。

在执行中，市场情况和企业情况可能发生变化。如果这种变化没有超出当初的设想，套保方案就应该坚持下去。只有当这些变化超出制定方案时的预想，方案的调整才有充分的理由。但即使如此，方案的调整也应该按照一定的程序进行。在要求调整方案的报告中应该写明需要调整的原因、调整的内容及调整后的优点，并对此做出评价，报请企业决策层批准。

套保的评价是在套保活动结束或告一段落之后进行的。评价工作的重要性在于它能很好地总结经验教训，以发现当初的方案有哪些成功之处、哪些不足之处、哪些应该改进的地方。不断地总结经验教训，对于提高企业在今后套保活动中的能力和水平是非常有益的。不过，在总结时，要避免一个倾向，那就是简单地将某一次套期保值交易与原来没有进行套期保值的运作模式对比。如果按照这个思路，结论自然是只有在期货市场上盈利才是成功的。然而，这恰恰是投机者的评价标准。准确的评价应该是从企业的整体经营目标出发，看看是否实现了降低价格风险的目的。在这种情况下，回顾当初制定套保方案时的忧虑是非常有必要的。另外，企业该不该保值，进行保值交易有多大好处，不能从单纯的一次操作中看期货市场是否盈利，而应该就整体而论，从长期效果来看。

第八章

境外期货监管

第一节　国际期货监管概述

一、期货监管的内涵

期货监管是指政府通过特定的机构对期货交易行为主体进行的一些限制或规定，以保证期货业的平稳运行。期货监管是金融监管的重要组成部分，期货监管体制构成了监督与控制期货市场行为主体的一个完整的系统。在该系统中，监管主体是国家立法、司法和行政部门以及行业自律机构，监管对象是期货业务本身以及与期货业相关的其他利益组织和个人，其中其他利益组织和个人包括交易所、清算机构、中介机构和投资者等。

期货市场是一个高风险的交易场所，如果缺乏有力的监管，可能会引发大的市场动荡，将会有碍期货市场功能的发挥，甚至危及期货市场的生存，因此，建立完善的期货监管体系十分重要。

二、国际期货监管体系

一个国家的期货监管体系可以分为法律体系、制度体系和组织执行体系三个部分。法律体系从法律制度的角度界定了期货监管过程中有关当事人的法律地位、享有的权利和应尽的义务；制度体系从监管主体和监管对象自身行为的角度展现出有关各方在监管过程中的互动关系；组织执行体系是指监管主体具体实施监管时所采取的手段、步骤和具体方法。

（一）法律体系

期货监管的法律体系是一个国家规范期货市场交易行为、指导期货市场参与机构设置的基本根据。由于各个国家的政治体制、经济体制、市场的发育程度以及传统习惯不同，期货监管的法律体系也各有不同。其差异表现在：第一，立法的指导思想不同。有的国家偏重于强有力的立法和行政监管，而有的国家则以法律的形式将更多的监管权力赋予自律管理机构；第二，集中立法与分散立法的不同。有的国家专门对期货的监管进行立法，而有的国家则没有专门的期货法，只是在综合性的金融法规中包括了期货的内容，如英国2000年《金融服务与市场法》。

（二）制度体系

期货法律体系的差异是和制度体系紧密相连的。各国的制度体系在政府监管与自律监管、机构监管与功能监管、分散监管与集中监管之间各有侧重。

1. 自律监管与政府监管。政府监管是指政府有关部门通过立法、制定规章制度或发布行政命令等方式对期货业进行管理和监督。政府监管具有权威性、系统性、法制性特征。自律监管是指自律组织根据全体成员共同制定的行为规范，实行自我约束、自我保护。自律监管与政府监管相对应，有自身的特点，发挥着特殊的作用。一般而言，自律监管能降低监管成本，具有相对的灵活性和及时性，可以迅速解决金融市场上遇到的问题。同时，自律组织拥有一批具有知识、技能和经验的人士，能够发挥专业优势。在世界各国中，有的国家采取了自律管理为主导的监管模式，如英国；而有的国家则采用了以政府监管为主导的监管模式。无论采用何种模式，处理好政府监管和自律监管之间的关系都非常重要。在两者的关系上，自律监管可以成为政府监管的基础或补充。随着期货市场的发展，在世界范围内，政府主导下的监管模式和自律主导下的监管模式正在发生改变，其一个基本趋势是：出于期货市场监管及时性、有效性的需要，自律组织和政府在分工监管的基础上相互协作和补充，自律管理和政府监管被紧密地结合在一起。其中，政府更多地作为法律的执行者、政策的支持者、违法行为的查处者，而期货交易所和其他自律组织更多地作为市场运作的组织者、市场秩序的一线监管者、违规行为的发现者。

2. 机构监管与功能监管。机构监管是指针对期货市场特定类型的金融机构（期货交易所、期货经纪公司、投资银行、期货自营商、清算机构、投资者等）进行监管。期货市场的机构监管分为三个方面：第一，机构进入期货市场的准入制度及相应的资格管理；第二，对机构日常运作行为的监管；第三，监管者对机构的整体性监管，确保机构符合法规要求。功能监管（functional regulation）这一概念是由哈佛商学院罗伯特·默顿最先提出的，它是指依据金融体系的基本功能而设计的监管，在功能监管方式下，金融监管从传统的针对金融机构转变为针对特定类型金融业务分别加以监管，而对“边界性”金融业务亦明确监管主体，同时加强不同监管主体间合作的监管法律体系。功能监管的主要特点是：第一，强调依据金融产品的基本功能确定相应的监管机构和监管规则；第二，强调跨产品、跨机构、跨市场的监管，主张设立统一的监管机构对金融业实施整体监管。依照功能性监管思路设计的监管体制和监管规则更具有连续性与一致性，能有效地解决混业经营条件下金融创新产品的监管归属问题，避免监管“真空”和多重监管现象的出现，也有利于防范整体金融风险。英国《2000 年金融服务与市场法》就是依据功能性监管的思路拟定的法律。

3. 分散监管与集中监管。分散监管是指不设立全国统一的期货监管机构，有关的期货监管工作由各个相关的政府部门负责。比如，商品期货由各商品现货的归属部门管理，金融期货由金融监管部门管理。分散监管的典型代表是日本。集中监管是指设立专门的高度权威的监管机构，由该机构对期货市场实行全面统一监管。集中监管又可分为两种模式：一种是设立证券监管机构，期货仅作为证券的一个方面（期货是一种衍生证券）进行监管，如我国香港地区；另一种是设立独立的期货监管机构，期货监管与证券监管处于同样的地位，如美国。目前，世界上绝大多数国家都采用了集中监管的模式。一般来说，期货业的集中监管模式能够使各监管部门充分共享信息资源、人力资源和资金，节约监管成本，降低监管信息不对称的影响。

（三）组织执行体系

期货监管的组织执行体系由于监管体制模式的不同而不同，而且在同一监管体制模式下，监管机构的设置和职责也可能不同，因此，各国期货监管所采用的监管手段和监管方式也有差别。一般来说，对同一对象实施监管的手段与方法有多种，在选择监管手段时，要依据具体的监管环境和条件而定，并且要达到降低监管成本和提高监管效果的目的。

在实践中存在着三级监管模式和二级监管模式两种不同的组织执行体系。在三级监管模式中，第一级监管是交易所的自我管理，交易所通过制定并实行严格的交易制度保证期货交易的公平、公正和公开；第二级监管是指期货行业协会的监管，期货行业协会主要通过制定职业道德标准和主办期货从业人员资格考试来进行行业自律式监管；第三级监管是指政府对期货市场的监管。三级监管模式的典型代表是美国。在二级监管模式下，只有政府监管和交易所监管两个层次，没有行业协会的监管，其典型代表是新加坡和我国香港地区。采用二级监管模式的国家一般较小，交易所数量少，经纪公司的数量不多，政府监管机构可以直接派人员进场监督，即使没有行业协会的协助，政府对于市场的运行状况也比较容易把握。

三、国际期货监管体系的发展趋势

近年来，国际期货市场发生了巨大的变化。全球金融经济一体化浪潮的冲击、全球金融业混业经营的发展趋势、信息技术在期货市场的广泛应用、期货市场和期货品种创新步伐的加快、交易所的联盟与合并等，都对期货市场产生了深远影响，也给期货监管体制带来了新的挑战。与之相适应，国际期货市场监管机制也出现了一些新的特点和趋势。

（一）日益强化交易所的自律监管

目前，各国期货监管部门均不同程度地放松了对市场的管制，赋予了期货交易所更大的权力，以最大程度地保持市场的灵活性，增强本国期货市场的国际竞争力。例如，在上市期货合约品种的规定方面，许多国家和地区的监管机构都认为期货交易所应该被授予上市期货品种的权力。长期以来，美国是以政府监管为主导的国家，但美国目前也有不断强化自律监管的趋势。2000 年的《商品期货现代化》法案（CFMA）取消了自 1982 年以来对个股期货合约的禁止性规定，同时在衍生品的交易方式上赋予了美国期货交易所及其他机构相当大的自由度。不仅如此，美国期货监管部门——商品期货交易委员会还在考虑把上市期货合约的权力下放到期货交易所。

（二）各国监管机构加强国际化合作

随着国际金融市场的一体化和自由化，金融创新不断，金融衍生品市场日趋多样化，金融风险也更加复杂化，对各国监管机构提出了新的挑战和要求。为了避免类似事件的再度发生，各国监管机构纷纷与其他国家签订证券期货监管协议，加强了国与国之间的期货监管合作。除此之外，还有不少国际机构进行世界衍生品市场调查研究，并发布各类指导性文件。这些国际组织主要有证监会国际合作组织（IOSCO）、三十国集团、巴塞尔委员会、国际清算银行等。期货市场监管合作的内容与形式是多种多样的，如证监会国际合作组织于 1994 年 2 月发表了“柜台衍生产品交易运行风险及金融风险控制机制”，要求对信贷风险、市场风险、流动性风险、结算风险、运行风险及法律风险建立内部控制机制。同时，作为市场交易商的 100 多家投资银行也就衍生产品交易中的资讯公开、统计标准等问题进行了研究，并达成了共识。1994 年，十大工业国中央银行总裁就金融衍生工具监管达成协议，1995 年 6 月，全球十七大期货及期权市场的监管机构发表了“温莎宣言”，对跨市场交易行为监管的国际合作及发展提出了重要倡议。1995 年 11 月，巴塞尔委员会和证监会国际合作组织技术委员会联合发表报告——《银行和期货公司衍生品交易行为的公开信息披露》，对十国集团中的国际性银行和期货公司在金融衍生品市场上 1993 年和 1994 年的交易行为进行了披露，还对改进交易商的信息披露问题提出了建议。根据证监会国际合作组织的归纳，国际期货监管协作的主要目标是：相互合作以保证不仅在国内而且在国际范围内的市场监管更优化，从而保持市场的公正和效率；相互努力建立监管标准和对国际期货交易实施有效监督；相互帮助，通过严格标准和有效的实施来确保市场的完整性。通过市场监管的国际合作，各国监管机构希望建立信息共享机制，以制约跨国界的欺诈、市场操纵和内幕交易行为。

（三）各国监管体系逐步趋同

尽管很多国家历史上形成了各不相同的监管体系，但是随着期货市场的发展，期货业在各国的共性逐步突出，使各国监管体系逐步趋同。期货监管体系的趋同性表现在：首先，大部分国家出于对客户和市场的保护，都采用了一些通用的市场规则；其次，大部分国家管理框架的相同点要多于不同点，比如都有比较完善的法律体系、行之有效的监管机构、相对灵活的管理机制、运作规范的期货交易所等。

促使各国监管体系趋同的原因主要有三个：第一，出于防范风险的原因。20 世纪 90 年代以来国际期货市场发生了重大的风险事件，这使有关国家对自身的监管机制进行了检讨，发现了自身监管方面的不足和缺陷，并开始借鉴别国的先进经验。如 1996 年住友事件之后，英国期货市场监管部门经过长时间的调查后得出结论：伦敦金属交易所的管理比较松散，在监管方面尚有不足之处，应提高其自律管理的标准，加强对市场的监管力度。目前，英国期货市场一方面加强了自律管理，另一方面强化了政府的监管，更多地借鉴了美国期货市场监管的经验，倾向于建立更加集中的监管机制。第二，出于增强本国期货市场竞争力的原因。为了避免因监管体制的差异影响市场进入、投资决策和金融创新，从而导致本国的期货交易量流向另外一个国家，各国期货监管机构都致力于使各自的监管制度不断吸取、融合国外有价值的监管经验。随着时间的推移，不同国家间监管制度中共性的内容将越来越多，从而使不同的监管体系日趋一致。第三，各国监管体系的趋同还得益于近年来国际间监管合作的加强。随着市场监管国际合作的加强，相互之间的沟通与借鉴日益增多，各国期货市场监管机制的差异已经越来越小。

1997 年，在日本东京召开的全球商品衍生品市场监管机构会议上，通过了一份监管行为规范指导性原则。这个指导性原则体现了全世界关于如何监管商品衍生品市场的一致看法，同时，它也是作为市场监管者在如何提高监管效率方面所做出的承诺。这次会议还建立了一个促进国际间监管制度发展并逐步趋于一致的基本框架。东京会议的最后，与会监管机构发表了《东京公报》，签署了两份指导性文件：一份是“关于商品合约设计与审查的行业规范”，另一份是“关于市场监管与信息共享”的文件。这份公报首次为各国期货监管机构就衍生品市场监管形成公认的全球化标准提供了机会。1998 年 9 月，证监会国际合作组织（IOSCO）技术委员会采纳了涵盖金融衍生品合约与实物商品期货合约的指导性文件。

第二节　美国期货市场的监管

一、美国期货监管的发展历程和特点

美国是正式形成期货市场最早的国家，自 1848 年芝加哥交易所成立以来，美国期货业的发展已有了一百多年的历史，在期货市场的监管方面已经形成了一套比较完善的体系。1993 年中国台湾的《“国外”期货交易法》，以及 2000 年英国颁布的《2000 年金融服务和市场法》等许多著名的法案都是参照美国的监管办法制定的，而美国的期货监管模式也是公认最为成熟的。1974 年以前，美国期货市场都由交易所自我管理，交易所通过执行各种规则和发挥理事会、专业委员会及各职能部门的作用，实施自我管理。20 世纪 70 年代，期货交易品种扩大到金融产品后，由政府、期货业协会和交易所组成的三级监管模式逐步形成。1974 年美国国会在原来《商品交易所法》的基础上通过了系统严密的《商品交易委员会法》，并成立了美国商品期货交易委员会（CFTC）。商品期货交易委员会是美国期货市场最高权力和监管机构，它通过制定严密高效的法规贯彻实施国会通过的法律，在宏观上对市场参与者进行管理。1981 年全国期货协会（NFA）注册成立，协会会员遍及期货公司、咨询顾问、基金经理、结算银行、交易所、社会公众及有关商业机构，具有充分的广泛性。期货业协会代表着整个行业各方面的切身利益，真实反映着行业的呼声和要求。在美国三级监管模式中，在政府宏观管理下，交易所和期货业协会的自律管理至今一直发挥着市场管理的基础和核心作用。美国期货监管体制具有如下特点：

（一）集中立法，强调政府的监管

在法律体系上，美国是典型的集中立法的国家，早在期货市场发展的初期就有专门的期货法规，而现有的期货法规在通过法律手段加强政府监管的同时，也赋予了行业自律监管较高的地位。

（二）实行政府主导型的集中监管

由兼有立法、执法和准司法职能的监管机构——商品期货交易委员会对全国期货市场实行集中统一的监管，政府的监管处于主导地位，有效地保证了期货市场的安全和秩序。政府监管机构——商品期货交易委员会在享有对期货和期权的全面监管权的同时，它也将部分职责下放到行业自律机构（全国期货协会）和交易所，行业自律机构和交易所则在政府监管机构的领导下承担起监管职责。

（三）采用三级监管模式

商品期货交易委员会的宏观监管、期货业协会的行业自律监管和各期货交易所的自律机制构成了三级监管模式。美国商品期货交易委员会是美国国会根据《1974 年商品期货交易所法》修订案，于 1975 年设立的独立联邦机构，对美国期货与期权市场享有全面监管职责，同时，它也赋予全国期货协会和交易所以相应的管理权限。全国期货协会和各交易所在商品期货交易委员会的监管下完成各自相应的监管职责。各级管理主体既要依法履行职责，又要相互配合协调。交易所主管场内交易；行业协会主管期货从业人员；商品期货交易委员会负责立法及其实施。

（四）重点监管与全面监管相结合

投机行为与市场垄断是法律监管的重点，期货交易所、行业协会和政府在各自的规章条例和法律规范中规定有登记注册制度、会员制度、财务检查制度、保护客户制度和仲裁制度等等，同时，对期货交易的各类组织与人员、各个环节也进行了全面规定，以保证期货市场的正常运行。

二、美国有关期货交易的联邦法规简介

作为一个市场经济的国家，美国对于期货这一特殊行业的管理主要是靠严格的法律手段。综观美国期货法规的历史，是逐步强化政府管理和强化自律管理机制的过程。虽然美国期货市场始于 19 世纪中叶，但直到 1921 年才开始有关于期货交易的第一部联邦法规。1922 年以来，美国政府多次颁布和修改有关期货交易的法规和条例，促使政府主导的集中管理机制和期货市场的自律机制日趋完善。在美国联邦政府的有关法规中，主要包括 1922 年的《谷物期货法》，1936 年的《商品交易所法》，1974 年的《商品期货交易委员会法》和 1978、1982、1986 年的《期货交易法》，1982 年的“夏德—约翰逊协议法案”，2000 年的《商品期货现代化》法案。

1922 年的《谷物期货法》及修订案赋予了期货交易所正式的法律地位，强调交易所对防止会员及雇员操纵市场负有责任。1936 年的《商品交易所法》强化了政府管理权限。根据该法规，设立了由农业部长、商业部长和司法部长或其指定的代表组成的商品交易所委员会，由该委员会负责《商品交易所法》的实施。1947 年商品交易所管理局成立后，改由该局负责法规实施。1974 年的《商品期货交易委员会法》授权成立独立的商品期货交易委员会，以取代美国农业部的商品交易所管理局，对期货市场行使联邦管理权。1978 年的《期货交易法》扩大了商品期货交易委员会的管理权限，将“商品”这个名称的含义从狭义的农产品扩充到“有关期货交易的所有商品品种、服务、

权利和利益”，而且，货币期货合约、金融工具期货合约、金属期货合约也被置于商品期货交易委员会的管辖范围之内。此后，商品期货交易委员会管辖的品种范围不断扩大，如1981年后扩大到金融期货的期权交易。随着期货交易品种范围扩大到金融期货与期权合约，商品期货交易委员会与美国证券交易委员会（SEC）对市场的监管权发生了冲突。1982年的“夏德—约翰逊协议法案”对于监管过程中涉及到的管辖权问题进行了规定，规定商品期货交易委员会管理涉及一揽子证券或证券指数的期货和期权，以及国库券等不需要联邦批准的证券期货合同，证券交易委员会则管理现货选择权。这些规定过于繁琐，且明确禁止单个股票和窄基股票指数的期货交易，阻碍了美国市场的金融创新。2000年9月14日，商品期货交易委员会和证券交易委员会就改革“夏德—约翰逊协议法案”达成了协议，对股票衍生品的监管权问题给予了明确的规定，并简化了商品期货交易委员会和证券交易委员会对证券期货实施共同监管的法律程序。同年12月又颁布了《商品期货现代化法案》，取消了自1982年以来对证券期货合约及其期权合约的禁止性规定，在衍生品的交易方式上赋予了美国交易所及其他机构相当大的自由度，还建立起了对衍生品结算组织的监管构架，同时也确认了场外交易（OTC）市场中衍生新产品的合法地位。

三、美国联邦政府期货管理机构——商品期货交易委员会

（一）美国商品期货交易委员会的构成

20世纪70年代，随着期货交易品种的不断增多，原有的商品交易所委员会不再适应期货管理的要求，需要对主管机关进行调整。1973年，美国国会采纳了参议院的建议，决定设立一个管理地位、组织、功能都类似于美国证券交易委员会（SEC）的机构，全面负责期货监管。1975年4月21日，美国商品期货交易委员会得以设立。美国商品期货交易委员会是具有准立法和准司法权的独立机构，作为参议院的政府主管部门，它保持着对全国期货行业的独立管辖权，并有相当大的独立性和权威性。商品期货交易委员会的5名专职委员都由总统提名，经参议院表决通过后，由总统任命，其中一名委员由总统指定为主席，所有委员任期为5年。为保持决策的公正性，其中3名委员不能从同一政党中产生。商品期货交易委员会直接对国会负责，对商品期货交易委员会直接行使监督的机构是众议院和参议院的职能部门。商品期货交易委员会由主席主持日常工作，各部门主管及法务室主任对整个委员会负责。委员会下设六个部门，分别是：

1. 交易及市场部。主要负责规范期货交易所、期货协会、期货商及期货从业人员的注册登记、财务稽核等行为。

2. 执行部。主要负责开展行政或司法程序，以执行期货法及委员会的管理规则，对违法者予以处分。

3. 经济分析部。主要负责市场监督、市场分析和市场研究。

4. 行政长官办公室。主要负责有效地使用委员会的资源、监督行政及赔偿程序。

5. 法务室。主要负责处理委员会的行政处分以及付诸司法审查的案件，并在委员会于司法程序中成为被告时为其辩护。

6. 程序办公室。主要负责在行政及赔偿案件中举行听证会。

此外，美国商品期货交易委员会还可根据需要在全国某些地区设立若干办事处。目前，美国商品期货交易委员会总部设在华盛顿，同时在纽约、芝加哥、堪萨斯、洛杉矶设有地区办公室，在明尼阿波利斯设有一个次级分支机构。

（二）美国商品期货交易委员会的主要职能

美国商品期货交易委员会的主要任务是保持市场的竞争性和秩序性，防止价格被人为操纵，公平对待所有市场参与者。美国商品期货交易委员会的主要职能包括：

1. 防止期货和期权价格被操纵。

2. 制定并实施有关客户保护规则，制定并实施期货公司及期货从业人员的最低财务标准及从业资格标准。

3. 禁止错误市场信息及误导性市场信息的传播。

4. 批准新的期货与期权合约。

5. 管理期货交易所和场内经纪人。

6. 为解决客户投诉事件提供便利。

在美国国内，美国商品期货交易委员会与财政部、联邦储备委员会及证券委员会有监管合作。此外，美国商品期货交易委员会还与美国以外的国家和地区的期货机构开展跨境监管合作。

（三）美国商品期货交易委员会对交易所的监管

2000年《商品期货现代化法案》将金融衍生品市场划分为不受监管的市场和受监管的市场，而受监管的市场又分为两个层次，即“指定合约市场”和“注册衍生品交易执行设施”，对两个层次的市场按不同的标准和程序进行监管。对于入市门槛低、所交易的产品风险大的市场进行严格监管；而对入市门槛高、所交易的产品风险小的市场，监管则相对宽松。

“指定合约市场”是指能够交易所有的产品、并且不限制进入市场的人员的期货期权交易所。美国商品期货交易委员会规定了“指定合约市场”的标准，任何符合规定要求的市场都可以按照程序向委员会提出申请。美国商品期货交易委员会负责审查交易所的交易规则，以确保交易的公平、公正、公开，而交易所在修订交易规则前必须先得到美国商品期货交易委员会的批准。美国商品期货交易委员会负责期货期权合约的经济目的、条款等方面的审查，从而确保合约的运用符合公众利益。交易所在变动已有期货期权合约的条款前也必须先得到美国商品期货交易委员会的批准。美国商品期货交易委员会还负责监察交易所的业务活动，如否认交易所批准的会员资格或对会员进行纪律处分；在审查交易所行为时，可以批准、修改或取消交易所的某项决定。

在交易所日常行为监察方面，监察的重点是投机行为和市场供求关系，其目的是防止市场垄断，确保交易竞争机制。首先，美国商品期货交易委员会的市场考察人员对所有活跃的期货期权合约都会进行跟踪，对市场参与者的大额头寸、期货和现货市场的价格关系进行连续的观察分析；其次，在临近交割期时，美国商品期货交易委员会的经济学家每周对合约做出监察报告，地区监察人员会审阅报告，并报市场监察总监。美国商品期货交易委员会的高层在每周的监察介绍会上要分析潜在的问题。如果在日常监察中发现了问题，将会及时提醒或警告有关的市场参与者；当问题发展到一定程度时，美国商品期货交易委员会会和有关交易所联系处理；在某些特定情况下，如美国商品期货交易委员会认为交易所的措施不得力，美国商品期货交易委员会有权利用紧急权力命令交易所按其批示行动。美国商品期货交易委员会还规定，交易所及其结算所必须将每日的交易记录备案待查。

（四）美国商品期货交易委员会对市场参与者的监管

美国商品期货交易委员会对场内经纪人、期货佣金商、经纪商代理人、商品基金经理、商品交易顾问、介绍经纪人以及其他市场参与者拥有全面的监管权。美国商品期货交易委员会还负责对经纪商代理人和业务经理进行资格调查以及对上述所有人员的注册登记。美国商品期货交易委员会负责制定有关的监管规则，并监督有关法规的实施。美国商品期货交易委员会对投机头寸有限额规定，并利用大户头寸来判断是否有市场操纵的行为发生。美国商品期货交易委员会对交易商的行为进行监察时，运用了“特别传唤”，即认为有必要时，要求交易商报告其在所有经纪商处的头寸，并提供交易和交割方面的信息。“特别传唤”是为了调查并防止交易商通过多个经纪商进行交易从而操纵市场的情况。美国商品期货交易委员会还利用自动财务监察系统进行市场监管，该系统集中了期货经纪商财务数据的评估、美国商品期货交易委员会大户数据、交易所清算会员数据。该系统在近期市场波动水平的基础上计算客户和公司自营账户的潜在大额交易亏损。

（五）仲裁规定

美国商品期货交易委员会有权要求交易所和市场参与者遵照有关法律行事。同时，美国商品期货交易委员会也建立了一套仲裁处理程序，以作为交易所仲裁规则和民事法庭诉讼程序的替代选择方案。美国商品期货交易委员会还要求各交易所必须制定仲裁和索赔处理规则，以解决客户对会员或交易所人员提出的索赔要求。为方便投资商对违反期货期权有关法律提出的赔偿要求，美国商品期货交易委员会制定了相关的赔偿规则和程序。索赔听证会由行政法官主持，美国商品期货交易委员会可以审阅法官做出的裁决。

四、美国期货行业自我管理组织——全国期货协会

（一）全国期货协会的成立

美国期货监管体制在强调政府通过立法直接监管的同时，也非常重视期货业协会的自律管理。一百多年前，美国的期货交易市场就开始制定交易市场管理规章制度进行自我管理，并积累了许多管理市场的成功经验，但在20世纪70年代初，一系列的经济事件使美国的期货行业发生了很大的变化。全球对农产品的需求增加而供应量减少，使农产品期货价格大幅度波动。新的期货交易品种，如金属期货、木材期货、货币期货等吸引了许多新的客户，使交易量大幅度增加。同时，许多不符合职业道德的交易行为不断发生，期货市场的声誉受到影响。美国国会意识到需要增加新的交易规则，于是在1974年国会通过立法批准成立了商品期货交易委员会，它作为独立的联邦法律机构对

期货交易活动行使司法权。美国全国期货协会是根据1974年的《商品期货交易委员会法》成立的具有自我管理性质的、并由行业自行资助的全国性行业协会。1981年9月22日，该协会被商品期货交易委员会正式批准为注册登记的期货协会，开始正式运作，这给期货行业提供了成立一个自我管理组织的机会以及与政府进行沟通协调的条件。

(二) 全国期货协会的组织结构

全国期货协会由会员大会、董事会和执行委员会三部分组成。会员大会是权力机构，最高管理机构为董事会，由42位经会员大会选举产生的董事组成。董事会的职责主要是制定协会发展的规划、政策、财政预算和协会的章程细则等。执行委员会由10位委员组成，负责管理和指导日常工作。董事会和执行委员会的成员组成要考虑各类会员所占比例和地区分布，以使协会具有广泛的代表性。

(三) 全国期货协会的职责

全国期货协会的工作职责主要是制定期货交易规章计划，使期货行业更加完善，既保护投资者的利益，又帮助其会员的营业规范达到规章制度的要求。协会的业务活动对商品期货交易委员会负责，并受其监督。其主要职责有：

1. 对会员财务状况进行审计，以确保其满足最低的财务要求。全国期货协会对会员的最低财务保证金、早期预警资本、期货经纪商与经纪商代理人的财务规模、杠杆交易商的财务报告以及执行保证金都做了详细的规定。

2. 强化职业道德和规范，实施客户保护条例。全国期货协会依据美国期货法规制定职业道德准则，禁止欺诈和操纵价格等不公平交易行为，并对全权委托账户的管理者订立了监视程序。此外，全国期货协会还对会员开发新客户时履行告知义务等方面做了要求。

3. 为会员公司与客户之间的纠纷提供仲裁方案。

4. 甄别期货从业人员的会员资格，负责会员资格注册。

5. 制定期货从业人员的培训标准，组织与实施全国商品期货水平测试（系列3）。

(四) 全国期货协会的信息管理

全国期货协会拥有一个存储与交易期货业务有关的数据库。存储内容包括：公司和个人在商品期货交易委员会登记注册的资料、协会会员的资料、规章制度以及其他资料。计算机系统存储了自1982年以来所有公司和个人在商品期货交易委员会登记注册的资料和协会会员的资料。规章制度方面的资料包括协会为完善交易市场规章制度所采取的措施、商品期货交易委员会对期货交易活动违规行为下达的禁令和提起行政诉讼的资料。其他资料包括向商品期货委员会投诉的案件、通过协会解决的仲裁案件等。

五、对市场准入的管理

(一) 全国期货协会的会员要求

按照有关法规规定，期货与期权市场的以下参与者必须成为全国期货协会的会员：期货佣金商、介绍经纪人、商品基金经理、辅助客户交易或为客户下指令的商品交易顾问；同时，会员公司的任何经纪商代理人都必须是全国期货协会的联合会员。场内经纪人和场内交易商可以不成为全国期货协会的会员，但必须受交易所监管。交易所受美国商品期货交易委员会的监管，不必成为全国期货协会的会员。如果商品交易顾问不指导客户交易或为客户下交易指令，也可不必成为全国期货协会的会员。

全国期货协会禁止以下人员或机构进行期货期权交易：被暂时取消全国期货协会会员资格的成员，按规定应成为全国期货协会的会员但未取得会员资格的期货佣金商、介绍经纪人、商品基金经理或商品交易顾问。通过这一规定和措施，全国期货协会得以有力地强化其会员要求。但以上的禁止规定不适用于美国商品期货交易委员会的注册豁免情况。在个人或公司免予在美国商品期货交易委员会登记注册的情况下，也可免除全国期货协会的会员要求。

申请获得全国期货协会会员资格的期货专业人员首先要接受审查。全国期货协会除了审批会员资格申请外，还被授权对希望进行联邦注册登记的申请者进行审批。会员申请者只有通过了全国期货协会的资格能力测试，才能进一步申请在商品期货交易委员会注册登记。期货佣金商、介绍经纪人、商品交易顾问、商品基金经理以及经纪商代理人资格申请者必须通过全国商品期货水平测试（系列3），才能成为商品期货交易委员会注册的专业期货人员。

（二）全国期货协会的注册要求

参与期货或期权交易的公司或个人都必须向商品期货交易委员会登记注册，并成为全国期货协会的成员。全国期货协会代理商品期货交易委员会办理有关注册工作。协会成员种类包括：期货佣金商、介绍经纪人、商品基金经理、场内经纪人、经理商代理人。

1. 期货佣金商（futures commission merchant，FCM）。期货佣金商可以是个人或者公司或信托之类的经济实体。期货佣金商可以从客户处接受资金（或证券、财产）进行期货期权交易。仅为自己账户交易的个人不必注册成为期货佣金商。期货佣金商维持的净资本至少为25万美元。期货佣金商可以是结算会员，也可以是非结算会员。非结算会员期货佣金商必须在结算会员期货佣金商处开立“混合账户”，以便为其客户交易结算。该“混合账户”属于其所有的客户，但并非以客户名义、而是以非结算会员的名义进行结算。该非结算会员期货佣金商应向其每一客户签发交易报表和月度报表。期货佣金商对客户账户有随意处置权，随意处置权在客户书面撤销或客户死亡的情况下将予以撤销。账户协议中将规定期货佣金商与客户的权利和义务，客户应在其账户中维持充足的保证金，否则将被强制平仓。期货佣金商必须保证将自身账户资金与客户资金分离。如果客户在期货佣金商处也有证券账户，则可签署转移协议。转移协议允许期货佣金商在不通知客户的情况下在两个账户间转移资金。如果未签转移协议，则在每笔资金转移前必须得到客户的书面同意。

2. 介绍经纪人（introducing broker，IB）。介绍经纪人是寻求或接受客户期货期权交易合同的个人或经济实体，其不得以其个人的或公司的名义接受客户资金、证券或财产，或向客户提供信用。在获得期货佣金商的书面授权后，介绍经纪人可以以该期货佣金商的名义接受客户基金。介绍经纪人在收到支票后的当天就应将其存入合格的银行账户。介绍经纪人可以在一个或多个期货佣金商处下达交易指令。介绍经纪人维持的净资本至少应达3万美元。如果介绍经纪人不维持自己的净资本，也可选择与某期货佣金商签订协议，满足其最低财务要求。

3. 商品交易顾问（commodity trading advisors，CTA）。商品交易顾问是以获取利润为目的而向他人提供期货期权交易建议的个人或经济实体。商品交易顾问定期发布期货交易分析报告，但不能以自己或公司的名义接受客户保证金或代理客户交易。对某些实体来说，如果其提供的服务只是附带的，可以免予注册成为商品交易顾问。这些实体包括银行、会计师、报纸出版者、出版商以及财经周刊的职员。可以免予注册成为商品交易顾问的个人和经济实体包括：过去连续12个月中服务对象不超过15人且没有声明自己是商品交易顾问者、仅为已注册的基金服务的商品基金经理、在现货市场经营并仅对现货业务提供咨询的个人、正常经营的已作为经纪商代理人（AP）、期货佣金商和介绍经纪人的注册者。

4. 商品基金经理（commodity pool operators，CPO）。商品基金经理是将数个客户的资金集合在一个账户内交易的个人或经济实体。商品基金经理从客户接受的基金必须以客户加入的资金集合（基金）的名义交易。免予商品基金经理注册要求的个人和经济实体包括：基金经理本人、交易顾问及其直接亲属、不超过20万美元和15个参与者的基金。此外，仅收取管理费、不打广告，且只操作一个基金的基金经理也可免予注册要求。

5. 场内经纪人（floor broker）。场内经纪人是在交易所执行期货期权指令的个人。场内经纪人可不必是全国期货协会的会员，且可以不以经纪商代理人注册。

6. 经理商代理人（associated persons，AP）。经理商代理人也指注册商品期货代理，是与期货佣金商或者介绍经纪人联合的自然人，其可以是期货佣金商或介绍经纪人、商品基金经理或商品交易顾问的合伙人、管理者或雇员。一个经理商代理人可以在一个以上的公司注册，经理商代理人的注册表必须包含每个公司承认为经理商代理人的行为监管负责的声明。

六、对交易的监督管理

（一）关于客户开立账户的规定

客户进行期货期权交易前，必须在期货佣金商或商品基金经理处开立账户。客户可直接在与之签有合约的期货佣金商或商品基金经理的经理商代理人处处理此事项。客户也可以通过介绍经纪人或商品交易顾问的经理商代理人开立账户，该介绍经纪人或商品交易顾问随后将客户的账户介绍给某一期货佣金商或商品基金经理，介绍经纪人或商品交易顾问从中收取佣金。在客户死亡的情形下，会员公司应取消所有未执行指令及将所有头寸平仓。该条款包含在客户账户协议中。对于不同类型的账户，具体的规定也不尽相同。

1. 对于开立联合账户，客户必须填写联合账户表。如果某一会员公司为与客户共享利益的代理开立账户，则必须通知交易所该代理参与的百分比，还必须对客户予以确认和声明。

2. 对于开立合伙账户，除了要求开立其他账户的文件外，还必须包含一个授权一个或多个合伙人操作账户的合伙协议。

3. 开立公司账户必须要有公司章程副本、允许公司参与期货期权交易的地方法规、公司董事会授权个人为公司操作的决议。

4. 开立信托账户要求交一份允许该信托交易期货期权的契约的副本。

5. 会员公司在接受客户开立投资公司账户前必须获得交易所的批准，其目的是确保投资公司的财务稳定性及账户操作人员合乎资格要求。投资公司管理上的任何变化也需要交易所批准。

（二）关于风险揭示与信息披露的有关规定

1. 风险揭示声明书。全国期货协会要求所有的会员和联合会员在允许客户交易或执行客户交易前，都必须向客户揭示期货期权交易的风险。《商品期货交易委员会条例》1.55 给出了风险揭示声明书的内容范本。期货佣金商和介绍经纪人必须向客户出示一份标准的风险揭示声明书，并获得客户的签名，以示该客户在开立账户前已了解所示风险。若客户打算进行期权交易，期货佣金商和介绍经纪人也必须向其出示期权风险声明书，并获得客户的签名。全国期货协会的会员只需在客户第一次开立账户时出示该风险声明书。介绍经纪人可以使用期货佣金商的风险揭示声明书，但必须将客户的签字承诺存档。每一期货佣金商和介绍经纪人都必须将一份标准风险揭示声明书打印在其给潜在客户的文件的第 1 页。同时，期货佣金商和介绍经纪人必须保证其客户在交易前可获得与期货期权交易成本有关的信息。

2. 商品基金经理的披露文件。每一注册商品基金经理在接受基金前，必须向其潜在基金参与者提供风险揭示声明书。要求商品基金经理向商品期货交易委员会提供披露文件的两份副本，向全国期货协会提供一份副本。免予注册的商品基金经理必须将该事实进行公开披露，并向商品期货交易委员会和全国期货协会提供声明书。有关法规对信息披露的内容和时间进行了规定：注册商品基金经理的披露文件的日期必须出现在封面；除操作信息外，所有信息必须是即时的；而且操作信息不能滞后于该日期 3 个月以上；披露文件可以使用至封面日期 9 个月之后；此外，每一商品基金经理还必须提供一份关于收入（亏损）及净资产值变化（包括基金的每一笔出金和入金）的会计说明书给其参与者；如果基金财政年度开始时净资产超过 50 万美元，则须按月提供报告，若净资产不超过 50 万美元，则只需提供季度报告且向商品期货交易委员会提供 3 份副本；该报告必须按会计准则编制并获得独立商品基金经理的证明，商品基金经理必须将其账本和记录保持 5 年。

3. 商品交易顾问的披露文件。商品交易顾问如果通过系统计划推介交易，则必须在与客户签订协议前向其提供披露文件。若商品交易顾问收取前端费用，也必须披露该费用，且须在披露文件的封面列明标准投资额度、相关费用及扣除前端费用后的净收入。如果商品交易顾问不是注册期货佣金商，则该商品交易顾问必须在其封面包含一份标准警告，说明该商品交易顾问被法律禁止收取客户保证金。商品交易顾问的风险披露声明书必须放在其披露文件的第一页，对于披露内容，有关法规也进行了规定，并提供了范本。

4. 期权披露文件。有关法规对期权风险声明书的内容进行了规定，并给出了范本。期权披露文件必须以标准风险警示声明开头。文件内容还包括费用、期权交易机制、保证金要求和获利潜力等说明。

（三）关于记录保存的规定

期货佣金商必须按月向每一客户提供说明书，日期可以是每月的最后一个工作日或期货佣金商选定的日期。这一规定适用于所有账户（除了自上次交易以来在报告期既无未平仓合约而账户余额又无任何变化的账户，在此情形下，应至少每3个月提供一次说明）。公司必须按照一般可接受会计准则保存其账本，也必须保存能支持其会计记录、财务报告和交易活动的记录。如果客户是由介绍经纪人介绍给期货佣金商的，则送交客户的日和月交易报告必须说明这一点，且必须有该介绍经纪人和期货佣金商的名字；介绍经纪人和期货佣金商必须同时对该客户的账户表、风险披露声明书归档。

介绍经纪人和期货佣金商收到客户指令后必须打上时间戳，加上账号及指令号码，每日都必须为介绍经纪人的每一客户的所有交易记账；如果客户直接在期货佣金商处下指令，其介绍经纪人也必须保持完整的记录；如果介绍经纪人将客户交给期货佣金商，但从未涉及其指令交易，则介绍经纪人不必为该客户保持记录；如果期货佣金商为介绍经纪人的附属成员保持账户，介绍经纪人必须向期货佣金商发出书面授权，期货佣金商必须给予报表和账户指令的副本。

介绍经纪人或介绍经纪人的经理商代理人不能有意利用客户的指令。当客户指令可以按市价执行时，期货佣金商和介绍经纪人及其附属成员的账户指令不能在客户指令之前执行。指令不能被披露，除非该披露是有效执行指令所必须的。

商品基金经理必须保持从期货佣金商处收到的所有活动报表；商品基金经理也必须为基金的每笔交易做出详细的记录。如果商品基金经理或商品交易顾问或其委托人有个人账户，则必须每日保持该账户的交易情况，也必须保持期货佣金商为该账户记录的交易报表。

商品交易顾问在其主要业务地点必须保持某些记录，客户的记录应包含以下数据：（1）每一客户的姓名和地址、所有委托书、所有其他书面协议，包括管理费授权；（2）每一客户的所有交易权益清单；（3）从期货佣金商处收到的每一确认书、买卖报表和月报表的副本；（4）每一个报告、信件、通告、备忘录、出版物、文件、广告或其他说明，或建议的复印件（包括标准口头介绍），还必须保持第一次使用的日期。

保证商品交易顾问的每一客户收到月账户报表是期货佣金商的主要责任，全国期货协会所有会员公司的记录须保持5年。

（四）关于管理账户的规定

管理账户是一种全权委托账户，授权经纪人可以未经客户许可或指示自行决定客户账户中期货的一切买卖事宜，因此是一种高风险的委托方式。为了有效地保护客户的合法利益，全国期货协会对管理账户的运作有较为严格的规定，其主要体现在以下几个方面：

1. 全国期货协会会员或其相关成员必须得到客户的书面同意才能为客户开立管理账户。

2. 期货佣金商对管理账户应负连续监控责任。管理账户的每笔交易应不迟于当天，由委托人或期货佣金商的管理者进行检查。

3. 经理商代理人至少要求有连续两年作为注册经理商代理人的工作经验才能操作管理账户。但是，已作为商品交易顾问注册的经理商代理人除外。

4. 期货佣金商和介绍经纪人不能接受第三方委托的管理账户，除非得到该客户的书面委托，并且客户得到披露文件后签名认可。但是当账户所有者和进行管理账户委托的第三方为同一家庭的成员时，这一要求除外。

（五）关于客户资金管理的规定

只有期货佣金商和商品基金经理才可以接受客户资金进行期货期权交易。期货佣金商必须将客户资金与自己的资金相分离。商品基金经理也必须将基金与自有资金分离操作。

（六）代理客户交易的准则

商品期货交易委员会规定了代理客户交易的准则：

1. 期货佣金商有责任监管其经纪商代理人的行为。

2. 期货佣金商、经理商代理人和介绍经纪人须尽可能保证期货佣金商和介绍经纪人在自身账户或业主账户指令之前将可执行的客户指令传递入场内。

3. 期货佣金商、介绍经纪人和经理商代理人不可将客户指令透露给任何人，除非为了执行命令的需要。

4. 没有得到客户同意之前，期货佣金商、介绍经纪人和经理商代理人不可有意与客户做反向头寸交易。

5. 经理商代理人在未获得其雇主同意时，不可在另一期货佣金商处开立账户。

（七）头寸报告要求和投机性交易限制

1. 头寸报告要求。商品期货交易委员会要求投机者和套期保值者在其持有的总的多头（或空头）头寸达到设定的报告水平后提供报告，同时该交易者的期货佣金商也必须向商品期货交易委员会提供其头寸报告。在头寸低于报告水平的第一天，必须提交报告由商品期货交易委员会备案。

头寸报告的内容包括其所有的交易、所有的实物交割和维持的敞口合约数。报告必须从头寸达到报告水平的第一天开始每日都提供，直到其头寸低于报告水平才停止。在头寸报告期间，当有交易和实物交割发生时，头寸报告应备案。

2. 投机性头寸限制。设定投机头寸限制的目的是防止市场价格操纵和扭曲。商品期货交易委员会只对某些商品期货设定了投机性头寸限制，其他的则由交易所设定，也有些商品期货没有这方面的限制。

套期保值者可以向商品期货交易委员会（或交易所）申请豁免。投机性头寸限制是针对账户的总的多头（或空头）头寸而言，也是针对所有的交易而言。投机者若在两个交易所进行交易，其头寸将会被加总，如某交易者在芝加哥期货交易所买入50万蒲式耳小麦，又在堪萨斯城期货交易所买入了50万蒲式耳小麦，则其小麦的总头寸为100万蒲式耳。

七、调解、仲裁、诉讼的程序和处理机制

美国商品期货交易委员会是具有准立法和准司法权的期货监管机构，而全国期货协会具有期货市场的司法协调功能，其解决期货市场纠纷的方法是调解和仲裁。美国期货市场的调解、仲裁和诉讼程序如图8－1所示。

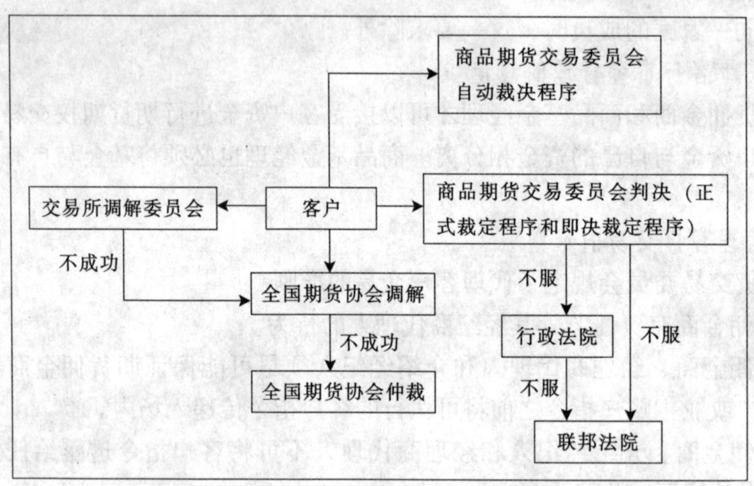

图8－1 美国期货市场的调解、仲裁和诉讼程序

（一）调解

客户在期货交易中遇到纠纷，可向交易所的调解委员会申请调解和仲裁，也可直接向全国期货协会申请调解和仲裁。调解是一种非对抗性的方式，在调解过程中，矛盾的双方坐在一起寻找一个互利的都能接受的方案。调解的结果是私下的，如果未经双方当事人同意，全国期货协会不会公开，并且也不会在其他案子中引用。全国期货协会收到调解申请后，一般会安排一名调解员，调解员的费用由当事双方承担，调解结果自愿。一旦双方达成调解，其结果就具有法律效力，必须被遵守。如果全国期货协会的会员不遵守调解结果，可能会受到协会的处分。如果双方选择不调解或调解不成功，双方可以选择向全国期货协会提起仲裁或向法院提起诉讼。

（二）仲裁

全国期货协会设有仲裁法庭。如果纠纷双方无法自己解决纠纷，可以向全国期货协会提出仲裁要求。所仲裁的纠纷事件必须是两年内发生的，且仲裁结果不可以上诉。根据纠纷双方主体不同，全国期货协会有以下两种仲裁方式：

第一种是为客户和代理其交易的公司或个人之间的纠纷而设立的。如果客户认为由

于期货交易人员或公司的行为不当引起了他的损失，就可以向全国期货协会提请仲裁，要求赔偿损失。当客户提请仲裁后，全国期货协会一般要求其全体会员参加。当涉诉金额少于5000美元时，不要求举行听证，以书面材料为依据进行裁决。当涉诉金额在5000～10000美元之间时，只要有一方提出，就必须举行听证。仲裁结果将在听证结束后30天内通知涉诉各方。仲裁的程序为：

1. 申诉方以电话通知全国期货协会仲裁部，说明纠纷与其会员有关；

2. 全国期货协会收到通知后，马上给申诉方提供申请表格和全国期货协会的仲裁规则。申请表格必须在35天内收回，否则全国期货协会认为仲裁意向通知书作废。同时，申诉方还需提交相关证据，签署申请表格表明遵守仲裁规则；

3. 双方当事人聘请律师；

4. 收到申诉方正式仲裁申请书后，全国期货协会通知被申诉方，被申诉方可相应提出反诉、交叉诉或是第三方诉讼；

5. 双方在听证日前35天交换必要文件，协助协会准备听证计划；

6. 全国期货协会举行听证会，当各方有合理的机会完全展示其抗辩理由后，听证会结束，30天内仲裁员做出决定。

第二种是为全国期货协会的会员和业务人员之间的纠纷而设的。这种仲裁除了是专门为协会会员而设以外，大部分程序和要求都与第一种仲裁相同，只是在是否要求全体会员参加上有不同的要求。

（三）商品期货交易委员会的裁决

一般客户遇到纠纷，也可以直接向商品期货交易委员会提出诉讼，要求裁决。

商品期货交易委员会设有赔偿法庭处理客户投诉，投诉由商品期货交易委员会行政法法官听证和裁决，投诉者对其结果如有异议，可以向委员会上诉。商品期货交易委员会的赔偿程序有三类：

1. 正式裁定程序：当涉诉金额超过1万美元时（不包括利息和成本），涉诉各方可选择“正式裁定程序”，在该程序下，设诉各方将举行口头听证。

2. 即决裁定程序：当涉诉金额不超过1万美元时（不包括利息和成本），涉诉各方可选择“即决裁定程序”，在该程序下，涉诉各方不必举行口头听证，法官根据提交的档案进行裁决。

3. 自动裁定程序：由行政法法官迅速裁决。该程序必须在涉诉各方都同意的情况下采用，且其结果不可以上诉。

商品期货交易委员会若发现期货市场有违规行为，也可依据相关法律起诉违规者，并对被起诉人进行判决。但其诉讼只涉及民事诉讼，商品期货交易委员会无权对刑事诉讼进行判决。在美国期货市场上，民事诉讼案主要分为两类：一类是涉及整个市场的操纵案；另一类是涉及个别参与者的民事案，如经纪人诈骗和频繁交易等。民事诉讼案的关键是取证，取证要有因果关系，即两个方面：其行为及其行为造成的后果。

商品期货交易委员会有权判决禁止、取消被告的市场交易资格，或没收其非法所得，或罚款。商品期货交易委员会也有权对被告的自有资产执行诉讼保全，诉讼保全并不会影响客户的资金安全和客户的交易。

值得注意的是，在美国期货市场上，民事诉讼官司一般要经历 2 ~ 3 年的时间，诉讼费高且赔偿少，因此，民事诉讼案并不多，而且大多数民事诉讼案最终达成和解。

（四）上诉

若对商品期货交易委员会的判决不服，或涉及刑事诉讼，可向行政法院或直接向终审法院——联邦法院提出起诉。联邦法院有权在认为必要时，立即停止被告的所有交易行为，或对其自有资产执行诉讼保全。行政法院和联邦法院原则上不接受未经商品期货交易委员会判决的民事诉讼案。

第三节　英国期货市场的监管

一、英国期货监管的发展历程与特点

英国是世界上期货市场发展较早的国家之一。长期以来，自律管理是英国期货市场管理体系的基础与核心，政府主要是制定法律法规和采取非直接手段对期货市场进行宏观调控，基本上不直接干预期货市场。1986 年以前，英国的期货业一直由英格兰银行及贸易部门管理，自我管理的组织核心是由英国期货市场委员会和期货交易所协会等代表了广大交易者利益的非政府机构组成。期货市场委员会的主要任务是制定、处理有关期货交易的各种规章、条例；负责处理期货交易者根据规章、条例所进行的投诉。期货交易所协会管理着英国五大期货交易所的具体业务。

1986 年，英国议会通过了《1986 年金融服务法》，开创了英国资本市场的新时代，重塑了英国的资本市场框架，改变了英国传统的管理期货的方式，从此结束了英国期货市场管理的松散的自律状态，确立了新的在法律框架下的自律管理模式，形成典型的“多元化”体制。该体制从法律体系上说，是典型的分散立法，没有专门的期货法规，有关期货监管的法规内容分散在其他法规里，如《银行法》、《金融服务法》、《保险公司法》等等；从金融监管体制上来看，根据《1986 年金融服务法》的规定，财政部长被授予对金融体系全权监督的权威和权力，财政部长又将期货监管的法定权力和监管责任授予证券投资委员会（SIB），证券投资委员会又将责任赋予不同的自律管理组织来执行。证券投资委员会的主席由财政部和英格兰银行联合任命，其资金来源于对投资业的征费，政府不给予任何资助。证券投资委员会是法律职能部门，有权管理期货和证券等金融交易，并制定了有关管理细则。期货行业的自律组织是期货经纪商协会，该协会受证券投资委员会的管理和监督，是自筹经费的组织，以开业律师为主，并得到股票交易所、金融中介机构、期货和期权市场以及主管它们的理事会的支持。

20 世纪 90 年代以后，随着金融市场的迅速发展，各种违规操作和金融风险大大增

加，这对现有的监管体系提出了严峻的挑战。1997 年，英国政府对现行的金融市场监管结构进行了全面评估，认为对金融市场进行分行业多头监管的模式已经远远不能满足市场快速发展及结构调整的要求，于是开始了新一轮的金融改革。1998 年 7 月，政府推出了《金融服务及市场法案》（*Financial Services and Markets Act*），建立了单一的金融市场法律体系及与之相对应的统一的监管机构，原有的 9 个监管实体并入新成立的金融服务局（FSA）。金融服务局作为统一的监管者，既通过自筹经费减少了被监管者的负担，也通过统一的规则与程序提高了效率，减少了被监管者的执行成本。

英国目前的期货监管体系有如下特点：

（一）由机构监管转向功能监管

英国原有的监管是针对金融市场特定类型的金融机构进行的监管，目前已转变为针对特定类型金融业务分别加以监管的功能监管。《2000 年金融服务与市场法》强调跨产品、跨机构、跨市场的监管，主张设立统一的监管机构对金融业实施整体监管，以避免监管"真空"和多重监管现象的出现，有利于防范整体金融风险。

（二）有统一的金融服务与市场法，但没有独立的期货法

英国在历史上就没有专门的期货法，有关规定散见于一些相关的法规中，在新的监管思路下形成的统一的、涵盖金融业整体的《2000 年金融服务与市场法》。由于没有独立的期货法，期货业务被作为投资业务的一种进行监管，有关方面的规定散见于《2000 年金融服务与市场法》。

（三）受制于统一的金融监管体系

几经演变，英国建立了只存在单一监管机构的金融体系，期货作为金融衍生品，也被纳入这一监管体系，由金融服务局统一监管。

（四）采用三级监管模式，加强了政府监管力度，但仍以自律监管为主导

1986 年后，英国就借鉴美国经验，采用了政府监管、行业自律组织监管和交易所管理相结合的三级监管模式。在新的监管框架下，仍然沿用了这一模式，同时借鉴美国经验，对期货加强了政府监管力度，但交易所和行业协会的自律管理仍然是英国期货市场监管的核心力量。

二、英国《2000 年金融服务与市场法》简介

《2000 年金融服务与市场法》（*FSMA2000*）将各种法规整合到一起，其中包括：《1979 年信用机构法》、《1982 年保险公司法》、《1986 年金融服务法》、《1986 年住房协会法》、《1987 年银行法》和《1992 年互助协会法》；并且整合了 1975—1997 年的《保险客户保护法》、1923—1948 年的《工业保护法》和 1977 年的《保险经纪人（注册）法》中的部分内容。该法的颁布表明英国逐步告别了原先较大程度依靠自律管理的监管模式，而转为采纳更为统一、更多政府干预的金融法框架体系。因此，该法案的大部分条款合并了原有法律或者自律规则的内容。

《2000 年金融服务与市场法》作为初级法规（primary legislation）只是监管体系的大致骨架，很多具体的监管法律规定存在于《2000 年金融服务与市场法》的二级法规

（secondary legislation）中（如《金融市场规则》、《监管行为规章》等）。二级法规链接到《2000 年金融服务与市场法》的各条款里，组成整个体系的血肉，因此，这两级法规联系起来才构成完整的监管法律体系。

三、英国金融服务局（FSA）的监管

《2000 年金融服务与市场法》生效以前，英国对金融服务业的监管是比较分散的，各种不同的监管机构分别对不同的业务实行监管。如在投资领域，投资公司根据它的业务范围不同而受证券期货局（SFA）、个人投资局（PIA）或者投资管理监管组织（IMRO）中的任一个机构监管，而保险公司则由贸易工业部（DTI）监管，银行由英格兰银行（BOE）监管，而公司上市的审批却是由伦敦股票交易所完成。另外，还存在一些其他特殊的机构监管住房公积、互助社等。而在《2000 年金融服务与市场法》生效后，所有这些监管职能都归于金融服务局的名下。

（一）金融服务局的性质及其职能

金融服务局拥有强大的监管职能，但它并不是一个政府机构，而是一个由《2000 年金融服务与市场法》担保的、获得《2000 年金融服务与市场法》授权的私立的有限责任公司。金融服务局只对财政部负责，并由其指定董事会和董事长。财政部通过《2000 年金融服务与市场法》的第 3 条判断金融服务局的工作。该条要求受监管主体的负担要与利益成比例，因此，金融服务局在制定条令时，都要进行成本/收益分析。

金融服务局的主要职能包括：

1. 对所监管的投资业公司授权；
2. 对投资业从业人员实行注册；
3. 按《2000 年金融服务与市场法》第 138 条的要求制定规章制度，如行业章程、规程、行为准则以及公开性的指导意见等；
4. 对获授权的公司或取得认证的个人实行调查；
5. 对获授权的公司或取得注册的个人采取强制性的行动；
6. 对获授权的公司或取得认证的个人实行惩戒；
7. 采取行动阻止扰乱市场的行为；
8. 认证投资交易所和清算所。

（二）关于获得授权的规定

《2000 年金融服务与市场法》第 19 条包含了“全面禁止”的条款。所谓“全面禁止”是指：除非获得金融服务局的授权或获得了豁免，任何人（包括公司和个人）都不能在英国从事《2000 年金融服务与市场法》监管范围内的活动，否则，违反此条就是一种严重的刑事犯罪。法规中还列出了豁免的条件。

所有投资业务和投资活动都在金融服务局的监管范围内。该法将所有投资活动分为 15 大类，其中就包括了期货和期权；并规定了需要获得授权的投资业务包括经纪人业务、管理投资业务、投资咨询业务、托管与支配投资的业务、为投资者提供非物质性交易指导、设立或经营集合投资计划等 12 类。

该法规定，需要从事投资活动的公司如果需要获得授权，可以有两个途径：获得金融服务局的许可或者是拥有《投资服务法令》（ISD）护照。

1. 获得金融服务局的许可。在金融服务局获得授权需将经营的范围上报金融服务局，由金融服务局审批其经营活动。金融服务局规定了相应的条件，这些条件旨在保证客户的利益。其条件主要包括：（1）申请人从事的是法律允许的投资活动；（2）申请人如果是一家英国公司，就必须在英国有一个总部和注册办公地点。对非公司性的申请人，如果他在英国设有总部，那么他必须在英国从事经营业务；（3）申请人与其他个体（如集团内的其他公司）之间的联系及其影响；（4）申请人必须拥有足够的资源，以从事他所申请的业务；（5）公司必须满足金融服务局"合格并合适"的条件，即公司必须要诚信、胜任，具有完备合适的步骤来接受监管。

金融服务局对于申请不同业务范围的申请人规定了不同的条件，并且获得了金融服务局的某一项业务授权并不代表就可以从事所有的投资业务。公司对于自己所申请的每项业务都必须满足金融服务局对相应业务的关于资源、能力、诚信的规定；另外这些申请人申请的业务也需要满足欧盟的相关法令，如《投资服务法令》、《保险业法令》、《银行业统一法令》和《资本充足性法令》的条件。申请人申请的业务不包括在以上欧盟法令以内的，必须遵守他所从事业务的英国相应监管规定；其业务范围包括在欧盟指导意见范围内的，可以申请获得欧盟的护照。公司如果超越其被许可的范围经营并不构成刑事犯罪，但有可能面临客户的索回财产要求。

2. 关于《投资服务法令》（ISD）护照。ISD是《投资服务法令》（*Investment Service Directive*）的缩写，是欧盟于1993年5月通过的、为单一金融市场所颁布的法律。自1995年12月31日开始，如果欧洲经济区（加上挪威、冰岛、列支敦士登）的某公司在其母国注册获得了许可从事投资服务，则其在欧洲区（加上挪威、冰岛、列支敦士登）其他国家就自动可以从事投资服务。例如，某德国公司在其母国有从事投资业务的许可，该公司想要到英国进行业务，就得向金融服务局申请，而金融服务局不得拒绝该公司的申请，因为该公司已经在母国获得授权，意味着在所有欧洲经济区内都是合格的。一旦成为金融服务局的成员，该公司就得受英国行业行为规则的约束。对获得《投资服务法令》护照的公司，母国和东道国监管部门有不同的监管责任和范围。母国的监管责任主要是授权、合格性、资本充足、客户资产、在母国的业务行为等方面的监管。东道国的职责是对在该国的业务行为进行监管。

在业务与服务方面，《投资服务法令》对投资服务的定义比金融服务法要窄，特别是大部分投资咨询业务并不包括在《投资服务法令》中，因此专门提供咨询服务的公司不能获得《投资服务法令》护照。《投资服务法令》的业务可分为核心业务和非核心业务。如果《投资服务法令》授权的是核心业务，则公司的非核心业务也能搭车过渡，例如公司获得了核心业务授权，则其咨询业务也就可以在欧盟各国经营。如果公司只能从事非核心业务，则需要在每个国家单独申请授权。《投资服务法令》的核心业务包括经营投资业务、处理客户交易指令的经纪业务、管理投资的业务。《投资服务法令》的非核心业务包括公司财务咨询、保管业务、投资建议、为促进《投资服务法令》业务的贷款安排。获得《投资服务法令》护照的公司只能经营《投资服务法令》中所包含的业务，其业务内容有：（1）证券交易，如股票和债券的交易；（2）集合投资单位；（3）货币市场工具；（4）金融期货交易；（5）远期利率协议；（6）利率和现金互换；（7）关于以上工具的期权。需要特别注意的是，商品期货业务并不包括在《投资服务法令》规定的业务中，无法通过《投资服务法令》护照的方式获得英国商品期货交易经营权，与之相应的监管要求也不需要遵守欧盟的统一规定。

公司获得金融服务局授权的程序如下：

第一步：申请。当申请人向金融服务局提出申请后，金融服务局从收到申请之日起有6个月的时间决定是否批准，而公司提供的资料则必须包括：（1）在英国本地接收服务文件的地址；（2）公司申请业务的情况，如意向业务、现在经营的非监管业务等；（3）公司如何满足监管要求；（4）业务计划；（5）财务预算和计划；（6）公司可以利用的系统资源；（7）公司管理者对公司的经营管理；（8）公司未来的经营计划，包括公司面临的风险等；（9）公司成员的信息。

第二步："门槛性条件"。除了提供以上信息外，金融服务局可能还要求申请人提供其他信息以决定申请人是否符合"门槛性条件"，是否准备好了从事所申请的业务及接受金融服务局的监管。金融服务局会要求申请人提供更详细的资料，金融服务局的专员可以直接访问公司或传唤金融服务局认为与公司有关的人员，如申请公司的直接控制者，公司合伙人和领导人，某个可能对公司施加影响、致使公司无法满足"门槛性条件"的人等；并了解与申请公司同属于一个集团的其他公司的情况。

第三步：确认。如果申请授权的公司获得批准，那么该公司会收到确认通知书，金融服务局也会在授权名单中加上这一公司的名字；但也可能金融服务局认为该公司并不合适经营他所申请的业务，那么会审批某一些业务，而不必完全满足申请人的要求。如果金融服务局认为公司不应获得授权，而公司又不服，那么这件案例会递交监管裁决委员会（RDC）评审，若双方仍不能达成一致，则可能会提交到金融服务与市场法庭做出最后判决。

（三）金融服务局对个人的注册管理

《2000年金融服务与市场法》的第59条和《金融服务局监管手册》（SUP）都明确规定，任何未经金融服务局注册的个人都不能在投资公司中行使支配性职能，如果有这种情况发生，任何人都有权向司法机关控告该公司滥用《2000年金融服务与市场法》第71条的规定。向金融服务局申请对个人的注册是公司的责任，而不是个人自己提交申请。公司必须保证其行使支配性职能的员工是经过金融服务局注册的。如果已认证的个人停止行使支配职能，公司有责任在7个工作日内向金融服务局提交通知，以撤销该认证。如果个人被评定合格，金融服务局就会授予其认证，并向其公司发出书面通知。《2000年金融服务与市场法》规定金融服务局在收到申请后必须在3个月内做出同意或驳回的批复。如果金融服务局决定不给予申请人认证资格，问题就会移交给监管裁决委员会来决定；如果申请人对监管裁决委员会的决定仍不满意，他可将问题提交金融服务和市场法庭。

金融服务局对支配性职能的具体界定标准包括：（1）对公司的经营事务有显著的影响；（2）直接面对客户；（3）有权处置委托人的财产。

金融服务局对从业个人的要求是“合格并合适”原则，要求申请人在为人方面诚实、信用、负责。金融服务局会考察申请人的历史记录，考察是否在个人历史中是否与破产、清算公司有关，或是管理过类似的公司，是否与不良记录的人存在密切的接触，是否确实准备遵守金融服务局监管的规定等。另外，金融服务局还会考察申请人的业务能力，是否曾经担负过相应的工作，是否受过相应培训等情况。金融服务局考察的另外一个方面就是申请人的财务状况是否稳定，是否陷入过财务困境等；但金融服务局认为申请人的收入多少本身并不会影响他行使支配性职能。

（四）金融服务局的日常监管方式

金融服务局对公司的日常监管主要是评估公司的日常风险，考察公司行为是否与四个监管目标背离。金融服务局将公司经营情况与金融服务局的风险对照表进行对比，主要的几个步骤是：（1）评估公司对监管目标的影响；（2）对公司和市场的复杂情况进行可能预估；（3）组织一个有效性小组对公司名单实行讨论；（4）将进行了风险分级的名单送抵公司，提醒风险；（5）金融服务局跟踪测评并修正风险评估。

金融服务局的监管方式主要是直接会面、实地调查、公开披露公司情况、对公司实施强制要求等方式，并通过诊断、监测、预防、补救等主要政策对公司实施监督。

（五）金融服务局的强制性执行权利

1. 搜集资料和调查权。根据《2000 年金融服务与市场法》第 165 条的规定，金融服务局拥有强制性的搜集资料和实施调查的权力，可以不经过任何通知就直接走访授权公司或与之有联系的个人，可以要求公司在指定的时间提供金融服务局需要的相关文件，还可以要求公司技术人员（如会计）提供所需要的报告。

金融服务局在以下情况下可能会对授权公司实施专门调查：（1）金融服务局有充足的理由认为应该对某个授权公司实行调查；（2）某人（公司）的行为违背了监管框架下的某些细节性的条款；（3）基于国外监管者的请求。

虽然金融服务局可能会为某次调查下达书面通知，但却不一定实行。金融服务局对某人或某公司实行调查也并不就意味着公司和个人自动停止经营活动。金融服务局有权要求任何与调查事件有关的个人在金融服务局规定的时间与地点接受询问。毫无理由地逃避金融服务局调查被视做是一种刑事犯罪，金融服务局可能会在其原有的罪责上加重定罪。《2000 年金融服务与市场法》第 177 条规定：故意隐瞒、破坏明知对金融服务局调查有用的文件或故意提供误导性信息就是刑事犯罪，可以被地方法院判处 6 个月监禁或/和 5000 英镑罚款。如果被提交到高级法院，则可以判处 2 年监禁和/或无限制的罚款。

2. 金融服务局的处罚权及处罚过程。金融服务局有权公开谴责所监管的公司和个人的违规现象与错误行为，也可以对他们采取经济处罚。为了决定是采用公开谴责还是经济处罚，金融服务局会考虑以下因素：（1）被指控者是否因其处置不当的行为获利或是避免了损失——如果是这样，那么金融服务局会认为处以罚金比较适当；（2）严重的违规行为更可能会被处以罚金；（3）如被指控者承认违规，配合金融服务局的调查或主动给予消费者赔偿，将更可能只受到谴责或被披露；（4）被指控者的守纪历史记录——不良记录更可能被处以罚金。

金融服务局判决处罚程度时考虑的因素有：（1）错误行为的严重程度和对市场的影响；（2）错误行为是出于故意还是过失，以及其性质的程度；（3）被处罚者是否为个人。

金融服务局在决定处以罚款之前，必须对个人出具警告通知，然后是决议通知和最后通知，个人也有权将诉讼提交到金融服务与市场法庭。在一般情况下，金融服务局会发布新闻公布处罚决定，但当这种处罚公开会对消费者的利益产生影响时，金融服务局也会考虑不予公布。

3. 赔偿规定。《2000 年金融服务与市场法》第 150 条专门规定了“本身不直接参与投资活动的个人与小企业”享有的索赔权利，这些个人与小企业将财产委托给获授权的投资公司经营，如果由于投资公司的违规使其受损失，他们可以根据《2000 年金融服务与市场法》的相关规定，为所遭受的损失要求赔偿。索赔者无须证明被告的过失，只要被控告人的违规操作的确造成了他的损失，就可以获得赔偿。

金融服务局有权对违规公司（不论授权与否）下达对消费者的赔偿要求，但是金融服务局需要综合考虑实际情况，参考监管法规的具体条款，并衡量为控告者讨回损失的成本和效益。只有在控告方拥有比较充足的证据时，金融服务局才会做出要求赔偿的决定，而在其他大部分的情况下，金融服务局必须向法院提起诉讼，为消费者争取权益，法院在确定违规事件的真实性和违规者确实获益后，酌情考虑判决赔偿的具体额度。

4. 取消或变更授权认证。当金融服务局认为获得授权的公司已经不再满足诚信、资本充足等“门槛性条件”，或公司违规运营 12 个月以上，或为了保护消费者的利益，金融服务局有权力变更公司的授权业务范围。当公司经营行为犯下了严重的错误或公司不再经营所被授权的业务时，金融服务局会考虑取消公司的授权。同样，当金融服务局认为某个获得了认证的个人不再“合格并合适”时，考虑到消费者权益，可以取消认证或者采取“禁止命令”停止他的经营行为。金融服务局可以对获得授权的个人和公司发出两种命令：即撤销命令和禁止命令。在一般情况下，金融服务局会考虑违规情况的严重程度和对消费者的影响来决定采用哪种命令。禁止命令的应用范围要大于撤销命令，撤销命令只能对获得授权的公司或通过注册的个人采用，而禁止命令对没有通过金融服务局授权和注册的个体也同样适用。只有在金融服务局认为简单的撤销无法有效保护消费者利益时，才会采用禁止命令。而没有获得认证的个人违反了“全面禁止”命令时，会被处以最高 5000 英镑的罚款。

5. 对金融服务局监管纠纷的裁决规定。《2000 年金融服务与市场法》规定成立一个由司法部直接管理的独立机构——金融服务与市场法庭，这个法庭在《2001 年金融服务与市场法庭规则》的指导下成立。当金融服务局和其所监管的公司或个人对监管的意见以及要求无法统一时，这个法庭为这些纠纷提供了一个获得最终裁决的地方。当某人或某公司被金融服务局开具了决议通知或监督通知而又不服时，可以向金融服务与市场法庭提交审判请求。金融服务局首先会将重大的决议提交监管裁决委员会，监管裁决委员会会根据情况决定是否采取行动，这些行动包括处以罚金、谴责、赔偿命令和撤销命令。而对于并不重要的事件，金融服务局会按自己的执行程序解决。监管裁决委员会由金融服务局指定，直接对金融服务局的董事会负责，并独立于金融服务局的管理体系，监管裁决委员会的人员也并非金融服务局的雇员，他们只代表个人以及公众利益。一旦监管裁决委员会认定被告有罪，就会警告通知，说明将采取的行动。与此事有关的个人，可以做出口头或书面的申诉，而监管裁决委员会将据此给出作判定的具体依据，并告知申诉人拥有提交金融服务与市场法庭的权利。金融服务与市场法庭将做出最后仲裁。

图 8－2 显示了判决的程序。

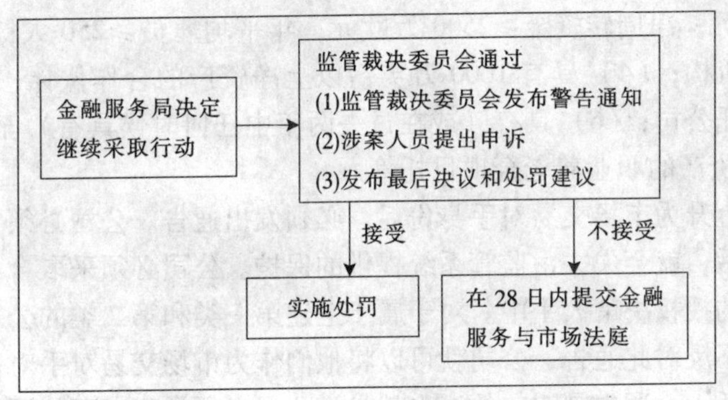

图 8－2　监管裁决委员会的裁决程序

四、从事投资业务的委托人的分类及公司的服务级别

（一）从事投资业务的委托人的分类

获得授权的公司（以下简称公司）必须采取有效的手段将其从事投资业务的委托人进行分类。分类的目的是给予中小投资者必要的保护，同时给予那些不需要高级保护的公司更多的交易自由。受保护的级别将由委托人的规模和金融知识决定。随着委托人规模和金融知识的增加，其所受保护的级别将会下降。委托人分为市场交易对手、中间客户和私人客户三类，保护等级依次提高。

1. 市场交易对手。市场交易对手是指有经验的职业者，他对涉及到的市场运作方式、风险和回报都有充分的了解，其所受的保护程度最低。市场交易对手包括：政府（包括准政府主体或政府机构）；中央银行；超国家机构，其成员为国家或中央银行（比如世界银行、国家投资主体、其他获得授权的公司或海外金融服务机构、获得授权公司的联盟或海外金融服务机构、任何上升为市场交易对手的中间客户）。

2. 中间客户。中间客户受到中等级别保护。中间客户包括：地方权力机构或公共权力机构；由欧盟（EEA）/证券委员会国际合作组织（ISCO）列出的公司或在过去两年里有500万英镑以上净资产的公司（或者是其满足这项标准的控股公司或子公司）；具有特殊目的的中介，如证券公司；具有（或在过去两年内具有）500万英镑以上净资产的合伙企业；合计估价具有（或在过去两年内具有）1000万英镑以上的信托机构；具有（或在过去两年内具有）大于或等于50个成员和1000万英镑以上可支配资产的职业养老金计划信托机构；未被监管的集体投资计划；专家（“专家”见下文）。

《业务行为手册》（COBS）允许某些中间客户上升为市场交易对手。如某些在其贸易领域具有相当经验的大中间客户，比如进行石油衍生品交易的石油能源公司。这些公司可能会觉得它们不需要《业务行为手册》提供的保护，而更愿意与授权公司在同一个职业性的基础上进行交易。并非所有中间客户都可以上升为市场交易对手，只有满足下列条件的中间客户才有资格成为市场交易对手：（1）被认股金额在1000万英镑以上的公司（或任何控股公司或子公司）；（2）满足下面三项测验中的两项的公司：资产负债表≥1250万欧元；净周转资金≥2500万欧元；年平均雇员≥250人；（3）地方权力机构或公共权力机构；（4）具有1000万英镑以上净资产的合作伙伴；（5）具有1000万英镑以上的信托公司；（6）具有（或在过去两年中任何时候具有）至少50个成员和1000万英镑以上资产的职业养老金项目托管人。

当中间客户上升为市场交易对手身份后，必须发出通告。公司必须警告委托人：成为市场交易对手后，就会失去由监管系统提供的保护。公司必须采取合理措施，确保此通告交到委托人的授权决策人手中。对于属于上述第一类和第二类的公司，通告是单向的，如果委托人不反对此通告，公司就可以将他们作为市场交易对手对待。对于上述第三类至第六类委托人，通告是双向的，也就是说公司必须收到书面的同意书，或能够证明已经得到首肯，才可将委托人作为市场交易对手对待。

3. 私人客户。私人客户所受的保护程度最高。所有既不属于市场交易对手范畴又不属于中间客户范畴的人都被归入私人客户类。私人客户包括个人和小客户，此外，公司可以将非市场交易对手或中间客户（获授权公司或海外金融服务机构除外）的任何人列为私人客户，只要通知客户这项事实。如果公司把某市场交易对手或中间客户列为私人客户，公司必须警告他们：这种归类并非在所有场合都有效，这并不意味着他们一定在赔偿计划或日常调查体制下具有同其他私人客户相同的权利。

某些私人客户对投资业务的风险和收益十分了解，这些“专家级”的私人客户则可以上升为中间客户地位，以从事他们相对熟悉和具有相应经验的投资。就客户来说，这样的规定会给交易提供更大的自由并缴纳较低的手续费。但上升将会限定在某些客户熟悉的特定领域，客户不会在所有投资领域都是专家。

在下列情况下，公司也可能将某私人客户当做中间客户对待：（1）公司已经采取合理措施确定该客户具有足够的经验和理解能力，可以归入中间客户。评估的标准包括：对指定投资业务、相关市场、相关风险的理解程度和相关知识水平；委托人在市场中从业时间的长短；交易的频率；客户对公司建议的依赖程度；所从事业务的规模和性质；客户的金融地位。（2）公司对客户将会失去的保护已经发出书面警告。（3）公司已经给客户足够的时间来考虑上升的含义。（4）客户已经出具书面同意书，或公司能够证明收到同意告知。

如果委托人从中间客户上升为市场交易对手，或从私人客户上升为中间客户地位，公司必须至少每年对此分类进行复审，确保此分类是合适的。如果在上一年里没有业务行为发生，这种复审可以延迟。

（二）公司的服务级别

公司对客户的服务包含三个广义级别：

1. 全权处理：客户授权给公司代其管理/处理交易。这在股票经纪行业和投资管理行业较常见。《业务规则》（PRIN）为此提供相当大的保护，因为这些客户对公司相当信任；

2. 咨询：指客户从公司获取建议和推荐，但是最终交易与否由他们自己来决定；

3. 仅执行：指由自己对投资机会进行分析后，仅通过公司来完成交易。

其中仅执行受到的保护程度最低，咨询次之，而全权处理服务受到的保护程度最高。在决定保护级别的时候，规则要同时考虑分类和服务级别。

五、业务和委托人协议条款

业务和委托人协议条款记录了公司与客户进行投资业务的基础，它也为客户提供了解其权利和义务的机会。除非是例外情况，否则公司必须与所有客户签订委托人协议或业务条款。这些例外情况包括：提供的是仅执行业务；提供的是直接促销金融品种的服务。

除了这些例外，公司必须给所有客户提供一封单向业务条款信。这些条款并不用取得客户的签字或首肯。对于私人客户，这通常要在进行指定投资业务之前提供。但是，如果公司已经做出关于保管基金或个人储蓄账户（Individual Saving Account，ISA）的口头投资协议，业务条款必须在提出口头协议的5个工作日内签订。对于中间客户，公司必须在为客户开始进行指定投资业务后合适的一段时间内提供业务条款。对某些客户来说，公司的业务条款必须是以双向委托人协议的形式，且必须在公司为其进行指定投资业务前签订。这些客户包括：全权委托型私人客户；与期货买卖、购买期权有关的私人客户；涉及股票出借行为的私人客户；涉及保险业行为的私人客户。

委托人协议是双向的文件，客户必须在上面签字或对其中包含的条款做出书面同意。如果某私人客户通常驻扎在英国之外，并且公司采取合理步骤确定该客户不愿意签订这样一份协议，那么此要求可以有例外。公司必须在业务条款和委托协议书里包括以下细节：监管者名称、提供的服务内容、费用（可能需要在一个分立的文件中另行确定）、投资目标、投资限制、利益冲突、公司经营的主要目的或经营目的与利益可能产生的冲突、软性委托的提示、公司应怎样及何时可以变现委托人的资产、风险提示、最好的处置方法是否已通过外购获得、取消及收回权利、公司何时发出附加要求、投诉、赔偿、终止等。

对于全权委托服务来说，公司应该在协议书中包括全权委托的范围、定期陈述的频率、评估的基准、借款与保险委托等信息。以上有些信息，如投资目标等，假如公司无法在签约时告知客户，那么一旦确定，就应该在第一时间通知客户。尽管这些文件是分开的，但仍是业务条款的组成部分。任何对业务条款的修订（无论客户同意与否）都必须在至少10个工作日前预先告知客户。公司应该保存所有协议副本，并对此负责。

六、金融服务局对处理投诉与赔偿的规定

（一）公司内部处理客户投诉的程序

按照金融服务局的规定，公司必须有一套程序以保证合格投诉人的投诉得到适当的处理。公司的处理程序必须包括以下内容：第一，正确地运用监管系统处理客户的投诉；第二，对投诉的回应期应该有严格的时间限制；第三，调查投诉以便使相应投诉的补救措施能快速执行；第四，如果对投诉无法快速地纠正，客户应被告知可以利用其他途径，特别是他们可以利用金融调查员机构（Financial Ombudsman Service，FOS）追索权益。

金融服务局严格地规定了公司处理客户投诉的时限。公司必须在被投诉的5个工作日内向客户发送一份确认函，并附递一份公司处理投诉程序的副本，以及处理投诉的人的姓名或职务。但这一规定并不适用于在投诉的第二个工作日内就被处理了的投诉。如果在4周内公司还没有对投诉出具最后反馈，就必须向客户发送一份持有反馈。如果公司向客户送达的是一份持有反馈，就必须说明公司何时能发送最后反馈或解释延迟的原因，并必须在8周内发送最后反馈。如果8周内公司依然无法做出最后反馈，公司就必须告知投诉人，如果他不满意公司拖延的话，他有将投诉直接递交金融调查员机构（FOS）的权利，并附寄一份金融调查员机构的宣传品。而在这段时间公司出具了最后反馈意见的，也必须告知客户有将投诉直接提交金融调查员机构的权力，并附带一份金融调查员机构的宣传品。投诉人必须在收到告知后的6个月内行使权利。

有一些公司实行两阶段的投诉处理程序，即如果客户不满意公司第一次的处理的话，还可以再次将投诉递交公司或其总公司。这些公司也必须遵守以上提到的时间限制，但由于有些投诉人不会对首次的反馈有所反应或要等很长的时间才会表明不满，所以如果公司在做出赔偿或已经向客户解释不进行补偿的原因，并已经告知可提交至金融调查员机构的权利后的8周内，客户未提出异议的，公司可认为这件事务已经结束。但是，如果投诉人对公司的处理表示不满意的话，时间限制再次生效，但投诉人再次投诉的时间与收到通知的时间间隔超过1周的，公司可以在时间限制中扣减由于投诉人延误的时间。当公司认为应当对客户实行补偿时，就应该提供一笔公平的赔偿给投诉人。

另外，金融服务局要求公司对收到的投诉实行记录，并每6个月向金融服务局递交一份报告，报告的内容包括公司所收到的所有投诉数量、6个月内收到的投诉数量以及未决投诉的数量和在这段时间处理的投诉数量。如果公司在这段时间内没有收到任何投诉，也应该向金融服务局提交一份零投诉报告。

（二）向金融调查员机构提交投诉

客户的投诉必须首先到达公司，如果公司的解决方案无法令投诉人满意，投诉人就可以直接将投诉提交金融调查员机构。金融调查员机构为独立解决公司与客户的争端提

供了一种便宜且非正式的模式。金融调查员机构是根据相关法令设立的一个实体，其董事会由金融服务局指定，并独立于金融服务局和获得授权的公司。金融调查员机构对金融服务局和财政部负责，每年要向金融服务局提交行为报告。

只有合格的投诉人才能利用金融调查员机构主张权利，合格的投诉人必须是曾经获得授权的公司的客户或没有获得授权但与金融调查员机构签订了协议的公司的客户，其包括：个人、年营业额少于100万英镑的企业集团；年收入少于100万英镑的慈善机构；净资产少于100万英镑的委托理财人（不包括被公司归于中间客户和市场操作对手的委托人）等。当一个合格投诉人向调查员提交一份投诉时，公司无权阻止投诉人的行为，但可以对其合格投诉人的资格提出质疑，调查员会就此向有关各方取证。

调查员会调查案件的价值并考虑召开听证会。一旦调查员做出有利于原告的判断，就可以要求公司采取相应步骤补救或判决处以公司10万英镑以下的赔偿，并负担相应的调查费用。赔偿的费用代表了合格投诉人所蒙受的经济损失，也包含了投诉人由于公司失误所造成的名誉损失、精神损失、不便等痛苦的补偿。如果调查员认为公司的赔偿应该多于10万英镑，会要求公司补偿超过的余数（但这种要求并没有强制力）。

一旦调查员做出了判决，投诉人有权决定是否接受判决，如果他决定接受，公司就必须遵守判决结果；如果投诉人决定不接受判决，他可以向法院提起上诉。

（三）金融服务赔偿计划（Financial Services Compensation Scheme）的启动

只有在公司无力履行赔偿或破产时，金融服务赔偿计划才会启动。赔偿计划是一个独立的体系，但其运作需要对金融服务局及财政部负责，并致力于协助金融服务局实现保护顾客权益的监管目标。每一受保护的赔偿申请的最大额度为48000英镑。

要从赔偿计划中获得赔偿需要满足以下条件：

1. 必须是合格的索赔人。合格的索赔人包括：

（1）私人客户，但必须是与公司无关的客户；非大型的公司或合伙人/基金联合体。大型公司及联盟可以通过英国的公司法中的内容随时要求获得赔偿。

（2）长期性仅从事强制性保险业务的中间客户和市场交易对手。获得授权的公司无权作为合格的索赔人，除非他们是独立的交易者/小型公司，并且他们要求的赔偿是在他们并无经验的领域，也就是说是，他们没有获得授权的业务。另外，海外金融服务机构、超国家实体、政府和地方政府都无权力使用这一计划。

2. 具有“受保护的赔偿申请”（即提出的赔偿申请必须受到保护），这里指涉及存款、保险和投资业务的某种赔偿申请。受保护的投资业务必须是指定的投资业务，而且这些行为必须是由在英国境内设立的公司或是获得欧盟护照，在欧盟国家经营的英国公司实施的。

3. 正在向违约的“相关人员”要求偿付。相关人员包括：除持欧盟护照在英国执业公司以外的获授权公司（持欧盟护照公司在英国经营的公司造成的损失，客户可以通过该公司母国的体系获得赔偿），以及以上公司的指定代理人；上述公司的指定代理。

4. 在相应的时间内提出要求（一般为诉讼产生的6年内）。

第四节 中国境外期货监管

一、我国早期的境外期货交易及其规范整顿

从发展历史来看，我国境外期货交易的历史要远早于境内期货交易，早在1990年国内期货市场兴起之前，我国一些大中型企业就在国外市场进行期货交易。1993—1994年间，境外期货一度盲目发展。据统计，至1994年前后，在工商局注册的300多家期货经纪公司中就有2/3代理境外期货交易。由于当时期货市场缺乏统一管理，对境外期货监管非常不力。1993年11月4日，国务院发出了《关于制止期货市场盲目发展的通知》，明确对期货市场试点工作的指导、规划和协调、监管工作由国务院证券委员会负责，具体工作由中国证券监督管理委员会执行，解决了期货市场多头管理的问题。1994年5月6日，国务院办公厅转发国务院证券委员会《关于坚决制止期货市场盲目发展若干意见的请示》，明确规定，各期货经纪公司均不得从事境外期货业务。《关于制止期货市场盲目发展的通知》下发前已设有期货经营机构的全国性公司，经中国证监会重新审核批准，可为本系统进行境外期货套期保值业务。1994年10月28日和12月8日，中国证监会、国家外汇管理局、国家工商行政管理局、公安部联合下发了《关于严厉查处非法外汇期货和外汇按金交易活动的通知》和《关于查处非法外汇期货（按金）交易活动的通知》，要求有关部门和地方政府坚决贯彻国务院文件精神，严格规范期货市场，打击非法期货交易，并三令五申不允许发展境外期货交易、外汇期货和外汇按金交易，非法境外期货交易受到了严重打击，境外期货监管逐步规范。

二、目前我国境外期货监管的政策与法规框架

1998年8月1日，国务院发布《国务院关于进一步规范和整顿期货市场的通知》，再次重申：未经批准，任何机构和个人均不得擅自进行境外期货交易，各期货经纪公司均不得从事境外期货业务。对确需利用境外期货市场进行套期保值的少数进出口企业，由中国证监会会同国家经贸委、外经贸部等部门进行严格审核，报国务院批准后，颁发境外期货业务许可证。未取得境外期货业务许可证的企业一律不得以任何借口、任何方式从事境外期货交易。取得境外期货业务许可证的企业，在境外期货市场只允许进行套期保值，不得进行投机交易。国家经贸委、外经贸部等部门会同中国证监会，根据这些企业的进出口商品种类和实际贸易量，确定其交易品种和最大期货交易量，由中国证监会指定其境外期货经纪机构和境外期货交易所。1999年6月2日，国务院颁布了《期货交易管理暂行条例》，该条例的第四十九条规定："未经批准，任何单位或者个人不得直接或者间接从事境外期货交易。确需利用境外期货市场进行套期保值的，由中国证

监会会同国务院有关部门审核，报国务院批准后，颁发境外期货业务许可证。禁止期货经纪公司从事境外期货交易。”

随着国内期货市场新格局的形成和期货交易的日渐规范，为满足国内大型国有企业境外套期保值的需要，1999 年 10 月 15 日，中国证券监督管理委员会、国家经济贸易委员会、国家工商行政管理局、国家外汇管理局联合发布了关于《申请境外期货业务有关问题的通知》。文件对企业申请境外期货业务应具备的条件、须申报材料的企业及审批程序进行了规定。2001 年 5 月 24 日，为了加强对在中华人民共和国境内注册的国有企业从事境外期货业务的监督管理，中国证券监督管理委员会、国家经济贸易委员会、对外经济贸易合作部、国家工商行政管理总局和国家外汇管理局联合颁布了《国有企业境外期货套期保值业务管理办法》，对境外期货业务资格的取得、业务基本规则、外汇管理、罚则和监督管理等进行了规定。2001 年 10 月 11 日，证监会按照《国有企业境外期货套期保值业务管理办法》，又发布了《国有企业境外期货套期保值业务管理制度指导意见》，要求企业按照指导意见，结合企业的实际情况，制定规范有效的境外期货套期保值业务管理制度，严格遵守执行；并对从事境外期货交易的组织机构、授权制度、套期保值计划、业务流程、风险管理制度、报告制度、档案管理制度、保密制度、合规检查制度等方面提出了指导意见。2001 年 9 月 4 日，为了规范国有企业境外期货套期保值业务项下的外汇收支，完善外汇管理，根据《国有企业境外期货套期保值业务管理办法》，国家外汇管理局制定并发布了《国有企业境外期货套期保值业务外汇管理操作规程（试行）》（以下简称《规程》）。《规程》包括登记、外汇账户管理、进出口核销、国际收支统计申报、信息反馈五个部分。

目前我国有关境外期货监管的法规包括：（1）《国务院关于进一步整顿和规范期货市场的通知》（1998 年）；（2）《期货交易管理暂行条例》（1999 年 6 月）；（3）《申请境外期货业务有关问题的通知》（1999 年 10 月）；（4）《国有企业境外期货套期保值业务管理办法》（2001 年 5 月）；（5）《国有企业境外期货套期保值业务管理制度指导意见》（2001 年 11 月）；（6）《国有企业境外期货套期保值业务外汇管理操作规程（试行）》（2001 年 8 月）。

2001 年 11 月，经审核并报国务院批准，中国化工进出口总公司、中国国际石油化工联合公司、中国联合石油有限责任公司、中国远洋运输（集团）总公司、中国有色金属工业贸易集团公司、中国粮油食品进出口（集团）公司、中谷粮油集团公司七家国有大型企业集团首批获准从事境外期货业务。2003 年 4 月，经国务院批准，第二批共十家企业获得从事境外期货套期保值业务的资格。这些企业为中国铝业公司、铜陵有色金属公司、江西铜业股份有限公司、深圳市中金岭南有色金属股份有限公司、河南豫光金铅股份有限公司、青铜峡铝业集团有限公司、金川集团有限公司、中国航空油料集团公司、中水集团远洋股份有限公司、吉林粮食集团进出口有限公司。2004 年 8 月，第三批共 9 家国内企业获得在境外期货市场从事套期保值业务的资格，这 9 家企业分别为中国石化国际事业有限公司、兰州铝业股份有限公司云南铜业（集团）有限公司、云南铝业股份有限公司、焦作万方铝业股份有限公司、云南锡业股份有限公司、株洲冶炼集团有限责任公司、葫芦岛有色金属集团有限公司、水口山有色金属有限责任公司。至此，获准开展境外期货套期保值业务的国内企业已达26家。

三、境外期货业务监管的主要内容

（一）市场准入方面的规定

《期货交易管理暂行条例》第四十九条规定：未经批准，任何单位或者个人不得直接或者间接从事境外期货交易。确需利用境外期货市场进行套期保值的，由中国证监会会同国务院有关部门审核，报国务院批准后，颁发境外期货业务许可证。

从事境外期货交易必须具备的条件包括：中华人民共和国境内注册的国有企业（包括国有资产占控股地位或主导地位的企业）；符合国家有关期货交易的法律、法规和政策；有进出口权；进出口或在境外买卖的商品有在境外期货市场上套期保值的需要；有健全的境外期货业务管理制度；有符合要求的交易、通讯及信息服务设备；至少3名具有业务经验并取得资格证书的高级管理人员、风险管理人员和境外期货业务人员。

1. 申请程序。我国目前对从事境外期货业务的企业实行许可证制度。企业从事境外期货业务必须经国务院批准，并取得中国证监会颁发的境外期货业务许可证。企业申请的程序如下：

第一，向中国证监会、商务部和国资委提出申请，由中国证监会会同商务部、国资委对企业的申请进行审核，报国务院批准；

第二，经国务院批准后，向企业签发批复通知；

第三，企业凭批复通知到工商行政管理部门办理相应的经营范围变更登记，更换营业执照；

第四，企业凭变更后的营业执照到中国证监会领取境外期货业务许可证；

第五，企业凭境外期货业务许可证和变更后的营业执照，向国家外汇局申请开立境外期货项下保证金账户和境内期货外汇专户。

2. 申请材料。企业在申请从事境外期货业务时，应当向审核部门提交相关材料，具体包括：境外期货业务申请报告、境外期货业务申请表、境外期货业务管理制度、企业法人营业执照、进出口企业资格证书、从业人员从事境外期货业务的经历及从业人员资格证书等。

（二）对境外套期保值交易的规定

持证企业在境外期货市场只能从事套期保值交易，不得进行投机交易。持证企业所交易的品种限于企业生产经营的产品或所需的原材料。持证企业的持仓量不得超出企业正常的交收能力，且持仓时间应与现货保值所需的计价期相匹配，头寸持有时间不得超出现货合同规定的时间或该合同实际执行的时间。

（三）核准与备案制度

对期货交易品种、年度外汇风险敞口、境外交易所和经纪机构的选择等实行核准和备案制度。

期货交易品种的核准由商务部负责，企业应向商务部提出申请。核准条件为：企业境外套期保值品种必须是企业生产经营的产品或所需的原材料。获核准后，应向中国证监会报告。

中国证监会负责监管持证企业套期保值交易的真实性及年度风险敞口。年度风险敞口是指允许持证企业境外期货保证金账户上年底保留的余额、年度内累计追加的保证金额和期货赔付款的最高限额。每年年初，持证企业提出有数据支持的风险敞口，经中国证监会核准后，到国家外汇管理局办理登记手续。国家外汇管理局予以开出企业期货业务年度风险额度登记确认函，抄送开户银行，以备汇出资金时由银行进行核对。企业应向国家外汇管理局提出申请，开立外汇账户，包括国内银行外汇专户和境外经纪机构交易账户。国家外汇管理局负责监控持证企业境外期货业务保证金账户和境内期货外汇专户。

（四）企业选择境外经纪机构及境外期货交易所的规定

企业选择境外经纪机构及境外期货交易所应当向中国证监会备案。在选择境外期货交易所时，应遵循的原则是：管理规范、交易活跃、交易的期货品种在同类期货交易所中具有代表性。在选择境外经纪机构时，持证企业应选择境外期货交易所或境外期货清算机构资信良好的清算会员。

（五）报告制度

为了控制期货交易风险，监管部门需要充分了解持证企业的交易情况，因而要求持证企业必须严格履行报告制度。持证企业应在每月前10个工作日内，境外经纪机构经持证企业授权，应每月向中国证监会报告持证企业交易情况。

企业应在下列情况发生或知晓后的3个工作日内报告中国证监会，具体包括：期货头寸被强行平仓、与境外期货经纪机构发生法律纠纷、境外期货交易所或经纪机构发生重大财务亏损及法律纠纷等。

（六）独立检查制度

企业应聘请期货交易所在地资信良好的会计师事务所每两个月检查境外期货交易的内部控制、风险管理和头寸分布等情况，并将检查情况报中国证监会。

（七）日常检查与年检制度

监管部门对持证企业将进行年度检查和不定期的现场检查，其中年度检查采取非现场检查与现场检查相结合的方式。检查内容包括：审批、核准、备案手续及申报内容是否完备，是否超范围从事境外期货业务，是否进行投机交易，是否违反外汇管理规定，管理制度的制定与执行情况等。

（八）外汇资金监控

持证企业开展境外期货业务所汇出和汇入的资金，应当通过期货专户办理。期货专户的收入仅限于汇出期货保证金或期货赔付款的自有外汇资金、境外期货交易项下的盈利收入，支出仅限于汇出期货保证金或期货赔付款、支付期货经纪机构手续费、期货项下的银行手续费。

期货专户开户银行每月前10个工作日内将持证企业上月资金汇出、汇入、划转、购汇情况报国家外汇管理局。企业每月前10个工作日内将上月期货项下自有外汇资金和购汇汇出情况、期货经纪机构的现金、头寸报表即对账单报国家外汇管理局。每年7月和1月的前10个工作日内将上半年境外机构授予的期货项下授信额度及其使用情况、期货盈亏情况及与其相对应的现货盈亏情况报国家外汇局，国家外汇局与中国证监会每半年再进行一次双线核对。

（九）风险管理制度

为了有效控制期货交易风险，监管部门要求持证企业要根据实际情况制定完善、有效的风险管理制度，并确保相关的部门和人员都了解与遵守该制度，并且能够根据实际情况随时修订和完善该制度，确保其持续有效和顺利实施。对于风险管理制度的制定和修改，均应由企业最高管理层批准。

持证企业的风险管理制度应当包括以下内容：风险管理的指导原则，风险管理的组织结构，风险评估，风险监控，风险报告，风险限额，内部控制机制，操作规程，合规检查，对市场风险、信用风险、流动性风险、操作风险、法律风险等不同风险的管理；明确每个相关人员的职责，覆盖事前防范、事中监控和事后处理的各个环节。

对于风险管理制度的制定和实施，持证企业的高层管理人员应承担相应的责任，其具体规定包括：（1）法定代表人对企业的境外期货业务最终负责，确保境外期货业务风险管理制度的贯彻实施；（2）最高管理层了解企业所从事境外期货业务的性质、风险特征和交易目的，确定境外期货的交易规模和风险限额；（3）境外期货业务方面的重大变化，必须经过最高管理层批准。

为了有效地控制风险，在制定和实施风险管理制度时，应切实遵循独立性原则，其具体表现在：（1）设立独立的风险控制岗位，监督风险政策的执行，进行风险评估、监控和报告；（2）风险控制人员参与制定并监督风险限额和授权的执行情况；（3）风险管理人员直接对高级管理层负责。

为了配合风险管理制度的有效实施，在内部控制机制的设置上要注意以下几个方面：（1）考虑企业整体内控环境，为境外期货业务建立相互制衡的内部控制机制；（2）建立完善的境外期货业务内部组织结构，形成高效的境外期货决策和操作机制；（3）境外期货业务的前台、后台必须分开，交易、确认须由不同人员担任；（4）建立健全授权制度，签订协议、交易、确认、资金调拨等都需要得到书面授权。

为了有效控制风险，持证企业应将合规检查放置于重要位置，要做到：设置独立于境外期货业务部门的合规经理，合规经理应保持独立性，并对境外期货业务有充分了解。合规经理应定期和不定期地检查风险管理与内部控制的有效性，检查境外期货业务是否符合国家法律、法规以及公司内部管理制度，并向公司最高管理层报告。

与从事国内期货交易相比，持证企业从事境外期货交易面临的风险是比较复杂的，具体包括信用风险、市场风险、流动性风险、操作风险和法律风险等。针对这些风险，监管部门对持证企业在风险控制上分别提出了相应的风险控制措施的要求。

在信用风险上，监管部门提出以下几个方面的措施：（1）确定评估和选择境外经纪机构或交易对手的标准和程序，了解其历史、信用情况、财务状况等；（2）认真审核与其签订的法律文件，了解主要条款，并明确自己的权利和义务；（3）定期对境外经纪机构或交易对手进行评估；（4）对每个境外经纪机构或交易对手设定交易限额；（5）充分运用各种手段降低境外交易对手的信用风险。

在控制市场风险方面，监管部门要求持证企业要采用与业务相适应的指标测算市场风险，根据整体实力、自有资本额、业务经营方针及市场风险，确定并定期更新境外期货交易品种的风险限额、止损限额和应急计划。与此同时，持证企业应加强对境外期货业务人员的培训，提高交易水平和风险管理水平。

在流动性风险的控制方面，监管部门要求持证企业要根据境外期货交易的规模，做好充分的流动性安排，确保在结算日、交割日和市场出现异常的情况下，具备足够的履约能力，其中包括资金支付能力和实物交割能力。在选择交易工具和交易市场时，要考虑交易的流动性问题，尽量选择流动性大的工具和市场进行套期保值。

对于操作风险，监管部门对持证企业的要求是：（1）前台交易人员只能在限额和授权范围内进行交易，只能与企业批准的境外经纪机构进行交易，与单一境外经纪机构的交易应在限额内进行；交易发生后，应将交易细节送到后台。（2）交易对手的交易确认应直接寄到后台，由后台人员负责进行确认。由后台人员进行逐日盯市，独立评估市场风险。评估风险所采用的价格应独立来自于市场。（3）境外期货操作规程对交易前和交易后的所有相关环节进行书面规定，并要求每个业务人员均要严格遵守。（4）确保所有的保值活动都有记录。（5）建立快速、有效、清晰的报告线路，完善报告系统，包括日常交易、风险报告和紧急情况下的风险报告。

对于法律风险，持证企业在与境外经纪机构签订协议前，应充分了解该公司的法律地位和交易资格、所在地的有关监管法规、协议的主要内容及双方的权利和义务，应防止在签订协议之前进行交易的行为。

附录一 主要期货合约

第一部分 农产品期货合约

附表 1-1 芝加哥期货交易所玉米期货合约

合约大小 Contract Size

5000 蒲式耳。

5000 bushels.

交割等级 Deliverable Grades

2 号黄玉米，1 号黄玉米升水 1.5 美分/蒲式耳，3 号黄玉米贴水 1.5 美分/蒲式耳。

No. 2 Yellow at par, No. 1 yellow at 1 1/2 cents per bushel over contract price, No. 3 yellow at 1 1/2 cents per bushel under contract price.

最小变动价位 Tick Size

1/4 美分/蒲式耳（12.5 美元/合约）。

Quarter - cents/bu（$12.5/contract）.

报价单位 Price Quote

美分和 1/4 美分/蒲式耳。

Cents and quarter - cents/bu.

合约月份 Contract Months

12 月、3 月、5 月、7 月、9 月。

Dec., Mar., May, Jul., Sep..

最后交易日 Last Trading Day

合约月份的第 15 个工作日的前一个正常工作日。

The business day prior to the 15th calendar day of the contract month.

最后交割日 Last Delivery Day

交割月份的最后交易日之后的第二个工作日。

Second business day following the last trading day of the delivery month.

续表

交易时间 **Trading Hours**
公开喊价：周一到周五，美国中部时间上午 9：30 至下午 1：15。电子盘：周日到周五，美国中部时间下午 7：30至上午 6：00。最后交易日的合约在中午收盘。 Open Auction：9：30 a. m. －1：15 p. m. Central Time，Mon. －Fri. Electronic：7：30 p. m. －6：00 a. m. Central Time，Sun. －Fri. Trading in expiring contracts closes at noon on the last trading day.
编码 **Ticker Symbols**
公开喊价：C；电子盘：ZC。 Open Auction：C；Electronic：ZC.
每日价格波幅限制 **Daily Price Limit**
前一交易日结算价上下 20 美分/蒲式耳（1000 美元/合约），进入交割月无涨跌停板（在进入交割月前两个交易日取消涨跌停板）。 20 cents/bu（$1000/contract）above or below the previous day's settlement price. No limit in the spot month（limits are lifted two business days before the spot month begins）.
保证金要求 **Margin Information**
见玉米期货保证金要求。 Find information on margins requirements for the Corn Futures.

附表 1－2　芝加哥期货交易所玉米期货期权

合约大小 **Contract Size**
1 手芝加哥期货交易所玉米期货合约。 One CBOT Corn futures contract（of a specified contract month）of 5000 bu.
最小变动价位 **Tick Size**
1/8 美分/蒲式耳（6. 25 美元/合约）。 1/8 cent/bu（$6. 25/contract）.
敲定价格间隔 **Strike Price Intervals**
最近两个月份的合约以 5 美分为间隔，其余月份合约以 10 美分为间隔，开始交易时，分别设置 5 个实值期权和 5 个虚值期权。 5 cents/bu for the first two months and 10 cents/bu for all other months. At the commencement of trading，list 5 strikes above and 5 strikes below the at－the－money.
合约月份 **Contract Months**
12 月、3 月、5 月、7 月、9 月，如果前面的月份不是标准期权合约，则连续期权合约将会列示。连续期权执行时分别转为临近月份的期货合约，比如 8 月期权头寸执行后转为 9 月期货头寸。 Dec.，Mar.，May，Jul.，Sep.；a monthly（serial）option contract is listed when the front month is not a standard option contract. The monthly option contract exercises into the nearby futures contract. For example，an August option exercises into a September futures position.

续表

最后交易日 **Last Trading Day**
对于标准期权合约：期货合约第一通知日之后的至少两个工作日后的星期五；对于连续的期权合约：期权月份的最后一个交易日后的至少两个工作日后的星期五。 For standard option contracts: The last Friday preceding the first notice day of the corresponding corn futures contract month by at least two business days. For serial option contracts: The last Friday which precedes by at least two business days the last business day of the month preceding the option month.
期权执行 **Exercise**
在期权到期之前任何时间，期权买方都有权执行，但必须在芝加哥时间下午6：00之前通知芝加哥期货交易所结算所。期权执行后转为期货头寸，实值期权到期后自动被执行。 The buyer of a futures option may exercise the option on any business day prior to expiration by giving notice to the Board of Trade clearing service provider by 6: 00 p. m. Chicago time. Option exercise results in an underlying futures market position. Options in – the – money on the last day of trading are automatically exercised.
到期 **Expiration**
没有被执行的期权将会在最后交易日的下午7：00到期。 Unexercised Corn futures options shall expire at 7: 00 p. m. on the last day of trading.
交易时间 **Trading Hours**
公开喊价：周一到周五，美国中部时间上午9：30至下午1：15。电子盘：周日到周五，美国中部时间下午7：32至上午6：00。最后交易日的合约在中午收盘。 Open Auction: 9: 30 a. m. – 1: 15 p. m. Central Time, Mon. – Fri. Electronic: 7: 32 p. m. – 6: 00 a. m. Central Time, Sun. – Fri. Trading in expiring contracts closes at noon on the last trading day.
编码 **Ticker Symbols**
公开喊价：看涨期权CY；看跌期权PY；电子盘：OZC。 Open Auction: OY for calls/OZ for puts; Electronic: OZL.
每日价格波幅限制 **Daily Price Limit**
前一交易日结算价上下20美分/蒲式耳（$1000/合约），在最后交易日无涨跌停板。 20 cents/bu ($1000/contract) above or below the previous day's settlement premium. Limits are lifted on the last trading day.
保证金要求 **Margin Information**
见玉米期货期权保证金要求。 Find information on margins requirements for the Corn Options.

附表 1-3 芝加哥期货交易所大豆期货合约

合约大小 Contract Size

5000 蒲式耳。

5000 bushels.

交割等级 Deliverable Grades

2 号黄大豆，1 号黄大豆升水 6 美分/蒲式耳，3 号黄大豆贴水 6 美分/蒲式耳。3 号黄大豆只有在除额外杂质一项以外的全部指标均达到美国 2 号黄大豆标准时，才允许进行交割。详情见《芝加哥期货交易所交易规则》第十章“大豆期货交易规则”。

No. 2 Yellow at par, No. 1 yellow at 6 cents per bushel over contract price and No. 3 yellow at 6 cents per bushel under contract price. * No. 3 Yellow Soybeans are only deliverable when all factors equal U. S. No. 2 or better except foreign material. See Chapter 10s - Soybean Futures in the Rules & Regulations section.

最小变动价位 Tick Size

1/4 美分/蒲式耳（12.50 美元/合约）。

Quarter - cents/bu ($12.50/contract).

报价单位 Price Quote

美分和 1/4 美分/蒲式耳。

Cents and quarter - cents/bu.

合约月份 Contract Months

9 月、11 月、1 月、3 月、5 月、7 月、8 月。

Sep., Nov., Jan., Mar., May, Jul., Aug.

最后交易日 Last Trading Day

合约月份的第 15 个工作日的前一个正常工作日。

The business day prior to the 15th calendar day of the contract month.

最后交割日 Last Delivery Day

交割月份的最后交易日之后的第二个工作日。

Second business day following the last trading day of the delivery month.

交易时间 Trading Hours

公开喊价：周一到周五，美国中部时间上午9：30至下午 1：15。电子盘：周日到周五，美国中部时间下午 7：31至上午 6：00。最后交易日的合约在中午收盘。

Open Auction: 9: 30 a.m. - 1: 15 p.m. Central Time, Mon. - Fri. Electronic: 7: 31 p.m. - 6: 00 a.m. Central Time, Sun. - Fri. Trading in expiring contracts closes at noon on the last trading day.

编码 Ticker Symbols

公开喊价：S；电子盘：ZS。

Open Auction: S; Electronic: ZS.

每日价格波幅限制 Daily Price Limit

前一交易日结算价上下 50 美分/蒲式耳（$2500/合约），进入交割月无涨跌停板（在进入交割月前两个交易日涨跌停板开始取消）。

50 cents/bu ($2500/contract) above or below the previous day's settlement price. No limit in the spot month (limits are lifted two business days before the spot month begins).

保证金要求 Margin Information

见大豆期货保证金要求。

Find information on margins requirements for the Soybeans Futures.

附表 1－4 芝加哥期货交易所大豆期货期权合约

合约大小 Contract Size
1 手芝加哥期货交易所大豆期货合约。 One CBOT Soybean futures contract（of a specified contract month）of 5000 bu.
最小变动价位 Tick Size
1/8 美分/蒲式耳（6.25 美元/合约）。 1/8 cent/bu（$6.25/contract）.
敲定价格间隔 Strike Price Intervals
最近两个月份的合约以 10 美分为间隔，其余月份合约以 20 美分为间隔，开始交易时，分别设置 5 个实值期权和 5 个虚值期权。 10 cents per bushel for the first two months，20 cents per bushel for all other months. At the comencement of trading，list 5 strikes above and 5 below the at－the－money strike.
合约月份 Contract Months
9 月、11 月、1 月、3 月、5 月、7 月、8 月。如果前面的月份不是标准期权合约，则连续期权合约将会列示。连续期权合约执行时分别转为临近月份的期货合约，比如 10 月期权头寸执行后转为 11 月期货头寸。 Sep.，Nov.，Jan.，Mar.，May，Jul.，Aug.；a monthly（serial）option contract is listed when the front month is not a standard option contract. The monthly option contract exercises into the nearby futures contract. For example，an October option exercises into a. November futures position.
最后交易日 Last Trading Day
对于标准期权合约：期货合约第一通知日之后的至少两个工作日后的星期五；对于连续的期权合约：期权月份的最后一个交易日后的至少两个工作日后的星期五。 For standard option contracts：The last Friday preceding the first notice day of the corresponding soybeans futures contract month by at least two business days. For serial option contracts：The last Friday which precedes by at least two business days the last business day of the month preceding the option month.
期权执行 Exercise
在期权到期之前任何时间，期权买方都有权执行，但必须在芝加哥时间下午 6：00 之前通知芝加哥期货交易所结算所。期权执行后转为期货头寸，实值期权到期后自动被执行。 The buyer of a futures option may exercise the option on any business day prior to expiration by giving notice to the Board of Trade clearing service provider by 6：00 p. m. Chicago time. Option exercise results in an underlying futures market position. Options in－the－money on the last day of trading are automatically exercised.
到期 Expiration
没有被执行的期权将会在最后交易日的下午 7：00 到期。 Unexercised Soybean futures options shall expire at 7：00 p. m. on the last day of trading.
交易时间 Trading Hours
公开喊价：周一到周五，美国中部时间上午 9：30 至下午 1：15。电子盘：周日到周五，美国中部时间下午 7：33至上午 6：00。最后交易日的合约在中午收盘。

续表

Open Auction：9：30 a. m. －1：15 p. m. Central Time，Mon. －Fri. Electronic：7：33 p. m. －6：00 a. m. Central Time，Sun. －Fri. Trading in expiring contracts closes at noon on the last trading day.

编码　Ticker Symbols

公开喊价：看涨期权 CZ；看跌期权 PZ；电子盘：OZS。

Open Auction：OY for calls/OZ for puts；Electronic：OZL.

每日价格波幅限制　Daily Price Limit

前一交易日结算价上下 50 美分/蒲式耳（＄2500/合约），在最后交易日无涨跌停板。

50 cents/bu（＄2500/contract）above or below the previous days settlement premium. Limits are lifted on the last trading day.

保证金要求　Margin Information

见大豆期货期权保证金要求。

Find information on margins requirements for the Soybeans Options.

附表 1－5　芝加哥期货交易所豆油期货合约

合约大小　Contract Size

60000 磅。

60000 pounds.

交割等级　Deliverable Grades

交易所制定的等级要求和标准的毛豆油，具体标准见交易所交易规则。

Crude soybean oil meeting exchange－approved grades and standards－see exchange Rules and Regulations for exact specifications.

最小变动价位　Tick Size

1/100 美分/磅（6 美元/合约）。

1/100 cent/pound（＄6/contract）.

报价单位　Price Quote

美分/磅。

Cents/lb.

合约月份　Contract Months

10 月、12 月、1 月、3 月、5 月、7 月、8 月、9 月。

Oct.，Dec.，Jan.，Mar.，May，Jul.，Aug.，Sep.

最后交易日　Last Trading Day

合约月份的第 15 天之前的工作日。

The business day prior to the 15th calendar day of the contract month.

最后交割日　Last Delivery Day

交割月份的最后工作日。

续表

Last business day of the delivery month.
交易时间 Trading Hours
公开喊价：周一到周五，美国中部时间上午9：30至下午1：15。电子盘：周日到周五，美国中部时间下午7：31至上午6：00。最后交易日的合约在中午收盘。 Open Auction：9：30 a. m. －1：15 p. m. Central Time，Mon. －Fri. Electronic：7：31 p. m. －6：00 a. m. Central Time，Sun. －Fri. Trading in expiring contracts closes at noon on the last trading day.
编码 Ticker Symbols
公开喊价：BO；电子盘：ZL。
每日价格波幅限制 Daily Price Limit
前一交易日结算价上下2美分/磅（＄1200/合约），进入交割月无涨跌停板（在进入交割月前两个交易日涨跌停板开始取消）。 2 cents per pound（＄1200/contract）above or below the previous day's settlement price. No limit in the spot month（limits are lifted two business days before the spot month begins）.
保证金要求 Margin Information
见豆油期货期权保证要求。 Find information on margins requirements for the Soybean Oil Futures.

附表1－6　　芝加哥期货交易所豆油期货期权

合约大小 Contract Size
1手芝加哥期货交易所豆油期货合约。 One CBOT Soybean Oil futures contract（of a specified contract month）of 60000 lbs.
最小变动价位 Tick Size
5/1000美分/磅（3美元/合约）。 5/1000 cent/pound（＄3/contract）.
敲定价格间隔 Strike Price Intervals
当敲定价格低于30美分/磅时，期权敲定价格间隔0.5美分/磅；当敲定价格等于或高于30美分/磅时，期权敲定价格间隔1美分/磅；当期权开始交易时，在上下5.5美分幅度内列出实值期权和虚值期权。 1/2 cent / lb when the strike price is less than 30 cents / lb；1 cent / lb when the strike price is 30 cents / lb or greater. At the commencement of trading，list a consecutive series of strikes within 5.5 cents above and below the at－the－money strike.
合约月份 Contract Months
10月、12月、1月、3月、5月、7月、8月、9月。如果前面的月份不是标准期权合约，则连续期权合约将会列示。连续期权执行时分别转为临近月份的期货合约，比如11月期权头寸执行后转为12月期货头寸。

续表

Oct. , Dec. , Jan. , Mar. , May, Jul. , Aug. , Sep. ; a monthly (serial) option contract is listed when the front month is not a standard option contract. The monthly option contract exercises into the nearby futures contract. For example, a November option exercises into a December futures position.
最后交易日 **Last Trading Day**
对于标准期权合约：期货合约第一通知日之后的至少两个工作日后的星期五；对于连续的期权合约：期权月份的最后一个交易日后的至少两个工作日后的星期五。 For standard option contracts: The last Friday preceding the first notice day of the corresponding soybean oil futures contract month by at least two business days. For serial option contracts: The last Friday which precedes by at least two business days the last business day of the month preceding the option month.
期权执行 **Exercise**
在期权到期之前任何时间，期权买方都有权执行，但必须在芝加哥时间下午6：00之前通知芝加哥期货交易所结算所。期权合约执行后转为期货头寸，实值期权到期后自动被执行。 The buyer of a futures option may exercise the option on any business day prior to expiration by giving notice to the Board of Trade clearing service provider by 6：00 p. m. Chicago time. Option exercise results in an underlying futures market position. Options in – the – money on the last day of trading are automatically exercised.
到期日 **Expiration**
没有被执行的期权将会在最后交易日的下午7：00到期。 Unexercised Soybean Oil futures options shall expire at 7：00 p. m. on the last day of trading.
交易时间 **Trading Hours**
公开喊价：周一到周五，美国中部时间上午9：30至下午1：15。电子盘：周日到周五，美国中部时间下午7：33至上午6：00。最后交易日的合约在中午收盘。 Open Auction: 9：30 a. m. – 1：15 p. m. Central Time, Mon. – Fri. Electronic: 7：33 p. m. – 6：00 a. m. Central Time, Sun. – Fri. Trading in expiring contracts closes at noon on the last trading day.
编码 **Ticker Symbols**
公开喊价：看涨期权OY；看跌期权OZ；电子盘：OZI。 Open Auction: OY for calls / OZ for puts; Electronic: OZL .
每日价格波幅限制 **Daily Price Limit**
前一交易日结算价上下2美分/蒲式耳（1200美元/合约），在最后交易日无涨跌停板。 2 cents per pound ($1200/contract) above or below the previous day's settlement price. Limits are lifted on the last trading day.
保证金要求 **Margin Information**
见豆油期货期权保证金要求。 Find information on margins requirements for the Soybean Oil Options.

附表 1－7　　芝加哥期货交易所豆粕期货合约

合约大小　Contract Size

100 短吨（2000 磅＝1 短吨）。

100 short tons（2000 pounds/ton）.

交割等级　Deliverable Grades

蛋白质含量 48% 的豆粕。具体质量标准见豆粕交易规则。

One grade of soybean meal only with minimum protein of 48 percent. See exchange Rules and Regulations for exact specifications.

最小变动价位　Tick Size

10 美分/短吨（10 美元/合约）。

10 cents/ton（$10/contract）.

报价单位　Price Quote

美元，美分/短吨。

Dolar and cents/ton.

合约月份　Contract Months

10 月、12 月、1 月、3 月、5 月、7 月、8 月、9 月。

Oct.，Dec.，Jan.，Mar.，May，Jul.，Aug.，Sep.

最后交易日　Last Trading Day

合约月份的第 15 天之前的工作日。

The business day prior to the 15th calendar day of the contract month.

最后交割日　Last Delivery Day

交割月份的最后工作日。

Second business day following the last trading day of the delivery month.

交易时间　Trading Hours

公开喊价：周一到周五，美国中部时间上午 9：30 至下午 1：15。电子盘：周日到周五，美国中部时间下午 7：33 至上午 6：00。最后交易日的合约在中午收盘。

Open Auction：9：30 a.m. －1：15 p.m. Central Time，Mon. －Fri. Electronic：7：31 p.m. －6：00 a.m. Central Time，Sun. －Fri. Trading in expiring contracts closes at noon on the last trading day.

编码　Ticker Symbols

公开喊价：SM；电子盘：ZM。

Open Auction：SM；Electronic：ZM.

每日价格波幅限制　Daily Price Limit

前一交易日结算价上下 20 美元/短吨（2000 美元/合约），进入交割月无涨跌停板（在进入交割月前两个交易日涨跌停板开始取消）。

$20/ton（$2000/contract）above or below the previous day's settlement price. No limit in the spot month（limits are lifted two business days before the spot month begins）.

保证金要求　Margin Information

见豆粕期货保证金规定。

Find information on margins requirements for the Soybean Meal Futures.

附录 1-8　　芝加哥期货交易所豆粕期货期权

合约大小　Contract Size

1 手芝加哥期货交易所豆粕期货合约。

One CBOT. Soybean Meal futures contract (of a specified contract month) of 100 tons.

最小变动价位　Tick Size

5 美分/短吨（5 美元/合约）。

5 cents/ton ($5/contract).

敲定价格间隔　Strike Price Intervals

当敲定价格低于 200 美元/短吨时，期权敲定价格间隔 5 美元/短吨；当敲定价格等于或高于 200 美元/短吨时，期权敲定价格间隔 10 美元/短吨；当期权开始交易时，在上下各列出 10 个实值期权和虚值期权。

$5/ton when strike price is less than $200/ton; $10 per ton when strike price is $200/ton or over. At the commencement of trading, list 10 strikes above and 10 below the at - the - money.

合约月份　Contract Months

10 月、12 月、1 月、3 月、5 月、7 月、8 月、9 月。如果前面的月份不是标准期权合约，则连续期权合约将会列示。连续期权合约执行时分别转为临近月份的期货合约，比如 2 月期权头寸执行后转为 3 月期货头寸。

Oct., Dec., Jan., Mar., May, Jul., Aug., Sep.; a monthly (serial) option contract is listed when the front month is not a standard option contract. The monthly option contract exercises into the nearby futures contract. For example, a February option exercises into a March futures position.

最后交易日　Last Trading Day

对于标准期权合约：期货合约第一通知日之后的至少两个工作日后的星期五；对于连续的期权合约：期权月份的最后一个交易日后的至少两个工作日后的星期五。

For standard option contracts: The last Friday preceding the first notice day of the corresponding soybean meal futures contract month by at least two business days. For serial option contracts: The last Friday which precedes by at least two business days the last business day of the month preceding the option month.

期权执行　Exercise

在期权到期之前任何时间，期权买方都有权执行，但必须在芝加哥时间下午 6：00 之前通知芝加哥期货交易所结算所。期权执行后转为期货头寸，实值期权到期后自动被执行。

The buyer of a futures option may exercise the option on any business day prior to expiration by giving notice to the Board of Trade clearing service provider by 6: 00 p.m. Chicago time. Option exercise results in an underlying futures market position. Options in - the - money on the last day of trading are automatically exercised.

期权到期　Expiration

没有被执行的期权将会在最后交易日的下午 7：00 到期。

Unexercised Soybean Meal futures options shall expire at 7: 00 p.m. on the last day of trading.

交易时间　Trading Hours

公开喊价：周一到周五，美国中部时间上午 9：30 至下午 1：15。电子盘：周日到周五，美国中部时间下午 7：33至上午 6：00。最后交易日的合约在中午收盘。

续表

Open Auction：9：30 a. m. – 1：15 p. m. Central Time，Mon. – Fri. Electronic：7：33 p. m. – 6：00 a. m. Central Time，Sun. – Fri. Trading in expiring contracts closes at noon on the last trading day.
编码 **Ticker Symbols**
公开喊价：看涨期权 MY；看跌期权 MZ；电子盘：OZM 。 Open Auction：MY for calls/MZ for puts；Electronic：OZM.
每日价格波幅限制 **Daily Price Limit**
前一交易日结算价上下 20 美元/短吨（2000 美元/合约），进入交割月无涨跌停板（在进入交割月前两个交易日涨跌停板开始取消）。 ＄20/ton（＄2000/contract）above or below the previous day's settlement premium. Limits are lifted on the last trading day.
保证金要求 **Margin Information**
见豆粕期权保证金规定。 Find information on margins requirements for the Soybean Meal Options.

附表 1 – 9　　芝加哥期货交易所小麦期货合约

合约大小 **Contract Size**
5000 蒲式耳。 5000 bushels.
交割等级 **Deliverable Grades**
1 号、2 号软红小麦，1 号、2 号英红冬麦，1 号、2 号北部黑春麦。1 号北部春麦需要升水 3 美分/蒲式耳，2 号北部春麦的品质升贴水根据交易所规定。 No. 1 & No. 2 Soft Red，No. 1 & No. 2 Hard Red Winter，No. 1 & No. 2 Dark Northern Spring，No. 1 Northern Spring at 3 cent/bushel premium and No. 2 Northern Spring at par. Substitutions at differentials established by the exchange.
最小变动价位 **Tick Size**
1/4 美分/蒲式耳（12. 5 美元/合约）。 Quarter – cents/bu（＄12. 5/contract）.
报价单位 **Price Quote**
美分，1/4 美分/蒲式耳。 Cent and quarter – cents/bu.
合约月份 **Contract Months**
7 月、9 月、12 月、3 月、5 月。 Jul.，Sep.，Dec.，Mar.，May.
最后交易日 **Last Trading Day**
合约月份的第 15 天之前的工作日。 The business day prior to the 15th calendar day of the contract month.

续表

最后交割日　Last Delivery Day

交割月份的最后工作日后的第7天。

Seventh business day following the last trading day of the delivery month.

交易时间　Trading Hours

公开喊价：周一到周五，美国中部时间上午9：30至下午1：15。电子盘：周日到周五，美国中部时间下午7：33至上午6：00。最后交易日的合约在中午收盘。

Open Auction：9：30 a. m. – 1：15 p. m. Central Time，Mon. – Fri. Electronic：7：32 p. m. – 6：00 a. m. Central Time，Sun. – Fri. Trading in expiring contracts closes at noon on the last trading day.

编码　Ticker Symbols

公开喊价：W；电子盘：ZW。

Open Auction：W；Electronic：ZW.

每日价格波幅限制　Daily Price Limit

前一交易日结算价上下30美分/蒲式耳（1500美元/合约），进入交割月无涨跌停板（在进入交割月前两个交易日涨跌停板开始取消）。

30 cents/bu（$1500/contract）above or below the previous day′s settlement price. No limit in the spot month（limits are lifted two business days before the spot month begins）.

保证金要求　Margin Information

见小麦期货保证金要求。

Find information on margins requirements for the Wheat Futures.

附表1–10　芝加哥期货交易所小麦期货期权

合约大小　Contract Size

1手芝加哥期货交易所小麦期货合约。

One CBOT Wheat futures contract（of a specified contract month）of 5000 bu.

最小变动价位　Tick Size

1/8美分/蒲式耳（6.25美元/合约）。

1/8 cent/bu（$6.25/contract）.

敲定价格间隔　Strike Price Intervals

最近两个月份的合约以5美分为间隔，其余月份合约以10美分为间隔。开始交易时，分别设置5个实值期权和5个虚值期权。

5 cents/bu for the first two months and 10 cents/bu for all other months. At the commencement of trading，list 5 strikes above and 5 strikes below the at – the – money strike.

合约月份　Contract Months

7月、9月、12月、3月、5月。如果前面的月份不是标准期权合约，则连续期权合约将会列示。连续期权合约执行时，分别转为临近月份的期货合约，比如8月期权头寸执行后转为9月期货头寸。

续表

Jul. , Sep. , Dec. , Mar. , May; a monthly (serial) option contract is listed when the front month is not a standard option contract. The monthly option contract exercises into the nearby futures contract. For example, an August option exercises into a September futures position.
最后交易日 **Last Trading Day**
对于标准期权合约：期货合约第一通知日之后的至少两个工作日后的星期五；对于连续的期权合约：期权月份的最后一个交易日后的至少两个工作日后的星期五。 For standard option contracts: The last Friday preceding the first notice day of the corresponding wheat futures contract month by at least two business days. For serial option contracts: The last Friday which precedes by at least two business days the last business day of the month preceding the option month.
期权执行 **Exercise**
在期权到期之前任何时间，期权买方都有权执行，但必须在芝加哥时间下午6：00之前通知芝加哥期货交易所结算所。期权执行后转为期货头寸，实值期权到期后自动被执行。 The buyer of a futures option may exercise the option on any business day prior to expiration by giving notice to the Board of Trade clearing service provider by 6: 00 p. m. Chicago time. Option exercise results in an underlying futures market position. Options in - the - money on the last day of trading are automatically exercised.
期权到期 **Expiration**
没有被执行的期权将会在最后交易日的下午7：00到期。 Unexercised Wheat futures options shall expire at 7: 00 p. m. on the last day of trading.
交易时间 **Trading Hours**
公开喊价：周一到周五，美国中部时间上午9：30至下午1：15。电子盘：周日到周五，美国中部时间下午7：33至上午6：00。最后交易日的合约在中午收盘。 Open Auction: 9: 30 a. m. - 1: 15 p. m. Central Time, Mon. - Fri. Electronic: 7: 34 p. m. -6: 00 a. m. Central Time, Sun. - Fri. Trading in expiring contracts closes at noon on the last trading day.
编码 **Ticker Symbols**
公开喊价：看涨期权 WY；看跌期权 WZ；电子盘：OZW。 Open Auction: WY for calls/WZ for puts; Electronic: OZW.
每日价格波幅限制 **Daily Price Limit**
前一交易日结算价上下30美分/蒲式耳（1500美元/合约），进入交割月无涨跌停板（在进入交割月前两个交易日涨跌停板开始取消）。 30 cents/bu ($1500/contract) above or below the previous day's settlement premium. Limits are lifted on the last trading day.
保证金要求 **Margin Information**
见小麦期权保证金要求。 Find information on margins requirements for the Wheat Options.

附录 1－11 纽约期货交易所 11 号糖期货

合约大小 Trading Unit

112000 磅（50 长吨）。

112000 pounds（50 long tons）.

交易时间 Trading Hours

交易时间从上午 9：00 至下午 12：00；收盘时间从上午 11：58 开始算起。

9：00 a. m. to 12：00 p. m.；closing period commences at 11：58 a. m.

报价单位 Price Quotation

美分/磅。

Cents per pound.

交割月份 Delivery Months

3 月、5 月、7 月、10 月。

Mar.，May，Jul.，Oct.

编码 Ticker Symbol

SB

最小价格变动 Minimum Fluctuation

1/100 美分/磅（11.2 美元/合约）。

1/100 cent/lb.，equivalent to $11.20 per contract.

最后交易日 Last Trading Day

交割月的最后工作日。

Last business day of the month preceding deliverly month.

通知日 Notice Day

在最后交易日之后的第一个工作日。

1st business day after the last trading day.

每日价格波幅限制 Daily Price Limits：

没有。

头寸限制/头寸报告 Position Limits/Position Accountability

交割月份——从期权合约到期后的第二个工作日开始，期货头寸的持仓不超过 5000 手合约。此外，所有月份的期权和期货合约头寸都必须报告。见交易所详细规则。

Spot Month——5000 contracts as of the 2nd business day following the expiration of the regular option contract traded on the expiring futures contract. Additionally，Position Accountability rules apply to all futures and options contract months. Contact the Exchange for more information.

等级 Grade

离心初蔗糖，平均极化度 96。

Raw centrifugal cane sugar based on 96 degrees average polarization.

续表

可交割品种的产区 Deliverable Growths

阿根廷、澳大利亚、巴巴多斯、伯利兹、巴西、哥伦比亚、哥斯达黎加、多米尼加共和国、萨尔瓦多、厄瓜多尔、斐济岛、法国的安列斯群岛、危地马拉、洪都拉斯、印度、牙买加、马拉维、毛里求斯、墨西哥、尼加拉瓜、秘鲁、菲律宾共和国、南非、斯威士兰、中国台湾省、泰国、特立尼达和多巴哥共和国、美国和津巴布韦。

Growths of Argentina, Australia, Barbados, Belize, Brazil, Colombia, Costa Rica, Dominican Republic, El Salvador, Ecuador, Fiji Islands, French Antilles, Guatemala, Honduras, India, Jamaica, Malawi, Mauritius, Mexico, Nicaragua, Peru, Republic of the Philippines, South Africa, Swaziland, Taiwan, Thailand, Trinidad, United States, and Zimbabwe.

交割地点 Delivery Points

糖产地的港口或出口港口。必须满足交易所最低要求。

A port in the country of origin or in the case of landlocked countries, at a berth or anchorage in the customary port of export. Subject to minimum standards established by the Exchange's rules.

附表 1-12　纽约期货交易所 11 号糖期货期权

合约大小 Trading Unit

1 手 11 号糖期货合约。

One sugar no. 11 futures contract.

交易时间 Trading Hours

见糖期货。

See sugar futures.

报价单位 Price Quotation

美分/磅。

cents per pound.

交割月份 Delivery Months

一般期权：1 月、3 月、5 月、7 月、10 月。连续期权：2 月、4 月、6 月、8 月、9 月、11 月、12 月。

"Regular Options": Jan., Mar., May, Jul. & Oct. "Serial Options": Feb., Apr., Jun., Aug., Sep., Nov. & Dec.

编码 Ticker Symbol

SB

最小价格变动 Minimum Fluctuation

续表

1/100 美分/磅（11.20 美元/合约）。

1/100 cent/lb.，（equivalent to ＄11.20 per contract）.

第一交易日　First Trading Day

一般期权：期货合约上市交易的第二个工作日；连续期权：连续期权月份后第三个月的第一工作日。

"Regular Options"：Business day following the day on which the underlying future is listed for trading. "Serial Options"：First business day of the third calendar month preceding the serial option month.

最后交易日　Last Trading Day

合约月份的第二个星期五。

Second Friday of the month preceding the contract month.

到期日　ExpirationDate/Time

最后交易日的纽约时间晚上9：00，期权的执行必须由买方在下午3：00之前向结算所提交执行申请。

9：00 PM New York Time on last trading day. Notification of intention to exercise must be made by an options holder to carrying member firm by 3：00 PM that day.

每日价格涨跌停限制　Daily Price Limits

没有。

敲定价格间隔　Strike Price Intervals

如果两个近期月份期货合约的价格低于15美分，则期权敲定价格间隔为5美分；如果价格在15~40美分之间，则期权敲定价格间隔1美分；如果价格高于40美分，则期权敲定价格间隔为2美分。

Futures Contract Price	All Months
Under 10 cents	0.25 cent or 25 points
10 to 15 cents	0.50 cent or 50 points
Above 15 cents	1.00 cent or 100 points

持仓限制　Position Limits

见期货合约中规定。

See futures specifications.

附表 1 – 13　　纽约期货交易所 14 号糖期货

合约大小　Trading Unit

112000 磅（50 长吨）。

112000 pounds (50 long tons).

交易时间　Trading Hours

交易时间从上午 8：40 至 11：58；收盘时间从下午 12：00 开始算起，如果有延迟可以到下午 12：10。

8：40 a. m. to 11：58 a. m. trading suspension, with a Closing Call commencing at 12：00 p. m. or if delayed (as determined by the caller) at 12：10 p. m.

报价单位　Price Quotation

美分/磅。

Cents per pound .

交割月份　Delivery Months

3 月、5 月、7 月、9 月、11 月。

Mar., May, Jul., Sep., Nov.

编码　Ticker Symbol

SE

最小价格变动　Minimum Fluctuation

1/100 美分/磅（约 11.2 美元/合约）。

1/100 cent/lb., equivalent to $11.20 per contract.

最后交易日　Last Trading Day

交割月的第 8 天，如果第 8 天不是交易所的交易日，则延续到下一个正常工作日。

Eighth calendar day of the month preceding the delivery month, or next succeeding Exchange business day, if the eighth day is not an Exchange business day.

通知日　Notice Day

在最后交易日之后的第一个工作日。

1st business day after the last trading day.

每日价格正跌停板　Daily Price Limits:

没有。

头寸限制/头寸报告　Position Limits/Position Accountability

任何月份持仓不超过 1000 手，总净头寸不超过 1000 手，除非向交易所申请套期保值或进行价差交易或套利交易。详细见交易所规则。

1000 contracts net any one month 1000 net total. Exemptions may apply for hedge, straddle and arbitrage positions. Contact the Exchange for more information.

续表

等级 Grade
离心初蔗糖，平均极化度 96。 Raw centrifugal cane sugar based on 96 degrees average polarization.
可交割品种的产区 Deliverable Growths
美国产条糖，其他国家产的免关税的糖。
交割地点 Delivery Points
纽约、巴尔的摩、加尔维斯敦、新奥尔良和萨凡纳。 New York, Baltimore, Galveston, New Orleans and Savannah.

附表 1-14　　纽约期货交易所 2 号棉花期货

合约大小 Trading Unit
净重 5 万磅（大约 100 包）。 50000 lbs. net weight (approximately 100 bales).
交易时间 Trading Hours
交易时间从上午 10：30 至下午 2：15，收盘时间从下午 2：14 开始算起。 10：30 a. m. to 2：15 p. m. trading suspension, with a closing call commencing at 2：14 p. m.
报价单位 Price Quotation
美分，美分/磅。 Cents and hundredths of a cent per pound.
交割月份 Delivery Months
目前月份加上未来 23 个连续月份。一般活跃的月份有 3 月、5 月、7 月、10 月和 12 月。 Current month plus one or more of the next 23 succeeding months. Active trading months: March, May, July, October, December.
编码 Ticker Symbol
CT
最小价格变动 Minimum Fluctuation
如果价格低于 95 美分/磅，最小价格变动位 1/100 美分/磅，如果价格等于或高于 95 美分，最小价格变动位 5/100 美分/磅。但对于价差交易，最小价格变动单位统一为 1/100 美分/磅。 1/100 of a cent (one "point") per pound below 95 cents per pound. 5/100 of a cent (or five "points") per pound at prices of 95 cents per pound or higher. * N. B.: Spreads may always trade and be quoted in one point increments, regardless of price levels.

续表

最后交易日 **Last Trading Day**
交割月的第 7 个工作日。 Seventeen business days from end of spot month.
第一通知日 **Notice Day**
连续月份的第 5 个工作日。 Five business days from end of preceding month.
每日涨跌停板 **Daily Price Limits**:
前一天结算价上下 3 美分。但是如果任一月份合约的结算价等于或高于 110 美分/磅，则涨跌停板扩大到 4 美分。如果价格回落到 110 美分/磅之内，涨跌停板相应降低为 3 美分。交割月或在第一通知日以后，取消涨跌停板限制。 3 cents above or below previous day's settlement price. However, if any contract months settles at or above $1.10 per pound, all contract months will trade with 4 cent price limits. Should no month settle at or above $1.10 per pound, price limits stay (or revert) to 3 cents per lb. Spot month - no limit on or after first notice day.
头寸限制/头寸报告 **Position Limits/Position Accountability**
交割月份合约 300 手，其他月份合约 2500 手。所有月份期货和期权合约总计不超过 3500 手。详见交易所规定。 Delivery Month: 300 contracts; Any other month: 2500 contracts; All months combined: 3500 contracts Futures & options have a combined limit in futures equivalents. Contact the Exchange for more information.
基本等级 **Basis Grade**
质量标准：不低于中等纤维长度：1 2/32 英寸。详见交易所规定。 Quality: Strict Low Middling Staple Length: nd inch。Contact the Exchange for more information.
每点价值 **Point Value**
5 美元。 $5.
交割地点 **Delivery Points**
加尔维斯敦、新奥尔良、休斯敦、孟菲斯和斯帕坦伯格。 Galveston, TX; Houston, TX; New Orleans, LA; . Memphis, TN; Greenville/Spartanburg, S. C.

附表 1－15 纽约期货交易所 2 号棉花期货期权

合约大小 Trading Unit

1 手 2 号棉花期货合约。

One cotton No. 2 futures contrat.

交易时间 Trading Hours

见棉花期货。

See cotton futures.

报价单位 Price Quotation

美分，美分/磅。

Cents and hundredths of a cent per pound.

交割月份 Delivery Months

3 月、5 月、7 月、10 月和 12 月。至少有 10 个连续月份合约。

Mar. , May, Juy. , Oct. & Dec. The nearest ten delivery months will be available for trading. Example: In Aug. 1999, the Oct. 1999, Dec. 1999, Mar. 2000, May 2000, July 2000, Oct. 2000, Dec. 2000, Mar. 2001, May 2001 & Jul. 2001 contracts will be available for trading.

编码 Ticker Symbol

CT

最小价格变动 Minimum Fluctuation

1 美分/磅。

1 cent per pound.

最后交易日 Last Trading Day

第一通知日后的星期五。

The last Friday which precedes first notice day for the underlying future by at least five business days.

到期 Expiration Date/Time

最后交易日下午 5 点（纽约时间）。如果到期时期权是实值期权，则自动执行。

Until 5 p. m. （NY time）on any trading day including last trading day. Automatic exercise at one tick or more in－the－money at expiration on last trading day.

每日涨跌停板 Daily Price Limits

没有。

最小价格变动 Minimum Price Fluctuation

1/100 美分。

1/100 cents.

每点价值 Point Value

5 美元。

$5.

交割地点 Delivery Points

见棉花期货规则。

附表 1-16　　马来西亚棕榈油期货合约

合约代码　Contract Symbol

FCPO

交易标的

棕榈原油。

Crude Palm Oil.

合约规格　Trading Unit

25 吨。

25 metric tons.

最小价格变动单位　Minimum Price Fluctuation

1 马币/吨。

RM1 per metric ton.

涨跌停板　Price Limits

在一般月份：前一日结算价的正负 100 马币．在交割月，涨跌停板规定如下：第一个交易日　100 马币，第二个交易日　150 马币，第三个交易日　200 马币，剩下时间 200 马币。

RM100 per metric ton above or below the Settlement Prices of the preceding day for all months, except spot month. Limits are expanded when the Settlement Prices of all three quoted months immediately following the current month, in any day, are at limits as follows: Day

Day	Limit
First Day	RM100
Second Day	RM150
Third Day	RM200

Daily price limits will remain at RM200, when the preceding day's settlement prices of all the three quoted months immediately following the spot month settle at limits of RM200. Otherwise, it shall revert to the basic limit amount of RM100.

合约月份　Contract Months

一个当前月份合约，5 个连续的后续月份合约，以及在长度在 12 个月以内的远期合约。

Spot and the next 5 succeeding months and thereafter, alternate months up to 12 months ahead.

交易时间　Trading Hours

前半段交易：马来西亚时间上午 10：30-12：30。后半段时间：马来西亚时间下午3：00-6：00。

First trading session：Malaysian 10：30 a. m. to 12：30 p. m. Second trading session：Malaysian 3：00 p. m. to 6：00 p. m.

续表

最后交易日和到期日 Last Trading Day

合约在交割月份的第15个交易日到期，如果第15日为非交易日，则自动向后顺延。

Contract expires at noon on the 15th day of the delivery month. If the 15th is a non－market day, the preceding Business Day.

交割日 Delivery Day

交割月份的第20个交易日，如果第20日为非交易日，则自动向后顺延。

First business day to the 20th Business Day of the delivery month, or if the 20th is a non－market day, the preceding Business Day.

标的等级 Grade and Quality Specifications

在Kelang，Penang/Butterworth和Pasir Gudang（Johor）港口油罐储存的，较高质量的，未加工的散装棕榈原油。交割到港口油罐中的原油，脂肪酸含量不得超过4%。从港口油罐中提出原油的脂肪酸不得超过5%。

Crude Palm Oil of good merchantable quality, in bulk, unbleached, in Port Tank Installations located at the option of the seller at Port Kelang, Penang/Butterworth and Pasir Gudang (Johor). Free Fatty Acids (FFA) of palm oil delivered into Port Tank Installations shall not exceed 4% and from Port Tank Installations shall not exceed 5%. Moisture and impurities shall not exceed 0.25%. Deterioration of Bleachability index (DOBI) value of palm oil delivered into Port Tank installations shall be at a minimum of 2.5 and of palm oil delivered from Port Tank Installations shall be at a minimum of 2.31.

交割单位 Delivery Unit

25吨，正负不超过2%。对于误差重量的结算，按照简单平均结算价进行结算：结算价格的简单平均范围为如果在交割月第一个交易日到最后交易日之间进行交割的，则从交割月第一个交易日到交割当日的所有结算价进行简单加权平均。如果在最后交易日当日或其后进行交割的，则从交割月第一个交易日到最后交易日的所有结算价进行简单加权平均。

25 metric tons, plus or minus not more than 2%. Settlement of weight differences shall be based on the simple average of the daily Settlement Prices of the delivery month from:

a. the 1st Business Day of the delivery month to the day of tender, if the tender is made before the last trading day of the delivery month; or

b. the 1st Business Day of the delivery month to the Business Day immediately preceding the last day of trading, if the tender is made on the last trading day or thereafter.

头寸报告 Position Accountability

任何持仓超过100手的空头或多头都有报告义务。

Open Position of 100 or more open contracts, long or short, in any one delivery month.

头寸限制 Position Limits

交割月份合约净多头或净空头持仓小于500手。其他月份合约净多头或净空头持仓小于1500手。所有月份合约净多头或净空头持仓小于2500手。

500 contracts net long or net short on the spot month. 1500 contracts on any single month except for the spot month. 2500 contrcts on all contract months combined.

第二部分　金属期货合约

国际金属期货主要分为基本金属期货和贵金属期货。基本金属期货主要交易商品为铜、铝、铅、锌、锡、镍、铝合金，主要市场以伦敦金属交易所为代表，其次为上海期货交易所和纽约商品交易所有限公司。贵金属期货主要交易品种为黄金、白银、铂金和钯，主要市场以纽约商品交易所有限公司为代表，其次为东京工业品交易所。

一、贵金属期货交易

目前，无论是成交量、市场规模还是参与者的规模，贵金属期货都难以与基本金属期货相提并论。在贵金属期货中，除了金、银交易比较活跃外，铂金和钯的交易有相当的局限性。以下介绍境外几个主要期货交易所的贵金属交易品种、交易方式及交割要求。

附表 1-17　　纽约商品交易所有限公司黄金期货标准合约

交易单位 **Trading Unit**
100 盎司/合约。 100 troy ounces.
报价单位 **Price Quotation**
美分/盎司。 US dollars and cents per troy ounce.
交易时间 **Trading Hours (All times are New York time)**
纽约时间上午 8：20 至下午 1：30 为场内公开叫价，周一至周四下午 2：00 以后为纽约商业交易所 ACCESS 网上交易，周五上午 8：00 网上交易结束，周日网上交易下午从 7：00 开始，第二日上午 8：00 结束。 Open outcry trading is conducted from 8：20 a. m. until 1：30 p. m. After-hours electronic trading begins at 2：00 p. m. on Mondays through Fridays and concludes at 8：00 a. m. the following day, with the exception of Friday's session which concludes at 4：30 p. m., that same day. On Sundays, the session begins at 7：00 p. m. and concludes at 8：00 a. m. the following day.

续表

合约月份 Trading Months
当前自然月份以及随后的两个自然月份，3个月以后的远期至23个月之间为2月、4月、8月和10月份，23个月以后至60个月以内，为6月和12月。 Trading is conducted for delivery during the current calendar month; the next two calendar months; any February, April, August, and October falling within a 23 – month period; and any June and December falling within a 60 – month period beginning with the current month.
最小价格变动 Minimum Price Fluctuation
0.10美分/盎司或10美元/每张合约。 $0.10 (10 ¢) per troy ounce ($10.00 per contract).
单日涨跌限制 Maximum Daily Price Fluctuation
以前一个交易日结算价为准，开盘时，不得超过75美元/盎司。如果两个活跃月份的任何一个月份价格触及限制两分钟后，所有交易将自行停止15分钟。但如果当日收盘前20分钟，价格触及涨跌限制，交易将继续进行。 Initial price limit, based upon the preceding day's settlement price, is $75.00 per ounce. Two minutes after either of the two most active months trades at the limit, trades in all months of futures and options will cease for a 15 – minute period. Trading will also cease if either of the two active months is bid at the upper limit or offered at the lower limit for two minutes without trading. Trading will not cease if the limit is reached during the final 20 minutes of a day's trading. If the limit is reached during the final half hour of trading, trading will resume no later than 10 minutes before the normal closing time. When trading resumes after a cessation of trading, the price limits will be expanded by increments of 100%.
最后交易日 Last Trading Day
合约月份到期时，该月份的交易将在到期交割月份的倒数第三个至最后一个工作日结束。 Trading terminates at the close of business on the third to last business day of the maturing delivery month.
交割 Delivery
根据交易所合约进行交割的黄金是交易所注册品牌，拥有序列号以及标明交易所许可的冶炼厂标示。必须通过交易所授权许可的仓库进行实物交割。 Gold delivered against the futures contract must bear a serial number and identifying stamp of a refiner approved and listed by the Exchange. Delivery must be made from a depository licensed by the Exchange.
交割期 Delivery Period

续表

交割月份到期时，交割月份中的第一个工作日为第一个交割日，最后一个工作日位最后一个交割日。也即交割月份任何一个工作日都可进行实物交割。 The first delivery day is the first business day of the delivery month; the last delivery day is the last business day of the delivery month.
期货换取实物 **Exchange of Futures for Physicals (EFP)**
买卖双方均可选择通过交易所的期货头寸换取现货实物头寸，以此可以建立或对冲期货头寸。 The buyer or seller may exchange a futures position for a physical position of equal quantity. EFPs may be used to either initiate or liquidate a futures position.
交割品质 **Grade and Quality Specifications**
根据每张合约的规定，卖方必须交割100盎司（溢短装为正负5%）精炼金，99.95%含金量，形状可为单个金条或三个（每个重量为1千克）的金条，有生产厂家的序列号及标识代码，交易所注册。通过交易所可以索要交易所批准的黄金精炼厂和检验单位。 In fulfillment of each contract, the seller must deliver 100 troy ounces (±5%) of refined gold, assaying not less than. 995 fineness, cast either in one bar or in three one – kilogram bars, and bearing a serial number and identifying stamp of a refiner approved and listed by the Exchange. A list of approved refiners and assayers is available from the Exchange upon request.
持仓限制 **Position Accountability Levels and Limits**
不得持有任何一个月份或所有月份的净多或净空超过6000张合约，现货月份不得超过3000张合约。 Any one month/all months: 6000 net futures equivalent, but not to exceed 3000 in the spot month.
保证金 **Margin Requirements**
无论是客户和会员，对所持头寸必须缴纳保证金。 Margins are required for open futures positions.
交易标识 **Trading Symbol**
GC

附表 1 - 18 纽约商品交易所有限公司白银期货标准合约

交易单位 Trading Unit

5000 盎司/合约。

5000 troy ounces.

报价单位 Price Quotation

美分/盎司

US cents per troy ounce.

交易时间 Trading Hours (All times are New York time)

纽约时间上午 8：25 至下午 1：25 为场内公开叫价，周一至周四下午 2：00 以后为纽约商业交易所 ACCESS 网上交易，周五上午 8：00 网上交易结束，周日网上交易从下午 7：00 开始，第二日上午 8：00 结束。

Open outcry trading is conducted from 8：25 a. m. until 1：25 p. m. After – hours electronic trading begins at 2：00 p. m. on Mondays through Fridays and concludes at 8：00 a. m. , the following day, with the exception of Friday′s session which concludes at 4：30 p. m. , that same day. On Sundays, the session begins at 7：00 p. m. and concludes at 8：00 a. m. the following day.

合约月份 Trading Months

当月交割月份以及随后的两个月份，3 个月以后的远期至 23 个月之间为 1 月、3 月、5 月和 9 月，23 个月以后至 60 个月以内，为 7 月和 12 月。

Trading is conducted for delivery during the current calendar month; the next two calendar months; any January, March, May, and September falling within a 23 – month period; and any July and December falling within a 60 – month period beginning with the current month.

最小价格变动 Minimum Price Fluctuation

0. 50 美分/盎司或 25 美元/合约，波动一个点位等于 50 美元/手。

Price changes for outright transactions, including EFPs, are in multiples of one – half cent (0. 5¢ or $ 0. 005) per troy ounce, equivalent to $ 25. 00 per contract. For straddle or spread transactions, as well as the determination of settlement prices, the price changes are registered in multiples of one – tenth of a cent (0. 10¢ or $ 0. 001) per troy ounce, equivalent to $ 5. 00 per contract. A fluctuation of one cent (1¢ or $ 0. 01) is equivalent to $ 50. 00 per contract.

单日涨跌限制 Maximum Daily Price Fluctuation

以前一个交易日结算价为准，开盘时，不得超过 1. 5 美元/盎司。如果两个活跃月份的任何一个月份价格触及限制两分钟后，所有交易将自行停止 15 分钟。但如果当日收盘前 20 分钟，价格触及涨跌限制，交易将继续进行。

Initial price limit, based upon the preceding day′s settlement price, is $ 1. 50. Two minutes after either of the two most active months trades at the limit, trades in all months of futures and options will cease for a 15 – minute period. Trading will also cease if either of the two active months is bid at the upper limit or offered at the lower limit for two minutes without trading. Trading will not cease if the limit is reached during the final 20 minutes of a day′s trading. If the limit is reached during the final half hour of trading, trading will resume no later than 10 minutes before the normal closing time. When trading resumes after a cessation of trading, the price limits will be expanded by increments of 100%.

续表

最后交易日 **Last Trading Day**
合约月份到期时，该月份的交易将在到期交割月份的倒数第三个至最后一个工作日结束。 Trading terminates at the close of business on the third to last business day of the maturing delivery month.
交割方式 **Delivery**
根据交易所合约进行交割的白银必须是交易所注册品牌，拥有序列号以及标明交易所许可的冶炼厂标示，必须通过交易所授权许可的仓库进行实物交割。 Silver delivered against the futures contract must bear a serial number and identifying stamp of a refine r's officially listed brand. Delivery must be must be made from a warehouse or vault licensed or designated by the Exchange specifically for the storage of silver.
交割期 **Delivery Period**
交割月份的任何一个工作日都可进行实物交割。 The first delivery day is the first business day of the delivery month; the last delivery day is the last business day of the delivery month.
期货换取实物 **Exchange of Futures for Physicals (EFP)**
买卖双方均可向交易所提出申请，以期货头寸换取现货实物头寸。期转现可以用以建立或对冲期货头寸。 The buyer or seller may exchange a futures position for a physical position of equal quantity by submitting a notice to the Exchange. EFPs may be used to either initiate or liquidate a futures position.
交割品质 **Grade and Quality Specifications**
根据每张合约的规定，卖方必须交割5000盎司（溢短装为正负6%）精炼白银，99.9%含金量，形状可为铸条，每个重量为1000或1100克，每个必须有生产厂家的序列号及标识代码，交易所注册。通过交易所可以索要交易所批准的精炼厂和检验单位。 In fulfillment of each contract, the seller must deliver 5000 troy ounces (±6%) of refined silver, assaying not less than. 999 fineness, in cast bars weighing 1000 or 1100 troy ounces each and bearing a serial number and identifying stamp of a refiner approved and listed by the Exchange. A list of approved refiners and assayers is available from the Exchange upon request.
持仓限制 **Position Accountability Levels and Limits**
不得持有任何一个月份或所有月份的净多或净空超过6000张合约，现货月份不得超过1500张合约。 Any one month/all months: 6000 net futures equivalent, but not to exceed 1500 in the spot month.
保证金 **Margin Requirements**
无论是客户和会员，对所持头寸必须缴纳保证金。 Margins are required for open futures positions.
交易标识 **Trading Symbol**
SI

附表 1－19　　纽约商业交易所铂金期货标准合约

交易单位　Trading Unit

50 盎司/盎司。

50 troy ounces.

报价单位　Price Quotation

美分/盎司。

U. S. cents per troy ounce.

交易时间　Trading Hours（All times are New York time）

纽约时间上午 8：20 至下午 1：05 为场内公开叫价，周一至周四从下午 2：00 开始为纽约商业交易所 ACCESS 网上交易，周五上午 8：00 网上交易结束，周日网上交易从下午 7：00 开始，第二日上午 8：00 结束。

Open outcry trading is conducted from 8：20 a. m. to 1：05 p. m. After－hours electronic trading begins at 2：00 p. m. on Mondays through Thursdays and concludes at 8：00 a. m. the following day. On Sundays, the session begins at 7：00 p. m. and concludes at 8：00 a. m. the following day.

合约月份　Trading Months

交易月份最远为 15 个月，从当月交割月份以及随后连续两个月份，3 个月以后的远期按季度，每季度的第一个月份，如 1 月、4 月、7 月、10 月。

Trading is conducted over 15 months, beginning with the current month and the next two consecutive months before moving into the quarterly cycle of January, April, July, and October.

最小价格变动　Minimum Price Fluctuation

0. 10 美分/盎司或 5 美元/合约。

$0. 10（10 ¢）per troy ounce（$5. 00 per contract）.

单日涨跌限制　Maximum Daily Price Fluctuation

当前交割月份以及与当前月份相邻最近两个交割月份，没有涨跌限制。其他远期月份，每日涨跌限制为 50 美元/盎司。如果任何一个月份的连续两天达到限制，涨跌幅将扩大至 75 美元/盎司。如果在 75 美元限制线上连续两个交易日达到限制，则在下一个交易日，每日涨跌幅扩至最大 100 美元/盎司。

There is no maximum daily limit during the current delivery month, the closest cycle month, and any months preceding it. In other months, the daily limit is $50. 00 per ounce（$2500 per contract）. If the price in any of the back months settles at the limit for two consecutive days, limits will be expanded to $75. 00 per ounce（$3750 per contract）and, if the market settles at that limit for two consecutive days, prices will be expanded to the maximum daily limit of $100. 00 per ounce（$5000 per contract）on the following day.

最后交易日　Last Trading Day

交割月份到期前的第四个交易日收盘后，则该月份合约自动停止交易。

Trading terminates at the close of business on the third business day prior to the end of the delivery month.

交割期　Delivery Period

卖方可以在交割月份到期的前一个月的最后一个交易日或交割月份到期当月的最后第三个交易日选择向交易所发出实物交割通知。交割基价为交割通知发出的当日结算价。

Delivery notice may be given by the seller to the Exchange on the last business day preceding the delivery month or any subsequent business day up to the third business day prior to the end of the delivery month. The basis of delivery is the settlement price on the day the delivery notice is issued.

续表

期货换取实物 **Exchange of Futures for Physicals（EFP）**
现货实物市场中的交易买卖双方均可以用期货头寸换取同等数量的现货实物头寸。期转现可用以建立或对冲期货头寸。 The buyer or seller in a cash market transaction may exchange a futures position for a physical position of approximately equal quantity. EFPs may be used to either initiate or liquidate a futures position.
交割品质 **Grade and Quality Specifications**
根据每张合约的规定，卖方必须交割50盎司（溢短装为正负7%）铂金，含量不低于99.95%，每件重量不得低于10盎司。每张合约中的标的物形状可以为锭或板，内刻有批号或条码、重量、含量、名称或质检单位的标志和表明该金属的标志。 In fulfillment of each contract, the seller must deliver 50 troy ounces（±7%）of platinum not less than. 9995 fineness, with no single piece weighing less than 10 ounces. Each contract unit may consist of ingots or plates, each incised with the lot or bar number, weight, grade, name, or logo of the assayer, and symbol identifying the metal.
包装 **Packaging**
铂金必须以包装或未包装形式交割。如果有包装，必须由交易所批准的检验单位或交易所批准品牌的生产厂家铅封，包装开启，必须破坏铅封，否则不能打开包装。包装上必须写明质检单位的批号或条码、重量、含量、名称，或批准品牌的商标标志和该金属的标志。 Platinum may be delivered in packaged or unpackaged form. If packaged, the package must be sealed by an Exchange – approved assayer or producer of an approved brand so that it cannot be opened without destroying the seal. The package must bear the lot or bar number, weight, grade, name, or logo of the assayer or approved brand mark, and the symbol of the metal.
质检 **Inspection**
必须是交易所指定的检验商进行检验。质检证明所证明的货物必须直接由质检商交由交易所指定的运输人运送至交易所指定的仓库，该质检证明才能生效。 Inspection must be made by an Exchange – approved assayer. Assay certificates are valid provided the metal covered is thereby passed directly from the assayer to an Exchange – approved depository by means of an Exchange – approved carrier.
持仓限制 **Position Accountability Levels and Limits**
不得持有任何一个月份或所有月份的净多或净空超过1500张合约，从第一交易日到第一个通知日的交割月份，持仓不得超过200手。 Any one month/all months 1500 net futures, but not to exceed 200 contracts from the beginning of the business day prior to the first notice day for any delivery month.
保证金 **Margin Requirements**
无论是客户和会员，对所持头寸必须缴纳保证金。 Margins are required for open futures positions.
交易标识 **Trading Symbol**
PL

附表 1－20 纽约商业交易所钯期货标准合约

交易单位 Trading Unit

100 盎司/合约。

100 troy ounces.

报价单位 Price Quotation

美分/盎司。

US dollars and cents per troy ounce.

交易时间 Trading Hours（All times are New York time）

纽约时间从上午 8：30 至下午 1：00 为场内公开叫价。周一至周四从下午 3：15 开始为纽约商业交易所 ACCESS 网上交易，周五上午 8：00 网上交易结束，周日网上交易从下午 7：00 开始，第二日上午 8：00 结束。

Open outcry trading is conducted from 8：30 a.m. until 1：00 p.m. After－hours electronic trading begins at 2：00 p.m. on Mondays through Thursdays and concludes at 8：00 a.m. the following day. On Sundays, the session begins at 7：00 p.m. and concludes at 8：00 a.m. the following day.

合约月份 Trading Months

最远交割月份为 15 个月，从当前交割月份以及随后连续两个月份开始，3 个月以后的远期为按每季度中最后一个月份为交割月份，如 3 月、6 月、9 月和 12 月份为交割月份。

Trading is conducted over 15 months, beginning with the current month and the next two consecutive months before moving into the quarterly cycle of March, June, September, and December.

最小价格变动 Minimum Price Fluctuation

0.05 美分/盎司或 5 美元/每张合约。

$0.05（5 ¢）per troy ounce（$5.00 per contract）.

单日涨跌限制 Maximum Daily Price Fluctuation

没有涨跌限制。

No price limits.

最后交易日 Last Trading Day

交割月份到期前的最后第三个交易日收盘后，则该月份合约自动停止交易并自动延续至下一个月。

Trading terminates at the close of business on the third business day prior to the end of the delivery month.

交割期 Delivery Period

卖方可以在交割月份到期的前一个月的最后一个交易日或交割月份到期当月的最后第三个交易日选择向交易所发出实物交割通知。交割结算将以交割通知发出的当日结算价进行结算。

Delivery notice may be given by the seller to the Exchange on the last business day preceding the delivery month or any subsequent business day up to the third business day prior to the end of the delivery month. The basis of delivery is the settlement price on the day the delivery notice is issued.

期货换取实物 Exchange of Futures for Physicals（EFP）

现货实物市场中的交易买卖双方均可以用期货头寸换取同等数量的现货实物头寸。期转现可用以建立或对冲期货头寸。

续表

The buyer or seller in a cash market transaction may exchange a futures position for a physical position of approximately equal quantity. EFPs may be used to initiate or terminate a futures position.

交割品质 Grade and Quality Specifications

根据每张合约的规定，卖方必须交割100盎司（溢短装为正负7%）铂金，含量不低于99.95%，每件重量不得低于10盎司。每张合约中的标的物形状可以为锭或板，内刻有批号或条码、重量、含量、名称，或质检单位的标志和表明该金属的标志。99.95%含量，每件不得超过10盎司，有生产厂家的生产批号、重量、级别、检验单位标识等等。

In fulfillment of each contract, the seller must deliver 100 troy ounces (±7%) of palladium not less than.9995 fineness, with no single piece weighing less than 10 ounces. Each contract unit may consist of ingots or plates, each incised with the lot or bar number, weight, grade, name, or logo of the assayer, and symbol identifying the metal.

包装 Packaging

钯必须以包装或未包装形式交割。如果有包装，必须由交易所批准的检验单位或交易所批准品牌的生产厂家铅封，包装开启，必须破坏铅封，否则不能打开包装。包装上必须标明质检单位的批号或条码、重量、含量、名称，或批准品牌的商标标志和该金属的标志。如果一个包装中包括多个锭或板条，则每个锭或板条必须标明批号或条码和重量。

Palladium may be delivered in packaged or unpackaged form. If packaged, the package must be sealed by an Exchange - approved assayer or producer of an approved brand so that it cannot be opened without destroying the seal. The package must bear the lot or bar number, weight, grade, name, or logo of the assayer or approved brand mark, and the symbol of the metal. If there is more than one plate or ingot in the package, each plate or ingot must be incised with the lot or bar number and the weight.

质检 Inspection

必须是交易所指定的检验商进行检验。货物必须直接由质检商通过交易所指定的运输人送交交易所指定的仓库，质检单才能生效。

Inspection must be made by an Exchange - approved assayer. Assay certificates are valid provided the metal covered is passed directly from the assayer to an Exchange - approved depository by means of an Exchange - approved carrier.

持仓限制 Position Accountability Levels and Limits

不得持有任何一个月份或所有月份的净多或净空超过1000张合约，从第一交易日到第一个通知日之前的交割月份，持仓不得超过650手。

1000 contracts for all months combined or in any one month, but not to exceed 650 contracts from the beginning of the business day prior to the first notice day for any delivery month.

保证金 Margin Requirements

无论是客户和会员，对所持头寸必须缴纳保证金。

Margins are required for open futures positions.

交易标识 Trading Symbol

PA

附表 1 - 21　　东京工业品交易所黄金期货标准合约

品质标准　Standard

含金不低于 99.99%。

Fine gold of minimum 99.99% purity.

交易单位　Contract Unit

1 千克/合约。

1 kg.

交割单位　Delivery Unit

1 千克/合约。

1 kg.

交易方式　Trading Method

电脑连续交易。

Computerized continuous trading.

报价单位　Price Quotation

日元/千克。

Japanese Yen per gram.

最小价格波动　Minimum Price Fluctuation

1 日元/克。

JPY 1 per gram.

每日价格涨跌限制　Daily Price Fluctuation Limit

价格在 1100 日元以下，30 日元/千克；

价格在 1100 ~ 1599 日元，40 日元/千克；

价格在 1600 ~ 2099 日元，50 日元/千克；

价格在 2100 日元及之上，60 日元/千克。

交易所根据市场情况有权随时变更涨跌限制。

Base Price	Price Limit
Less than JPY 1100	JPY 30 per gram
JPY 1100 - less than JPY 1600	JPY 40 per gram
JPY 1600 - less than JPY 2100	JPY 50 per gram
JPY 2100 or more	JPY 60 per gram

* The Exchange may change the amount of the price limit at its discretion, according to the market situation.

See Margin and Price Limit for the price limits currently imposed.

* When final contract prices for three or more contract months have reached the price limit in the same direction, the Daily Price Fluctuation Limit for all contract months except the current contract month shall be expanded by 50% from the following business day, and shall remain in effect as long as the final contract prices for three or more months reach the expanded price limit.

In case only two or less contract months reach the expanded price limit, the limit will return to the ordinary price limit.

续表

客户持仓限制　Customer Position Limit (for each long/short position)

多头和空头各5000个手（合约）。

5000 contracts.

最低初始交易保证金　Minimum Initial Trading Margin

根据不同价格，每张合约的具体保证金不同。

价格在1100日元以下时，初始保证金为45000日元；

价格在1100～1600日元，为60000日元；

价格在1600～2100日元，为75000日元；

价格在2100日元以上，为9万日元。

以上标准由日本工业品结算所制定。各经纪公司可制定自行的保证金标准，但不低于上述标准。

Base Price	Margin
Less than JPY 1100	JPY 45000 per contract
JPY 1100 – less than JPY 1600	JPY 60000 per contract
JPY 1600 – less than JPY 2100	JPY 75000 per contract
JPY 2100 or more	JPY 90000 per contract

* The above margin rates are amounts determined by the Japan Commodity Clearing House Co., Ltd. (JCCH).

* See Margin and Price Limit for the current rates.

* Each broker member determines the amount of initial trading margin applied to its customers no less than it of " Minimum Initial Trading Margin".

交易时间　Trading Hours

上午9—11点，下午12：30—3：30。

9：00 a. m. to 11：00 a. m.，12：30 p. m. to 3：30 p. m.

合约月份　Contract Months

一年内每逢双月份。

All even months within a year.

最后交易日　Last Trading Day

交割日到期前的第三个交易日为最后交易日。

The third business day prior to the Delivery Day.

交割日　Delivery Day

除12月份外，每逢双月份的最后一个交易日。如逢节假日，则提前一个交易日。

The last day of each even month except December (the 24th for December). If the day is a holiday or a half - holiday, Delivery Day is advanced.

交割地点　Delivery Points

交易所制定地点。

Specified warehouses.

附表 1－22　　东京工业品交易所白银期货标准合约

品质标准　Standard

含银不低于 99.99%。

Fine silver of minimum 99.99% purity.

交易单位　Contract Unit

60 千克/合约。

60 kg.

交割单位　Delivery Unit

60 千克/合约。

60 kg.

交易方式　Trading Method

电脑连续交易。

Computerized continuous trading.

报价单位　Price Quotation

日元/10 克。

Japanese Yen per 10 grams.

最小价格波动　Minimum Price Fluctuation

0.1 日元/10 克。

JPY 0.1 per 10 grams.

每日价格涨跌限制　Daily Price Fluctuation Limit

价格在 150 日元以下，5 日元/10 克；

价格在 150～199 日元，6 日元/10 克；

价格在 200～249 日元，7 日元/10 克；

价格在 250 日元及之上，8 日元/10 克。

交易所根据市场情况有权随时变更涨跌限制。

Base Price	Price Limit
Less than JPY 150.0	JPY 5.0 per 10 grams
JPY 150.0 – less than JPY 200.0	JPY 6.0 per 10 grams
JPY 200.0 – less than JPY 250.0	JPY 7.0 per 10 grams
JPY 250.0 or more	JPY 8.0 per 10 grams

* The Exchange may change the amount of the price limit at its discretion, according to the market situation.

See Margin and Price Limit for the price limits currently imposed.

* When final contract prices for three or more contract months have reached the price limit in the same direction, the Daily Price Fluctuation Limit for all contract months except the current contract month shall be expanded by 50% from the following business day, and shall remain in effect as long as the final contract prices for three or more months reach the expanded price limit.

In case only two or less contract months reach the expanded price limit, the limit will return to the ordinary price limit.

续表

客户持仓限制 Customer Position Limit (for each long/short position)
多头和空头各 3000 个手。 3000 contracts.
最低初始交易保证金 Minimum Initial Trading Margin
根据不同价格，每张合约的保证金不同。 价格在 150 日元以下时，初始保证金为 45000 日元； 价格在 150 ~ 199.9 日元，为 54000 日元； 价格在 200 ~ 249.9 日元，为 63000 日元； 价格在 250 日元及以上，为 72000 日元。 以上标准由日本工业品结算所制定。各经纪公司可制定自行的保证金标准，但不得低于上述标准。

Base Price	Margin
Less than JPY 150. 0	JPY 45000 per contract
JPY 150. 0 - less than JPY 200. 0	JPY 54000 per contract
JPY 200. 0 - less than JPY 250. 0	JPY 63000 per contract
JPY 250. 0 or more	JPY 72000 per contract

* The above margin rates are amounts determined by the Japan Commodity Clearing House Co., Ltd. (JCCH). * See Margin and Price Limit for the current rates. * Each broker member determines the amount of initial trading margin applied to its customers no less than it of "Minimum Initial Trading Margin".
交易时间 Trading Hours
上午 9—11 点，下午 12：30—3：30。 9：00 a. m. to 11：00 a. m.，12：30 p. m. to 3：30 p. m.
合约月份 Contract Months
一年内每逢双月份。 All even months within a year.
最后交易日 Last Trading Day
交割日到期前的第三个交易日为最后交易日。 The third business day prior to the Delivery Day.
交割日 Delivery Day
除 12 月份外，每逢双月份的最后一个交易日，如逢节假日，则提前一个交易日。 The last day of each even month except December (the 24th for December). If the day is a holiday or a half - holiday, Delivery Day is advanced.
交割地点 Delivery Points
交易所制定地点。 Specified warehouses.

附表 1-23　　东京工业品交易所铂金期货标准合约

品质标准　Standard

含铂量不低于 99.9%。

Fine platinum of minimum 99.95% purity.

合约单位　Contract Unit

500 克/合约。

500 g.

交割单位　Delivery Unit

500 克/合约。

500 g.

交易方式　Trading Method

电脑连续交易。

Computerized continuous trading.

报价单位　Price Quotation

日元/克。

Japanese Yen per gram.

最小价格波动　Minimum Price Fluctuation

1 日元/克。

JPY 1 per gram.

每日价格涨跌限制　Daily Price Fluctuation Limit

价格在 1800 日元以下，60 日元/克；

价格在 1800～2600 日元，70 日元/克；

价格在 2600～3400 日元，80 日元/克；

价格在 3400 日元及之上，90 日元/克。

交易所根据市场情况有权随时变更涨跌限制。

Base Price	Price Limit
Less than JPY 1800	JPY 60 per gram
JPY 1800 - less than JPY 2600	JPY 70 per gram
JPY 2600 - less than JPY 3400	JPY 80 per gram
JPY 3400 or more	JPY 90 per gram

* The Exchange may change the amount of the price limit at its discretion, according to the market situation.

See Margin and Price Limit for the price limits currently imposed.

* When final contract prices for three or more contract months have reached the price limit in the same direction, the Daily Price Fluctuation Limit for all contract months except the current contract month shall be expanded by 50% from the following business day, and shall remain in effect as long as the final contract prices for three or more months reach the expanded price limit.

In case only two or less contract months reach the expanded price limit, the limit will return to the the ordinary price limit.

续表

客户持仓限制 Customer Position Limit (for each long/short position):

多头和空头（分别计算）。
双数月份第一个合约月：100 张；
单数月份第一个合约月：150 张；
第二个合约月：200 张；
第三、第四个合约月：700 张；
其他合约月：1000 张；
总计：3000 张。

1st contract month in an even month:	100 contracts
1st contract month in an odd month:	150 contracts
2nd contract month:	200 contracts
3rd and 4th contract months:	700 contracts each
Other contract months:	1000 contracts each
Total:	3000 contracts

最低初始交易保证金 Minimum Initial Trading Margin

根据不同价格，每张合约的保证金不同。
价格在 1800 日元以下时，初始保证金为 45000 日元；
价格在 1800～2600 日元，为 52500 日元；
价格在 2600～3400 日元，为 6 万日元；
价格在 3400 日元或以上，为 67500 日元。
以上标准由日本商品结算所制定，各经纪公司可制定自行的保证金标准，但不低于上述标准。

Base Price	Margin
Less than JPY 1800	JPY 45000 per contract
JPY 1800 – less than JPY 2600	JPY 52500 per contract
JPY 2600 – less than JPY 3400	JPY 60000 per contract
JPY 3400 or more	JPY 67500 per contract

* The above margin rates are amounts determined by the Japan Commodity Clearing House Co., Ltd. (JCCH).
* See Margin and Price Limit for the current rates.
* Each broker member determines the amount of initial trading margin applied to its customers no less than it of "Minimum Initial Trading Margin".

续表

交易时间　**Trading Hours**
上午9：00—11：00点，下午12：30—3：30。
9：00 a. m. to 11：00 a. m. ，12：30 p. m. to 3：30 p. m.
合约月份　**Contract Months**
一年内每逢双月份。
All even months within a year.
最后交易日　**Last Trading Day**
交割日到期前的第三个交易日为最后交易日。
The third business day prior to the Delivery Day.
交割日　**Delivery Day**
除12月份外，每逢双月份的最后一个交易日。如逢节假日，则提前一个交易日。12月交割日为12月24日。
The last day of each even month except December（the 24th for December）. If the day is a holiday or a half－holiday, Delivery Day is advanced.
交割地点　**Delivery Points**
交易所制定地点。
Specified warehouses.
交割　**Delivery**
实物交割（并非现金结算）。
Physical delivery（not cash settlement）.

附表1－24　　东京工业品交易所钯期货标准合约

品质标准　**Standard**
含钯不低于99.95%。
Fine palladium of minimum 99.95% purity.
合约单位　**Contract Unit**
500克/合约。
500 g.
交割单位　**Delivery Unit**
3000克/合约。
3.0 kg.
交易方式　**Trading Method**
电脑连续交易。
Computerized continuous trading.
报价单位　**Price Quotation**
日元/克。
Japanese Yen per gram.

续表

最小价格变动 Minimum Price Fluctuation

1 日元/克。

JPY 1 per gram.

每日价格涨跌限制 Daily Price Fluctuation Limit

价格在 1000 日元以下，60 日元/克；
价格在 1000 ~ 1800 日元，80 日元/克；
价格在 1800 ~ 2600 日元，100 日元/克；
价格在 2600 日元及之上，120 日元/克。
交易所根据市场情况有权随时变更涨跌限制。

Base Price	Price Limit
Less than JPY 1000	JPY 60 per gram
JPY 1000 - less than JPY 1800	JPY 80 per gram
JPY 1800 - less than 2600	JPY 100 per gram
JPY 2600 and over	JPY 120 per gram

* The Exchange may change the amount of the price limit at its discretion, according to the market situation.

  See Margin and Price Limit for the current price limits.

* When final contract prices for three or more contract months have reached the price limit in the same direction, the Daily Price Fluctuation Limit for all contract months except the current contract month shall be expanded by 50% from the following business day, and shall remain in effect as long as the final contract prices for three or more months reach the expanded price limit.

  In case only two or less contract months reach the expanded price limit, the limit will return to the the ordinary price limit.

客户持仓限制 Customer Position Limit (for each long/short position)

多头和空头（分别计算）。
双数月份第一个合约月：60 张合约（手）；
单数月份第一个合约月：120 张合约（手）；
第二个合约月：240 张合约（手）；
第三、第四个合约：360 张合约（手）；
其他合约月：600 张合约（手）；
总计：2100 张合约（手）。

1st contract month in an even month:	60 contracts
1st contract month in an odd month:	120 contracts
2nd contract month:	240 contracts
3rd and 4th contract months:	360 contracts each
Other contract months:	600 contracts each
Total:	2100 contracts

续表

客户初始保证金 Minimum Initial Trading Margin

根据不同价格，每张合约的保证金不同。
价格在1000日元以下时，初始保证金为45000日元；
价格在1000~1799日元，为6万日元；
价格在1800~2599日元，为75000日元；
价格在2600日元以上，为9万日元。
以上标准由日本商品结算所制定，各经纪公司可制定自行的客户保证金标准，但不低于上述标准。

Base Price	Margin
Less than JPY 1000	JPY 45000 per contract
JPY 1000 - less than JPY 1800	JPY 60000 per contract
JPY 1800 - less than JPY 2600	JPY 75000 per contract
JPY 2600 or more	JPY 90000 per contract

* The above margin rates are amounts determined by the Japan Commodity Clearing House Co. , Ltd. (JCCH).
* See Margin and Price Limit for the current rates.
* Each broker member determines the amount of initial trading margin applied to its customers no less than it of " Minimum Initial Trading Margin" .

交易时间 Trading Hours

上午9：00—11：00点，下午12：30—3：30。
9：00 a. m. to 11：00 a. m. , 12：30 p. m. to 3：30 p. m.

合约月份 Contract Months

一年内每逢双月份。
All even months within a year.

最后交易日 Last Trading Day

交割日到期前的第三个交易日为最后交易日。
The third business day prior to the Delivery Day.

交割日 Delivery Day

除12月份外，每逢双月份的最后一个交易日。如逢节假日，则提前一个交易日。12月交割日为12月24日。
The last day of each even month except December (the 24th for December). If the day is a holiday or a half - holiday, Delivery Day is advanced.

交割地点 Delivery Points

交易所制定地点。
Specified warehouses.

伦敦金属交易所白银场外合约

伦敦金属交易所的白银合约不是交易所标准期货合约，属于场外合约（over - the counter trading），类似于现货合约。由于是非交易所标准合约，一般是经纪公司之间或经纪公司与客户之间的一种买卖，不受交易所的管辖和保护，风险在客户和经纪公司之间。虽然伦敦金属交易所的白银为非交易所标准合约，但由于伦敦贵金属市场协会（London Bullion Market Association）的存在以及伦敦金属交易所的经纪公司的做市商地位，使市场参与者能够灵活、方便地在伦敦市场进行交易。通过经纪公司买卖的白银合约，也可以与伦敦金属交易所的其他金属期货一样进行期货交易、实物交割、移仓、期转现或平仓了解。如进行交割，一般根据伦敦贵金属市场协会制定的品牌和交割地点进行交割。伦敦贵金属市场协会的白银交易一般最小交易单位为：5 万盎司，交割品质为 99.9%。

二、基本金属期货交易

目前，在国际基本金属期货市场中，伦敦金属交易所、上海期货交易所和纽约商品交易有限公司可谓是三驾马车，相互影响，相互套利。虽然近年来上海期货交易所的铜、铝期货有奋起直追的势头，但就目前的成交量、市场规模、参与者和上市品种而言，纽约商品交易有限公司和上海期货交易所与伦敦金属交易所相比，还有一定差距。以下介绍境外主要交易所的基本金属上市品种及合约标准。

附表 1－25　　纽约商品交易所有限公司铝期货标准合约

交易单位　Trading Unit

44000 磅/合约，约等于 22 短吨。

44000 pounds of aluminum.

报价单位　Price Quotation

美分/磅。

U. S. cents per pound.

交易时间　Trading Hours (All times are New York time)

纽约时间上午 7：50 至下午 1：15 为会员场内公开喊价。周一至周四从下午 2：00 开始为纽约商业交易所 ACCESS 网上交易，周五上午 7：40 网上交易结束。周日网上交易从下午 7：00 开始，周一上午 7：40 结束。

Open outcry trading is conducted from 7：50 a. m. until 1：15 p. m. After－hours electronic trading begins at 2：00 p. m. on Mondays through Fridays and concludes at 7：40 a. m. the following day, with the exception of Friday's session which concludes at 4：30 p. m. that same day. On Sundays, the session begins at 7：00 p. m. and concludes at 7：40 a. m. the following day.

合约月份　Trading Months

当前月份以及随后的 24 个连续日历月份。

25 consecutive months.

最小价格变动　Minimum Price Fluctuation

0.05 美分/磅或 22 美元/合约。

$0.0005 (0.05 ¢) per pound ($22.00 per contract).

单日涨跌限制　Maximum Daily Price Fluctuation

上下不得超过前一天结算价的 20 美分/磅。如果最近交割月份中的任何一个月份合约卖价或买价在涨跌幅上持续两分钟，则所有交易自行停止 15 分钟后，市场重新开盘，涨跌幅在此基础上，买卖价各自扩大 20 美分/磅的幅度。此种情况最多不能超过两次，总涨跌幅不能超过 60 美分/磅。

$0.20 (20 ¢) per pound above or below the previous day's settlement price, unless one of the two closest delivery month's trades at or is offered or bid for two minutes at the limit. In that case, after a 15－minute halt, the market will reopen with the limits expanded by $0.20 (20 ¢) on either side of the previous limit. This can happen no more than twice in a session for a maximum $0.60 (60 ¢) limit.

最后交易日　Last Trading Day

交割月份的倒数第三个至第一个交易日为该月份的最后交易日。

Trading terminates at the close of business on the third to last business day of the delivery month.

交割　Delivery

设立在肯德基和田纳西州的交易所批准的仓库，同时伊利诺斯州、印地安那州和俄亥俄州交易所认同的仓库也可作为备用库址。

Exchange－licensed warehouses in Kentucky and Tennessee, with Illinois, Indiana, and Ohio also recognized under the terms of the contract for potential future site locations.

期货换取实物　Exchange of Futures for Physicals (EFP) or Swaps (EFS)

买卖双方均可选择通过交易所的期货头寸换取现货实物并以此对冲期货头寸。期转现或调期可用于建立或对冲期货头寸。

续表

The commercial buyer or seller may exchange a futures position for a physical position or a swaps position of equal quantity. EFPs and EFSs may be used to either initiate or liquidate a futures position.
交割品质　**Grade and Quality Specifications**
符合美国 P1020A 标准，原铝含量 99.7% 以上，含铁不超过 0.20%，含硅不超过 0.10%。交易所注册品牌。 Primary aluminum meeting all the requirements of the P1020A designation or primary aluminum of 99.7% purity with a maximum iron content of 0.20% and a maximum silicon content of 0.10%.
持仓限制　**Position Accountability Levels and Limits**
任何一个月份或所有月份的净持仓量总量不得超过 6000 张，现货月份不得超过 750 手。 Any one month/all months: 6000 net futures equivalent, but not to exceed 750 in the spot month.
形状　**Shapes**
每块 600 ~ 1575 磅重的薄锭或 600 ~ 1735 磅重的 T 型棒。 Low - profile sows weighing 600 to 1575 pounds or T - bars weighing 600 to 1735 pounds.
保证金　**Margin Requirements**
所有未平仓头寸均需要缴纳保证金。 Margins are required for open futures positions.
交易标识　**Trading Symbol**
AL

附表 1 - 26　　纽约商品交易所有限公司铜期货标准合约

交易单位　**Trading Unit**
25000 磅/合约，约等于 12.5 短吨。 25000 pounds.
报价单位　**Price Quotation**
美分/磅。 US cents per pound.
交易时间　**Trading Hours (All times are New York time)**
纽约时间上午 8：10 至下午 1：00 为会员场内公开喊价交易。周一至周四从下午 3：15 开始为纽约商业交易所 ACCESS 网上交易，周五上午 8：00 网上交易结束，周日网上交易从下午 7：00 开始，周一上午 7：40 结束。 Open outcry trading is conducted from 8：10 a. m. until 1：00 p. m. After - hours electronic trading begins at 2：00 p. m. on Mondays through Fridays and concludes at 8：00 a. m. the following day, with the exception of Friday's session which concludes at 4：30 p. m. that same day. On Sundays, the session begins at 7：00 p. m. and concludes at 8：00 a. m. the following day.
合约月份　**Trading Months**
当前月份以及随后的 23 个连续日历月份。 Trading is conducted for delivery during the current calendar month and the next 23 consecutive calendar months.
最小价格变动　**Minimum Price Fluctuation**
0.05 美分/磅或 12.5 美元/合约。 Price changes are registered in multiples of five one - hundredths of one cent (0.05 ¢ or $0.0005) per pound, equivalent to $12.50 per contract. A fluctuation of one cent (1 ¢ or $0.01) is equivalent to $250 per contract.

续表

单日涨跌限制 **Maximum Daily Price Fluctuation**
最初限制根据前一天的结算价，即涨跌不能超过20美分/磅。如果两个最活跃月份中的任何一个月份合约交易在涨跌幅价格上持续两分钟，则所有交易自行停止15分钟。如果两个最活跃月份中的任何一个月份合约买价或卖价在没有成交的情况下停留在涨跌幅上两分种，交易也将停止。但如果价格在收盘前的最后20分钟内触及涨跌限制，交易将继续进行。如果在最后30分钟触及涨跌板，交易将于正常收盘前10分钟恢复。当交易恢复后，涨跌停板将扩大一倍——100%。 Initial price limit, based upon the preceding day's settlement price, is \$0.20 (20¢) per pound. Two minutes after either of the two most active months trades at the limit, trading in all months of futures and options will cease for a 15-minute period. Trading will also cease if either of the two active months is bid at the upper limit or offered at the lower limit for two minutes without trading. Trading will not cease if the limit is reached during the final 20 minutes of a day's trading. If the limit is reached during the final half hour of trading, trading will resume no later than 10 minutes before the normal closing time. When trading resumes after a cessation of trading, the price limits will be expanded by increments of 100%.
最后交易日 **Last Trading Day**
交割月份到期时的倒数第三个至第一个交易日为该月份的最后交易日。 Trading terminates at the close of business on the third to last business day of the maturing delivery month.
交割 **Delivery**
所有实物交割必须在交易所指定的美国仓库进行，卖方缴纳进口税收。 Copper may be only from a warehouse in the United States licensed or designated by the Exchange. Delivery must be made upon a domestic basis; import duties or import taxes, if any, must be paid by the seller, and shall be made without any allowance for freight.
交割期 **Delivery Period**
交割月份的第一个交易日为第一个交割日，交割月份的最后一个交易日为最后交割日。 The first delivery day is the first business day of the delivery month; the last delivery day is the last business day of the delivery month.
期货换取实物 **Exchange of Futures for Physicals (EFP)**
买卖双方均可选择向交易所提出申请，将期货头寸换取现货实物并以此对冲期货头寸。期转现可用以建立或对冲期货头寸。 The buyer or seller may exchange a futures position for a physical position of equal quantity by submitting a notice to the Exchange. EFPs may be used to either initiate or liquidate a futures position.
交割品质 **Grade and Quality Specifications**
一级电解铜，符合美国测试与材料协会B115规定要求，交易所注册品牌。 Grade 1 electrolytic copper conforming to the specification B115 as to chemical and physical requirements, as adopted by the American Society for Testing and Materials, and of a brand approved and listed by the Exchange.

续表

持仓限制　Position Accountability Levels and Limits

任何一个月份或所有月份的净持仓量总量不得超过 1 万手，现货月份持仓量不得超过 3000 手。

Any one month/all months：10000 net futures equivalent，but not to exceed 3000 in the spot month.

保证金　Margin Requirements

所有未平仓头寸均需要缴纳保证金。

Margins are required for open futures positions.

交易标识　Trading Symbol

HG

附表 1－27　伦敦金属交易所铜期货标准合约

合约　Contract

A 级铜。

Grade A Copper.

合约单位　Lot size

张，25 吨/合约（允许 ＋/－2%溢短装）。

Lot size 25 tones（with a tolerance of ＋/－2%）.

形状　Form

A 级电解铜，符合英国 BSEN 1978 年：1998 年标准，铜含量为 99.95%。

Grade A cathodes conforming to BSEN 1978：1998.

重量　Weight

作为仓单交运伦敦金属交易所的每捆电解铜重量不得超过 4 吨。

Each parcel of copper cathodes placed on warrant shall not exceed 4 tones.

交割日期　Delivery dates

现货到 3 个月期货之间，为每日交割（到期提前两个工作日进行处理——平仓或实物交割）。3 个月至 6 个月的远期合约，为每个星期三。7 个月至 63 个月的远期合约，为每个月的第三个星期的星期三。

Daily for cash to 3 months（first prompt date two working days from cash）. Then every Wednesday from 3 months to 6 months. Then every third Wednesday from 7 months out to 63 months.

报价单位　Quotation

美元/吨。

US dollars per tone.

价格最小变动单位　Minimum Price Movement

50 美分/吨。

50 US cents per tone.

可结算货币　Clearable currencies

美元、日元、英镑和欧元。

US dollar；Japanese yen；sterling；euro.

初始保证金

218 美元/吨，最近调整日期为 2004 年 4 月 13 日。伦敦金属交易所根据市场情况有权随时调整保证金金额。

附表 1-28　　伦敦金属交易所铜期权标准合约

交割月份　Delivery dates

每月，最远可以 63 个月。

Monthly from the first month out to 63 months.

交割日　Value date

到期月份的第三个星期的星期三。

The third Wednesday of the prompt month.

宣布日　Exercise date

到期月份的第一个星期的星期三。

The first Wednesday of the prompt month.

期权金报价　Premium quotation

美元/吨。

US dollars per ton.

确定价报价最小变动单位　* Strike price

确定价为 25~3975 美元之间，每档价位最小变动单位为 25 美元。确定价在 4000~7950 美元之间，每档价位最小变动单位为 50 美元。确定价在 8000 美元以上，每档价位最小变动单位为 100 美元。期权金可以其他可结算货币报价。

$25 gradations for strikes from US$25 to US$3975; $50 gradations for strikes form US$4000 to US$7950; $100 gradations for all strikes over $US8000.

附表 1-29　　伦敦金属交易所铝期货标准合约

品名　Contract

铝，铝含量不低于 99.7%，交易所注册品牌。

Aluminium of 99.7% purity (minimum).

合约单位　Lot size

张，25 吨/合约（允许 +/-2% 误差），即每张合约所含数量不得超过 25 吨。

25 tones (with a tolerance of +/-2%).

形状　Form

锭；T 型块；大板坯。

1. Ingots; 2. T-bars; 3. Sows.

重量　Weight

锭，每锭为 12~16 公斤；T 块和大板坯每块不得超过 750 公斤的 5%。

1. 12~26 kg each. Parcels of ingots on warrant shall not exceed 2 tones each.

2. Shall not exceed 5% more than 750 kg.

3. Shall not exceed 5% more than 750 kg.

交割日期　Delivery dates

续表

现货到3个月期货之间，为每日交割（交割日前两个工作日进行处理——平仓或实物交割）。3个月至6个月的远期合约，为每个星期三。7个月至63个月的远期合约，为每个月的第三个星期的星期三。

Daily from cash to 3 months (first prompt date two working days from cash). Then every Wednesday from 3 months to 6 months. Then every third Wednesday from 7 months out to 63 months.

报价单位 **Quotation**

美元/吨。

US dollars per ton.

最小价格变动单位 **Minimum Price Movement**

50 美分/吨。

50 US cents per ton.

可结算货币 **Clearable currencies**

美元、日元、英镑和欧元。

US dollar; Japanese yen; sterling; euro.

初始保证金

81 美元/吨，最近调整日期为2004年4月13日。伦敦金属交易所根据市场情况有权随时调整保证金金额。

附表1-30 伦敦金属交易所铝期权标准合约

交割日期 **Delivery dates**

每月，最长可达63个月。

Monthly from the first month out to 63 months.

交割日 **Value date**

到期月份的第三个星期的星期三。

The third Wednesday of the prompt month.

宣布日 **Exercise date**

到期月份的第一个星期的星期三。

The first Wednesday of the prompt month.

期权金 **Premium quotation**

美元/吨。

US dollars per ton.

确定价报价最小变动单位 ·**Strike price**

确定价为25~3975美元之间，每档价位最小变动单位为25美元。确定价在4000~7950美元之间，每档价位最小变动单位为50美元。确定价在8000美元以上，每档价位最小变动单位为100美元。

$25 gradations for strikes from US$25 to US$3975; $50 gradations for strikes form US$4000 to US$7950; $100 gradations for all strikes over US$8000.

附表 1-31 伦敦金属交易所铅期货标准合约

品名 Contract

铅，铅含量不低于 99.97%，交易所注册品牌。2001 年 5 月 8 日之后交仓的品牌，质量必须符合 BS EN12659：1999 标准，标明“铅和铅合金”。

Contract：Lead of 99.970% minimum purity. Lead placed on warrant after 08/05/2001 must conform with graded lead chemical composition of BS EN 12659：1999 Standard entitled "Lead and Lead Alloys - Lead".

形状 Form

锭（锭块也将被认为锭）。

Ingots (pigs will be referred to as ingots).

合约单位 Lot size

张，25 吨/合约（允许 +/- 2%误差）。

25 tonnes (with a tolerance of +/- 2%).

重量 Weight

每锭最高不超过 55 公斤。作为仓单交运伦敦金属交易所仓库的每捆铅锭重量不得超过 1.2 吨，1992 年 5 月 6 日之后交仓的不得超过 1.5 吨。

Up to 55 kg each. Each parcel (bundles) placed on warrant shall not exceed 1.2 tones (01/06/1985 - 05/05/1992) or 1.5 tones after 06/05/1992.

交割日期 Delivery dates

现货到 3 个月期货之间，为每日交割（交割日前两个工作日进行处理——平仓或实物交割）。3 个月以上至 6 个月远期合约，为每个星期的星期三。9 个月以上至 15 个月的远期合约，为每个月的第三个星期的星期三。

Daily for 3 months forward and then every Wednesday for the next 3 months and then every third Wednesday of the month for the next 9 months out to 15 months forward.

报价单位 Quotation

美元/吨。

US dollars per ton.

最小价格变动单位 Minimum Price Movement

50 美分/吨。

50 US cents per ton.

可结算货币 Clearable currencies

美元、日元、英镑和欧元。

US dollar; Japanese yen; sterling; euro.

初始保证金

76 美元/吨，最近调整日期为 2004 年 4 月 13 日。伦敦金属交易所根据市场情况有权随时调整保证金金额。

附表 1－32　　伦敦金属交易所铅期权合约标准

交割月份 Delivery dates

每月，从当月开始至最远为 15 个月。

Monthly, from the first month out to 15 months.

交割日 Value date

到期月份的第三个星期的星期三。

The third Wednesday of the prompt month.

宣布日 Exercise date

到期月份的第一个星期的星期三。

The first Wednesday of the prompt month.

期权金报价 Premium quotation

美元/吨。

US dollars per ton.

确定价报价最小变动单位 * Strike price

价格在 25 美元/吨以上时，每档报价最小单位为 25 美元。期权金也可以除美元外的其他可结算货币报价。

$ 25 gradations for strikes over US$ 25. * Strike price gradations and tick size for premiums available in all clearable currencies.

附表 1－33　　伦敦金属交易所锌期货合约标准

品名 Contract

特高级锌，锌含量不低于 99.995%。2000 年 11 月 1 日之后交仓的锌锭，质量必须符合 BS EN1179：1996 标准，含量符合 99.995%，标明"锌和锌合金—原锌"交易所注册品牌。

Zinc of 99.995% minimum purity. Zinc placed on warrant on or after 1st Nov 2000 must conform with the 99.995% graded zinc chemical composition of the BS EN 1179：1996 Standard entitled "Zinc and Zinc Alloys – Primary Zinc".

合约单位 Lot size

张，25 吨/合约（允许 +/－2%误差）。

25 tones (with a tolerance of +/－2%).

形状 Form:

锌块和大板都将统称为锭。

Ingots (slabs and plates will be referred to as ingots).

重量 Weight

每锭最多不得超过 55 公斤。作为仓单交运伦敦金属交易所的铅必须捆装，每捆重量不得超过 1.5 吨。

Up to 55 kg each. Each parcel placed on warrant shall be delivered in bundles not exceeding 1.5 tones.

交割日期 Delivery dates

现货到 3 个月期货之间，为每日交割（到期提前两个工作日进行处理——平仓或实物交割）。3 个月以上至 6 个月的远期合约，为每个星期三。7 个月以上至 27 个月的远期合约，为每个月的第三个星期的星期三。

续表

Daily for 3 months forward and then every Wednesday for the next 3 months and then every third Wednesday of the month for the next 21 months out to 27 month forward.

报价单位　Quotation

美元/吨。

US dollars per ton.

最小价格变动单位　Minimum Price Movement

50 美分/吨。

50 US cents per ton.

可结算货币　Clearable currencies

美元、日元、英镑和欧元。

US dollar; Japanese yen; sterling; euro.

初始保证金

67 美元/吨，最近调整日期为 2004 年 4 月 13 日。伦敦金属交易所根据市场情况有权随时调整保证金金额。

附表 1－34　伦敦金属交易锌期权合约标准

交割月份　Delivery dates

每月，最远可以 27 个月。

Monthly from the first month out to 27 months.

交割日　Value date

到期月份的第三个星期的星期三。

The third Wednesday of the prompt month.

宣布日　Exercise date

到期月份的第一个星期的星期三。

The first Wednesday of the prompt month.

期权金报价　Premium quotation

美元/吨。

US dollars per ton.

确定价报价最小变动单位　* Strike price

确定价为 25～1725 美元之间，每档价位最小变动单位为 25 美元。确定价在 1750～2950 美元之间，每档价位最小变动单位为 50 美元。确定价在 3000 美元以上，每档价位最小变动单位为 100 美元。期权金也可以除美元外的其他可结算货币报价。

$25 gradations for strikes from US$25 to US$1725; $50 gradations for strikes from US$1750 to US$2950; $100 gradations for strikes over US$3000.

附表 1－35　　伦敦金属交易所镍期货标准合约

品名　**Contract**
原镍，镍含量不低于99.80%。符合目前的 ASTM 标准，交易所注册品牌。 Primary Nickel of 99.80% minimum purity with chemical analysis conforming to the current ASTM specification.
合约单位　**Lot size**
张，6 吨/合约（允许 +/－2%误差）。 6 tones (with a tolerance of +/－2%).
形状　**Form**
大板；块锭；镍球；锭。 1. Full Plate; 2. Cut Cathodes; 3. Pellets; 4. Briquettes.
重量　**Weight**
作为仓单交运 LME 的大板镍必须捆装，每捆重量不得超过 1.6 吨。镍球、镍块和锭必需用铁桶包装，每桶平均重量不得超出 150～500 公斤之间（允许 2%的溢短装）。 1. Bundles shall not exceed 1.6 tones in weight; 2—4. Packed in sound steel drums with an even net weight (+/－2% more or less) of minimum 150kgs and maximum 500kgs.
交割日期　**Weight**
现货到 3 个月期货之间，为每日交割（到期提前两个工作日进行处理－平仓或实物交割）。3 个月以上至 6 个月的远期合约，为每个星期三。7 个月以上至 27 个月的远期合约，为每个月的第三个星期的星期三。 Delivery dates: Daily for 3 months forward and then every Wednesday for the next 3 months and the every third Wednesday of the month for the next 21 months out to 27 months forward.
报价单位　**Quotation**
美元/吨。 US dollars per ton.
最小价格变动单位　**Minimum Price**
5 美元/吨。 Movement US $5 per ton.
可结算货币　**Clearable currencies**
美元、日元、英镑和欧元。 US dollar: Japanese yen; sterling: euro.
初始保证金
1855 美元/吨，最近调整日期为 2004 年 4 月 13 日。伦敦金属交易所根据市场情况有权随时调整保证金标准。

附表 1-36　　伦敦金属交易所镍期权标准合约

合约月份 Delivery dates

每月，最长可以 27 个月。

Monthly from the first month out to 27 months.

交割日 Value date

到期月份的第三个星期的星期三。

The third Wednesday of the prompt month.

宣布日 Exercise date

到期月份的第一个星期的星期三。

The first Wednesday of the prompt month.

期权金 Premium quotation

美元/吨。

US dollars per ton.

确定价报价最小变动单位 * Strike price

确定价为 50~7450 美元之间，每档价位最小变动单位为 50 美元。确定价在 7500 美元以上，每档价位最小变动单位为 100 美元。

$ 50 gradations for strikes from US$ 50 to US$ 7450；$ 100 gradations for all strikes over US$ 7500.

附表 1-37　　伦敦金属交易所锡期货标准合约

品名 Contract

锡，锡含量不低于 99.85%。符合 BS3252：1986 标准，1996 年以后交运伦敦金属交易所的仓单，质量必须符合 BS EN610：1996。交易所注册品牌。

Tin of 99.85% minimum purity and conforming to BS3252：1986. Warrants issued after 1996 must conform to the chemical composition of BS EN 610：1996.

合约数量 Lot size

张，5 吨/合约（每张仓单重要允许 +/- 2% 误差）。

5 tones（with a tolerance of +/-2%）.

形状 Form

锭（大板也视为锭）。

Ingots（Slabs will be referred to as ingots）.

重量 Weight

12~15 公斤/锭。作为仓单交运伦敦金属交易所的锡必须捆装，每捆重量不得超过 1.2 吨。2004 年 3 月 29 日之后，每锭重量不能低于 12 公斤，不得高于 30 公斤。

12~50 kg each. Each parcel on warrant shall be delivered in bundles not exceeding 1.2 tones. On or after 29 March 2004, ingots to weigh not less than 12kgs or more than 30kgs.

续表

交割日期 **Delivery dates**
现货到3个月期货之间，为每日交割（到期提前两个工作日进行处理——平仓或实物交割）。3个月以上至6个月的远期合约，为每个星期三。9个月以上至15个月的远期合约，为每个月的第三个星期的星期三。 Daily for 3 months forward and then every Wednesday for the next 3months and then every third Wednesday of the month for the next 9 months out to 15 months forward.
报价单位 **Delivery dates**
美元/吨。 Quotation US dollars per ton.
最小价格变动单位 **Minimum price movement**
5美元/吨。 US $5 per ton.
可结算货币 **Clearable currencies**
美元、日元、英镑和欧元。 US dollar; Japanese yen; sterling; euro.
初始保证金
700美元/吨，最近调整日期为2004年4月13日。伦敦金属交易所根据市场情况有权随时调整保证金标准。

附表1-38　　伦敦金属交易所锡期权标准合约

交割月份 **Delivery dates**
每月，当前月份至最远15个月。 Monthly from the first month out to 15 months.
交割日 **Value date**
到期月份的第三个星期的星期三。 The third Wednesday of the prompt month.
宣布日 **Exercise date**
到期月份的第一个星期的星期三。 The first Wednesday of the prompt month.
期权金 **Premium quotation**
美元/吨。 US dollars per ton.
确定价报价最小变动单位 ***Strike price**
确定价为50~7450美元，每档价位最小变动单位为50美元。确定价在7500美元以上，每档价位最小变动单位为100美元。期权金也可以除美元外的其他可结算货币报价。 $50 gradations for strikes from US$50 to US$7450; $100 gradations for all strikes over US$7500. * Strike price gradations and tick size for premiums available in all clearable currencies.

附表 1 - 39　　东京工业品交易所铝期货标准合约

交割品质　Standard

9.7%以上的原铝，含铁不超过 0.20%，含硅不超过 0.10%。交易所注册品牌。

Aluminum of minimum 99.70% purity with maximum permissible iron content 0.20% and silicon content 0.10%.

合约单位　Contract Unit

每个标准合约为 10 吨，或 10 吨/手。

10 tones.

交割单位　Delivery Unit

50 吨。

50 tones.

交易方式　Trading Method

脑连续交易。

Computerized continuous trading.

报价单位　Price Quotation

日元/公斤。

Japanese Yen per kg.

最小报价单位　Minimum Price Fluctuation

0.1 日元/公斤。

JPY 0.1 per kg.

每日价格涨跌限制　Daily Price Fluctuation Limit

根据价格，分阶段限制波幅，绝对价格越低，限制波幅越小。交易所可以根据市场情况随时调整限制。

价格在 150 日元/公斤以下，每公斤上下 3 日元；

价格在 150 ~ 200 日元，每公斤上下 4 日元；

价格在 200 ~ 50 日元，每公斤上下 5 日元；

价格在 250 日元以上，每公斤上下 6 日元。

续表

Base Price	Price Limit
Less than JPY 150. 0	JPY 3. 0 per kg
JPY 150. 0 – less than JPY 200. 0	JPY 4. 0 per kg
JPY 200. 0 – less than JPY 250. 0	JPY 5. 0 per kg
JPY 250. 0 or more	JPY 6. 0 per kg

* The Exchange may change the amount of the price limit at its discretion, according to the market situation.

See Margin and Price Limit for the price limits currently imposed.

* When final contract prices for three or more contract months have reached the price limit in the same direction, the Daily Price Fluctuation Limit for all contract months except the current contract month shall be expanded by 50% from the following business day, and shall remain in effect as long as the final contract prices for three or more months reach the expanded price limit.

In case only two or less contract months reach the expanded price limit, the limit will return to the the ordinary price limit.

客户持仓限制（单边） Customer Position Limit (for each long/short position)

最近月合约：200 张；

第二个月合约：400 张；

其他合约：1200 张/每月；

总限制：5000 张。

1st contract month in an even month:	200 contracts
1st contract month in an odd month:	400 contracts
Other contract months:	1200 contracts for each month
Total:	5000 contracts

客户初始保证金 Minimum Initial Trading Margin

价格波幅	保证金额
价格小于 150 日元/公斤：	45000 日元/手；
150 ~ 99 日元之间：	60000 日元/手；
200 ~ 49 日元：	75000 日元/手；
250 日元以上：	90000 日元/手。

续表

以上标准由日本商品结算所制定，各经纪公司可制定自行的客户保证金标准，但不低于上述标准。

Base Price	Margin
Less than JPY 150. 0	JPY 45000 per contract
JPY 150. 0 - JPY 200. 0	JPY 60000 per contract
JPY 200. 0 - JPY 250. 0	JPY 75000 per contract
JPY 250. 0 or more	JPY 90000 per contract

* The above margin rates are amounts determined by the Japan Commodity Clearing House Co. , Ltd. (JCCH) .

* See Margin and Price Limit for the current rates.

* Each broker member determines the amount of initial trading margin applied to its customers no less than it of " Minimum Initial Trading Margin".

交易时间 Trading Hours

上午：9：00—11：00，下午2：30—3：30。

9：00 a. m. to 11：00 a. m. , 12：30 p. m. to 3：30 p. m.

合约月份 Contract Months

一年中逢双月份。

All even months within a year.

最后交易日 Last Trading Day

交割日前的第三个交易日。

The third business day prior to the Delivery Day.

交割日 Delivery Day

每月最后一个交易日，12月份为24日。

The last day of each even month except December (the 24th for December). If the day is a holiday or a half - holiday, Delivery Day is advanced.

交割地点 Delivery Points

交易所指定仓库。

Specified warehouses.

交割 Delivery

实物（非现货结算）。

Physical delivery (not cash settlement).

第三部分　能源期货合约

附表 1－40　　纽约商业交易所轻质低硫原油期货合约

合约单位　Trading Unit

1000 美式桶（42000 加仑）。

1000 U. S. barrels（42000 gallons）.

报价方式　Price Quotation

美元及美分/桶。

U. S. dollars and cents per barrel.

交易时间（纽约时间）　Trading Hours（*All times are New York time*）

人工喊价交易时间 10：00 至 14：30，纽约商业交易所 ACCESS 系统电子交易时间周一至周四 15：15 至次日 9：30，周日 19：00 至次日 9：30。

Open outcry trading is conducted from 10：00 AM until 2：30 a. m. After hours futures trading is conducted via the NYMEX ACCESS ® internet－based trading platform beginning at 3：15 p. m. on Mondays through Thursdays and concluding at 9：30 a. m. the following day. On Sundays，the session begins at 7：00 p. m.

合约月份　Trading Months

30 个连续月份，两年半至 3 年之间为一个 6 月合约，3 年以后至第 7 年为 4 个 12 月合约。

30 consecutive months based on a quarterly listing schedule plus long－dated June futures initially listed out three years，and long－dated December futures initially listed out three to seven years.

最小价格波动　Minimum Price Fluctuation

0. 01 美元（1 美分）/桶（10 美元/合约）。

$0. 01（1 ¢）per barrel（$10. 00 per contract）.

每日价格波动限制　Maximum Daily Price Fluctuation

所有月份合约最初限幅为 10. 00 美元/桶（1 万美元/合约），但如果有任何一个合约在涨跌停板上的交易或出价达到 5 分钟，则停盘 5 分钟。之后，涨跌停板扩大 10. 00 美元/桶。如果再次出现同样情况，停盘 5 分钟之后，涨跌停板再扩大 10. 00 美元/桶。在任何一个交易时段内没有最大价格波动限制。

$10. 00 per barrel（$10000 per contract）for all months. If any contract is traded，bid，or offered at the limit for five minutes，trading is halted for five minutes. When trading resumes，the limit is expanded by $10. 00 per barrel in either direction. If another halt were triggered，the market would continue to be expanded by $10. 00 per barrel in either direction after each successive five－minute trading halt. There will be no maximum price fluctuation limits during any one trading session.

续表

最后交易日　**Last Trading Day**
如果交割月份前一个月的25日是工作日，则该日之前倒数第三个交易日是最后交易日。如果交割月份前一个月的25日不是工作日，那么25日前倒数第四个交易日是最后交易日。 Trading terminates at the close of business on the third business day prior to the 25th calendar day of the month preceding the delivery month. If the 25th calendar day of the month is a non – business day, trading shall cease on the third business day prior to the business day preceding the 25th calendar day.
交割方式　**Settlement Type**
实物交割。 Physical.
交割期限　**Delivery Period**
所有交割应当在整个交割月即当月的第一天至最后一天，均匀安排。 All deliveries are ratable over the course of the month and must be initiated on or after the first calendar day and completed by the last calendar day of the delivery month.
备用交割程序（ADP）　**Alternate Delivery Procedure（ADP）**
在当前交割月份合约交易中止之后，买卖双方在交易所为之配对之后，经协商可以以不同于合约规定的交割条件交割，在双方共同向交易所提交一份通知告知其意图之后，可以按其协商的结果交割。 An alternate delivery procedure is available to buyers and sellers who have been matched by the Exchange subsequent to the termination of trading in the spot month contract. If buyer and seller agree to consummate delivery under terms different from those prescribed in the contract specifications, they may proceed on that basis after submitting a notice of their intention to the Exchange.
期货转现货（EFP）　**Exchange of Futures for Physicals（EFP）**
买卖双方可以向交易所申请互换手中的期货及现货头寸，交易所在收到申请之后会协助建立或清算其期货头寸。 The commercial buyer or seller may exchange a futures position for a physical position of equal quantity by submitting a notice to the Exchange. EFPs may be used to either initiate or liquidate a futures position.
持仓限额　**Position Accountability Levels and Limits**
对于目前正在交易的不同月份到期的各个合约，其总持仓量不得超过2万个净期货头寸；对于单个合约，其持仓量也不得超过2万个净期货头寸；对于当前交割月份合约，在其最后3个交易日内持仓量不得超过1000个净期货头寸。 Any one month/all months：20000 net futures，but not to exceed 2000 contracts in the last three days of trading in the spot month.
保证金要求　**Margin Requirements**
保证金按未平仓头寸收取。 Margins are required for open futures positions.
交易代码　**Trading Symbol**
CL

附表 1－41　　纽约商业交易所取暖油期货合约

合约单位　Trading Unit

1000 美式桶（42000 加仑）。

1000 U. S. barrels（42000 gallons）.

报价方式　Price Quotation

美元及美分/桶。

U. S. dollars and cents per barrel.

交易时间（纽约时间）　Trading Hours（All times are New York time）

人工喊价交易时间 10：00 至 14：30，纽约商业交易所 ACCESS 系统电子交易时间周一至周四 15：15 至次日 9：30，周日 19：00 至次日9：30。

Open outcry trading is conducted from 10：00 a. m. until 2：30 p. m. After hours futures trading is conducted via the NYMEX ACCESS ® internet－based trading platform beginning at 3：15 p. m. on Mondays through Thursdays and concluding at 9：30 a. m. the following day. On Sundays, the session begins at 7：00 p. m.

合约月份　Trading Months

自下一个月份合约开始，持续 18 个连续月份。

18 consecutive months.

最小价格波动　Minimum Price Fluctuation

0.0001 美元（0.01 美分）/桶（4.20 美元/合约）。

$0.0001（0.01 ¢）per gallon（$4.20 per contract）.

每日价格波动限制　Maximum Daily Price Fluctuation

所有月份合约最初限幅为 0.25 美元/加仑，但如果有任何一个合约在涨跌停板上交易、出价达到 5 分钟，则停盘 5 分钟。之后，涨跌停板扩大 0.25 美元/加仑。如果再次出现同样情况，停盘 5 分钟之后，涨跌停板再扩大 0.25 美元/加仑。在任何一个交易时段内没有最大价格波动限制。

$0.25 per gallon（$10500 per contract）for all months. If any contract is traded, bid, or offered at the limit for five minutes, trading is halted for five minutes. When trading resumes, the limit is expanded by $0.25 per gallon in either direction. If another halt were triggered, the market would continue to be expanded by $0.25 per gallon in either direction after each successive five－minute trading halt. There will be no maximum price fluctuation limits during any one trading session.

最后交易日　Last Trading Day

所有交割日期必须在交割月份的第五个工作日后开始，并且于当月最后一个工作日之前完成。

Trading terminates at the close of business on the last business day of the month preceding the delivery month.

交割方式　Settlement Type

实物交割。

Physical.

续表

交割期限　Delivery Period

交割月份前一个月份的最后一个工作日。

Deliveries may only be initiated the day after the fifth business day and must be completed before the last business day of the delivery month.

备用交割程序（ADP）　Alternate Delivery Procedure (ADP)

在当前交割月份合约交易中止之后，买卖双方在交易所为之配对之后，经协商可以以不同于合约规定的交割条件交割，在双方共同向交易所提交一份通知告知其意图之后，可以按其协商的结果交割。

An alternate delivery procedure is available to buyers and sellers who have been matched by the Exchange subsequent to the termination of trading in the spot month contract. If buyer and seller agree to consummate delivery under terms different from those prescribed in the contract specifications, they may proceed on that basis after submitting a notice of their intention to the Exchange.

期货转现货（EFP）　Exchange of Futures for Physicals (EFP)

买卖双方可以向交易所申请互换手中的期货及现货头寸，交易所在收到申请之后会协助建立或清算其期货头寸。

The commercial buyer or seller may exchange a futures position for a physical position of equal quantity by submitting a notice to the Exchange. EFPs may be used to either initiate or liquidate a futures position.

等级和质量要求　Grade and Quality Specifications

总体上符合可替代的2号取暖油行业标准。

Generally conforms to industry standards for fungible No. 2 heating oil.

持仓限额　Position Accountability Levels and Limits

对于目前正在交易的不同月份到期的各个合约，其总持仓量不得超过7000手；对于当前交割月份合约，在其最后3个交易日内持仓量不得超过1000手。

7000 contracts for all months combined, but not to exceed 1000 in the last three days of trading in the spot month.

保证金要求　Margin Requirements

保证金按未平仓头寸收取。

Margins are required for open futures positions.

交易代码　Trading Symbol

HO

附表 1－42　　纽约商业交易所无铅汽油期货合约

合约单位　Trading Unit
42000 加仑（1000 美式桶）。 42000 U. S. gallons (1000 barrels).
报价方式　Price Quotation
美元及美分/加仑。 U. S. dollars and cents per gallon.
交易时间（纽约时间）　Trading Hours (All times are New York time)
人工喊价交易时间 10：05 至 14：30，纽约商业交易所 ACCESS 系统电子交易时间周一至周四 15：15 至次日 9：30，周日 19：00 至次日 9：30。 Open outcry trading is conducted from 10：05 a. m. until 2：30 p. m. After hours futures trading is conducted via the NYMEX ACCESS ® internet－based trading platform beginning at 3：15 p. m. on Mondays through Thursdays and concluding at 9：30 a. m. the following day. On Sundays, the session begins at 7：00 p. m.
合约月份　Trading Months
12 个连续月份。 12 consecutive months.
最小价格波动　Minimum Price Fluctuation
0.0001 美元（0.01 美分）/加仑（4.20 美元/合约）。 $0.0001 (0.01 ¢) per gallon ($4.20 per contract).
每日价格波动限制　Maximum Daily Price Fluctuation
所有月份合约最初限幅为 0.25 美元/加仑（10500 美元/合约），但如果有任何一个合约在涨跌停板上的交易或出价达到 5 分钟，则停盘 5 分钟。之后，涨跌停板扩大 0.25 美元/加仑。如果再次出现同样情况，停盘 5 分钟之后，涨跌停板再扩大 0.25 美元/加仑。在任何一个交易时段内没有最大价格波动限制。 $0.25 per gallon ($10500 per contract) for all months. If any contract is traded, bid, or offered at the limit for five minutes, trading is halted for five minutes. When trading resumes, the limit is expanded by $0.25 per gallon in either direction. If another halt were triggered, the market would continue to be expanded by $0.25 per gallon in either direction after each successive five－minute trading halt. There will be no maximum price fluctuation limits during any one trading session.
最后交易日　Last Trading Day
交割月前一个月最后一个工作日。 Trading terminates at the close of business on the last business day of the month preceding the delivery month.
交割方式　Settlement Type
实物交割。 Physical.
备用交割程序（ADP）　Alternate Delivery Procedure (ADP)
在当前交割月份合约交易中止后，买卖双方在交易所为之配对之后，经协商可以以不同于合约规定的交割条件交割，在双方共同向交易所提交一份通知告知其意图之后，可以按其协商的结果交割。

续表

An alternate delivery procedure is available to buyers and sellers who have been matched by the Exchange subsequent to the termination of trading in the spot month contract. If buyer and seller agree to consummate delivery under terms different from those prescribed in the contract specifications, they may proceed on that basis after submitting a notice of their intention to the Exchange.
期货转现货（EFP） Exchange of Futures for Physicals（EFP）
买卖双方可以向交易所申请互换手中的期货及现货头寸，交易所在收到申请之后会协助建立或清算其期货头寸。 The commercial buyer or seller may exchange a futures position for a physical position of equal quantity by submitting a notice to the Exchange. EFPs may be used to either initiate or liquidate a futures position.
保证金要求 Margin Requirements
保证金按未平仓头寸收取。 Margins are required for open futures positions.
交易代码 Trading Symbol
CL

附表 1－43　纽约商业交易所天然气期货合约

合约单位 Trading Unit
10000 百万英国热量单位（MMBtu）。 10000 million British thermal units（mmBtu）.
报价方式 Price Quotation
美元及美分/百万英国热量单位。 U. S. dollars and cents per mmBtu.
交易时间（纽约时间） Trading Hours（*All times are New York time*）
人工喊价交易时间 10：00 至 14：30，纽约商业交易所 ACCESS 系统电子交易时间周一至周四 15：15 至次日 9：30，周日 19：00 至次日9：30。 Open outcry trading is conducted from 10：00 a. m. until 2：30 p. m. After－hours futures trading is conducted via the NYMEX ACCESS ® internet－based trading platform beginning at 3：15 p. m. on Mondays through Thursdays and concluding at 9：30 a. m. the following day. On Sundays, the session begins at 7：00 p. m.
合约月份 Trading Months
自下一个月份合约开始，72 个连续月份。 72 consecutive months commencing with the next calendar month.
最小价格波动 Minimum Price Fluctuation
0.001 美元/MMBtu（10.00 美元/合约）。 $0.001（0.1 ¢）per mmBtu（$10.00 per contract）.
每日价格波动限制 Maximum Daily Price Fluctuation

续表

所有月份合约最初限幅为3美元/百万英国热量单位（3万美元/合约），但如果有任何一个合约在涨跌停板上交易、出价达到5分钟，则停盘5分钟。之后，涨跌停板扩大3美元/百万英国热量单位。如果再次出现同样情况，停盘5分钟之后，涨跌停板再扩大3美元/百万英国热量单位。在任何一个交易时段内没有最大价格波动限制。 $3.00 per mmBtu（$30000 per contract）for all months. If any contract is traded，bid，or offered at the limit for five minutes，trading is halted for five minutes. When trading resumes，the limit is expanded by $3.00 per mmBtu in either direction. If another halt were triggered，the market would continue to be expanded by $3.00 per mmBtu in either direction after each successive five – minute trading halt. There will be no maximum price fluctuation limits during any one trading session.
最后交易日 **Last Trading Day**
交割月前一个月最后一个工作日。 Trading terminates three business days prior to the first calendar day of the delivery month.
交割方式 **Settlement Type**
实物交割。 Physical.
备用交割程序（ADP） **Alternate Delivery Procedure（ADP）**
在当前交割月份合约交易中止后，买卖双方在交易所为之配对之后，经协商可以以不同于合约规定的交割条件交割，在双方共同向交易所提交一份通知告知其意图之后，可以按其协商的结果交割。 An alternate delivery procedure is available to buyers and sellers who have been matched by the Exchange subsequent to the termination of trading in the spot month contract. If buyer and seller agree to consummate delivery under terms different from those prescribed in the contract specifications，they may proceed on that basis after submitting a notice of their intention to the Exchange.
期货转现货（EFP）或掉期 **Exchange of Futures for Physicals（EFP）or Swaps（EFS）**
买卖双方可以向交易所申请互换手中的期货及现货头寸，交易所在收到申请之后会协助建立或清算其期货头寸。 The commercial buyer or seller may exchange a futures position for a physical position or a swaps position of equal quantity by submitting a notice to the Exchange. EFPs and EFSs may be used to either initiate or liquidate a futures position.
持仓限制 **Position Accountability Levels and Limits**
对于目前正在交易的不同月份到期的各个合约，其各月合约总持仓量和单月合约持仓量不得超过12000个净期货头寸；对于当前交割月份合约，在其最后3个交易日内持仓量不得超过1000手。 Any one month/all months：12000 net futures，but not to exceed 1000 in the last three days of trading in the spot month.
保证金要求 **Margin Requirements**
保证金按未平仓头寸收取。 Margins are required for open futures positions.
交易代码 **Trading Symbol**
NG

附表 1-44　　伦敦国际石油交易所布伦特原油期货合约

交易时间　Trading hours

伦敦当地时间 2：00 开盘，22：00（周五 20：30）收盘。

Open 02：00 - London local time. Close 22：00（20：30 Fridays）- London local time.

合约单位　Unit of trading

1000 桶（42000 加仑）。

One or more lots of 1000 net barrels（42000 US gallons）of Brent crude oil.

合约标的　Specification

符合萨洛姆油港供给的当前管道出口质量的混合原油。

Current pipeline export quality Brent blend as supplied at Sullom Voe.

报价方式　Quotation

美元及美分/桶。

The contract price is in US dollars and cents per barrel.

最小价格波动　Minimum price fluctuation

1 美分/桶，相当于 10 美元/合约。

One cent per barrel, equivalent to a tick value of $10.

每日价格限制　Maximum daily price fluctuation

无限制。

There are no limits.

保证金要求　Daily margin

对所有未平仓合约采取每日盯市制度。

All open contracts are marked - to - market daily.

合约月份　Trading period

30 个连续月份合约，然后每半年一个月份合约最多 7 年。

Thirty consecutive months then half yearly out to a maximum of seven years.

持仓限额　Position limits

无限制。

There are no limits to the size of position.

最后交易日　Cessation of trading

如果交割月第一天的前第 15 天为伦敦的银行日，交易应于当天收盘时停止。如果当日是伦敦的非银行日（包括星期六），交易将于当天前一个工作日停止，该日期由交易所公布。

Trading shall cease at the close of business on the business day immediately preceding the 15th day prior to the first day of the delivery month, if such 15th day is a banking day in London. If the 15th day is a non - banking day in London（including Saturday）, trading shall cease on the business day immediately preceding the first business day prior to the 15th day. These dates are published by the Exchange.

续表

交割/结算基准 Delivery/settlement basis

国际石油交易所布伦特原油期货合约是可交割合同（通过期货转现货），也可以选择按最后交易日之后一天的布伦特指数价格进行现金结算。如果需要现金交割，那么必须在交易停止后的一个小时之内通知交易所（与清算所程序相同），在交易停止后的两个工作日内通过伦敦清算所（LCH）进行清算。

The IPE Brent Crude futures contract is a deliverable contract based on EFP delivery with an option to cash settle against the published settlement price i. e. the IPE Brent Index price for the day following the last trading day of the futures contract. If the contract is to be subject to the cash settlement procedure notice must be given (in accordance with LCH procedures) up to one hour after cessation of trading.

国际石油交易所布伦特指数 The IPE Brent Index

布伦特指数是由国际石油交易所负责编制，并于每天的中午12点（当地时间）对外公布。该指数是前一交易日相关交割月份的21天BFO合同的所有得到确认的交易的加权平均价。BFO中的B指布伦特原油（BRENT），F指福地斯原油（FORTIES）和O指奥斯博格原油（OSEBERG），三种原油的日产量分别大约为40万桶/日、40万桶/日和90万桶/日。指数的具体计算公式是以下三项的算术平均：(1) 当前月份的BFO市场的加权平均价；(2) 次月的BFO市场的加权平均价加减当前月份和次月的套利交易价差的算术平均；(3) 相关媒体公布价格的算术平均。

The Exchange issues, on a daily basis at 12 noon local time, the IPE Brent Index which is the weighted average of the prices of all confirmed 21 day BFOdeals throughout the previous trading day for the appropriate delivery months. These prices are published by the independent price reporting services used by the oil industry.

The IPE Brent Index is calculated as an average of the following elements:

1. First month trades in the 21 day BFO market.

2. Second month trades in the 21 day BFO market plus or minus a straight average of the spread trades between the first and second months.

3. A straight average of all the assessments published in media reports.

支付 Payment

在交易中止两个工作日内按照现金结算程序通过伦敦结算所支付合约价值。

Payment for contracts subject to the cash settlement procedure takes place through LCH within two business days of the cessation of trading.

期货转现货（EFP）与期货转掉期（EFS） Exchange of Futures for Physical (EFP) and Exchange of Futures for Swaps (EFS)

交割月的期货转现货及期货转掉期交易，可以在交割月的交易时间内报告给交易所，并在交易停止后（停牌）的一个小时内由伦敦清算所登记。这样将使同时拥有场外柜台交易头寸的市场参与者具有更多的规避风险的机会。

EFPs or EFSs may be reported to the Exchange during trading hours and registered by LCH up to one hour after the cessation of trading in the delivery month in which the EFP or EFS is traded. These allow more effective hedging opportunities for market participants with over – the – counter positions.

附表 1－45　　伦敦国际石油交易所柴油期货合约

交易时间 **Trading hours**
伦敦当地时间 2：00 开盘，22：00（周五 20：30）收盘。 Open 02：00 – London local time. Close 22：00（20：30 Fridays） – London local time.
交易单位 **Unit of trading**
100 公吨，交割时可按 118.35 立方米/手计量，相当于真空状态、15 摄氏度、密度为 0.845 千克/公升的 100 吨柴油。 One or more lots of 100 metric tonnes of gas oil, with delivery by volume namely 118.35 cubic metres per lot being the equivalent of 100 tonnes of gas oil at a density of 0.845 kg/litre in vacuum at 15°C.
合约标的 **Specification**
散装交割，并且无抵押和诉讼争议的、且符合下述质量要求的具备可交易品质的柴油。 Gas oil shall be delivered in bulk and free of all liens and claims, be of merchantable quality conforming to the quality specification below.
原产地 **Origin**
任何原产地，符合 EU 标准。 Any origin, EU qualified.
报价单位 **Quotation**
美元及美分/公吨（含欧盟进口税）。 The contract price is in US dollars and cents per tonne (on an EU import duty paid basis).
最小价格波动 **Minimum price fluctuation**
25 美分/公吨，相当于 25 美元/合约。 25 cents per tonne, equivalent to a tick value of $25.
每日价格限制 **Maximum daily price fluctuation**
无限制。 There are no limits.
保证金要求 **Daily margin**
对所有未平仓合约采取每日盯市制度。 All open contracts are marked – to – market daily.
合约月份 **Trading period**
12 个连续月份，一季度后扩展至 24 个月，半年后扩展至 36 个月。 Up to twelve consecutive months forward, then quarterly out to twenty – four months, then half – yearly out to 36 months.
持仓限额 **Position limits**
无限制。 There are no limits to the size of position.
最后交易日 **Cessation of trading**
交易应停止于交割月第 14 天前的第二个工作日的中午 12：00 点，该日期由交易所公布。该日也是交割通知日。 Trading shall cease at 12：00 hours, 2 business days prior to the 14th calendar day of the delivery month. These dates are published by the Exchange. This date is also the tender day.

附表 1－46　　伦敦国际石油交易所天然气期货合约

交易时间　Trading hours
伦敦当地时间 8：00 开盘，17：00（单日合约 16：00）收盘。 Open 8：00 － London local time. Close 17：00（Daily contracts 16：00）－ London local time.
交易机制　Trading mechanism
合约通过 IPE 或 ETS 系统交易或期转现交易。 Contracts are traded through IPE ETS or by the Exchange of Futures for Physicals（EFPs）.
合约规格　Contract size
每天至少 5 手，天然气 1000 千卡/手。 Minimum of 5 lots of 1000 therms per lot of natural gas per day.
交易单位　Unit of trading
1 手等于每天 1000 千卡天然气（1 千卡等于 29. 3 千瓦时）。 1 lot equals 1000 therms of natural gas per day（1 therm ＝ 29. 3 kilowatt hours）.
报价方式　Quotation
英磅及便士/热量单位。 The contract price is in Sterling and in pence per therm.
最小价格波动　Minimum price fluctuation
0. 01 便士/热量单位。 0. 01 pence per therm.
每日价格限制　Maximum daily price fluctuation
无限制。 There are no limits.
合约月份　Contract description
半年合约：是 6 个连续月份的合约。它有两种：4 月—9 月或 10 月—3 月。该合约在挂牌位置上位于所有合约之后。 季合约：是 3 个连续月份的合约。有四种类型：1 月—2 月—3 月、4 月—5 月—6 月、7 月—8 月—9 月和 10 月—11 月—12 月四种。在合约挂牌位置上，该合约位于半年合约与月合约之间。 月合约：是连续单日合约。该合约包括 28，29，30 或 31 天合约，具体天数取决于相关月份的日历天数。月合约在前 9，10 或 11 个（合约）月份中挂出。月合约于每个月倒数第二个工作日期满。 月余额合约：（BOM）是单个日合约的组合，具体天数取决于当前月份的剩余天数。BOM 合约的天数每天都会减少，每天收盘时，BOM 产生一个单日合约，并表示第二天要交割。BOM 合约于每个月倒数第四个工作日期满。 单日合约：于一天前（D＋1）至七天前（D＋7）挂牌。单日合约于交割日前一天的 16：00 到期。

续表

Season contracts are strips of six individual and consecutive contract months. Season contracts are always an (April - September) strip or (October - March) strip.

Quarter contracts are strips of three individual and consecutive contract months. Quarter contracts always comprise a strip of (Jan - Feb - Mar) or (Apr - May - Jun) or (Jul - Aug - Sep) or (Oct - Nov - Dec).

Month contracts are strips made up of individual and consecutive calendar days. A monthly contract is 28, 29, 30 or 31 individual day contracts, determined by the precise number of calendar days in the month. Month contracts are listed 9, 10 or 11 consecutive months into the future.

Balance of the Month (BOM) contracts comprise a string of individual day contracts with the precise number determined by the number of days still outstanding in the current month. The BOM contract therefore reduces in size on a daily basis, generating a daily contract representing the delivery obligation of that day. Only one BOM contract is listed for any unexpired days remaining in the current month.

Day contracts are listed from day ahead (D - 1) to seven days ahead (D - 7). If not closed out prior to expiry contracts obligate delivery in equal measure on each individual day in the contract period of the number of lots remaining open at expiry.

初始保证金 Initial margin

按照全部未平仓合约计算初始保证金。

Calculated on all open contracts, initial margin is a deposit held by LCH in order to cover the costs that may be incurred in closing out a position in default. It is returned upon the closing of the position, or at expiry, with interest.

每日浮动保证金 Daily variation margin

所有的未平仓合约实行逐日盯市，浮动保证金根据未平仓合约的数量及当日结算价与前一交易日结算价计算得出。

All open contracts are 'marked - to - market' daily. Variation margin is calculated on the number of lots for each Daily contract e. g. for 31 days in the March contract. This process compares the settlement price, established by the IPE with the previous day's settlement price (or traded price for new contracts).

到期日 Expiry

月度、半年和季度合约于合约交割月前最后一天（工作日）收盘时中止。BOM 合约于合约交割月最后一天（日历日）前最后一天（工作日）收盘时中止。日合约于交割日前一个工作日 16：00 中止。

The month, quarter and season contracts cease trading at the close of business on the last but one business day prior to the start of the contract delivery period.

The BOM contract ceases trading at the close of business on the last but one business day prior to the last but one calendar day of the contract delivery period. The day contract ceases trading at 16：00 on the business day prior to the delivery day.

附表 1－47　东京工业品交易所中东原油期货合约（自 2005 年 11 月合约起）

合约标的　Type of Crude Oil

中东原油（以迪拜和阿曼平均价值为基础的中东原油）。

Middle East crude oil (the average value of Dubai and Oman which acts as the benchmark price of Middle East crude oil).

合约单位　Contract Unit

50 千升。

50 kl.

交易方式　Trading Method

计算机连续交易。

Computerized continuous trading.

报价方式　Price Quotation

日元/千升。

Japanese Yen per kiloliter.

最小价格波动　Minimum Price Fluctuation

10 日元/千升。

JPY 10 per 1 kiloliter.

每日价格限制　Daily Price Fluctuation Limit

基准价格 Base Price	价格限制 Price Limit
低于 28000 日元 Less than JPY 28000	800 日元/千升 JPY 800 per kl
28000～38000 日元 JPY 28000 to less than JPY 38000	1000 日元/千升 JPY 1000 per kl
38000 日元以上（含 38000 日元） JPY 38000 or more	1200 日元/千升 JPY 1200 per kl

客户持仓限额　Customer Position Limit (for each long/short position)

每个月份 2400 张。

2400 contracts each month.

最低初始交易保证金　Minimum Initial Trading Margin

基准价格　Base Price	保证金　Margin
低于 28000 日元 Less than JPY 28000	60000 日元/合约 JPY 60000 per contract
28000～38000 日元 JPY 28000 to less than JPY 38000	75000 日元/合约 JPY 75000 per contract
38000 日元以上（含 38000 日元） JPY 38000 or more	90000 日元/合约 JPY 90000 per contract

续表

交易时间 **Trading Hours**
上午9：00至11：00；下午12：30至3：30。 9：00 a. m. to 11：00 a. m. , 12：30 p. m. to 3：30 p. m.
合约月份 **Contract Months**
6个连续月份。 Six consecutive months.
最后交易日 **Last Trading Day**
交割月后的第一个月的第一个交易日。 The first business day of the month following the delivery month. * 这一天不能开立新的头寸，持有头寸的必须在市场上对冲其头寸。 * On the last trading day, those who hold positions in the current contract month must liquidate all of their positions by placing market orders at the opening of the market. No new position is allowed to be established on the last trading day.
交割方式 **Delivery**
现金结算（无交割）。 Cash settlement (No delivery).
最后结算价 **Final Settlement Price**
交易所根据价格信息提供机构（一般是普氏）计算的阿曼和迪拜原油的月度平均价（以日元计价）。 Yen - based monthly average value of Dubai and Oman calculated by the Exchange based on the prices reported by a price information vendor (as a general rule, platts).

附表1-48 东京工业品交易所汽油期货合约（自2006年4月合约起）

合约标的 **Standard**
符合JIS K2202二级标准的硫含量不超过百万分之十的常规汽油。 Regular gasoline of JIS K2202 Grade 2 with maximum permissible sulfur content of 10 ppm.
合约单位 **Contract Unit**
50千升。 50 kl.
交割单位 **Delivery Unit**
100千升。 100 kl.
交易方式 **Trading Method**
计算机连续交易。 Computerized continuous trading.
报价方式 **Price Quotation**
日元/千升。

续表

Japanese Yen per kiloliter.

最小价格波动 Minimum Price Fluctuation

10 日元/千升。

JPY 10 per 1 kiloliter.

每日价格限制 Daily Price Fluctuation Limit

基准价格 Base Price	价格限制 Price Limit
低于 40000 日元 Less than JPY 40000	1400 日元/千升 JPY 1400 per kl
40000 ~ 65000 日元 JPY 40000 to less than JPY 65000	1600 日元/千升 JPY 1600 per kl
65000 日元以上（含 65000 日元） JPY 65000 or more	1800 日元/千升 JPY 1800 per kl

客户持仓限额 Customer Position Limit (for each long/short position)

当前月份合约 250 张/月，前一月份合约 500 张/月，其他月份合约 1500 张合约/月。

Current contract month: 250 contracts, 2nd contract month: 500 contracts, Other contract months: 1500 contracts for each month.

最低初始交易保证金 Minimum Initial Trading Margin

基准价格 Base Price	保证金 Margin
低于 40000 日元 Less than JPY 40000	105000 日元/合约 JPY 105000 per contract
40000 ~ 65000 日元 JPY 40000 to less than JPY 65000	120000 日元/合约 JPY 120000 per contract
65000 日元以上（含本数） JPY 65000 or more	135000 日元/合约 JPY 135000 per contract

交易时间 Trading Hours

上午 9：00 至 11：00，下午 12：30 至 3：30。

9：00 a. m. to 11：00 a. m. , 12：30 p. m. to 3：30 p. m.

合约月份 Contract Months

6 个连续月份。

Six consecutive months.

最后交易日 Last Trading Day

交割月前第 25 日（遇节假日则顺延）。

The 25th of the month preceding the delivery month (if the day is a holiday, Last Trading Day is advanced).

交割时间 Delivery Period

整个交割月。

续表

Throughout the delivery month.

交割地 Delivery Points

位于东京、神奈川和千叶的炼油厂和油库（如采用船板交割），以及由交易所董事会指定的地点。

Refineries and oil tanks located in Tokyo, Kanagawa and Chiba, provided with barge delivery facilities, and appointed by the Board.

交割方式 Delivery

实物交割（非现金结算）。

Physical delivery (not cash settlement).

可交割商品 Deliverable Commodities

1. 可交割商品：在日本提炼或完成清关手续的 JIS K2202 二级常规汽油。
2. 汽油税：合约价格不包括汽油税，买方必须于交割时支付卖方汽油税款。

1. Deliverable Commodities: Regular gasoline of JIS K2202 Grade 2, which is refined within Japan or cleared through the customs.

2. Gasoline tax: Contract Price does not include gasoline tax, buyers must pay the sellers the amount equivalent to the gasoline tax when taking delivery.

合约价格及税 Contract Price and Tax

合约价格包括运至位于东京湾区域的提炼厂或油库驳船的交割成本，但不包括汽油税和消费税。

The contract price shall be inclusive of the cost of delivery into barge in refineries or oil tanks located in Tokyo Bay area but exclusive of gasoline tax and consumption tax.

交割方式 Delivery Method

1. 交割地点选择：卖方。
2. 交割方式：船板交割。
3. 交割日期选择：原则上买方。
4. 交割配对：抽签决定，除非交割一方在最后交易日至抽签日期间自己找到交割对手。
5. 分批交割：可以分批交割。

1. Option of delivery points: Seller.
2. Delivery method: delivery into barge.
3. Option of delivery day: Buyer in principle.
4. Matching of Buyer and Seller: Determined by drawing lots, except when parties to deliver find their counterparts by themselves during the period from Last Trading Day to Lottery Day.
5. Divided delivery: Delivery can be divided.

交割数量公差 Quantity Tolerance on Delivery

不超过每次交割量的±2%。

±2% of the volume per delivery.

附表 1－49　　东京工业品交易所柴油期货合约（自 2005 年 12 月合约起）

标准　Standard

符合 JIS K2204 标准的，硫含量不超过百万分之十的柴油（12、1、2、3 月合约适用二级，4、5、10、11 月合约适用 1 级，6、7、8、9 月合约适用特 1 级）。

Gas oil of JIS K2204 (Grade 2 for Dec., Jan., Feb., Mar. contract months, grade 1 for Apr., May, Oct., Nov. contract months, and grade special 1 for Jun., Jul., Aug., Sep. contract months) with maximum permissible sulfur content of 10 ppm.

合约单位　Contract Unit

100 千升。
100 kl.

交割单位　Delivery Unit

100 千升。
100 kl.

交易方式　Trading Method

计算机连续交易。
Computerized continuous trading.

报价方式　Price Quotation

日元/千升。
Japanese Yen per kiloliter.

最小价格波动　Minimum Price Fluctuation

10 日元/千升。
JPY 10 per 1 kiloliter.

每日价格限制　Daily Price Fluctuation Limit

基准价格　**Base Price**	价格限制　**Price Limit**
低于 40000 日元 Less than JPY 40000	800 日元/千升 JPY 800 per kl
40000～52000 日元 JPY 40000 to less than JPY 52000	1000 日元/千升 JPY 1000 per kl
52000 日元以上（含 52000 日元） JPY 52000 or more	1200 日元/千升 JPY 1200 per kl

续表

客户持仓限额（单边）　**Customer Position Limit (for each long/short position)**
当前月份合约：70 手； 第二月份合约：200 手； 第三月份合约：6000 手； 其他月份合约：1200 手； 总计不超过：4000 手。 Current contract month：70 contracts； 2nd contract month：200 contracts； 3rd contract month：600 contracts； Other contract months：1200 contracts for each month； Total：4000 contracts.
最低初始交易保证金　**Minimum Initial Trading Margin**

基准价格　**Base Price**	保证金　**Margin**
低于 40000 日元 Less than JPY 40000	120000 日元/手 JPY 120000 per contract
40000～52000 日元 JPY 40000 to less than JPY 52000	150000 日元/手 JPY 150000 per contract
52000 日元以上（含 52000 日元） JPY 52000 or more	180000 日元/手 JPY 180000 per contract

交易时间　**Trading Hours**
上午 9：00 至 11：00，下午 12：30 至 3：30。 9：00 a. m. to 11：00 a. m.，12：30 p. m. to 3：30 p. m.
合约月份　**Contract Months**
6 个连续月份。 Six consecutive months.
最后交易日　**Last Trading Day**
交割月前第 25 日（遇节假日顺延）。 The 25th of the month preceding the delivery month (if the day is a holiday, Last Trading Day is advanced).
交割时间　**Delivery Period**
整个交割月。

续表

Throughout the delivery month.
交割地 Delivery Points
位于东京、神奈川和千叶的炼油厂和油库（如采用船板交割），以及由交易所董事会指定的地点。 Refineries and oil tanks located in Tokyo, Kanagawa and Chiba, provided with barge delivery facilities, and appointed by the Board.
交割方式 Delivery
实物交割（非现金结算）。 Physical delivery (not cash settlement).
合约价格及税 Contract Price and Tax
合约价格包括运至位于东京湾区域的提炼厂或油库驳船的交割成本，但不包括汽油税和消费税。 The contract price shall be inclusive of the cost of delivery into barge in refineries located in Tokyo, Kanagawa and Chiba prefectures but exclusive of gas oil delivery tax and consumption tax.
交割方式 Delivery Method
1. 交割地点选择：卖方。 2. 交割方式：船板交割。 3. 交割日期选择：原则上买方。 4. 交割配对：抽签决定，除非交割一方在最后交易日至抽签日期间自己找到交割对手。 5. 分批交割：可以分批交割。 1. Option of delivery points: Seller. 2. Delivery method: delivery into barge. 3. Option of delivery day: Buyer in principle. 4. Matching of Buyer and Seller: Determined by drawing lots, except when parties to deliver find their counterparts by themselves during the period from Last Trading Day to Lottery Day. 5. Divided delivery: Delivery can be divided.
交割数量公差 Quantity Tolerance on Delivery
不超过每次交割量的±2%。 ±2% of the volume per delivery.

附录二
专用术语中英文对照

A

ADP	备用交割程序
American options	美式期权
AP（associated person）	经理商代理人
associate broker clearing	准经纪清算会员
associate trade clearing	准交易清算会员
associate broker	准经纪会员
associate trade	准交易会员
at－the－money	平值期权

B

back stop technlogy	回止技术
backwardation	现货升水
basis	基差
basis contracts	基差合同
bear spread	熊市套利
BM&F	巴西商品期货交易所
BOTCC	芝加哥交易所清算公司
butterfly spread	蝶式套期图利
bull spread	牛市套利
buy spread	买进套利

C

cash day	现货日
call options	看涨期权

cash - flow risk	现金流风险
cash forward	现货远期合同
cash settlement price	现货结算价
CBOE	芝加哥期权交易所
CFTC	美国商品期货交易委员会
Chicago Board of Trade（CBOT）	芝加哥期货交易所
CME	芝加哥商业交易所
contango	现货贴水
contract size	合约规模
COMEX	纽约商品交易所
commodity product spread	商品产品套利
commodity options	商品期权
commodity fund	商品基金
CPO（commodity pool operators）	商品基金经理
crack spread	原油提炼套利
credit risk	信用风险
credit trading	授信交易
crush spread	大豆提油套利
CTA（commodity trading advisors）	商品交易顾问

D

delayed pricing	延迟定价
deliverable Grades	交割等级
DTB	德国期货交易所

E

EFP（exchange - for - physicals）	期货转现货交易
effectiveness test	有效性测试
EFS	期货转掉期
e - mini - sized contract	电子迷你型合约
either offer or bid	收盘价
EUREX	欧洲期货交易所
Euronext	泛欧交易所
European options	欧式期权

F

FCM（futures commission merchant）	期货佣金商
FIA	美国期货行业协会
flat price	全价
floor broker	场内经纪人
forward or deferred pricing contracts	远期合同
funding liquidity risk	融资流动性风险
functional regulation	功能监管
futures contract	期货合约
FSA	英国金融服务局

G

gas oil	柴油
GNMA（Government National Mortgage Association Certificates）	政府国民抵押协会抵押凭证
GLOBEX	期货全球交易网络
gulf basis	海湾升贴水

H

hedging	套期保值交易
hedge fund	对冲基金或套利基金
hedge ratio	套期保值比率
HKEx	香港交易和结算所有限公司
horizontal spreads	水平套利
hold grain in on－farm storage and sell later	自存后销

I

IB（introducing broker）	介绍经纪人
industrial metals or base metals	工业金属
IMM	芝加哥商业交易所国际货币市场分部
inverted market	逆转市场
intramarket spread or interdelivery spread	同市场套期图利

Interoffice Trading 办公室之间的交易
intermarket spread 跨市场套利
intercommodity spread 跨商品套利
intercrop spread 跨作物年度套利
intrinsic value 内涵价值
in – the – money 实值期权
IOSCO 证监会国际合作组织
IPE 伦敦国际石油交易所

K

KCBT 堪萨斯交易所
kerb dealing 场外交易
KOFEX 韩国期货交易所

L

LBMA（London Bullion Market Association） 伦敦贵金属市场协会
Legs 套利的“腿”
LIFFE 伦敦国际金融期货期权交易所
liquidity risk 流动性风险
LME 伦敦金属交易所
long hedge or buying hedge 买入套期保值
long straddle 买入跨式套利
long strangle 买入宽跨式套利
LTRS 美国商品期货交易委员会的大户报告制度

M

macro fund 宏观基金
managed futures 管理期货（期货投资基金）
market maker 做市商
mark to market 逐日盯市
market risk 市场风险
market/product liquidity risk 市场/产品流动性风险
ME 蒙特利尔交易所
MexDer´ 墨西哥衍生品交易所

mini - sized contract	迷你型合约

N

normal market or contango	正常市场
NYBOT	纽约期货交易所
NYMEX	纽约商业交易所
NYSE	纽约证券交易所
NZFOE	新西兰期货与期权交易所

O

OCC（Option Clearing Corporation）	期权结算所公司
OM	瑞典期货交易所
OME	大阪商业交易所
open out cry	公开喊价
operations risk	操作风险
original margin or initial margin	初始保证金
OTC	场外交易
out - of - the - money	虚值期权

P

price basis	点价的基价
pricing or basis trading	点价交易
premiums	期权的权利金
precious metals	贵金属
put options	看跌期权

Q

quotational period	定价期

R

rape or rapeseed	油菜
rank classification	分类排序法

reverse crush spread 反向大豆提油套利
reverse crack spread 反向原油提炼套利
ring member 圈内会员

S

S&P 标准·普尔
SCE 新加坡商品交易所
scalpers 抢帽子交易者
SEC 美国证券交易委员会
series 期权的组
SFE 悉尼期货交易所
sell spread 卖出套利
sensitivity analysis 敏感度分析
SGX - DT 新加坡交易所衍生品交易有限公司
SOFFEX 瑞士金融期货期权交易所
short hedge or selling hedge 卖出套期保值
short straddle 卖出跨式套利
short strangle 卖出宽跨式套利
SPAN 标准组合风险分析
spread 价差
spreads 套利交易
strike price 敲定价格
straddle 跨式套利
store grains in commercial elevator and sell later 代存后销
strangle 宽跨式套利
stress testing 压力测试法
swaping 掉期

T

TAIFEX 台湾期货交易所
tabular and graphic 表格图形法
TGE 东京谷物交易所
The Commitments of Traders Report 投资者头寸报告制度
TIFFE 东京国际金融期货交易所
time value 时间价值

TIMS 市场间保证金计算系统
TOCOM 东京工业品交易所

V

value line index 价值线指数
variation margin 可变保证金
vertical spread 垂直套利
vertical bull call spread/long call spread 买空看涨期权垂直套利
vertical bull put spread/long put spread 买空看跌期权垂直套利
vertical bear call spread/short call spread 卖空看涨期权垂直套利
vertical bear put spread/short put spread 卖空看跌期权垂直套利

W

WCE 温尼伯商品交易所
WTI 西得克萨斯中质油

参考文献

1. ［加］John C. Hull：《期权、期货和其他衍生品》，华夏出版社2000年版。

2. 郭晓利著：《转轨时期的中国期货市场》，中国财政经济出版社2003年版。

3. 李杰、李革、许勇等编著：《期货合约》，北京工业大学出版社1994年版。

4. 褚玦海著：《中国期货市场风险研究》，中国财政经济出版社。

5. 姬广坡著：《期货市场风险控制论》，中国财政经济出版社2001年版。

6. 杨玉川等著：《现代期货期权创新与风险管理》，经济管理出版社2002年版。

7. 姜洋主编：《境外衍生品市场纵横》，百家出版社2003年版。

8. CBOT，CME，KCBT，LME，LIFFE，IPE等交易所网站。

9. ［美］理查德·J. 特维莱斯、弗兰克·J. 琼斯著，周刚、王化斌译：《期货交易实用指南（第三版）》，经济科学出版社2000年版。

10. 常力、杨林编著：《英汉期货和期权市场词典》，对外经济贸易大学出版社1995年版。

11. 中国期货业协会编著：《期货市场教程（第二版）》，中国财政经济出版社2003年版。

12. ［美］哈尔·迈索瓦著，齐寅峰、房四海译：《商品期货中的价值投资》，机械工业出版社2003年。

13. Basle，"*Risk Management Guidelines for Derivatives*"，July 1994.

14. Philippe Jorion，"*Financial Risk Manager Handbook*，*Second Edition* "，2003.

15. 阿尔弗雷德·施泰因赫尔著，陈晗、张晓刚译：《金融衍生品的发展与监管》，上海远东出版社2003年版。

16. SI Regulatory Paper，" *BPP Holdings Plc*（*For Professional Education*）"，May 2003.

17. "*Series 3 National Commodities Futures Representative Study Manual*"，Securities Training Corporation，2003.

18. 《国务院关于进一步整顿和规范期货市场的通知》，1998年。

19. 《期货交易管理暂行条例》，1999年6月。

20. 《申请境外期货业务有关问题的通知》，1999年10月。

21. 《国有企业境外期货套期保值业务管理办法》，2001年5月。

22. 《国有企业境外期货套期保值业务管理制度指导意见》，2001年11月。

23. 《国有企业境外期货套期保值业务外汇管理操作规程（试行）》，2001年8月。

Hou Ji 后记

《境外期货交易》是在中国证监会期货部的主持下，由中国期货业协会具体负责，组织有关高等院校、境外期货交易持证企业、期货交易所、经纪公司等业内外专家编写的第一部系统讲述境外期货交易的专著。

2004 年 7 月，在中国证监会期货部刘志超副主任的倡议指导下，中国期货业协会组织了业内外共 8 名专家齐聚北京，开始了本书的编撰工作。全书的编撰工作始终在中国证监会期货部和中国期货业协会有关领导的关注与精心指导下进行。期货部杨迈军主任对本书的出版给予了关心和支持。期货部刘志超副主任、中国期货业协会副会长兼秘书长彭刚、期货部境外处熊军处长和汤进喜副处长等都亲自参加了全书的框架设计，并对编撰工作提出了具体指导意见。熊军处长还具体负责全书的审定工作。

中国期货业协会副会长兼秘书长彭刚负责全书的组织领导工作。北京工商大学胡俞越教授、东银期货经纪有限公司刘仲元副总经理和中国期货业协会王春卿女士负责全书的框架设计、修改和统稿工作。本书第一章由东银期货经纪有限公司副总经理刘仲元撰写。第二章、第三章由北京工商大学胡俞越教授、高扬博士撰写。第四、五、六章则分别由中谷粮油集团国际期货部经理杨超和裴勇、中国五矿有色股份有限公司期货业务部首席分析师张荣辉、上海期货交易所交割部总监李辉撰写。第七章由刘仲元和天津商学院副教授易铁林负责。第八章由中南大学管理学院副教授杨艳军完成。全书初稿完成后，深圳鹏鑫期货的王定红先生参与了第四、五、六章的审定工作。中国期货业协会刘涛也参与了能源期货部分的合约翻译工作。上述人员在编撰过程中认真研究和充分吸收各方意见，广查资料，数易其稿，保证了全书的质量。

本书的编撰出版得到了上海期货交易所的大力支持和主要赞助。上海期货交易所姜洋总经理在百忙中多次对本书的编撰和出版工作给予关注，并派出交易所专业人士参与本书的编撰工作。荷兰银行、英国联合金属贸易有限公司也对本书的出版给予了支持。

在此，谨向在本书编撰和出版过程中付出辛勤劳动和大力支持的所有单位和个人表示由衷的感谢。

中国期货业协会
2005 年 12 月